2010

CHINA YEARBOOK OF AGRICULTURAL PRICE SURVEY

# 中国农产品价格调查年鉴

国家统计局农村社会经济调查司 编

中国统计出版社
China Statistics Press

(京)新登字 041 号

图书在版编目（CIP）数据

中国农产品价格调查年鉴. 2010 ：汉英对照 / 国家统计局农村社会经济调查司编. -- 北京 ：中国统计出版社，2010. 12
ISBN 978-7-5037-6166-9

Ⅰ. ①中… Ⅱ. ①国… Ⅲ. ①农产品－价格－统计资料－中国－2010－年鉴－汉、英 Ⅳ. ①F323.7-54

中国版本图书馆 CIP 数据核字（2010）第 237920 号

中国农产品价格调查年鉴— 2010

作　　者 / 国家统计局农村社会经济调查司
责任编辑 / 许立舫
E-mail /cbsebs@stats.gov.cn
出版发行 / 中国统计出版社
通信地址 / 北京市西城区月坛南街 57 号
邮政编码 / 100826
办公地址 / 北京市丰台区西三环南路甲 6 号
网　　址 /www.stats.gov.cn/tjshujia
电　　话 / 邮购 (010) 63376907　书店(010)68783172
印　　刷 / 河北天普润印刷厂
经　　销 / 新华书店
开　　本 /880 × 1230 毫米　1/16
字　　数 /500 千字
印　　张 /16.5
版　　别 /2011 年 1 月第 1 版
版　　次 /2011 年 1 月第 1 次印刷
书　　号 /ISBN 978-7-5037-6166-9/F・2985
定　　价 / 108.00 元

# 《中国农产品价格调查年鉴—2010》编辑委员会

# CHINA YEARBOOK OF AGRICULTURAL PRICE SURVEY—2010

## EDITORIAL BOARD AND STAFF

# 前 言

## 一、本书编辑目的与作用

伴随我国市场经济体制的建立与完善，农村经济运行市场化步伐加快，市场机制在农产品流通与贸易中的基础作用日益显现，宏观决策和社会公众对农产品价格信息的需求与日俱增。为了适应这一新的形势，国家统计局农村社会经济调查系统发挥自身优势，逐步建立起完整的农产品价格调查体系，对农产品生产和流通全过程进行密集跟踪调查，全方位把握农产品价格走势，深入透视农产品生产、贸易和消费环节的分配关系和利益格局。汇编这些价格数据的目的就是为了充分发挥农产品价格信息在分析研究我国农产品供给与需求、农产品市场竞争与产业结构调整、农民收入与居民消费等方面的独特作用，更好地服务于各级党政领导的“三农”决策，服务于关注农产品价格问题的研究机构和各界社会公众。

## 二、本书编辑的主要内容与资料调查方法

本书的内容主要包括统计图、农产品生产价格指数、集贸市场价格、美国农产品生产价格信息四部分。农产品生产价格是农产品生产者农户和农场直接出售其产品时实际获得的单位产品价格，它是农产品集贸市场价格、批发价格和消费价格形成的基础和前提。农产品生产价格调查采用随机抽样的方法抽选调查网点，实行抽样调查。全国共抽选31000个农业生产经营单位，其中农户占90.5%，农场占9.5%。调查内容涉及农林牧渔四个大类，十五个中类三十个小类600种农产品。农产品集贸市场价格调查是对全国200个农产品主产县（市）36种农产品进行的集贸市场价格调查，旨在反映我国农产品主产区大宗农产品的交易价格和价格走势。美国农产品生产价格数据是在美国农业部发布的数据信息基础上整理而来，旨在为国内外农产品生产价格

的比较提供信息。

## 三、特别说明

本书在重点收录2009年农产品价格调查资料的同时，编发了2000年以来主要年份全国主要农产品的价格数据。生产价格指数以上年或上年同期价格为100。农产品集贸市场价格单位统一为元/公斤，价格数据保留两位小数；集贸市场价格走势分为环比和同比两个系列，环比以上月或上季度价格为100，同比以上年同月或同期价格为100。

为了及时反映全国农产品价格走势，我们将定期出版《中国农产品价格调查年鉴》。限于我们的经验和水平，书中疏漏在所难免，不妥之处敬请读者批评指正。

编　者

2010年11月

# Preface

## I. Background and Purpose

Along with the establishment and improvement of the system of market economy in China, the market-oriented pace of the rural economy has been accelerated. The market plays more and more important role in production and trade of agricultural products. Therefore, the government and publics have increasingly more demand for the information on the prices of agricultural products. In order to fit in with this situation, Rural Survey Department of National Bureau of Statistics has been carrying out surveys on the prices of agricultural products to monitor the movement of the related prices and to maintain the agricultural accounting system, through its survey teams locating all over the country since 2003. The purpose of this book is to provide the price information of agricultural products to government agencies at various level, the research institutions, agricultural holdings as well as other publics for the decision-making and analyzing the supply and demand relations of the agricultural products, the market competition of agricultural products and the agricultural restructure, the farmers' income and consumption, etc.

## II. Contents and Methodology

The contents of this book include four parts:(1)the chart of price movement of agricultural products,(2)the producer prices index of agricultural products, (3) the prices of the agricultural products at the rural market fairs, (4) the prices received by farmers in US. The second part of this book is based on National Producer Price Survey of Agricultural Products. The producer price of the agricultural product is the price of the unit product, at which the producer of the agricultural product, i.e. the agricultural household or the farm, directly sells the product. The producer prices of agricultural products are the bases of the prices of the agricultural products at the rural market fairs as well as the wholesale prices and consumer prices. National Producer Prices Survey of agricultural products is a sample survey with its sample units selected with random sampling method. A total of 31000 units engaged in agricultural production have been selected in the whole country, in which the agricultural households account for 90.5% and the farms account for 9.5%. The survey covers 600 single products in four categories, 15 divisions, 30 groups of farming, forestry, livestock and fishery. The third part of this book is based on Survey of Agricultural Products Prices at Rural Market Fairs which is a survey on the prices of 36 agricultural products in 200 major producing counties and cities conducted for reflecting the trading prices of the staple agricultural products in the major producing areas and the change of these prices. The US price received by farmers is derived from the data released by USDA, which is to provide information that can be used to compare the domestic producer price of agricultural products with the international counterpart.

## III.Additional Notes

While mainly presenting the survey data on the prices of agricultural products in 2009, this book also releases the series data on the prices of main agricultural products in China since 2000. The producer price indices take the prices in the preceding year or the prices at the same period of preceding year as 100. The unit of the prices of agricultural products at rural market fairs is unified to be Yuan/kg and two decimals are kept for the price data. The data on the change of the prices of agricultural products at rural market fairs are classified into two series, namely the chain indices and the fixed base indices. The chain indices take the prices of the previous month or quarter as 100 while the fixed base indices take the prices of the same month or same period in the preceding year as 100.

In order to better reflect the change of the prices of agricultural products in China, we will periodically publish the China Yearbook of Agricultural Price Survey. Limit to our experiences and knowledge, some slips are inevitable in the book. We warmly welcome the comments or suggestion from our readers.

The Editor
Beijing
Nov 2010

# 目 录

## 前 言
## Preface

## 第一部分 统计图
## Part I Chart of Price Movement



## 第二部分 农产品生产价格指数
## Part II Producer Price Indices of Agricultural Products

## 第三部分 农产品集贸市场价格
## Part III Prices of Agricultural Products at the Rural Market Fairs

## 第四部分　美国农产品生产价格
## Part IV　The US Prices of Agricultural Products

## 附录 全国农产品价格调查方案

## Appendix Programmes for the Survey of the Prices of Agricultural Products

# 1

# 统计图

## Chart of Price Movement

# 1-1 农产品生产价格指数走势图
# Chart of Indices of the Producer Prices of Agricultural Products

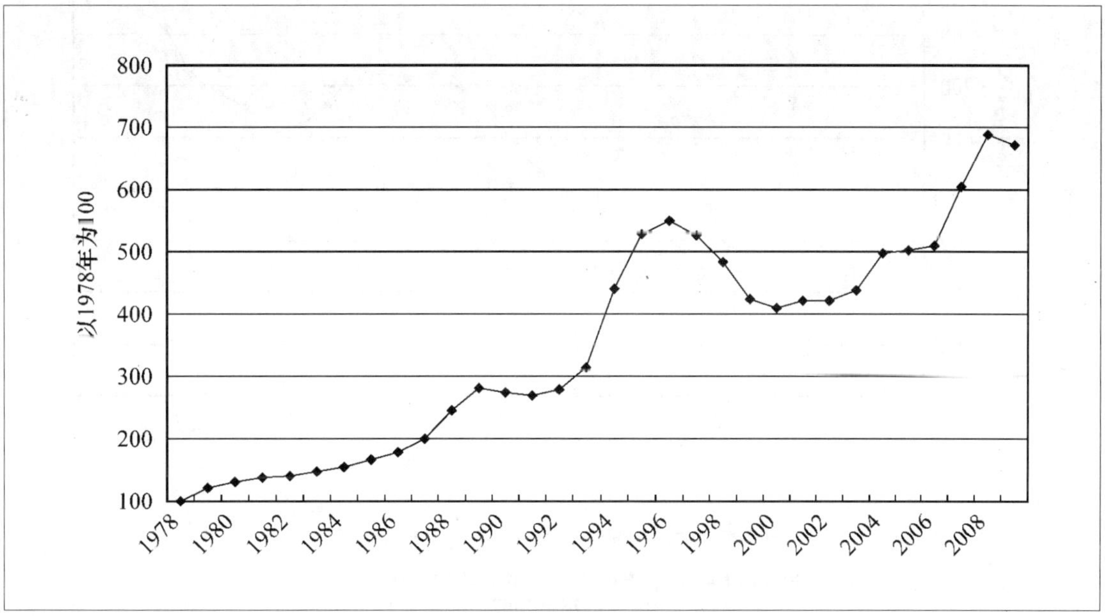


**图 1 1978—2009 年农产品生产价格总指数**
**Annual Overall Indices of Producer Prices of Agricultural Products**
**(1978—2009)**

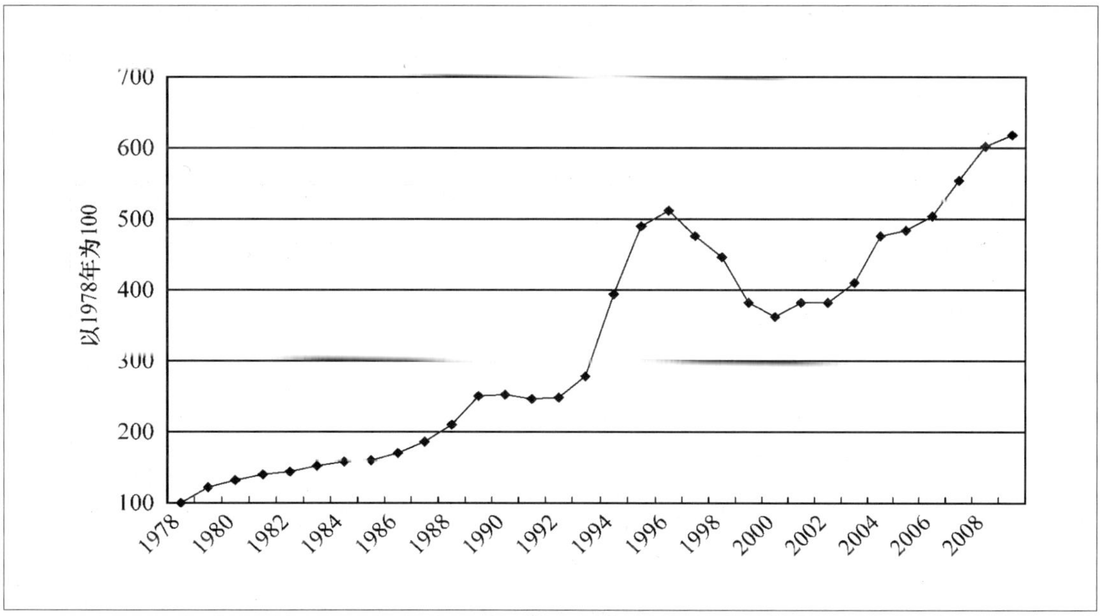


**图 2 1978—2009 年种植业产品生产价格指数**
**Annual Indices of Producer Prices of Crop Products**
**(1978—2009)**

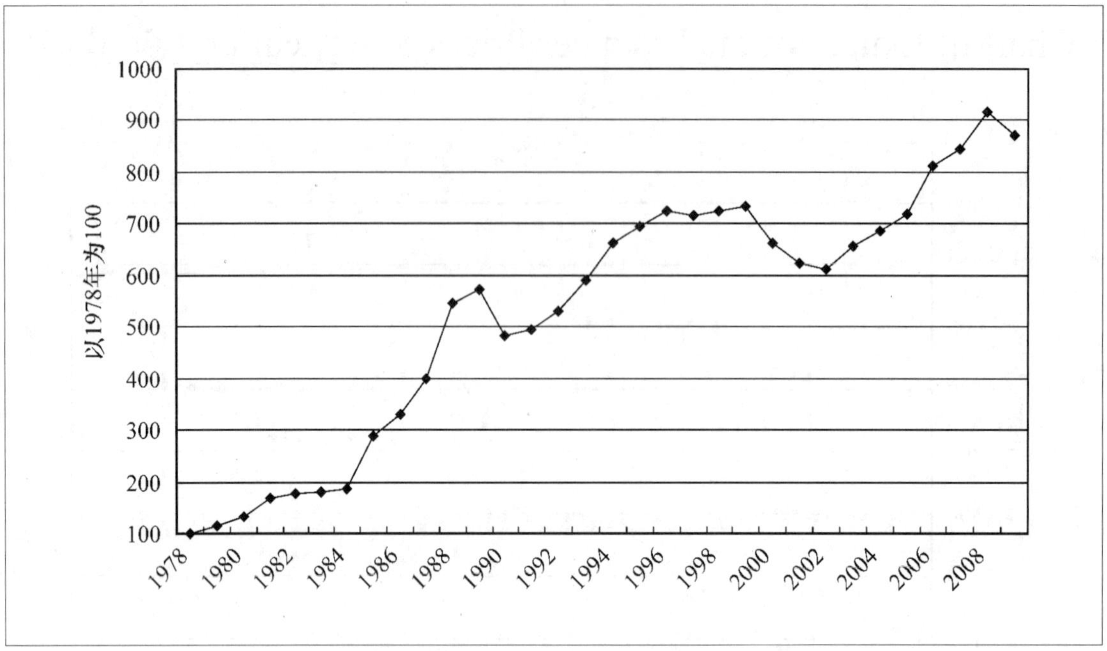


**图 3　1978—2009 年林业产品生产价格指数**

**Annual Indices of Producer Prices of Forestry Products (1978—2009)**

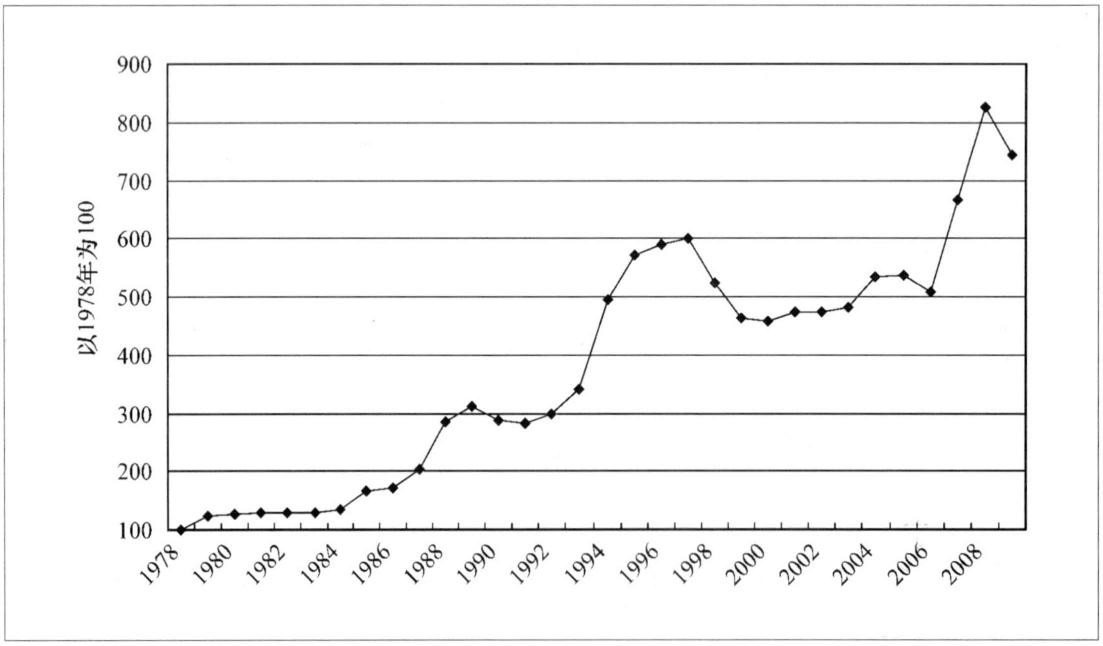


**图 4　1978—2009 年畜牧业产品生产价格指数**

**Annual Indices of Livestock Products (1978—2009)**

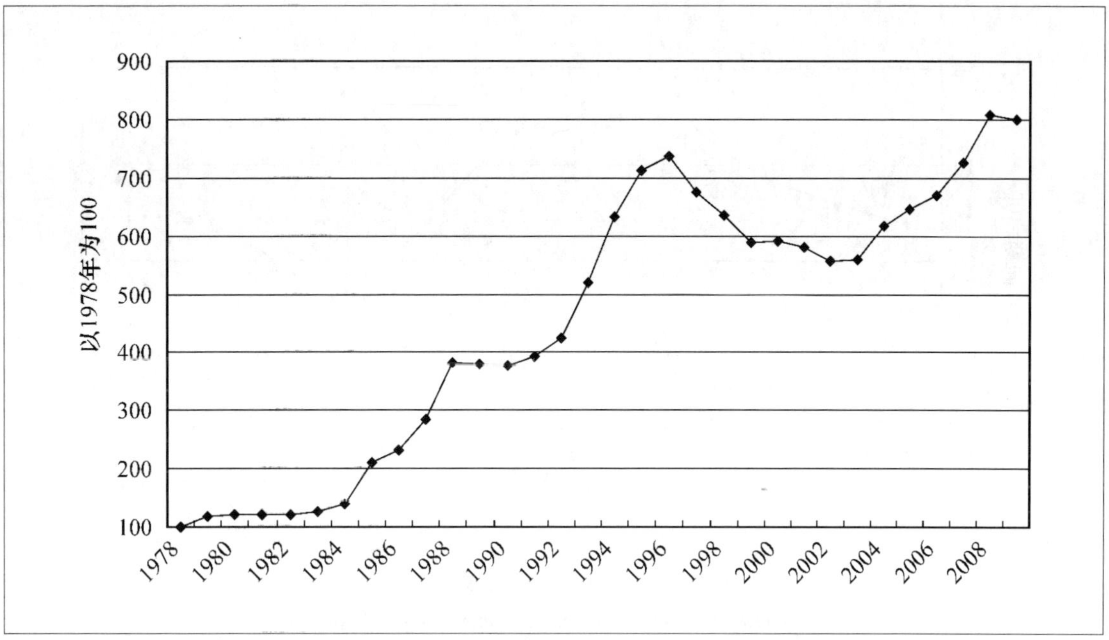


**图 5 1978—2009 年渔业产品生产价格指数**

**Annual Indices of Producer Prices of Fishery Products (1978—2009)**

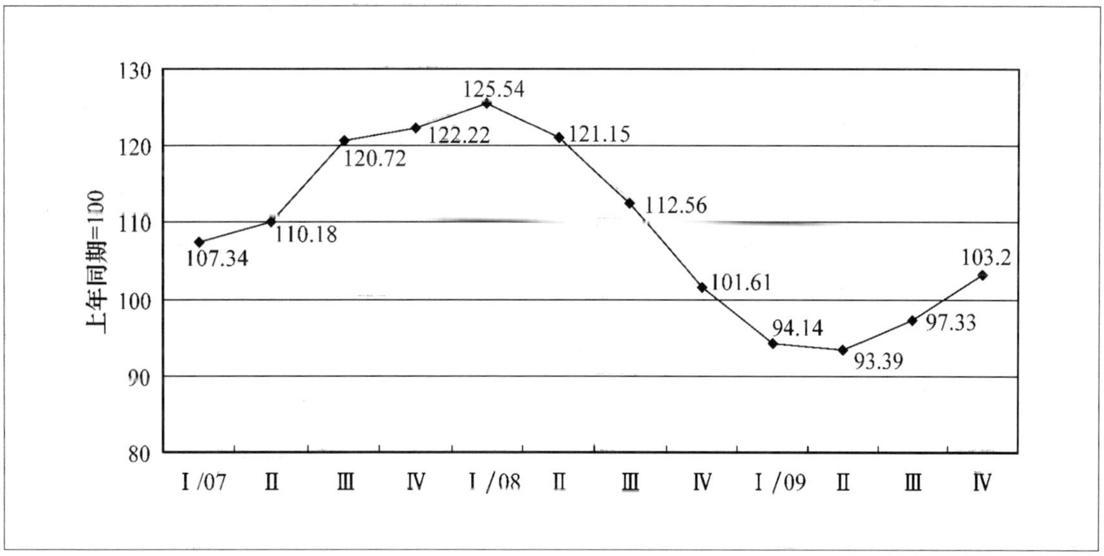


**图 6 2007—2009 年农产品季度生产价格总指数**

**Quarterly Overall Indices of Producer Prices of Agricultural Products (2007—2009)**

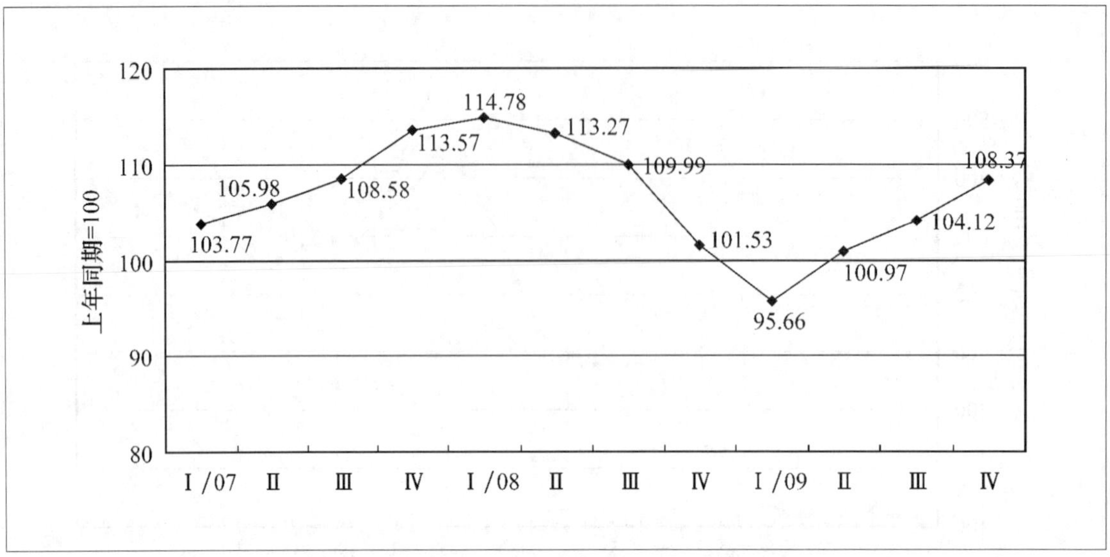


**图 7　2007—2009 年种植业产品季度生产价格指数**

**Quarterly Indices of Producer Prices of Crop Products (2007—2009)**

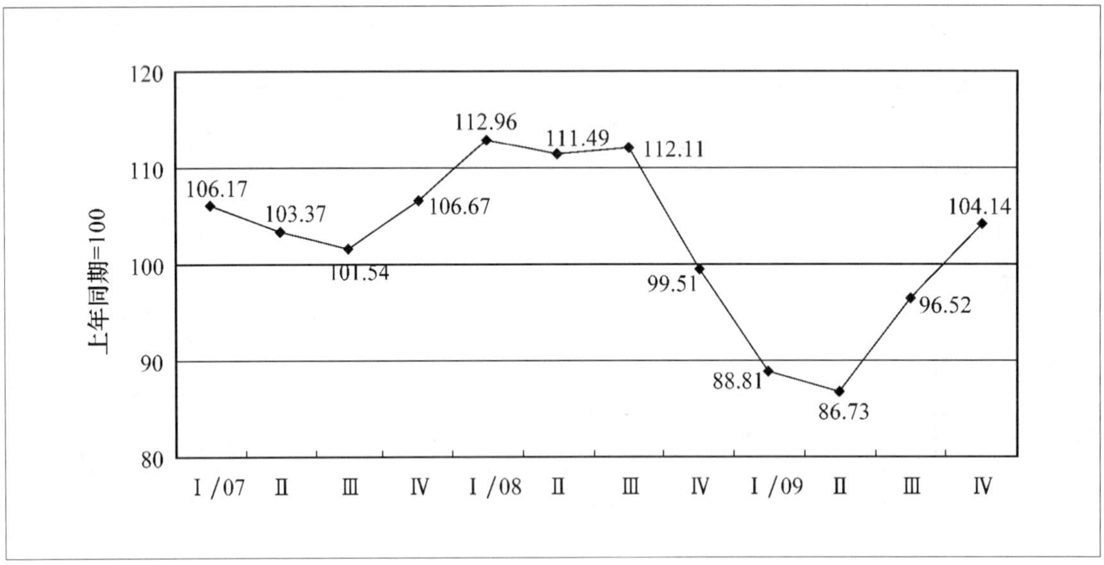


**图 8　2007—2009 年林业产品季度生产价格指数**

**Quarterly Indices of Producer Prices of Forestry Products (2007—2009)**

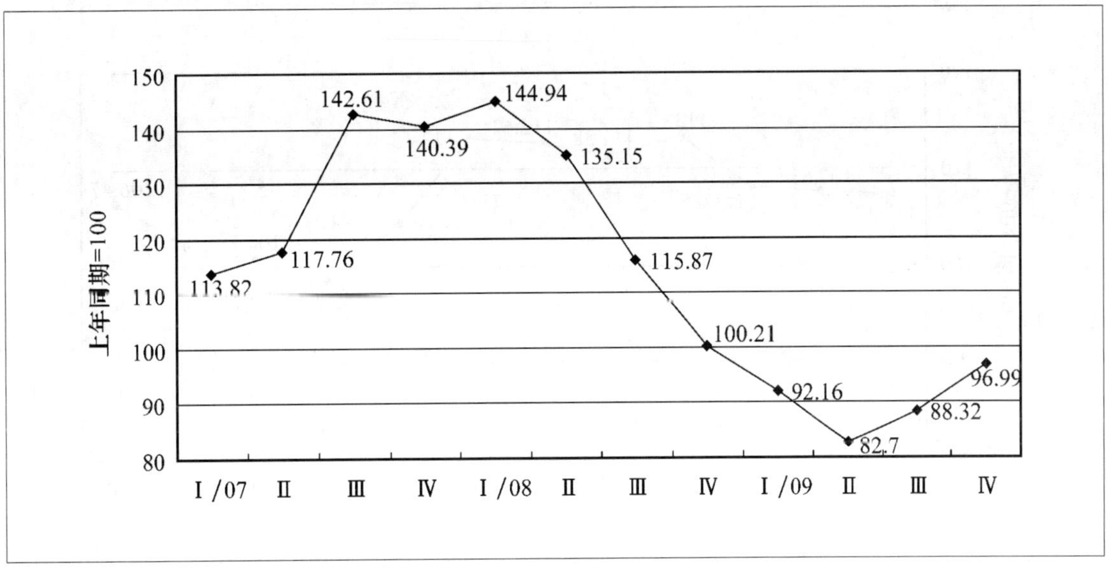


**图 9　2007—2009 年畜牧业产品季度生产价格指数**
**Quarterly Indices of Producer Prices of Livestock Products (2007—2009)**

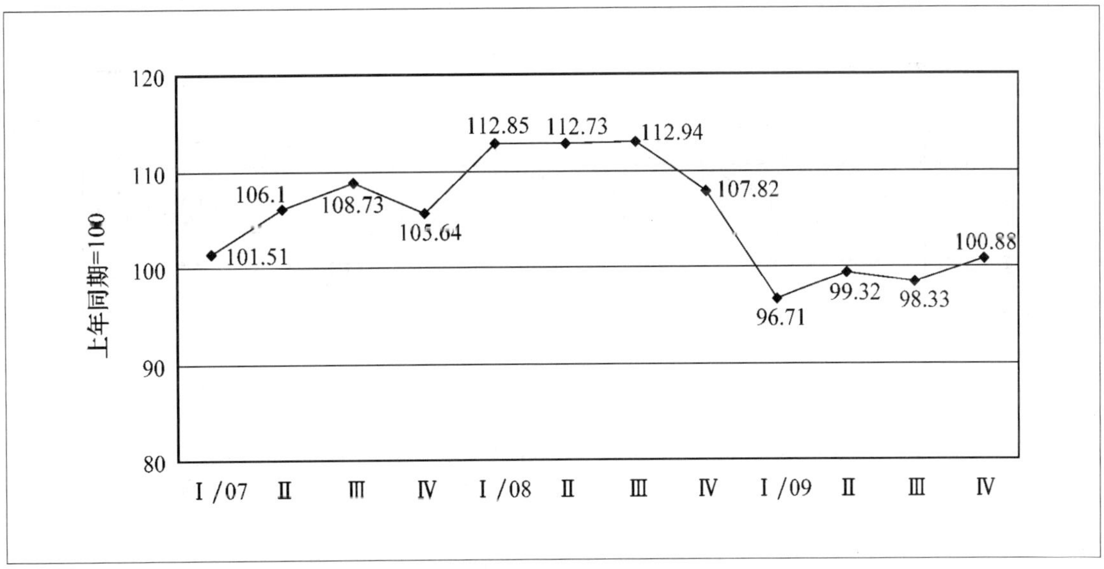


**图 10　2007—2009 年渔业产品季度生产价格指数**
**Quarterly Indices of Producer Prices of Fishery Products (2007—2009)**

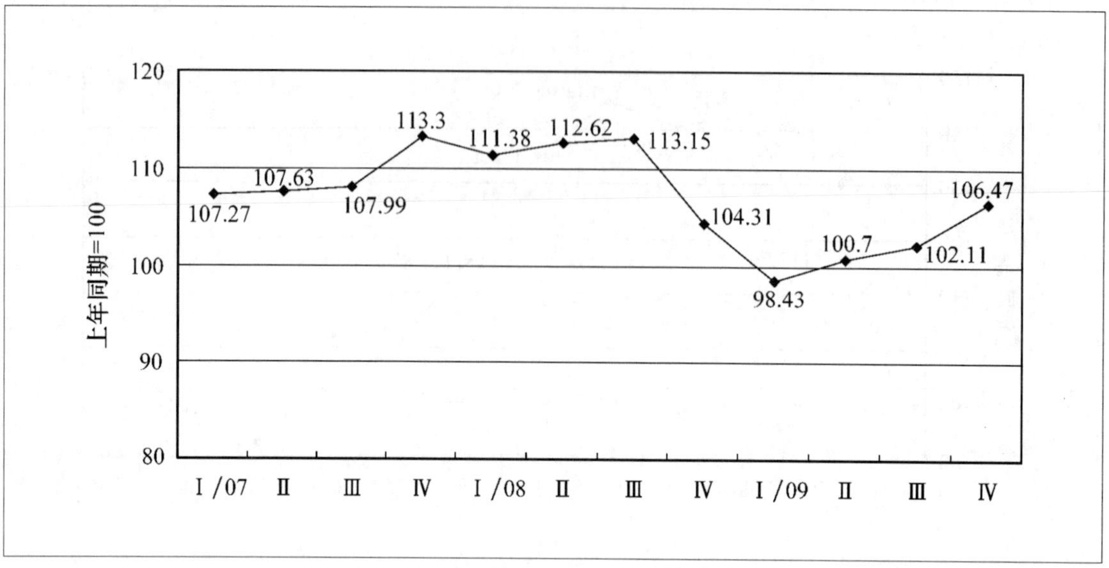


**图 11　2007—2009 年粮食季度生产价格指数**

**Quarterly Indices of Producer Prices of Grain (2007—2009)**

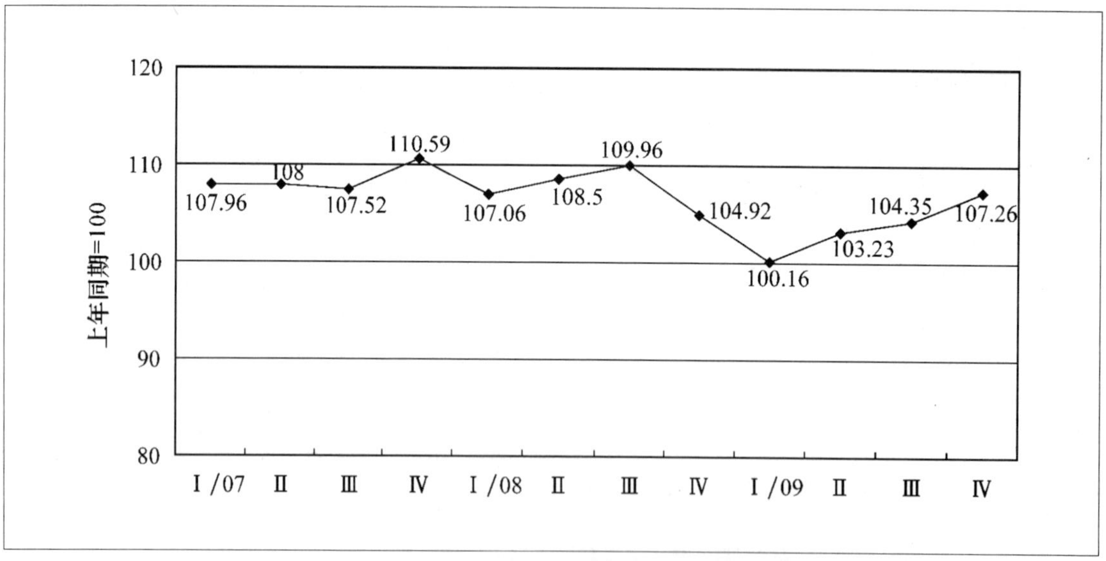


**图 12　2007—2009 年谷物季度生产价格指数**

**Quarterly Indices of Producer Prices of Cereal (2007—2009)**

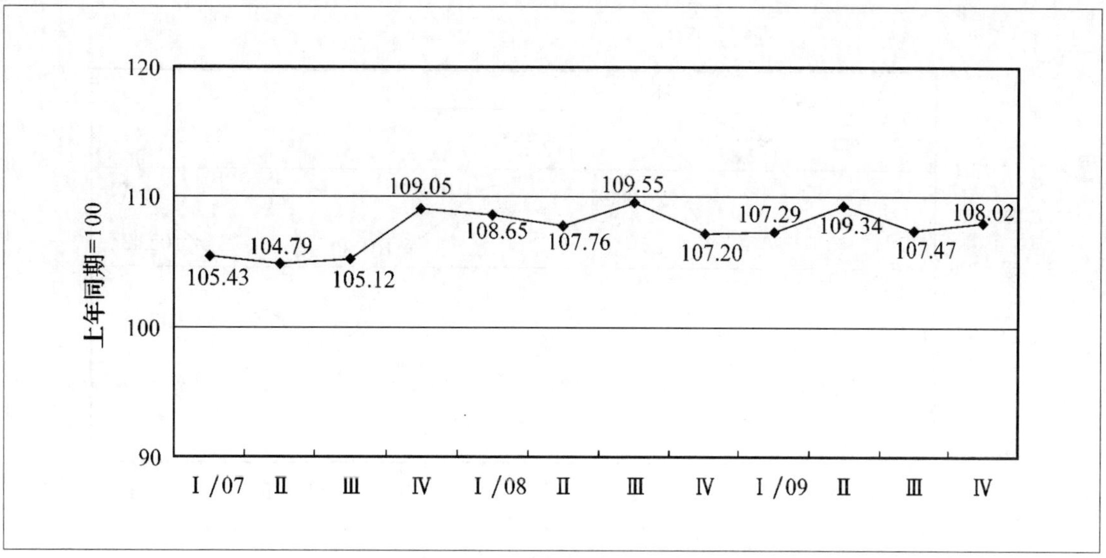


**图 13　2007—2009 年小麦季度生产价格指数**
**Quarterly Indices of Producer Prices of Wheat**
**(2007—2009)**

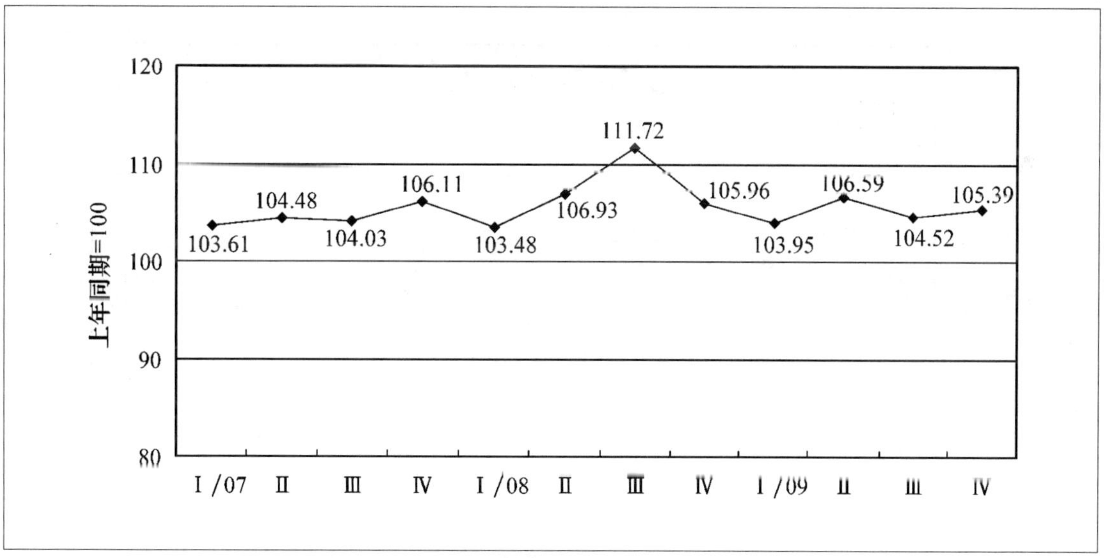


**图 14　2007—2009 年稻谷季度生产价格指数**
**Quarterly Indices of Producer Prices of Paddy**
**(2007—2009)**

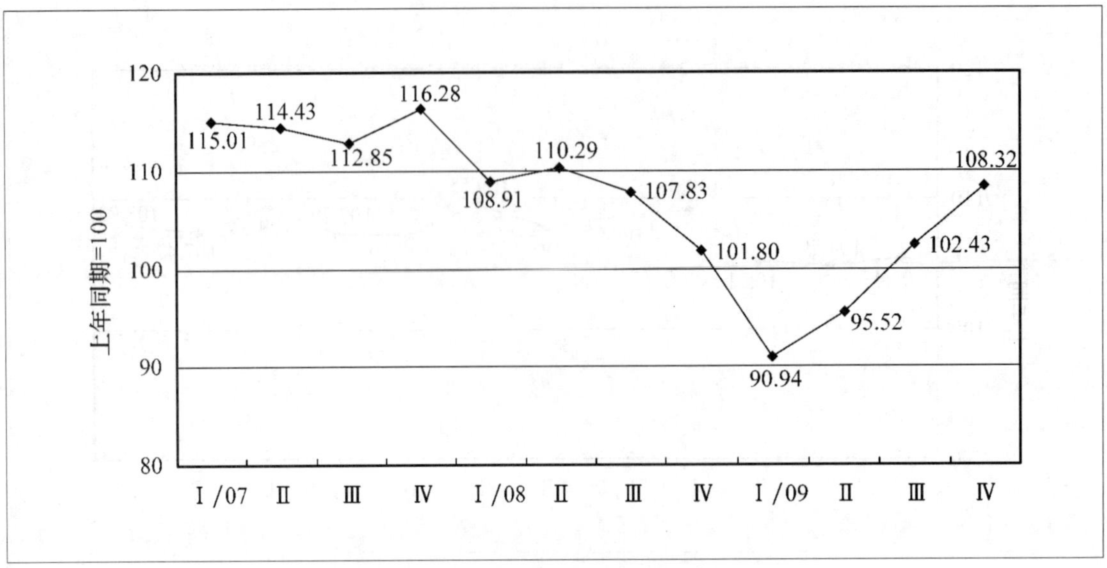


**图 15　2007—2009 年玉米季度生产价格指数**

**Quarterly Indices of Producer Prices of Corn (2007—2009)**

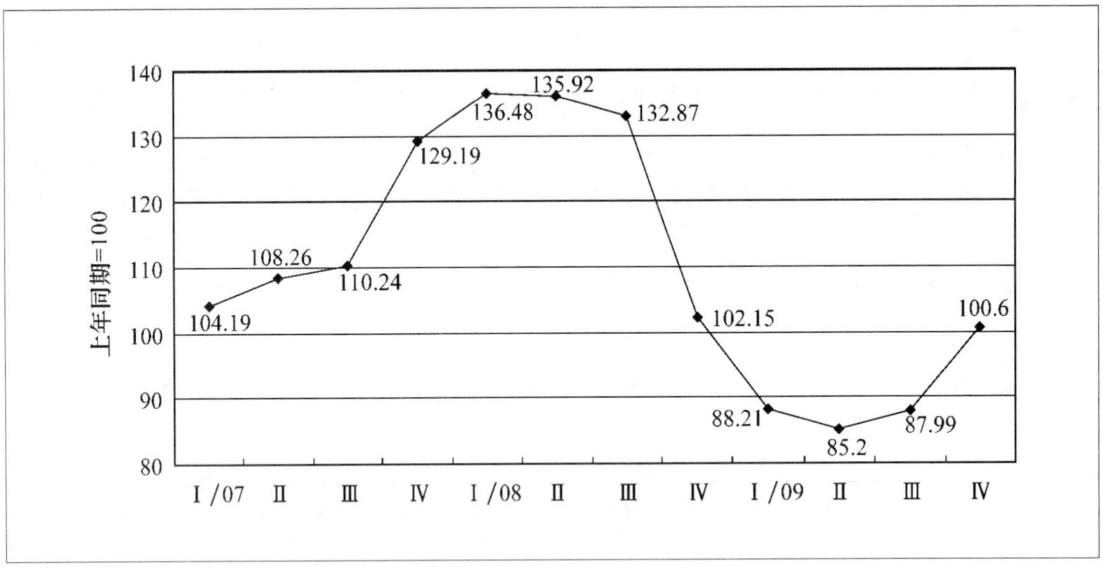


**图 16　2007—2009 年豆类季度生产价格指数**

**Quarterly Indices of Producer Prices of Beans (2007—2009)**

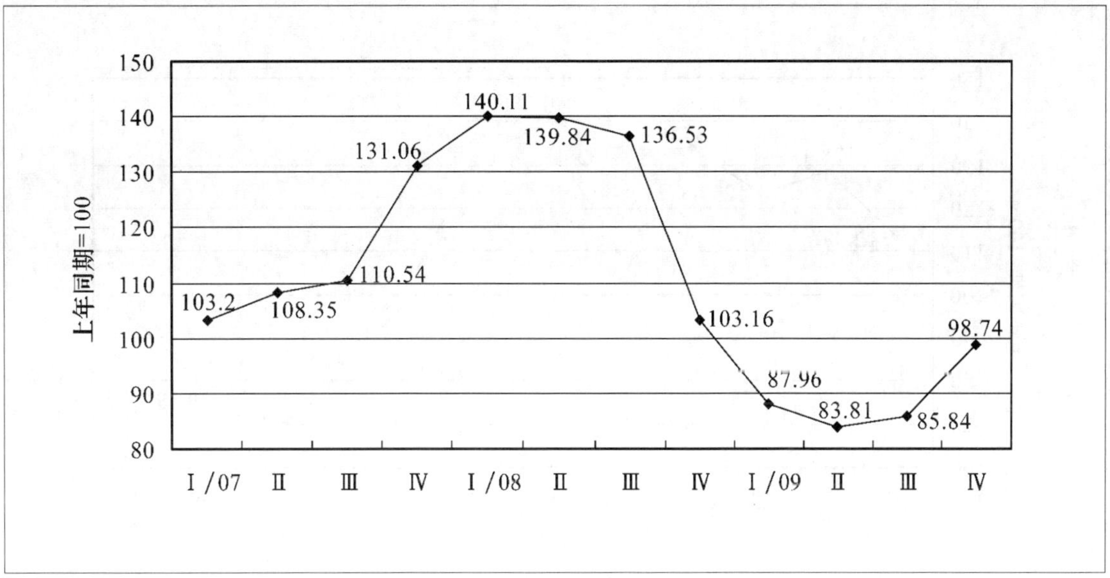


**图 17　2007—2009 年大豆季度生产价格指数**

**Quarterly Indices of Producer Prices of Soybean**
**(2007—2009)**

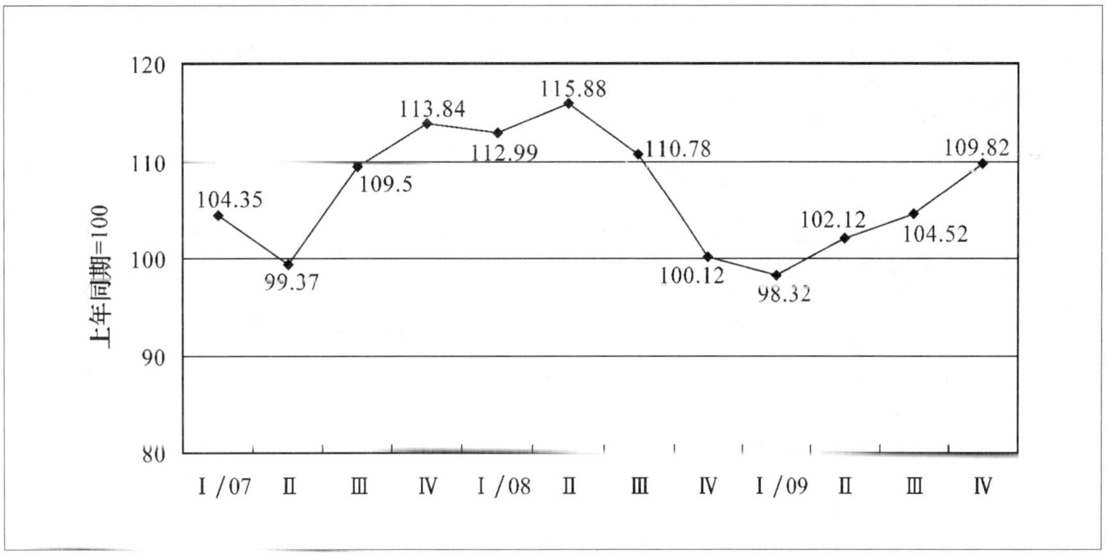


**图 18　2007—2009 年薯类季度生产价格指数**

**Quarterly Indices of Producer Prices of Potato**
**(2007—2009)**

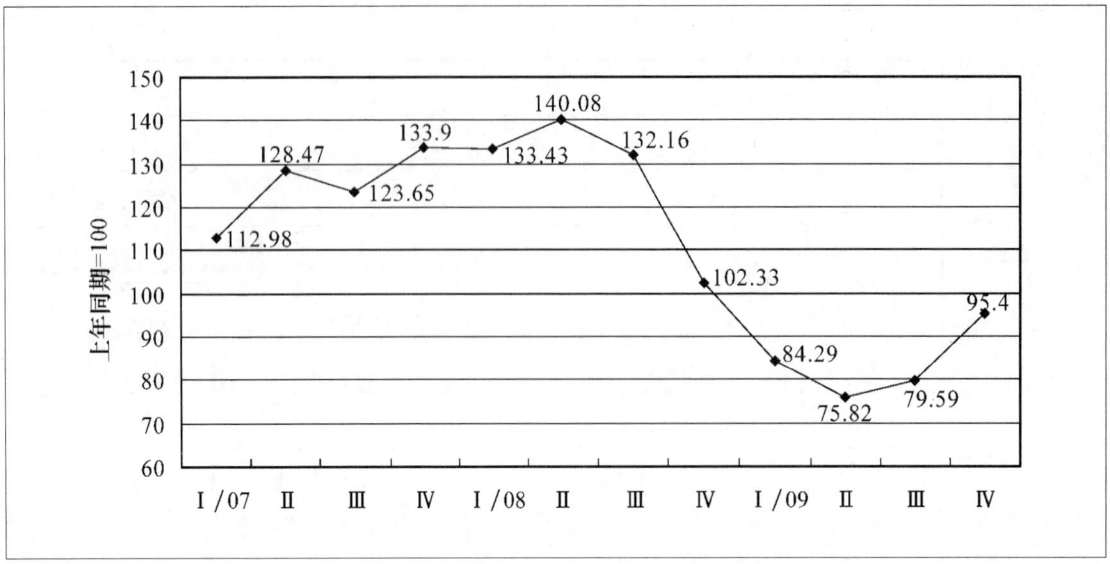


**图 19　2007—2009 年油料季度生产价格指数**

**Quarterly Indices of Producer Prices of Oil-bearing Crops**
**(2007—2009)**

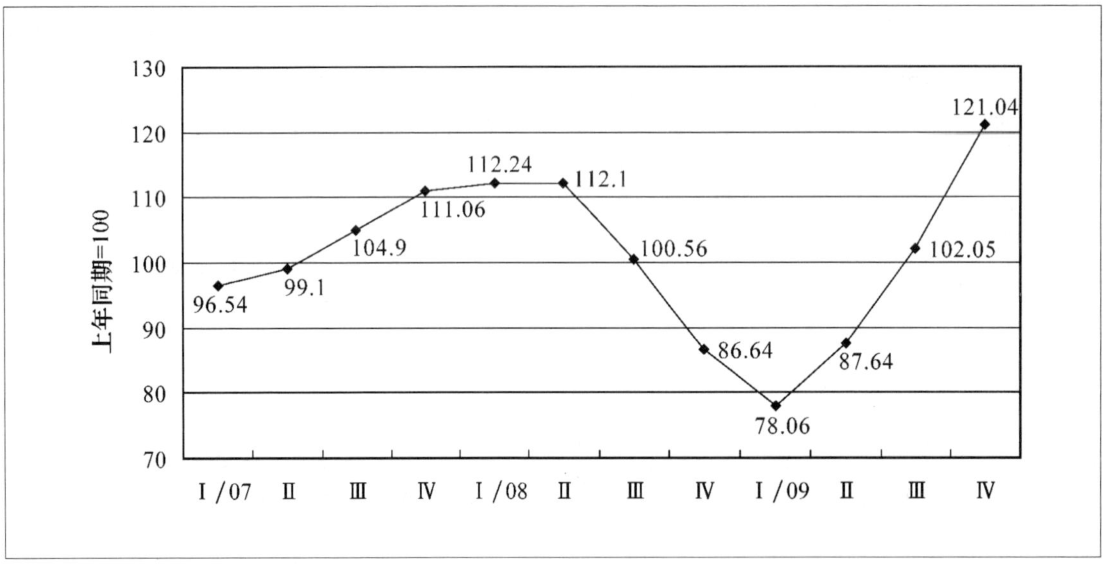


**图 20　2007—2009 年棉花季度生产价格指数**

**Quarterly Indices of Producer Prices of Cotton**
**(2007—2009)**

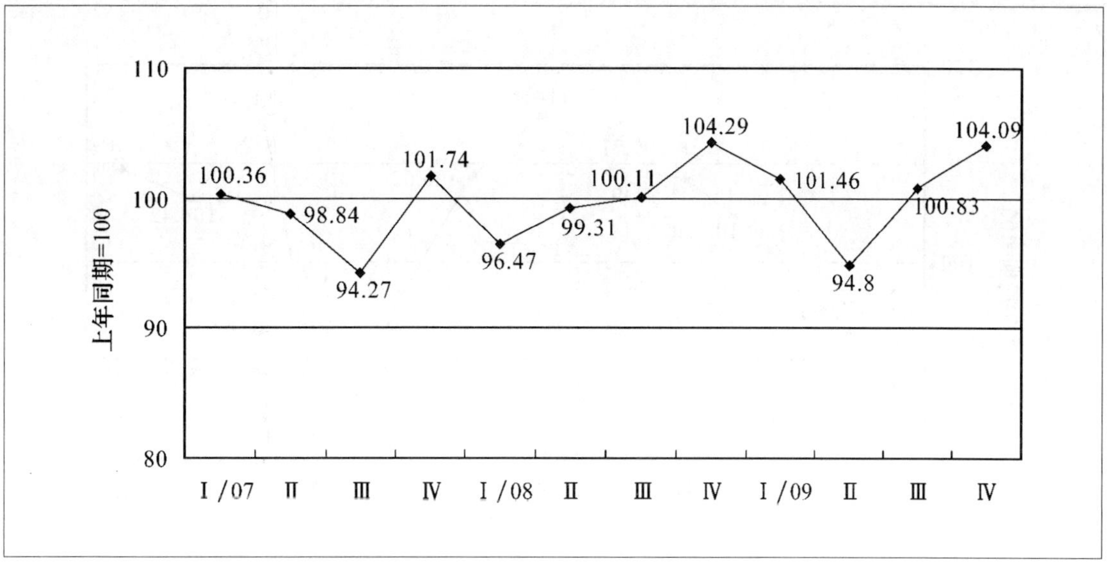


**图 21　2007—2009 年糖料季度生产价格指数**

**Quarterly Indices of Producer Prices of Sugar Crops (2007—2009)**

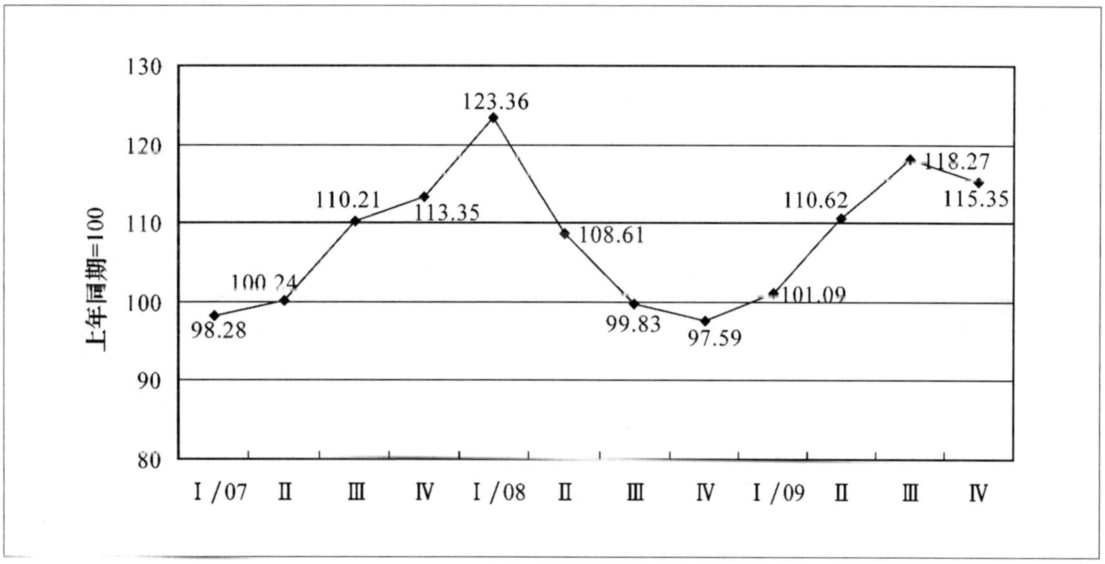


**图 22　2007—2009 年蔬菜季度生产价格指数**

**Quarterly Indices of Producer Prices of Vegetables (2007—2009)**

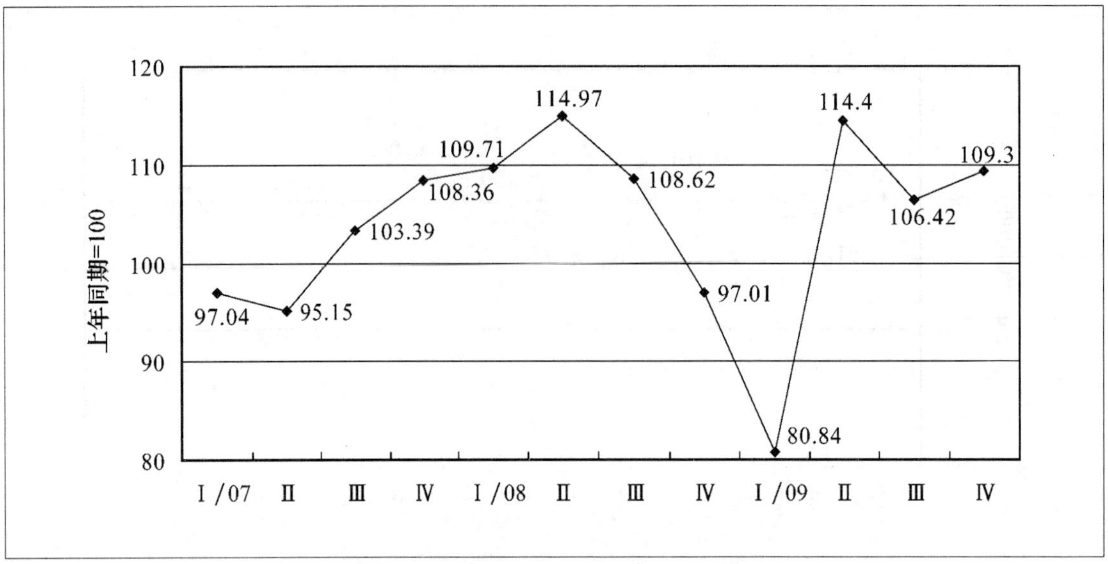


**图 23　2007—2009 年水果季度生产价格指数**

**Quarterly Indices of Producer Prices of Fruits (2007—2009)**

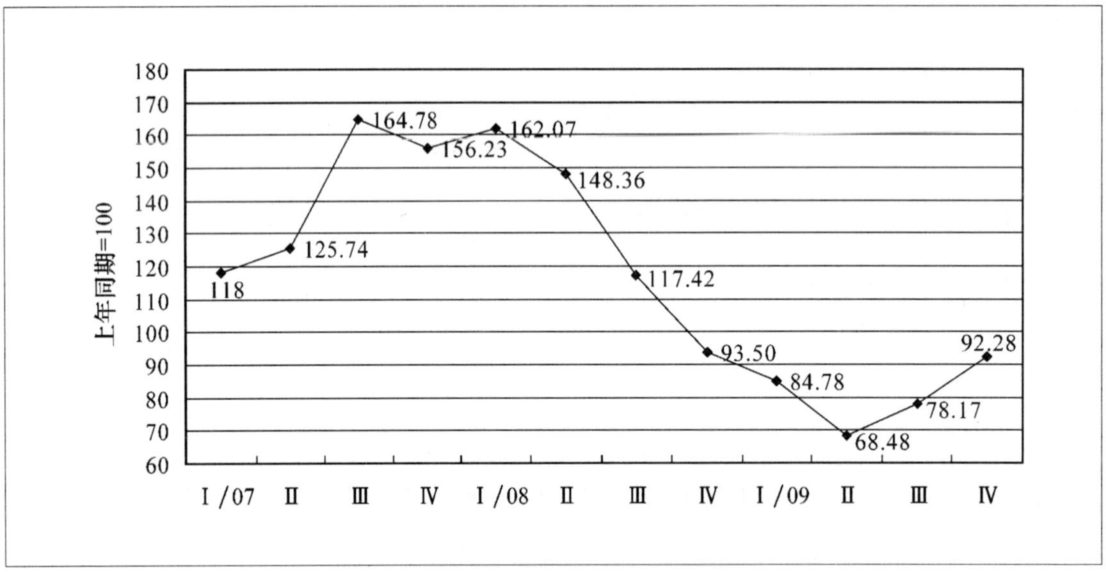


**图 24　2007—2009 年活猪季度生产价格指数**

**Quarterly Indices of Producer Prices of Hog (2007—2009)**

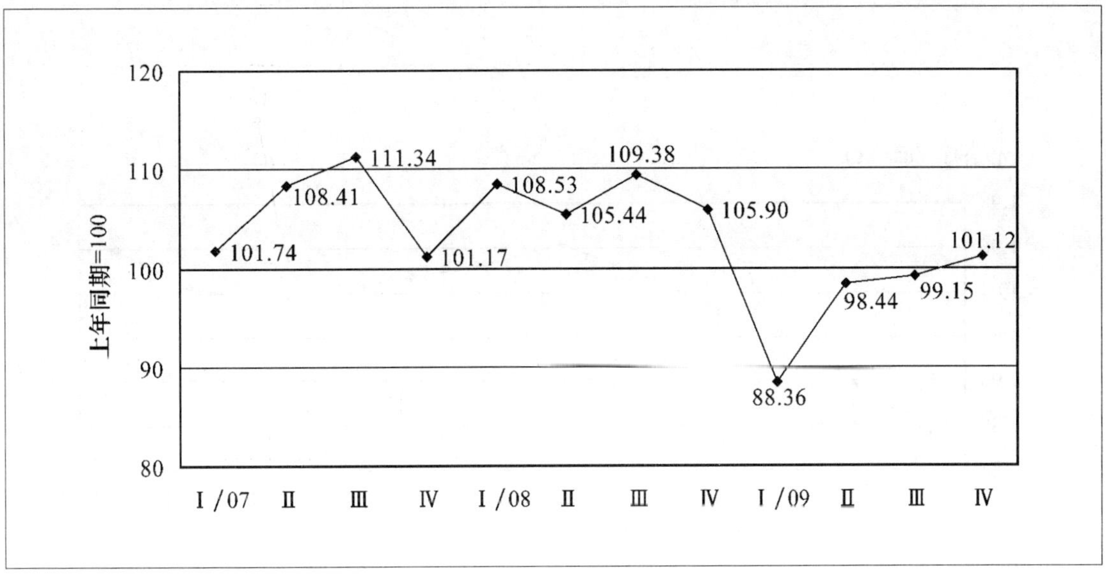


**图 25　2007—2009 年海水产品季度生产价格指数**

**Quarterly Indices of Producer Prices of Seawater Aquatic Products (2007—2009)**

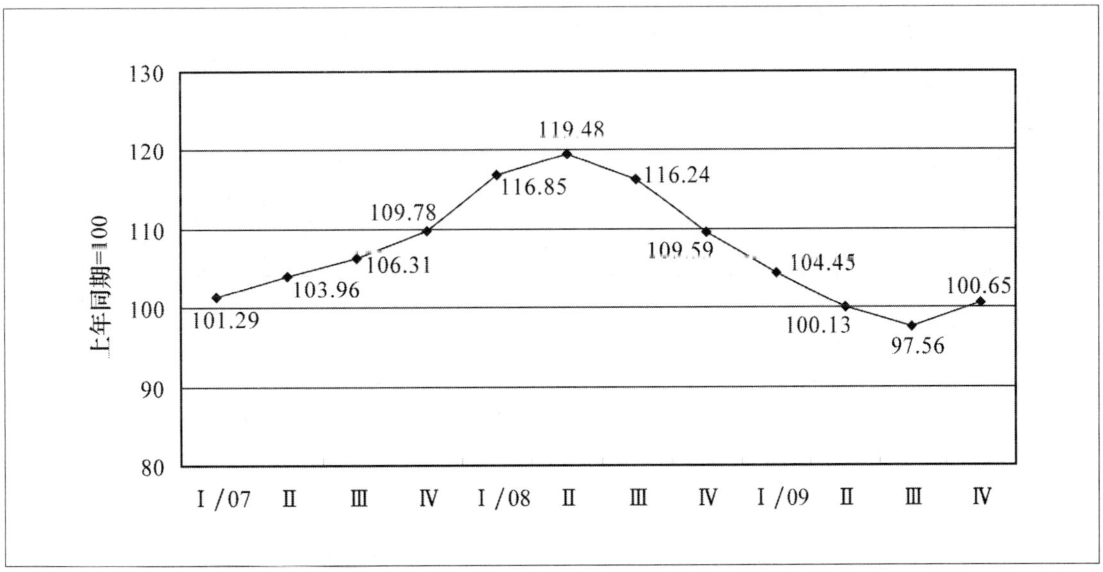


**图 26　2007—2009 年淡水产品季度生产价格指数**

**Quarterly Indices of Producer Prices of Freshwater Aquatic Products (2007—2009)**

# 1-2 农产品集贸市场价格走势图

# Chart of Prices of Agricultural Products at the Rural Market Fairs

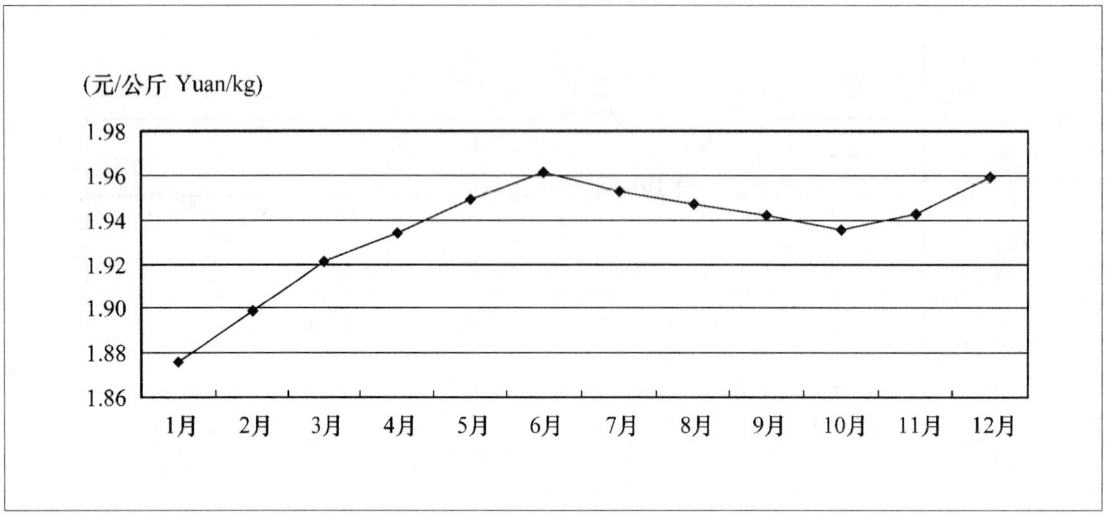


**图1 2009年籼稻价格走势**

**Monthly Price Movement of Long—grain Nonglutinous Rice in 2009**

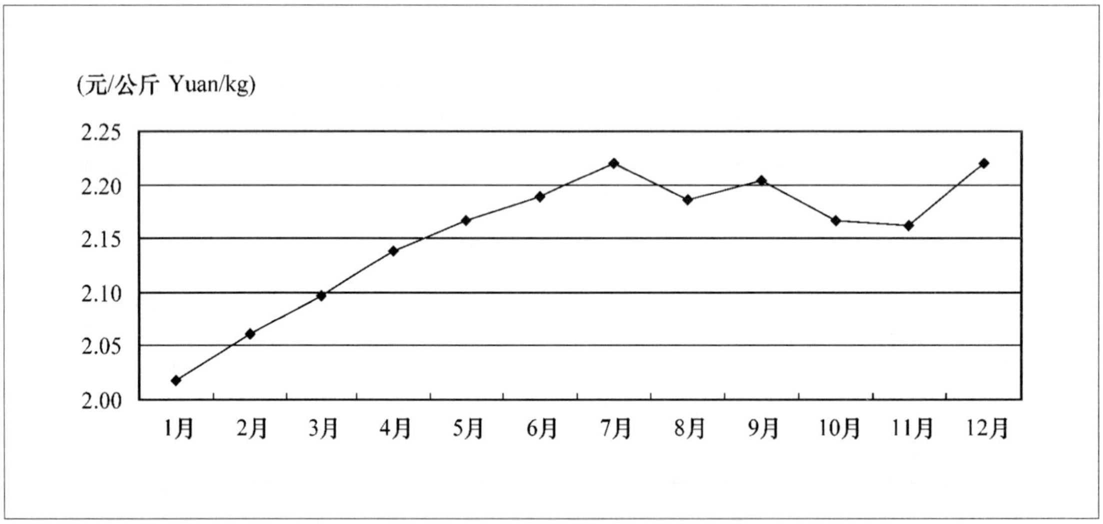


**图2 2009年粳稻价格走势**

**Monthly Price Movement of Medium to Short—grain Nonglutinous Rice in 2009**

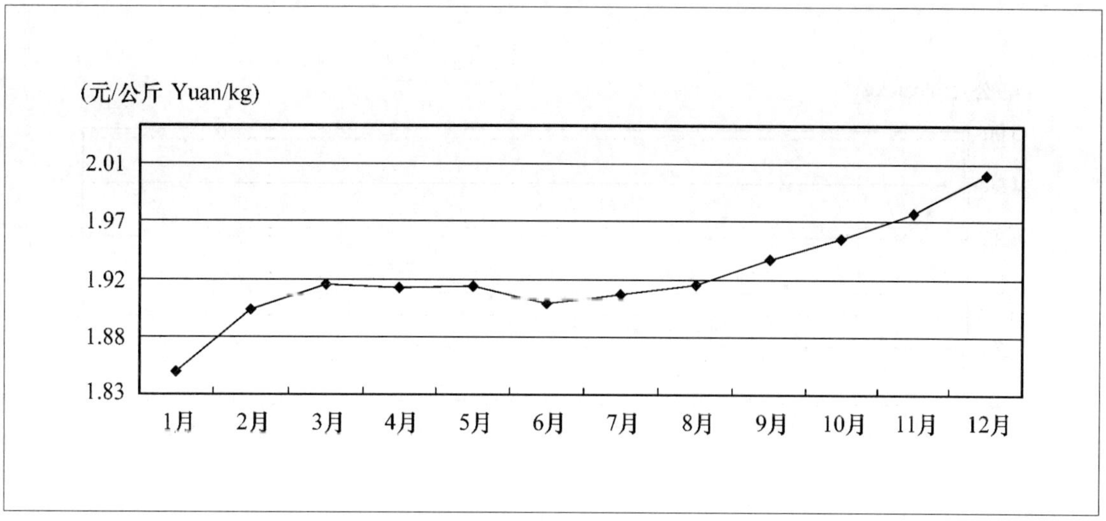


**图 3　2009 年小麦价格走势**
**Monthly Price Movement of Wheat in 2009**

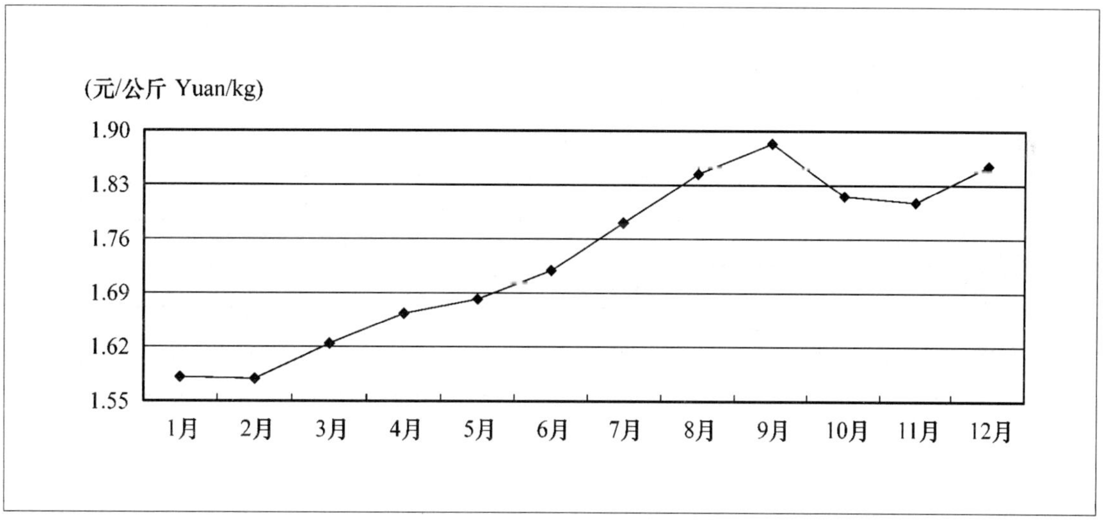


**图 4　2009 年玉米价格走势**
**Monthly Price Movement of Corn in 2009**

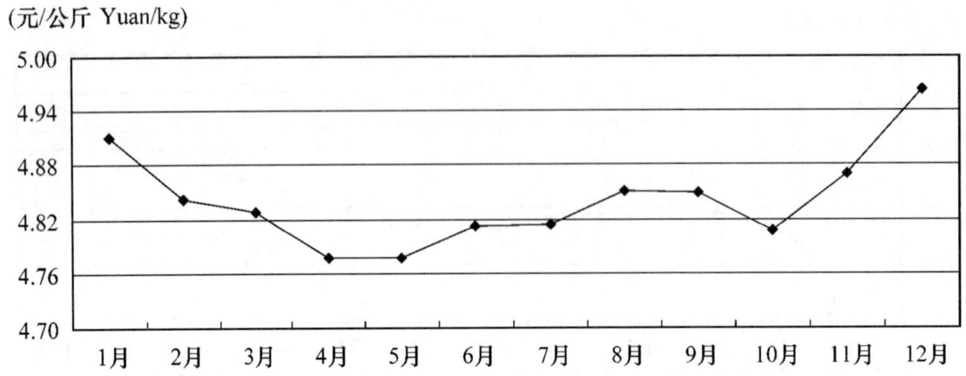


**图 5 2009 年大豆价格走势**
**Monthly Price Movement of Soybean in 2009**

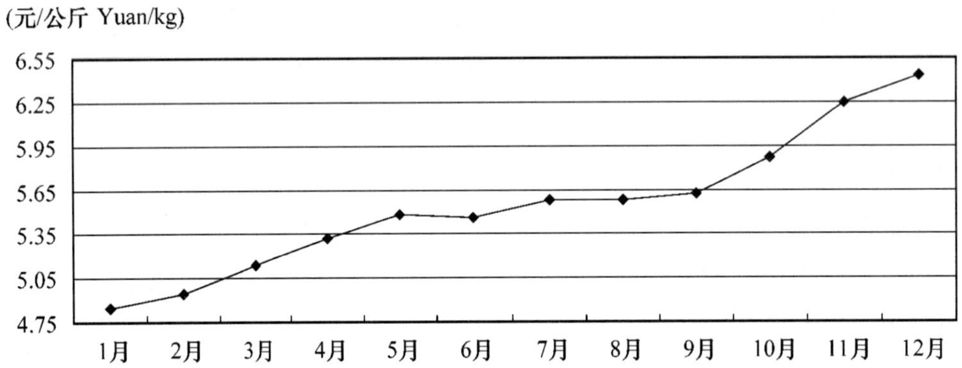


**图 6 2009 年棉花（籽棉）价格走势**
**Monthly Price Movement of Cotton(Unginned) in 2009**

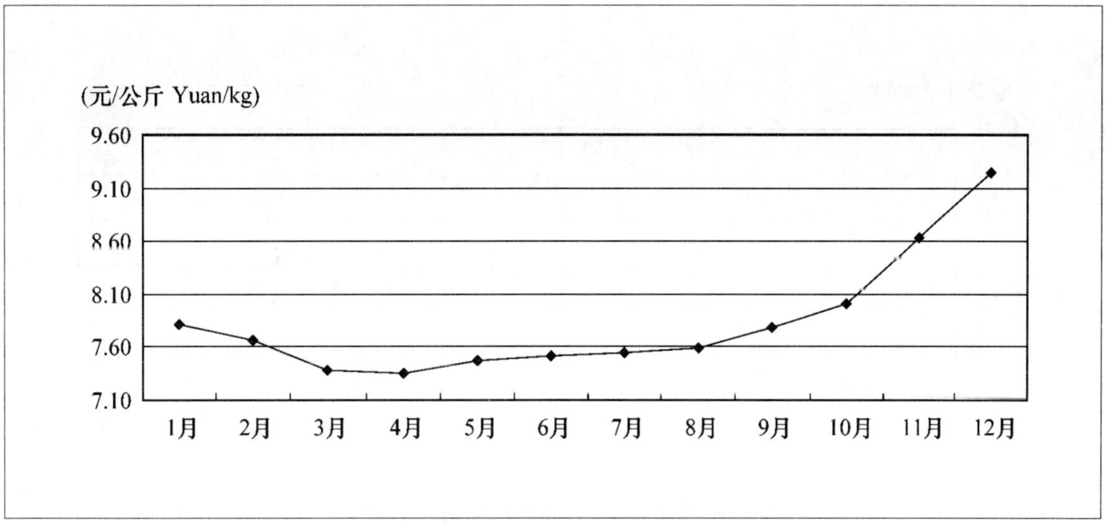


**图 7　2009 年花生仁价格走势**
**Monthly Price Movement of Peanut Kenel in 2009**

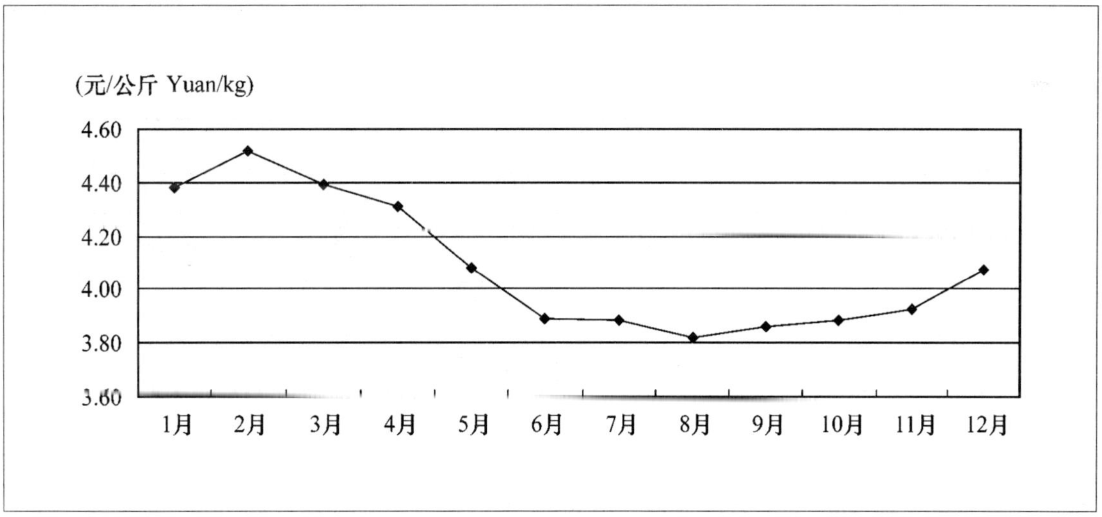


**图 8　2009 年油菜籽价格走势**
**Monthly Price Movement of Rapeseeds in 2009**

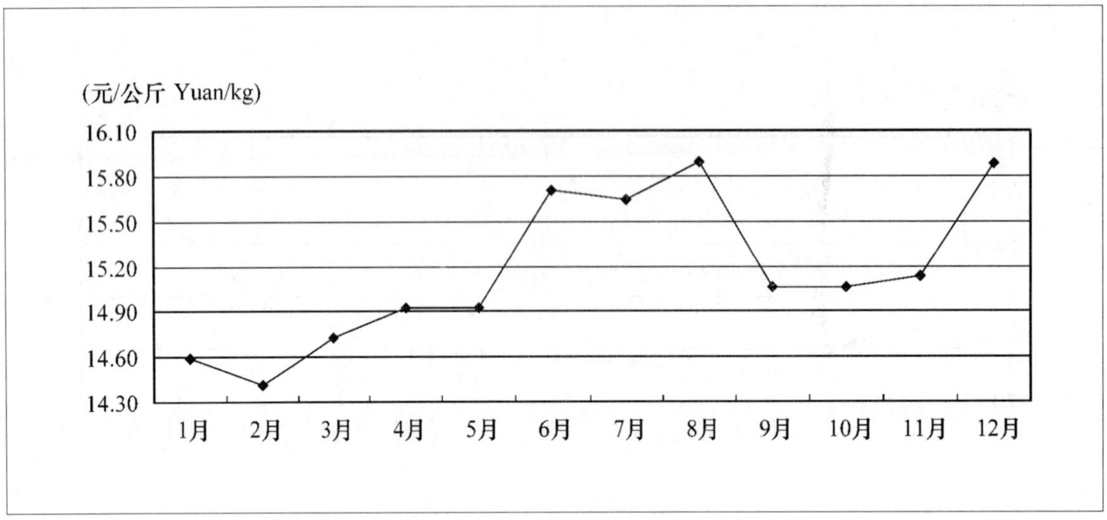


**图 9 2009 年烤烟价格走势**

**Monthly Price Movement of Flue-cured Tobbaco in 2009**

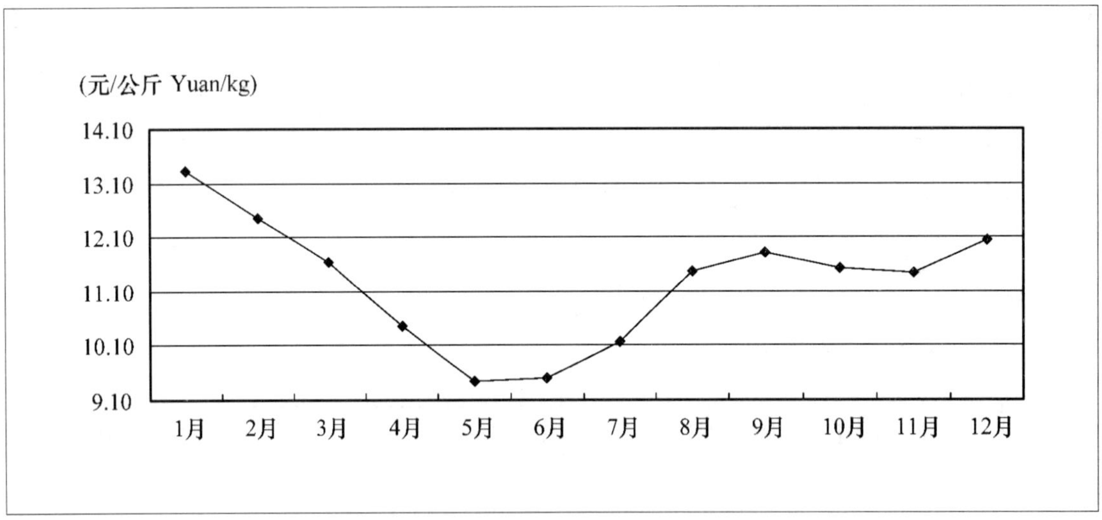


**图 10 2009 年生猪价格走势**

**Monthly Price Movement of Hog in 2009**

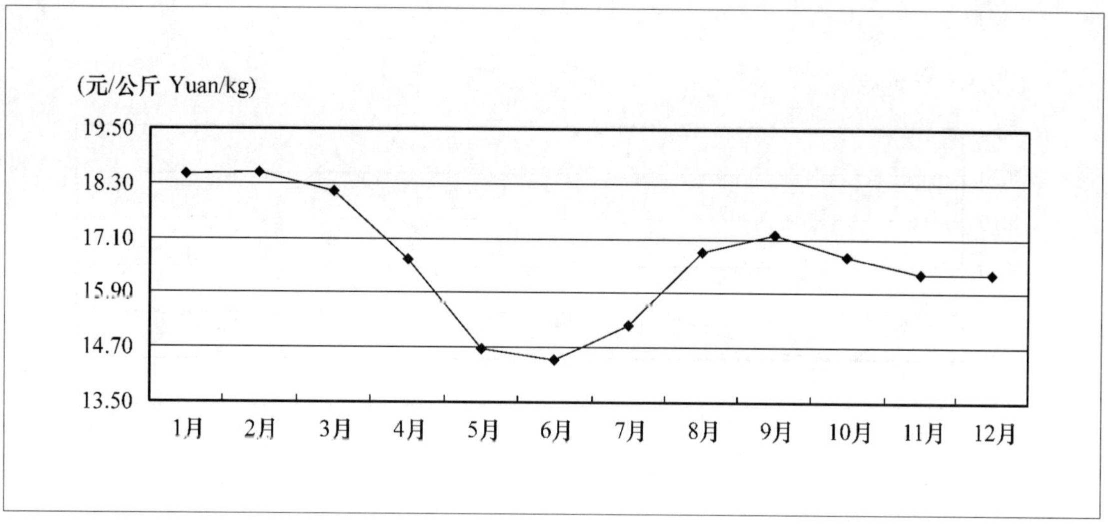


**图 11 2009 年仔猪价格走势**

**Monthly Price Movement of Piglet in 2009**

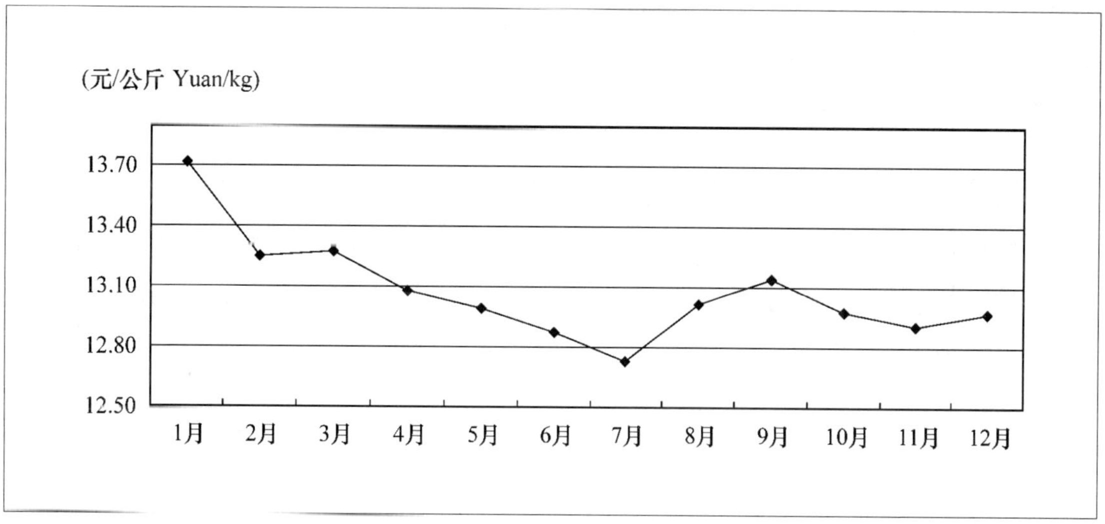


**图 12 2009 年活鸡价格走势**

**Monthly Price Movement of Live Chicken in 2009**

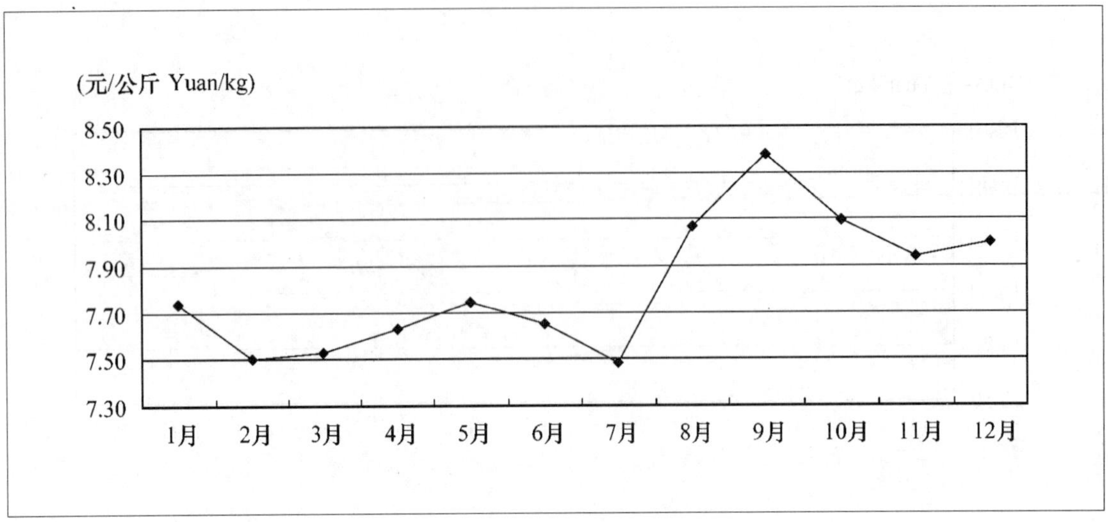


**图 13　2009 年鸡蛋价格走势**

**Monthly Price Movement of egg in 2009**

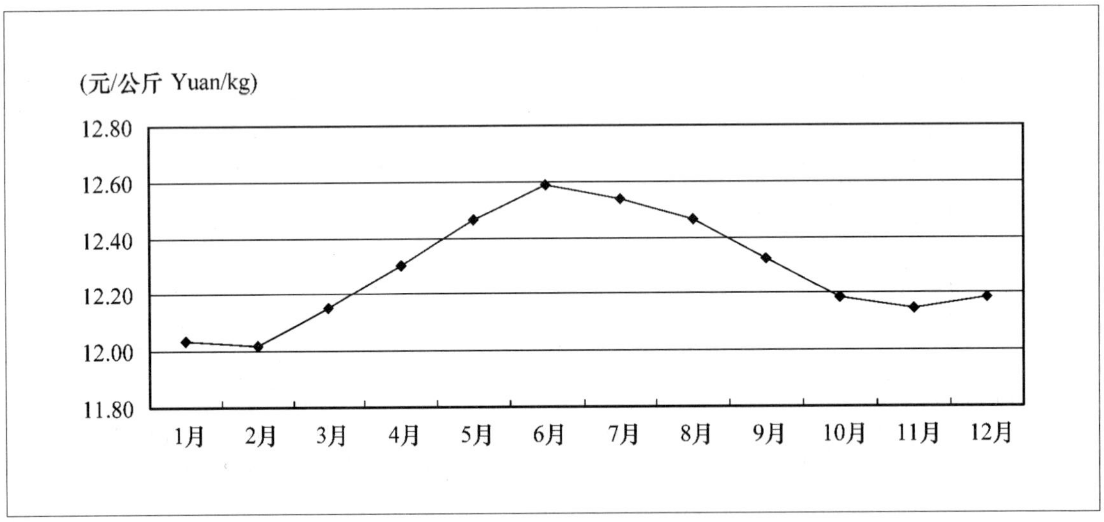


**图 14　2009 年草鱼价格走势**

**Monthly Price Movement of Grass Carp in 2009**

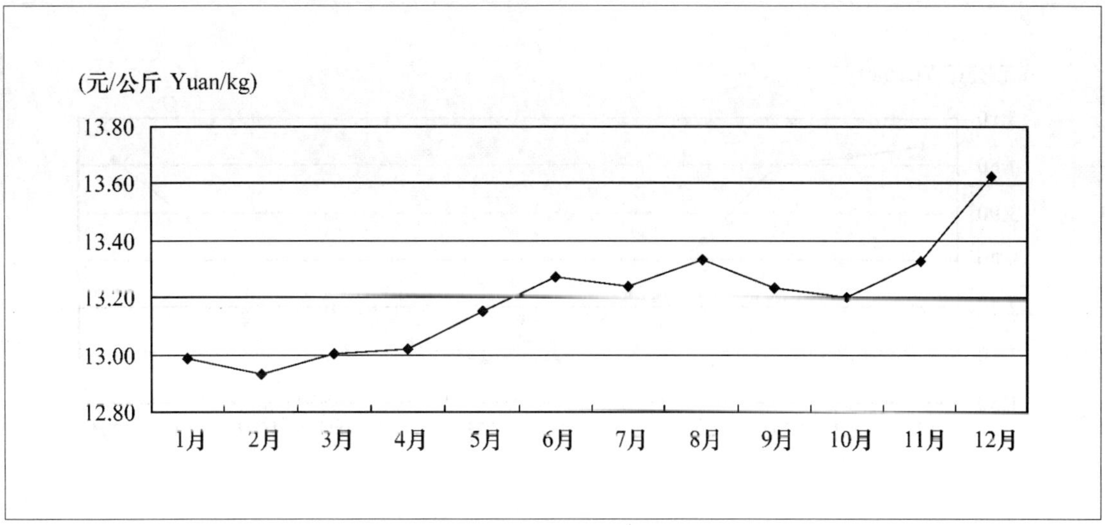


**图 15　2009 年带鱼价格走势**
**Monthly Price Movement of Hairtail in 2009**

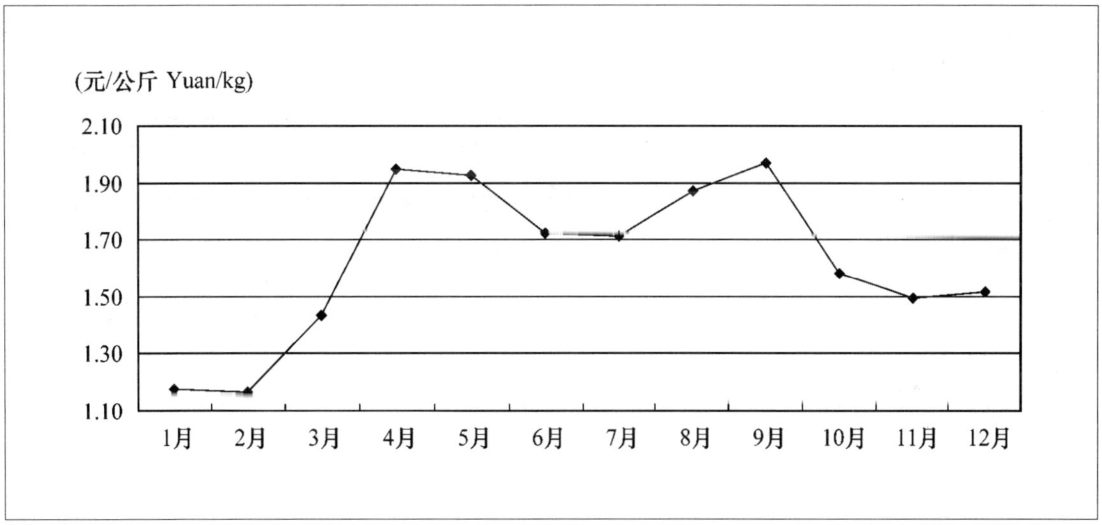


**图 16　2009 年大白菜价格走势**
**Monthly Price Movement of Chinese Cabbage in 2009**

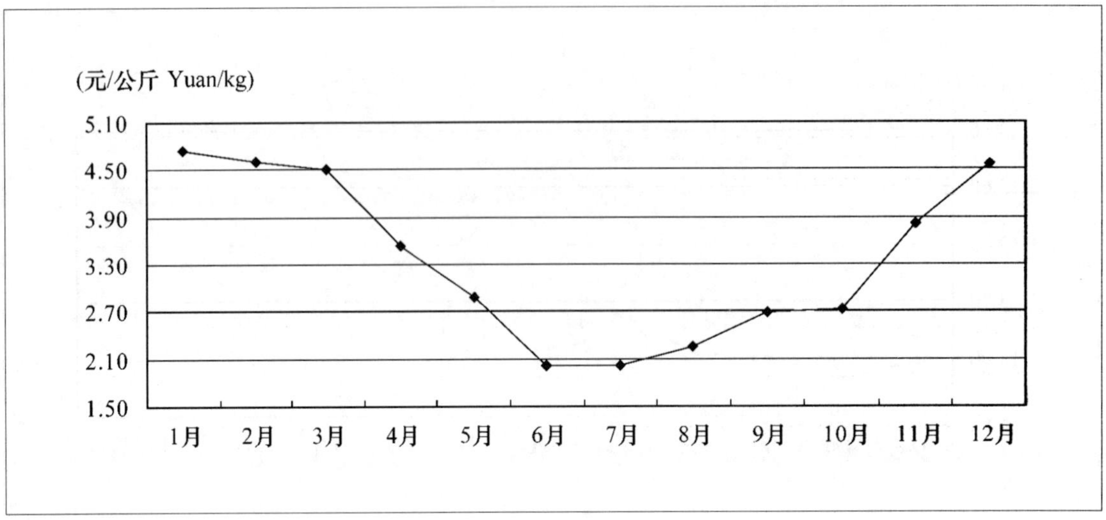


**图 17　2009 年黄瓜价格走势**
**Monthly Price Movement of Cucumber in 2009**

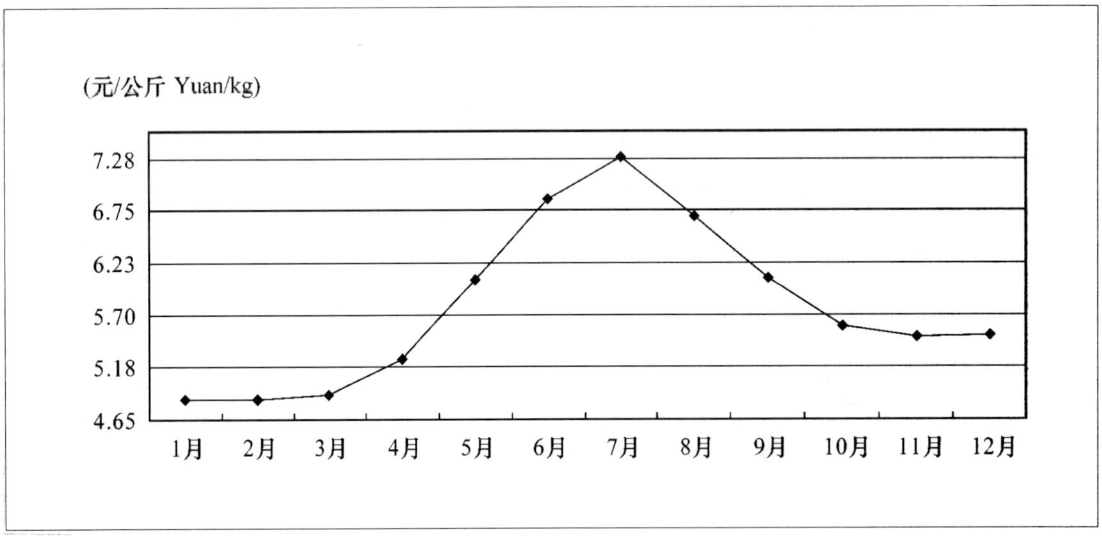


**图 18　2009 年红富士苹果价格走势**
**Monthly Price Movement of Hongfushi Apple in 2009**

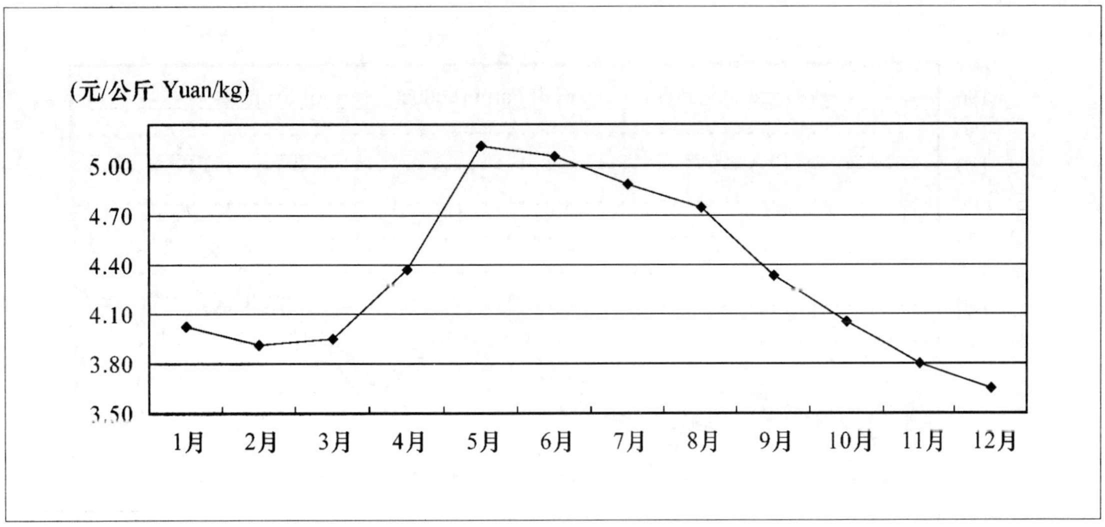


**图 19　2009 年香蕉价格走势**
**Monthly Price Movement of Banana in 2009**

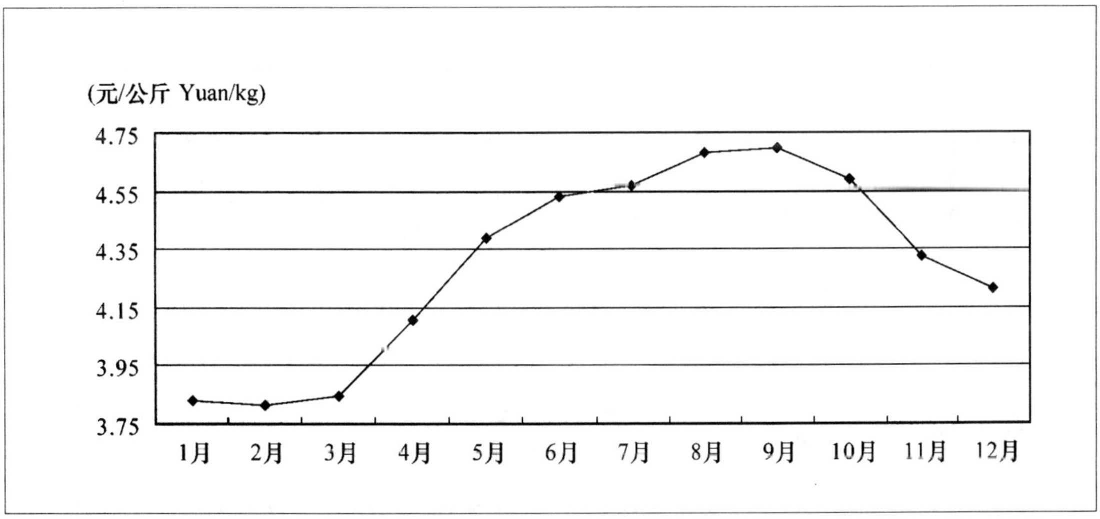


**图 20　2009 年橙子价格走势**
**Monthly Price Movement of Orange in 2009**

# 1-3 美国农产品生产价格走势图

## Chart of US Prices of Agricultural Products

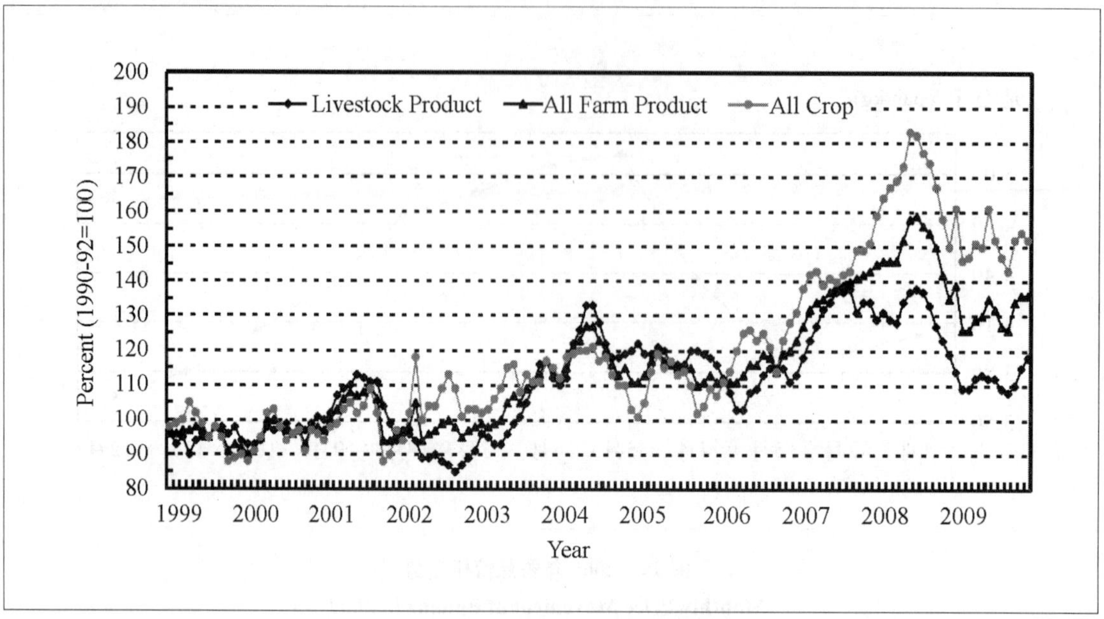


**图 1 美国主要农产品生产价格指数**

**Prices Received,Major Indexes,US**

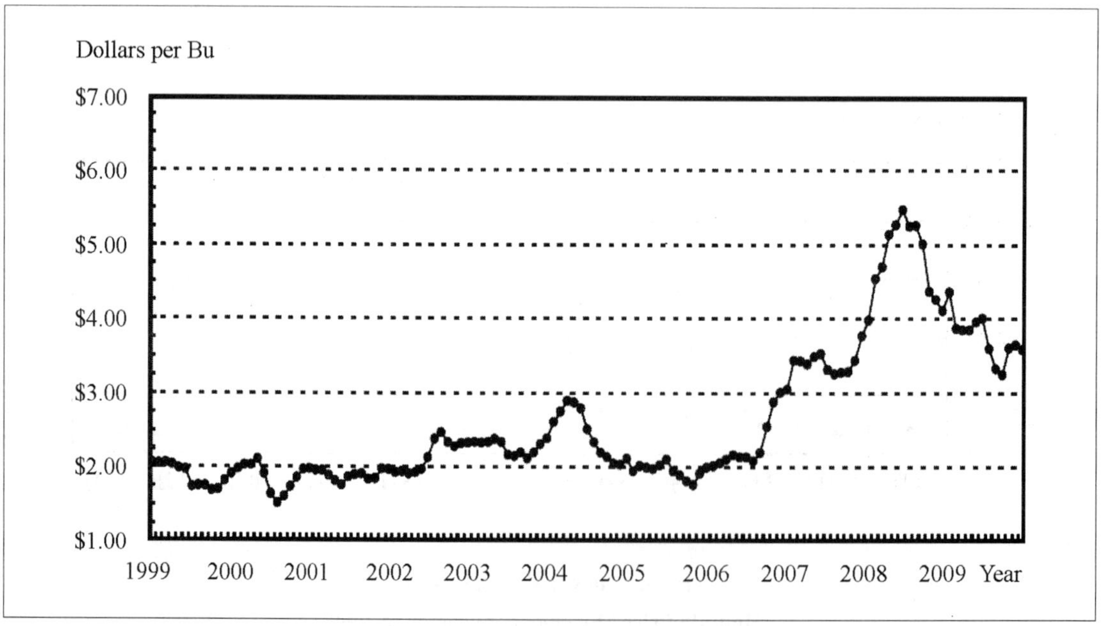


**图 2 美国玉米生产价格**

**Prices Received,Corn,US**

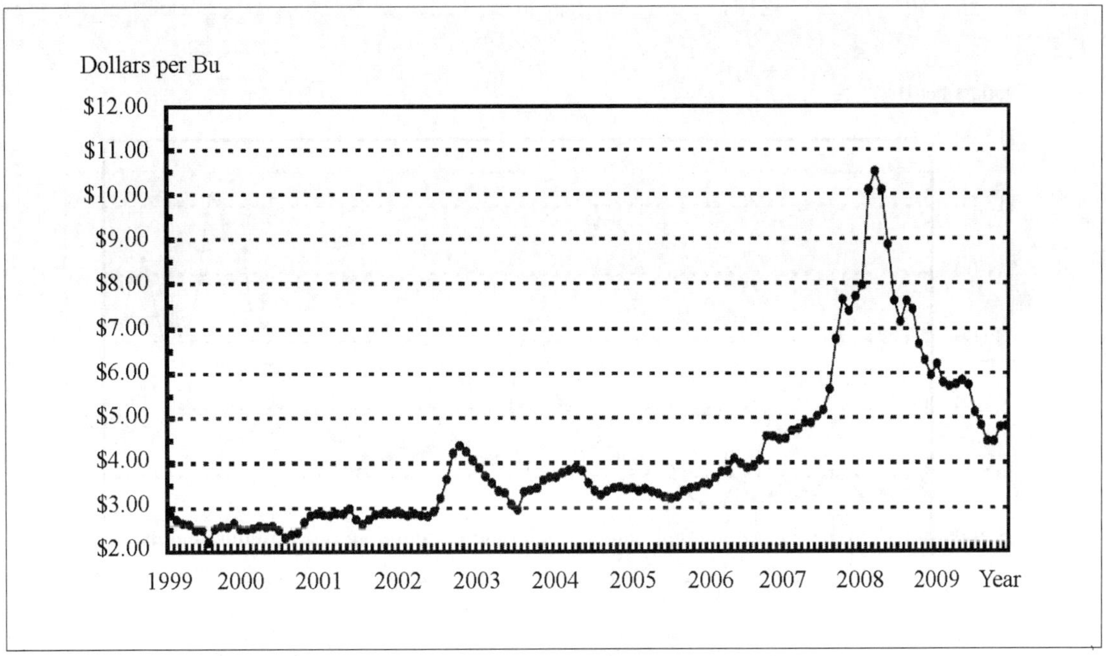


**图 3 美国小麦生产价格**

**Prices Received,Wheat,US**

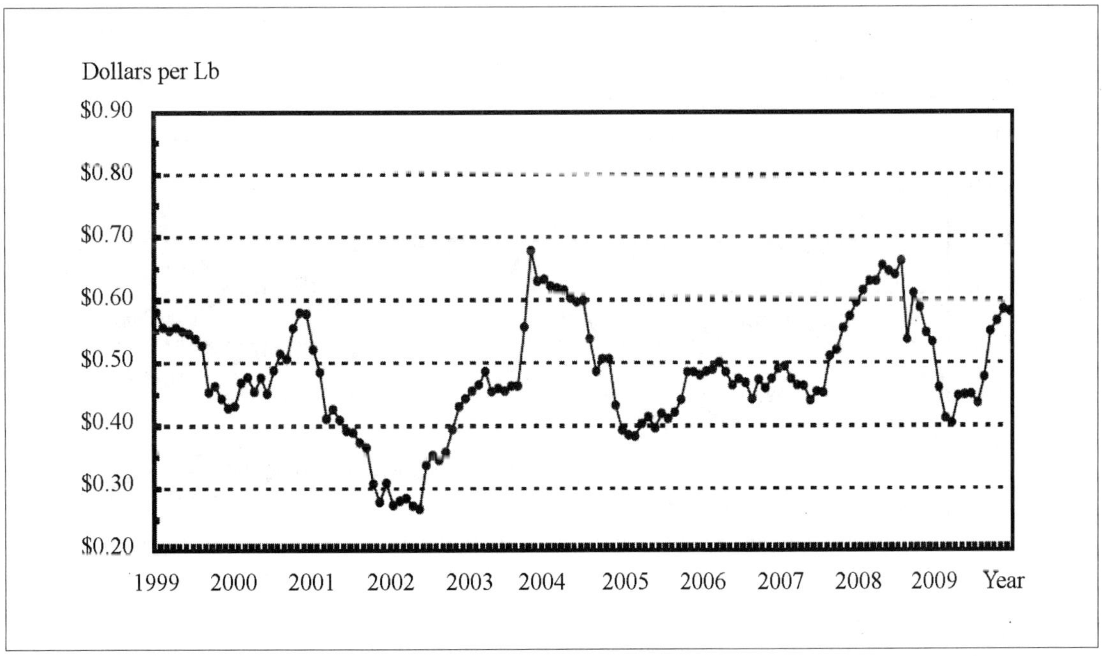


**图 4 美国棉花生产价格**

**Prices Received,Cotton,US**

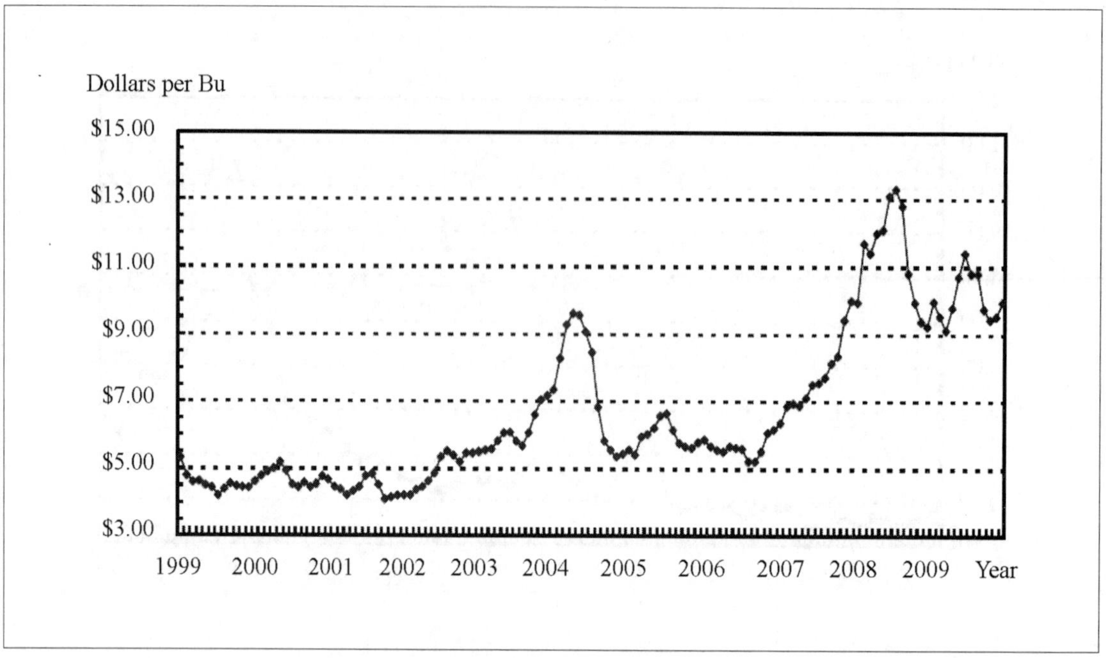


图 5　美国大豆生产价格

**Prices Received,Soybeans,US**

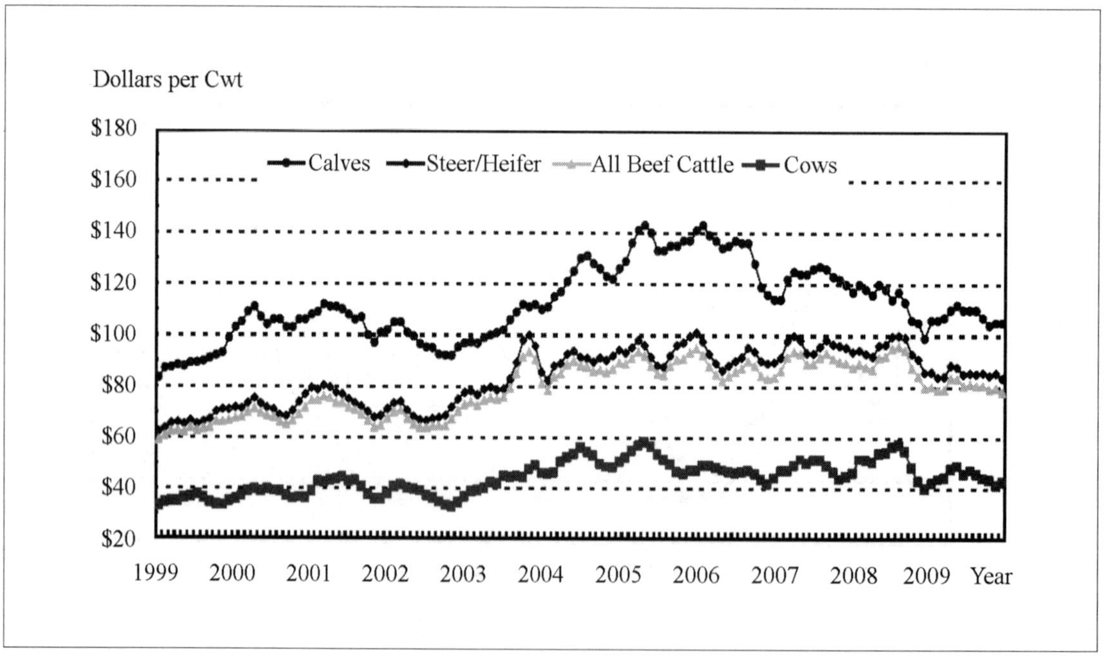


图 6　美国大牲畜生产价格

**Prices Received,Cattle,US**

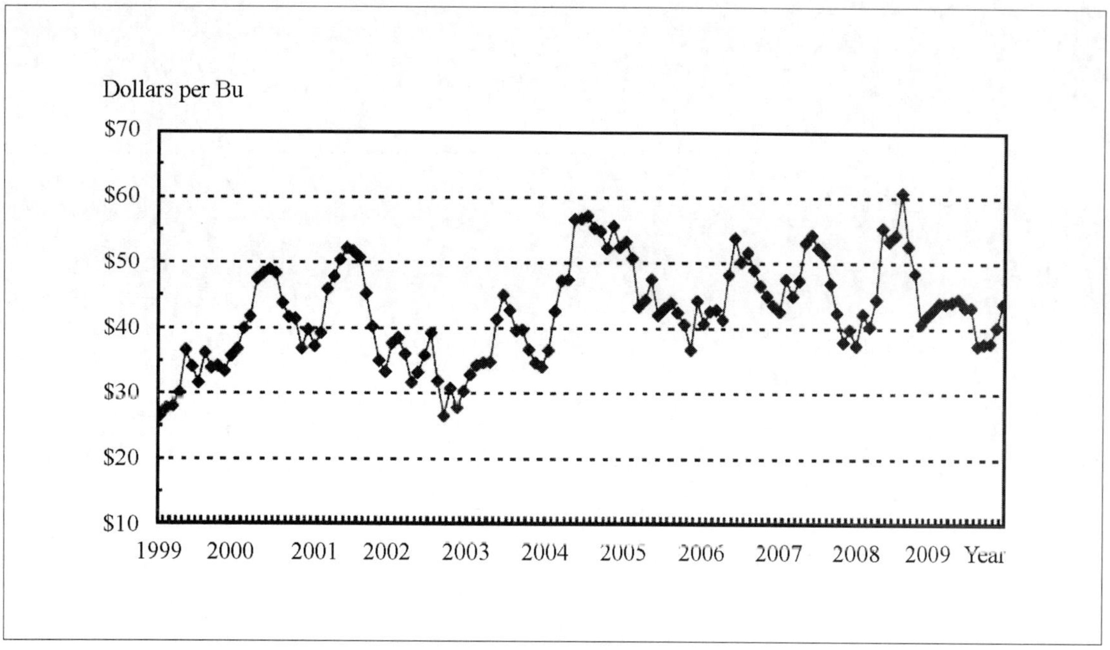


**图 7　美国生猪生产价格**
**Prices Received,Hogs,US**

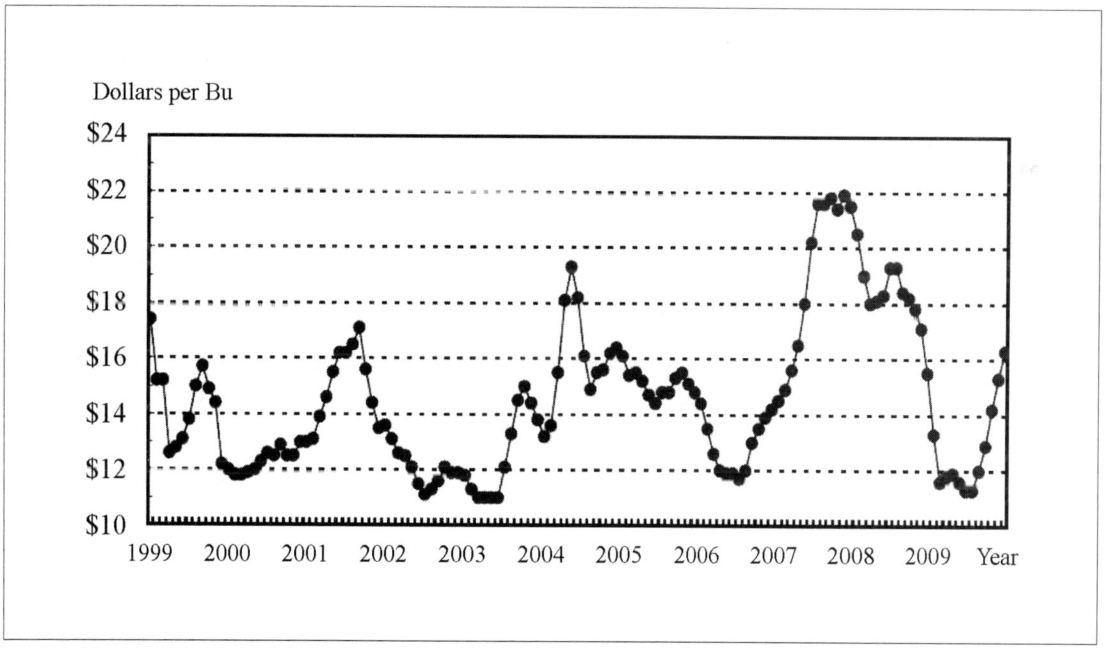


**图 8　美国牛奶生产价格**
**Prices Received,Milk,US**

# 2

# 农产品生产价格指数

Producer Price Indices of Agricultural Products

# 2-1 全国农产品生产价格总指数(上年为100)
# Producer Price Indices of Agricultural Products

(上年=100) (preceding year=100)

| 年份 Year | 总指数 All | 种植业产品 Crop Products | #粮食 Grain | 林业产品 Forestry Products | 畜牧业产品 Livestock Products | 渔业产品 Fishery Products |
|---|---|---|---|---|---|---|
| 1978 | 103.90 | 104.69 | 100.70 | 101.00 | 100.50 | 102.50 |
| 1979 | 122.10 | 122.39 | 130.50 | 115.00 | 122.60 | 118.20 |
| 1980 | 107.10 | 107.78 | 107.90 | 115.80 | 103.40 | 101.80 |
| 1981 | 105.90 | 106.09 | 109.70 | 127.00 | 101.10 | 100.60 |
| 1982 | 102.20 | 102.48 | 103.80 | 105.90 | 100.30 | 101.00 |
| 1983 | 104.40 | 105.74 | 110.30 | 100.20 | 100.50 | 103.20 |
| 1984 | 104.00 | 103.82 | 112.00 | 103.30 | 104.10 | 109.80 |
| 1985 | 108.60 | 101.66 | 101.80 | 155.50 | 124.10 | 151.30 |
| 1986 | 106.40 | 106.62 | 109.90 | 114.90 | 103.00 | 110.40 |
| 1987 | 112.00 | 108.83 | 108.00 | 120.30 | 117.90 | 122.80 |
| 1988 | 123.00 | 113.46 | 114.60 | 136.70 | 140.20 | 134.30 |
| 1989 | 115.00 | 118.90 | 126.90 | 105.20 | 110.20 | 99.80 |
| 1990 | 97.40 | 100.73 | 93.20 | 84.50 | 92.30 | 98.80 |
| 1991 | 98.00 | 97.31 | 93.80 | 102.40 | 97.40 | 104.70 |
| 1992 | 103.40 | 101.14 | 105.30 | 107.30 | 106.30 | 108.10 |
| 1993 | 113.40 | 112.05 | 116.70 | 111.10 | 114.20 | 122.10 |
| 1994 | 139.90 | 141.91 | 146.60 | 111.80 | 144.60 | 122.00 |
| 1995 | 119.90 | 123.95 | 129.00 | 105.10 | 115.80 | 112.40 |
| 1996 | 104.20 | 104.71 | 105.80 | 104.40 | 103.30 | 103.40 |
| 1997 | 95.50 | 92.81 | 90.20 | 98.90 | 101.80 | 91.70 |
| 1998 | 92.00 | 93.64 | 96.69 | 101.10 | 86.90 | 93.90 |
| 1999 | 87.80 | 85.75 | 87.09 | 101.40 | 88.50 | 92.50 |
| 2000 | 96.40 | 94.66 | 90.20 | 90.00 | 99.00 | 100.50 |
| 2001 | 103.10 | 105.65 | 107.61 | 94.15 | 103.07 | 98.57 |
| 2002 | 99.70 | 100.04 | 96.16 | 98.31 | 100.15 | 95.89 |
| 2003 | 104.37 | 107.42 | 104.48 | 107.01 | 101.76 | 100.34 |
| 2004 | 113.09 | 115.86 | 126.21 | 104.62 | 111.08 | 110.19 |
| 2005 | 101.39 | 101.55 | 99.08 | 104.79 | 100.52 | 104.67 |
| 2006 | 101.20 | 104.50 | 102.00 | 112.78 | 94.33 | 103.93 |
| 2007 | 118.49 | 109.82 | 110.26 | 104.37 | 131.36 | 108.05 |
| 2008 | 114.06 | 108.43 | 109.60 | 108.47 | 123.94 | 111.24 |
| 2009 | 97.60 | 102.88 | 103.67 | 94.88 | 90.13 | 99.01 |

注：2000年以前农产品生产价格总指数为农产品收购价格指数，下同。
Note: The producer price indices of agricultural products prior to 2000 were purchase price indices of agricultural products and the same as below.

# 2-2 全国农产品生产价格总指数(1978年为100)
# Producer Price Indices of Agricultural Products

(1978年=100) (1978=100)

| 年份 Year | 总指数 All | 种植业产品 Crop Products | #粮食 Grain | 林业产品 Forestry Products | 畜牧业产品 Livestock Products | 渔业产品 Fishery Products |
|---|---|---|---|---|---|---|
| 1978 | 100.00 | 100.00 | 100.00 | 100.00 | 100.00 | 100.00 |
| 1979 | 122.10 | 122.39 | 130.50 | 115.00 | 122.60 | 118.20 |
| 1980 | 130.77 | 131.91 | 140.81 | 133.17 | 126.77 | 120.33 |
| 1981 | 138.48 | 139.95 | 154.47 | 169.13 | 128.16 | 121.05 |
| 1982 | 141.53 | 143.43 | 160.34 | 179.10 | 128.55 | 122.26 |
| 1983 | 147.76 | 151.66 | 176.85 | 179.46 | 129.19 | 126.17 |
| 1984 | 153.67 | 157.45 | 198.07 | 185.38 | 134.49 | 138.54 |
| 1985 | 166.88 | 160.07 | 201.64 | 288.27 | 166.90 | 209.61 |
| 1986 | 177.56 | 170.67 | 221.60 | 331.23 | 171.91 | 231.41 |
| 1987 | 198.87 | 185.74 | 239.33 | 398.46 | 202.68 | 284.17 |
| 1988 | 244.61 | 210.74 | 274.27 | 544.70 | 284.15 | 381.64 |
| 1989 | 281.31 | 250.56 | 348.05 | 573.03 | 313.14 | 380.87 |
| 1990 | 273.99 | 252.39 | 324.39 | 484.21 | 289.02 | 376.30 |
| 1991 | 268.51 | 245.61 | 304.27 | 495.83 | 281.51 | 393.99 |
| 1992 | 277.64 | 248.40 | 320.40 | 532.02 | 299.24 | 425.90 |
| 1993 | 314.85 | 278.33 | 373.91 | 591.08 | 341.74 | 520.03 |
| 1994 | 440.47 | 394.97 | 548.15 | 660.83 | 494.15 | 634.43 |
| 1995 | 528.12 | 489.56 | 707.11 | 694.53 | 572.23 | 713.10 |
| 1996 | 550.30 | 512.61 | 748.12 | 725.09 | 591.11 | 737.35 |
| 1997 | 525.54 | 475.75 | 674.80 | 717.11 | 601.75 | 676.15 |
| 1998 | 483.50 | 445.50 | 652.50 | 725.00 | 522.92 | 634.90 |
| 1999 | 424.51 | 382.02 | 568.29 | 735.15 | 462.79 | 587.28 |
| 2000 | 409.23 | 361.61 | 512.60 | 661.63 | 458.16 | 590.22 |
| 2001 | 421.91 | 382.03 | 551.60 | 622.93 | 472.22 | 581.78 |
| 2002 | 420.65 | 382.19 | 530.42 | 612.40 | 472.93 | 557.87 |
| 2003 | 439.03 | 410.55 | 554.19 | 655.33 | 481.26 | 559.77 |
| 2004 | 496.50 | 475.66 | 699.44 | 685.61 | 534.58 | 616.81 |
| 2005 | 503.40 | 483.03 | 693.00 | 718.45 | 537.36 | 645.61 |
| 2006 | 509.44 | 504.77 | 706.86 | 810.26 | 506.89 | 670.98 |
| 2007 | 603.64 | 554.34 | 779.39 | 845.67 | 665.85 | 725.00 |
| 2008 | 688.53 | 601.07 | 854.21 | 917.30 | 825.26 | 806.49 |
| 2009 | 672.01 | 618.38 | 885.56 | 870.34 | 743.80 | 798.50 |

# 2-3 全国农产品生产价格总指数(1995年为100)
# Producer Price indices of Agricultural Products

(1995年=100) (1995=100)

| 年份 Year | 总指数 All | 种植业产品 Crop Products | #粮食 Grain | 林业产品 Forestry Products | 畜牧业产品 Livestock Products | 渔业产品 Fishery Products |
|---|---|---|---|---|---|---|
| 1978 | 18.94 | 20.43 | 14.14 | 14.40 | 17.48 | 14.02 |
| 1979 | 23.12 | 25.00 | 18.46 | 16.56 | 21.43 | 16.58 |
| 1980 | 24.76 | 26.95 | 19.91 | 19.17 | 22.15 | 16.87 |
| 1981 | 26.22 | 28.59 | 21.84 | 24.35 | 22.40 | 16.98 |
| 1982 | 26.80 | 29.30 | 22.68 | 25.79 | 22.46 | 17.14 |
| 1983 | 27.98 | 30.98 | 25.01 | 25.84 | 22.58 | 17.69 |
| 1984 | 29.10 | 32.16 | 28.01 | 26.69 | 23.50 | 19.43 |
| 1985 | 31.60 | 32.70 | 28.52 | 41.51 | 29.17 | 29.39 |
| 1986 | 33.62 | 34.86 | 31.34 | 47.69 | 30.04 | 32.45 |
| 1987 | 37.66 | 37.94 | 33.85 | 57.37 | 35.42 | 39.85 |
| 1988 | 46.32 | 43.05 | 38.79 | 78.43 | 49.66 | 53.52 |
| 1989 | 53.27 | 51.18 | 49.22 | 82.51 | 54.72 | 53.41 |
| 1990 | 51.88 | 51.55 | 45.87 | 69.72 | 50.51 | 52.77 |
| 1991 | 50.84 | 50.17 | 43.03 | 71.39 | 49.20 | 55.25 |
| 1992 | 52.57 | 50.74 | 45.31 | 76.60 | 52.29 | 59.73 |
| 1993 | 59.62 | 56.85 | 52.88 | 85.11 | 59.72 | 72.92 |
| 1994 | 83.40 | 80.68 | 77.52 | 95.15 | 86.36 | 88.97 |
| 1995 | 100.00 | 100.00 | 100.00 | 100.00 | 100.00 | 100.00 |
| 1996 | 104.20 | 104.71 | 105.80 | 104.40 | 103.30 | 103.40 |
| 1997 | 99.51 | 97.18 | 95.43 | 103.25 | 105.16 | 94.82 |
| 1998 | 91.55 | 91.00 | 92.28 | 104.39 | 91.38 | 89.03 |
| 1999 | 80.38 | 78.03 | 80.37 | 105.85 | 80.87 | 82.36 |
| 2000 | 77.49 | 73.86 | 72.49 | 95.26 | 80.07 | 82.77 |
| 2001 | 79.89 | 78.04 | 78.01 | 89.69 | 82.52 | 81.58 |
| 2002 | 79.65 | 78.07 | 75.01 | 88.18 | 82.65 | 78.23 |
| 2003 | 83.13 | 83.86 | 78.37 | 94.36 | 84.10 | 78.50 |
| 2004 | 94.01 | 97.16 | 98.92 | 98.72 | 93.42 | 86.50 |
| 2005 | 95.32 | 98.67 | 98.01 | 103.44 | 93.91 | 90.54 |
| 2006 | 96.46 | 103.11 | 99.97 | 116.66 | 88.58 | 94.09 |
| 2007 | 114.30 | 113.23 | 110.22 | 121.76 | 116.36 | 101.67 |
| 2008 | 130.37 | 122.78 | 120.80 | 132.08 | 144.22 | 113.10 |
| 2009 | 127.24 | 126.31 | 125.24 | 125.31 | 129.98 | 111.98 |

# 2-4 全国农产品生产价格总指数(2000年为100)
# Producer Price Indices of Agricultural Products

(2000年=100) (2000=100)

| 年份 Year | 总指数 All | 种植业产品 Crop Products | #粮食 Grain | 林业产品 Forestry Products | 畜牧业产品 Livestock Products | 渔业产品 Fishery Products |
|---|---|---|---|---|---|---|
| 1978 | 24.44 | 27.65 | 19.51 | 15.11 | 21.83 | 16.94 |
| 1979 | 29.84 | 33.85 | 25.46 | 17.38 | 26.76 | 20.03 |
| 1980 | 31.96 | 36.48 | 27.47 | 20.13 | 27.67 | 20.39 |
| 1981 | 33.84 | 38.70 | 30.13 | 25.56 | 27.97 | 20.51 |
| 1982 | 34.58 | 39.66 | 31.28 | 27.07 | 28.06 | 20.71 |
| 1983 | 36.11 | 41.94 | 34.50 | 27.12 | 28.20 | 21.38 |
| 1984 | 37.55 | 43.54 | 38.64 | 28.02 | 29.35 | 23.47 |
| 1985 | 40.78 | 44.27 | 39.34 | 43.57 | 36.43 | 35.51 |
| 1986 | 43.39 | 47.20 | 43.23 | 50.06 | 37.52 | 39.21 |
| 1987 | 48.60 | 51.36 | 46.69 | 60.22 | 44.24 | 48.15 |
| 1988 | 59.77 | 58.28 | 53.51 | 82.33 | 62.02 | 64.66 |
| 1989 | 68.74 | 69.29 | 67.90 | 86.61 | 68.35 | 64.53 |
| 1990 | 66.95 | 69.80 | 63.28 | 73.18 | 63.08 | 63.76 |
| 1991 | 65.61 | 67.92 | 59.36 | 74.94 | 61.44 | 66.75 |
| 1992 | 67.85 | 68.69 | 62.51 | 80.41 | 65.31 | 72.16 |
| 1993 | 76.94 | 76.97 | 72.94 | 89.34 | 74.59 | 88.11 |
| 1994 | 107.63 | 109.23 | 106.94 | 99.88 | 107.86 | 107.49 |
| 1995 | 129.05 | 135.39 | 137.95 | 104.97 | 124.90 | 120.82 |
| 1996 | 134.47 | 141.76 | 145.95 | 109.59 | 129.02 | 124.93 |
| 1997 | 128.42 | 131.57 | 131.64 | 108.38 | 131.34 | 114.56 |
| 1998 | 118.15 | 123.20 | 127.29 | 109.58 | 114.14 | 107.57 |
| 1999 | 103.73 | 105.65 | 110.86 | 111.11 | 101.01 | 99.50 |
| 2000 | 100.00 | 100.00 | 100.00 | 100.00 | 100.00 | 100.00 |
| 2001 | 103.10 | 105.65 | 107.61 | 94.15 | 103.07 | 98.57 |
| 2002 | 102.79 | 105.69 | 103.48 | 92.56 | 103.22 | 94.52 |
| 2003 | 107.28 | 113.53 | 108.11 | 99.05 | 105.04 | 94.84 |
| 2004 | 121.33 | 131.54 | 136.45 | 103.62 | 116.68 | 104.50 |
| 2005 | 123.01 | 133.58 | 135.19 | 108.59 | 117.29 | 109.38 |
| 2006 | 124.49 | 139.59 | 137.90 | 122.46 | 110.64 | 113.68 |
| 2007 | 147.51 | 153.30 | 152.05 | 127.82 | 145.33 | 122.84 |
| 2008 | 168.25 | 166.22 | 166.64 | 138.64 | 180.12 | 136.64 |
| 2009 | 164.21 | 171.01 | 172.76 | 131.54 | 162.35 | 135.29 |

# 2-5 全国主要农产品生产价格指数
# Producer Price Indices of Main Agricultural Products

(上年=100) (preceding year=100)

| 农产品名称 | Categories of agricultural products | 2002 | 2004 | 2005 | 2006 | 2007 | 2008 | 2009 |
|---|---|---|---|---|---|---|---|---|
| 生产价格总指数 | All | 99.70 | 113.09 | 101.39 | 101.20 | 118.49 | 114.06 | 97.60 |
| 种植业产品 | Crop Products | 100.04 | 115.86 | 101.55 | 104.50 | 109.82 | 108.43 | 102.88 |
| 粮食 | Grain | 96.16 | 126.21 | 99.08 | 102.00 | 110.26 | 109.60 | 103.67 |
| 谷物 | Cereal (unprocessed food grains) | 95.83 | 128.06 | 99.23 | 102.14 | 108.95 | 107.07 | 104.92 |
| 小麦 | Wheat | 98.14 | 131.16 | 96.41 | 100.07 | 105.50 | 108.67 | 107.86 |
| 稻谷 | Paddy | 97.17 | 136.30 | 101.57 | 102.02 | 105.43 | 106.60 | 105.24 |
| 玉米 | Maize (corn) | 91.50 | 116.92 | 97.97 | 103.02 | 115.04 | 107.32 | 98.52 |
| 豆类 | Beans | 98.11 | 120.29 | 95.70 | 99.29 | 122.62 | 117.91 | 93.79 |
| 大豆 | Soybeans | 98.95 | 120.17 | 94.24 | 99.17 | 124.17 | 119.72 | 92.30 |
| 薯类 | Potato | 93.71 | 105.75 | 106.14 | 109.72 | 109.04 | 108.21 | 107.10 |
| 油料 | Oil-bearing Crops | 104.82 | 116.58 | 91.33 | 104.83 | 133.44 | 128.00 | 94.15 |
| 棉花 | Cotton (unginned cotton) | 103.35 | 79.54 | 111.82 | 97.06 | 109.60 | 90.58 | 111.75 |
| 糖料 | Sugar crops | 86.01 | 104.86 | 111.57 | 121.13 | 100.00 | 98.44 | 101.47 |
| 烟叶 | Tobacco | 132.78 | 108.42 | 103.26 | 99.67 | 106.26 | 119.89 | 104.72 |
| 蔬菜 | Vegetable | 95.06 | 105.17 | 107.22 | 109.29 | 106.85 | 104.73 | 111.81 |
| 水果 | fruits | 109.91 | 98.63 | 107.41 | 111.35 | 101.27 | 101.35 | 106.96 |
| 茶叶 | Tea |  | 111.22 | 110.22 | 106.96 | 112.34 | 83.66 | 96.83 |
| 林业产品 | Forestry products | 98.31 | 104.62 | 104.79 | 112.78 | 104.37 | 108.47 | 94.88 |
| 木材 | Felling and transport of wood |  | 104.19 | 103.17 | 107.07 | 108.18 | 108.15 | 95.68 |
| 竹材 | Felling and transport of bamboo |  | 108.89 | 103.67 | 114.50 | 114.06 | 108.87 | 100.63 |
| 胶脂和果实类 | Products of natural and artificial forest | 110.48 | 104.05 | 105.76 | 115.83 | 102.81 | 109.74 | 94.64 |
| 畜牧业产品 | Livestock products | 100.15 | 111.08 | 100.52 | 94.33 | 131.36 | 123.94 | 90.13 |
| 猪(毛重) | Hog (gross weight) | 97.96 | 112.84 | 97.58 | 90.59 | 145.85 | 130.84 | 81.62 |
| 牛(毛重) | Live cattle (gross weight) | 91.44 | 103.93 | 101.66 | 100.58 | 117.46 | 123.60 | 101.03 |
| 羊(毛重) | Live sheep |  | 103.72 | 101.70 | 101.77 | 121.01 | 118.76 | 101.09 |
| 肉禽 | Poultry | 106.09 | 111.80 | 105.61 | 97.17 | 117.02 | 111.94 | 102.21 |
| 禽蛋 | Eggs | 102.80 | 112.58 | 106.38 | 95.98 | 115.89 | 112.23 | 102.78 |
| 奶类 | Milk products | 99.71 | 103.73 | 99.62 | 102.90 | 106.23 | 125.54 | 91.63 |
| 毛绒类 | Hair and down products | 80.11 | 103.10 | 106.51 | 105.70 | 106.69 | 89.04 | 88.20 |
| 渔业产品 | Fishery products | 95.89 | 110.19 | 104.67 | 103.93 | 108.05 | 111.24 | 99.01 |
| 海水水产品 | Seawater aquatic products | 98.09 | 109.00 | 104.10 | 107.62 | 110.06 | 106.96 | 98.43 |
| 海水鱼类 | Seawater fish | 104.87 | 109.16 | 104.18 | 109.65 | 110.13 | 109.40 | 99.94 |
| 海水贝类 | Seawater shellfish | 106.68 | 109.17 | 103.28 | 109.22 | 105.55 | 97.45 | 95.04 |
| 内陆水域水产品 | Aquatic products in inland water areas | 93.07 | 112.30 | 107.90 | 100.48 | 106.80 | 113.40 | 101.34 |
| 淡水鱼类 | Freshwater fish | 93.07 | 111.52 | 106.24 | 99.94 | 106.75 | 114.63 | 101.29 |
| 淡水虾蟹类 | Freshwater shrimps and crabs | 91.72 | 122.97 | 116.18 | 111.83 | 108.08 | 110.51 | 102.18 |

# 2-6 全国分品种农产品生产价格指数
# Producer Price Indices of Agricultural Products by category

(上年=100) (preceding year=100)

| 农产品名称 | Categories of agricultural products | 2002 | 2005 | 2006 | 2007 | 2008 | 2009 |
|---|---|---|---|---|---|---|---|
| 总指数 | All | 99.70 | 101.39 | 101.20 | 118.49 | 114.06 | 97.60 |
| 一、种植业产品 | I. Crop products | 100.04 | 101.55 | 104.50 | 109.82 | 108.43 | 102.88 |
| 粮食 | Grain | 96.16 | 99.08 | 102.00 | 110.26 | 109.60 | 103.67 |
| 谷物(原粮) | Cereal (unprocessed food grains) | 95.83 | 99.23 | 102.14 | 108.95 | 107.07 | 104.92 |
| 小麦 | Wheat | 98.14 | 96.41 | 100.07 | 105.50 | 108.67 | 107.86 |
| 硬粒小麦 | Hard-grained wheat | 99.70 | 96.25 | 99.93 | 105.08 | 109.26 | 107.25 |
| 软粒小麦 | Soft-grained wheat | 87.66 | 97.78 | 101.54 | 105.18 | 111.03 | 105.56 |
| 混合小麦 | Mixed wheat | 98.76 | 97.70 | 100.08 | 107.00 | 106.18 | 110.28 |
| 稻谷 | Paddy | 97.17 | 101.57 | 102.02 | 105.43 | 106.60 | 105.24 |
| 早籼稻 | Early long grained nonglutinous rice | 99.39 | 95.22 | 102.13 | 107.18 | 116.72 | 100.01 |
| 晚籼稻 | Late long grained nonglutinous rice | 100.79 | 99.13 | 101.75 | 109.47 | 109.76 | 102.54 |
| 粳稻 | Round- grained rice | 94.71 | 105.39 | 101.31 | 102.09 | 102.96 | 108.36 |
| 玉米 | Maize (corn) | 91.50 | 97.97 | 103.02 | 115.04 | 107.32 | 98.52 |
| 黄玉米 | Yellow maize | 91.25 | 97.99 | 103.04 | 115.07 | 107.28 | 98.42 |
| 白玉米 | White maize | 102.89 | 103.19 | 104.92 | 108.35 | 107.05 | 99.56 |
| 混合玉米 | Mixed maize | 109.95 | 93.90 | 100.09 | 115.48 | 109.56 | 96.59 |
| 薯类 | Potato | 93.71 | 106.14 | 109.72 | 109.04 | 108.21 | 107.10 |
| 红薯 | Sweet potato | 142.94 | 103.59 | 104.41 | 109.16 | 110.90 | 105.40 |
| 马铃薯 | White Potato | 75.42 | 107.43 | 112.57 | 108.75 | 106.94 | 108.15 |
| 豆类 | Beans | 98.11 | 95.70 | 99.29 | 122.62 | 117.91 | 93.79 |
| 大豆 | Soybeans | 98.95 | 94.24 | 99.17 | 124.17 | 119.72 | 92.30 |
| 绿豆 | Mung beans | 86.11 | 105.95 | 103.08 | 112.03 | 98.37 | 104.03 |
| 红小豆 | Red beans | 99.30 | 105.17 | 97.34 | 111.99 | 105.61 | 104.81 |
| 油料 | Oil-bearing Crops | 104.82 | 91.33 | 104.83 | 133.44 | 128.00 | 94.15 |
| 花生 | Peanut | 102.71 | 97.60 | 103.94 | 121.09 | 114.94 | 92.88 |
| 油菜籽 | Rapeseeds | 103.14 | 86.97 | 102.84 | 138.53 | 135.69 | 89.50 |
| 芝麻 | Sesame | 88.64 | 102.98 | 97.58 | 116.09 | 115.02 | 97.43 |
| 胡麻籽 | Flaxseeds | 118.53 | 103.21 | 103.09 | 115.63 | 119.26 | 89.67 |
| 棉花 | Cotton (unginned cotton) | 103.35 | 111.82 | 97.06 | 109.60 | 90.58 | 111.75 |
| 细绒棉(籽棉) | Thin- staple cotton | 103.83 | 112.04 | 96.81 | 109.67 | 90.67 | 112.02 |
| 长绒棉(籽棉) | Long- staple cotton | 94.40 | 103.70 | 107.26 | 105.94 | 85.98 | 92.16 |
| 麻类 | Fiber crops | 93.84 | 104.77 | 94.55 | 85.62 | 83.12 | 96.87 |
| 黄红麻 | Jute and blueish dogbane | 96.63 | 108.91 | 94.58 | 89.43 | 110.34 | 111.67 |
| 苎麻 | Ramie | 86.27 | 103.36 | 91.85 | 105.39 | 93.67 | 83.56 |
| 糖料 | Sugar crops | 86.01 | 111.57 | 121.13 | 100.00 | 98.44 | 101.47 |

2-6续表1 continued 1

| 农产品名称 | Categories of agricultural products | 2002 | 2005 | 2006 | 2007 | 2008 | 2009 |
|---|---|---|---|---|---|---|---|
| 甘蔗 | Sugarcane | 86.57 | 111.22 | 122.46 | 99.83 | 98.09 | 101.43 |
| 甜菜 | Beet | 97.14 | 102.82 | 105.60 | 103.39 | 100.18 | 102.94 |
| 烟叶 | Tobacco | 132.78 | 103.26 | 99.67 | 106.26 | 119.89 | 104.72 |
| 烤烟叶 | Flue-cured tobacco | 153.69 | 103.15 | 99.43 | 106.16 | 120.13 | 104.62 |
| 晒烟叶 | Sun-cured tobacco | 99.09 | 107.64 | 110.30 | 112.43 | 113.94 | 108.61 |
| 蔬菜 | Vegetable | 95.06 | 107.22 | 109.29 | 106.85 | 104.73 | 111.81 |
| 叶菜类 | Leafvegetable | 98.09 | 108.92 | 108.35 | 110.76 | 103.31 | 109.08 |
| 菠菜 | Spinach | 85.62 | 108.99 | 105.00 | 104.38 | 108.92 | 107.96 |
| 芹菜 | Celery | 81.62 | 107.77 | 113.37 | 115.09 | 102.46 | 110.47 |
| 大白菜 | Chinese cabbage | 81.37 | 108.06 | 111.69 | 114.36 | 97.83 | 105.94 |
| 元白菜 | Cabbage | 90.32 | 112.93 | 105.03 | 111.73 | 105.89 | 111.61 |
| 甘蓝 | Wild cabbage | 146.08 | 110.42 | 104.48 | 112.59 | 117.13 | 105.11 |
| 花椰菜 | Cauliflower | 89.66 | 97.89 | 103.09 | 108.99 | 115.29 | 105.95 |
| 莴笋 | Asparagus lattuce | 119.20 | 109.72 | 106.84 | 107.46 | 112.37 | 108.38 |
| 油菜 | Rape | 155.50 | 110.88 | 106.92 | 110.73 | 105.87 | 110.14 |
| 瓜菜类 | Gourd vegetable | 98.01 | 105.08 | 106.65 | 109.32 | 104.22 | 108.29 |
| 黄瓜 | Cucumber | 96.97 | 104.99 | 107.33 | 109.75 | 104.39 | 109.38 |
| 冬瓜 | White gourd | 93.21 | 105.86 | 101.83 | 108.29 | 113.71 | 105.07 |
| 西葫芦 | Summer squash | 146.05 | 103.53 | 104.85 | 109.15 | 103.95 | 110.78 |
| 块根、块茎菜类 | Root and tuber vegetable | 85.86 | 106.06 | 107.72 | 109.52 | 104.53 | 104.77 |
| 萝卜 | Radish | 86.33 | 108.67 | 111.02 | 107.04 | 103.21 | 105.12 |
| 胡萝卜 | Carrot | 99.17 | 103.33 | 106.86 | 115.35 | 111.33 | 103.47 |
| 牛姜 | Ginger | 67.06 | 93.80 | 77.72 | 91.04 | 122.88 | 102.09 |
| 茄果菜类 | Eggplant, tomato and chili, etc. | 86.18 | 104.75 | 108.73 | 110.98 | 105.48 | 107.33 |
| 茄子 | Eggplant | 101.74 | 104.76 | 102.93 | 114.17 | 105.27 | 103.34 |
| 西红柿 | Tomato | 79.20 | 104.39 | 111.33 | 109.71 | 104.09 | 109.97 |
| 辣椒 | Chili | 87.87 | 100.35 | 111.95 | 113.69 | 105.31 | 106.20 |
| 青椒 | Sweetbell | 109.39 | 105.72 | 105.39 | 109.07 | 112.72 | 107.37 |
| 葱蒜类 | Onion and Garlic | 96.39 | 109.76 | 113.68 | 87.81 | 101.78 | 134.25 |
| 大葱 | Scallion | 173.41 | 103.04 | 105.62 | 108.47 | 122.67 | 108.67 |
| 蒜苔 | Garlic stalk | 109.81 | 107.28 | 110.14 | 86.00 | 114.52 | 127.81 |
| 蒜头 | Garlic head | 84.59 | 118.93 | 115.26 | 80.58 | 85.81 | 140.53 |
| 菜用豆类 | Garden beans | 100.38 | 107.98 | 107.72 | 108.22 | 107.44 | 108.27 |
| 四季豆 | Kidney beans | 98.54 | 106.42 | 103.89 | 112.09 | 105.98 | 110.99 |
| 豇豆 | Cowpeas | 103.14 | 110.38 | 108.46 | 104.94 | 108.65 | 105.89 |
| 水生菜类 | Water vegetable | 129.38 | 124.53 | 98.49 | 118.54 | 131.22 | 104.04 |
| 莲藕 | Lotus root | 112.73 | 105.14 | 106.40 | 106.11 | 114.98 | 112.06 |
| 茭白 | Wild ruice stem | 143.37 | 154.49 | 89.57 | 129.69 | 107.58 | 96.52 |
| 荸荠 | Water chestnut | 85.94 | 106.09 | 106.78 | 111.00 | 120.49 | 102.13 |
| 水果 | Garden fruits | 109.91 | 107.41 | 111.35 | 101.27 | 101.35 | 106.96 |
| 苹果 | Apple | 106.53 | 114.55 | 112.51 | 125.11 | 98.39 | 107.05 |

2-6续表2 continued 2

| 农产品名称 | Categories of agricultural products | 2002 | 2005 | 2006 | 2007 | 2008 | 2009 |
|---|---|---|---|---|---|---|---|
| 红富士苹果 | Hongfushi apple | 120.67 | 112.23 | 108.71 | 122.68 | 105.63 | 103.90 |
| 国光苹果 | Guoguang apple | 94.63 | 105.47 | 129.10 | 112.18 | 89.07 | 98.64 |
| 秦冠苹果 | Qinguan apple | 88.92 | 102.19 | 130.90 | 121.85 | 110.55 | 104.41 |
| 香蕉苹果 | Banana apple | 49.18 | 113.33 | 112.29 | 113.20 | 89.15 | 116.73 |
| 梨 | Pear | 112.35 | 104.53 | 111.68 | 96.56 | 105.49 | 108.55 |
| 雪花梨 | Snowflake pear | 125.20 | 104.66 | 114.97 | 92.09 | 105.93 | 106.74 |
| 鸭梨 | Ya- pear | 103.04 | 104.82 | 116.26 | 102.54 | 107.77 | 103.85 |
| 酥梨 | Soft-pear | 90.75 | 103.32 | 113.42 | 100.29 | 99.09 | 115.70 |
| 香梨 | Bergamot pear | 146.51 | 99.81 | 103.38 | 122.58 | 97.89 | 91.14 |
| 柑桔类 | Citrus | 103.02 | 104.91 | 107.12 | 103.51 | 91.29 | 97.63 |
| 柑 | Mandarin orange | 109.41 | 103.76 | 107.93 | 104.52 | 90.13 | 96.79 |
| 桔 | Tangerine | 107.11 | 124.51 | 103.70 | 98.69 | 80.81 | 87.19 |
| 橙 | Orange | 93.44 | 101.58 | 104.78 | 96.93 | 92.59 | 98.82 |
| 柚 | Shaddock | 79.90 | 113.46 | 110.52 | 105.87 | 94.63 | 102.71 |
| 热带亚热带水果 | Tropical and subtropics area fruits | 104.50 | 103.66 | 101.51 | 104.95 | 107.22 | 109.63 |
| 香蕉 | Banana | 143.80 | 92.78 | 113.60 | 75.89 | 122.95 | 110.96 |
| 荔枝 | Litchi | 76.89 | 118.69 | 108.61 | 95.51 | 110.98 | 86.58 |
| 龙眼 | Longan | 49.66 | 92.00 | 103.72 | 101.00 | 89.61 | 115.43 |
| 果用瓜 | Melon | 168.06 | | 101.80 | 100.75 | 111.09 | 105.49 |
| 西瓜 | Watermelon | 287.81 | 112.96 | 97.46 | 99.97 | 110.97 | 105.50 |
| 甜瓜 | Muskmelon | 90.94 | 110.07 | 94.72 | 107.57 | 112.03 | 98.90 |
| 桃 | Peach | 113.45 | 109.93 | 95.61 | 110.42 | 105.86 | 113.06 |
| 杏 | Apricot | 91.66 | 89.10 | 102.08 | 111.35 | 106.96 | 91.58 |
| 杨梅 | Red bayberry | 277.56 | 100.04 | 93.76 | 107.68 | 97.67 | 110.09 |
| 草莓 | Strawberry | 95.65 | 99.36 | 103.61 | 114.94 | 112.30 | 102.54 |
| 猕猴桃 | Yangtao | 101.85 | 109.35 | 92.07 | 150.09 | 106.79 | 119.34 |
| 葡萄 | Grape | 136.62 | 112.53 | 103.55 | 106.02 | 110.81 | 108.29 |
| 红枣 | Chinese date | 101.96 | 95.83 | 99.11 | 107.99 | 116.86 | 99.97 |
| 柿子 | Persimmon | 113.64 | 104.20 | 103.30 | 96.12 | 96.44 | 97.02 |
| 红毛茶 | Black tea | 105.33 | 112.57 | 106.19 | 110.36 | 94.58 | 95.41 |
| 绿毛茶 | Green tea | 180.71 | 110.95 | 107.03 | 129.64 | 81.07 | 98.91 |
| 乌龙茶 | Oolong tea | 106.26 | 95.89 | 103.20 | 101.87 | 100.97 | 98.42 |
| 二、林业产品 | II.Forestry products | 98.31 | 104.79 | 112.78 | 104.37 | 108.47 | 94.88 |
| 工业用原料 | Industrial materials | 110.48 | 105.76 | 115.83 | 102.81 | 109.74 | 94.64 |
| 橡胶 | Rubber | 110.48 | 114.44 | 130.50 | 96.68 | 114.86 | 77.70 |
| 油桐籽 | Seeds of tung oil tree | 84.93 | 118.64 | 96.59 | 109.86 | 117.15 | 106.02 |
| 油茶籽 | Seeds of tea-oil tree | 75.08 | 101.09 | 99.07 | 126.60 | 121.01 | 103.82 |
| 坚果 | Nuts | 142.89 | | 114.02 | 107.18 | 118.17 | 77.14 |
| 核桃 | Walnut | 142.89 | 111.31 | 114.16 | 109.07 | 97.23 | 105.58 |
| 花椒 | Chinese prickly ash | 101.11 | 97.88 | 117.61 | 102.21 | 107.38 | 104.38 |
| 八角 | Anise | 82.52 | 88.03 | 113.78 | 99.75 | 91.70 | 168.42 |
| 桂皮 | Cassia bark | 81.44 | 102.57 | 104.43 | 102.32 | 76.70 | 82.92 |

2-6续表3 continued 3

| 农产品名称 | Categories of agricultural products | 2002 | 2005 | 2006 | 2007 | 2008 | 2009 |
|---|---|---|---|---|---|---|---|
| 三、畜牧业产品 | III.Livestock products | 100.15 | 100.52 | 94.33 | 131.36 | 108.42 | 90.13 |
| 猪 | Hog (gross weight) | 97.96 | 97.58 | 90.57 | 145.85 | 130.84 | 81.62 |
| 肉牛 | Live cattle (gross weight) | 91.44 | 101.66 | 100.38 | 117.46 | 123.60 | 101.03 |
| 家禽(毛重) | Poultry (gross weight) | 106.09 | 105.61 | 97.17 | 117.02 | 111.94 | 102.21 |
| 鸡 | Chicken | 105.94 | 105.83 | 96.70 | 117.03 | 112.15 | 102.24 |
| 鸭 | Duck | 100.69 | 105.05 | 100.93 | 116.40 | 111.03 | 101.58 |
| 鹅 | Goose | 115.09 | 105.28 | 101.26 | 122.87 | 104.04 | 104.61 |
| 蛋类 | Eggs | 102.80 | 106.38 | 95.98 | 115.89 | 112.23 | 102.78 |
| 鸡蛋 | Chicken's eggs | 102.58 | 106.52 | 95.32 | 116.09 | 112.22 | 102.73 |
| 鸭蛋 | Duck 's eggs | 110.74 | 107.01 | 99.92 | 113.70 | 111.90 | 103.44 |
| 鹅蛋 | Goose' s eggs | 79.36 | 105.68 | 101.74 | 111.55 | 115.36 | 102.62 |
| 奶类 | Milk products | 99.71 | 99.62 | 102.90 | 106.23 | 125.54 | 91.63 |
| 牛奶 | Cow milk | 99.76 | 99.62 | 102.90 | 106.23 | 125.52 | 91.63 |
| 羊奶 | Sheep milk | 62.67 | 101.41 | 105.12 | 105.68 | 118.72 | 89.03 |
| 毛绒类 | Hair and down products | 80.11 | 106.51 | 105.70 | 106.69 | 89.04 | 88.20 |
| 山羊毛 | Goat's wool | 175.45 | 102.77 | 101.51 | 111.50 | 97.84 | 94.03 |
| 山羊绒 | Cashmere | 67.54 | 107.78 | 99.04 | 104.72 | 88.02 | 86.04 |
| 蚕茧 | Silkworm cocoon | 64.38 | 112.54 | 125.04 | 78.09 | 97.57 | 113.86 |
| 蜂蜜 | Honey | 137.68 | 102.45 | 108.45 | 112.54 | 130.36 | 106.64 |
| 四、渔业产品 | IV.Fishery products | 95.89 | 104.67 | 103.93 | 108.05 | 111.24 | 99.01 |
| 海水水产品 | Seawater aquatic products | 98.09 | 104.10 | 107.62 | 110.06 | 106.96 | 98.43 |
| 海水鱼类 | Seawater Fish | 104.87 | 104.18 | 109.65 | 110.13 | 109.40 | 99.94 |
| 大黄鱼 | Large yellow croaker | 76.64 | 102.11 | 114.96 | 111.13 | 109.45 | 78.97 |
| 小黄鱼 | Small yellow croaker | 91.57 | 102.70 | 104.19 | 106.19 | 112.55 | 96.11 |
| 带鱼 | Hairtail | 94.92 | 103.01 | 110.12 | 111.32 | 109.58 | 104.01 |
| 石斑鱼 | Grouper | 168.10 | 104.81 | 103.18 | 104.24 | 106.03 | 99.70 |
| 海水虾蟹类 | Seawater shrimp and crab | 149.68 | 103.43 | 105.57 | 105.88 | 109.64 | 102.20 |
| 海水贝类 | Seawater shellfish | 106.68 | 103.28 | 109.22 | 105.55 | 97.45 | 95.04 |
| 贻贝 | Mussel | 89.10 | 113.47 | 98.94 | 107.33 | 100.00 | 100.00 |
| 扇贝 | Scallop | 101.40 | 107.85 | 86.83 | 115.02 | 78.29 | 110.19 |
| 牡蛎 | Oyster | 107.78 | 96.34 | 120.68 | 102.47 | 80.52 | 98.77 |
| 鲍鱼 | Abalone | 99.20 | 95.91 | 83.22 | 104.81 | 109.69 | 106.50 |
| 蛤 | Clam | 107.05 | 103.61 | 120.32 | 106.12 | 104.53 | 95.91 |
| 蚶 | Blood clam | 93.05 | 101.99 | 109.00 | 99.61 | 133.55 | 103.23 |
| 藻类 | Seaweeds | 118.13 | 102.53 | 105.67 | 131.45 | 131.56 | 85.88 |
| 海带 | Kelp | 108.75 | 105.97 | 105.72 | 132.93 | 130.87 | 86.22 |
| 紫菜 | Laver | 132.98 | 91.64 | 103.32 | 128.32 | 125.35 | 88.11 |
| 内陆水域水产品 | Aquatic products in inland water areas | 93.07 | 107.90 | 100.48 | 106.80 | 113.40 | 101.34 |
| 淡水鱼类 | Freshwater fish | 93.07 | 106.24 | 99.94 | 106.75 | 114.63 | 101.29 |
| 青鱼 | Black carp | 59.97 | 107.52 | 101.87 | 116.16 | 110.72 | 100.28 |
| 草鱼 | Grass carp | 90.97 | 110.17 | 99.95 | 105.64 | 115.43 | 103.40 |
| 鲤鱼 | Carp | 93.92 | 103.91 | 99.29 | 109.57 | 116.04 | 99.37 |
| 鲢鱼 | Silver carp | 89.03 | 107.37 | 100.03 | 106.87 | 114.16 | 102.93 |
| 鲫鱼 | Crucian carp | 85.06 | 107.91 | 99.58 | 103.54 | 111.59 | 102.50 |
| 罗非鱼 | Tilapia | 104.73 | 103.02 | 102.08 | 103.78 | 114.61 | 95.32 |
| 淡水虾蟹类 | Freshwater shrimps and crabs | 91.72 | 116.18 | 111.83 | 108.08 | 110.51 | 102.18 |

# 2-7 全国农产品生产价格指数(第一季度)

# Producer Price Indices of Agricultural Products in the First Quarter

上年同期=100 (the same period of the preceding year=100)

| 农产品名称 | Categories of agricultural products | 2002 | 2005 | 2006 | 2007 | 2008 | 2009 |
|---|---|---|---|---|---|---|---|
| 总指数 | **All** | 99.30 | 106.40 | 102.40 | 107.34 | 125.54 | 94.14 |
| 一、农业产品 | I. Crop products | 95.13 | 104.20 | 104.81 | 103.77 | 114.78 | 95.66 |
| 1.谷物及其他作物 | 1.Cereal and other crops | | 103.90 | 100.30 | 106.41 | 113.07 | 95.96 |
| #粮食 | Grain | 96.06 | 106.62 | 98.59 | 107.27 | 111.38 | 98.43 |
| 谷物(原粮) | Cereal (unprocessed food grains) | 98.21 | 107.95 | 98.64 | 107.96 | 107.06 | 100.16 |
| 小　麦 | Wheat | 103.79 | 109.41 | 94.92 | 105.43 | 108.65 | 107.29 |
| 硬粒小麦 | Hard-grained wheat | 112.72 | 109.15 | 94.41 | 105.00 | 108.67 | 107.70 |
| 软粒小麦 | Soft-grained wheat | 97.43 | 110.81 | 96.07 | 104.36 | 112.67 | 106.39 |
| 混合小麦 | Mixed wheat | 101.00 | 109.93 | 96.35 | 107.13 | 107.56 | 106.13 |
| 其他小麦 | Other wheat | | 105.04 | 97.89 | 108.75 | 106.98 | 102.15 |
| 稻　谷 | Paddy | 98.21 | 112.98 | 99.82 | 103.61 | 103.48 | 103.95 |
| 早籼稻 | Early long grained nonglutinous rice | 102.68 | 110.33 | 97.90 | 107.53 | 106.61 | 106.15 |
| 晚籼稻 | Late long grained nonglutinous rice | 101.33 | 112.33 | 97.51 | 106.10 | 109.87 | 104.98 |
| 粳　稻 | Round- grained rice | 96.67 | 114.44 | 101.45 | 100.98 | 100.03 | 102.59 |
| 其他稻谷 | Other paddy | | 110.68 | 99.68 | 105.75 | 111.11 | 104.24 |
| 玉　米 | Maize (corn) | 97.21 | 101.15 | 99.40 | 115.01 | 108.91 | 90.94 |
| 黄玉米 | Yellow maize | 97.20 | 100.97 | 99.51 | 115.05 | 108.76 | 90.99 |
| 白玉米 | White maize | 111.68 | 107.05 | 92.83 | 106.48 | 108.88 | 92.69 |
| 混合玉米 | Mixed maize | 90.97 | 106.99 | 96.32 | 114.83 | 114.71 | 88.85 |
| 其他玉米 | Other maize | | 103.26 | 97.83 | 109.52 | 109.69 | 91.58 |
| 杂　粮 | Coarse cereals | | 110.45 | 104.78 | 102.71 | 119.21 | 100.73 |
| 谷　子 | Millet | | 106.83 | 109.88 | 104.24 | 123.99 | 106.55 |
| 高　粱 | Chinese sorghum | | 110.38 | 102.14 | 102.57 | 119.20 | 98.65 |
| 大　麦 | Barley | | 105.73 | 93.98 | 104.72 | 114.68 | 76.12 |
| 荞　麦 | Buckwheat | | 112.38 | 114.14 | 101.05 | 105.12 | 102.18 |
| 元　麦 | poulard wheat | | | 102.50 | | 133.33 | |
| 青　稞 | Highland barley | | 123.29 | 106.94 | 101.52 | 101.41 | 110.91 |
| 莜　麦 | Naked oats | | 113.10 | 107.67 | 101.84 | 127.19 | 94.16 |
| 燕　麦 | Oats | | 107.14 | | 100.00 | 117.65 | 119.67 |
| 其他杂粮 | Other coarse cereals | | 105.06 | 104.73 | 108.23 | 114.70 | 103.20 |
| 小麦秸 | Wheat straw | | 113.82 | 109.10 | 108.37 | 119.31 | 85.71 |
| 稻　草 | Rice straw | | 97.48 | 89.36 | 105.73 | 103.20 | 74.73 |
| 玉米杆 | Corn stover | | 95.29 | 99.05 | 92.36 | 114.97 | 100.99 |
| 谷子杆 | Millet stalk | | 100.68 | 108.00 | 119.52 | 120.78 | |
| 高粱杆 | Chinese sorghum stalk | | 114.41 | | | | 105.26 |
| 薯　类 | Potato | 90.81 | 103.06 | 109.89 | 104.35 | 112.99 | 98.32 |
| 红　薯 | Sweet potato | 120.60 | 103.52 | 104.93 | 104.05 | 113.32 | 102.33 |

2-7 续表 1 continued 1

| 农产品名称 | Categories of agricultural products | 2002 | 2005 | 2006 | 2007 | 2008 | 2009 |
|---|---|---|---|---|---|---|---|
| 马铃薯 | White Potato | 73.93 | 102.84 | 112.32 | 104.50 | 112.83 | 96.36 |
| 其他薯类 | Other potatoes | | 96.46 | 98.81 | 95.83 | 119.66 | 103.88 |
| 薯　藤 | Potato vines | | 104.17 | 93.33 | 119.62 | 97.67 | 106.07 |
| 油　料 | Oil-bearing Crops | 108.55 | 99.40 | 93.10 | 112.98 | 133.43 | 84.29 |
| 花　生 | Peanut | 80.98 | 100.66 | 97.45 | 110.58 | 128.75 | 75.51 |
| 油菜籽 | Rapeseeds | 110.09 | 98.29 | 90.53 | 114.85 | 136.76 | 87.41 |
| 芝　麻 | Sesame | 92.55 | 106.84 | 99.95 | 103.14 | 124.35 | 98.89 |
| 向日葵 | Sunflower | | 104.72 | 99.03 | 104.75 | 116.64 | 94.92 |
| 胡麻籽 | Flaxseeds | 153.38 | 100.52 | 111.30 | 100.66 | 139.26 | 95.33 |
| 苏　籽 | Perillaseeds | | 92.85 | 91.29 | 106.07 | | 101.25 |
| 其他油料作物 | Other oil-bearing crops | | 102.88 | 115.87 | 105.91 | 121.68 | 109.22 |
| 花生蔓 | Peanut vine | | 100.00 | 100.00 | | | 116.67 |
| 豆　类 | Beans | 82.87 | 99.95 | 94.38 | 104.19 | 136.48 | 88.21 |
| 大　豆 | Soybeans | 83.15 | 98.12 | 93.96 | 103.20 | 140.11 | 87.96 |
| 绿　豆 | Mung beans | 76.05 | 117.21 | 96.26 | 112.14 | 106.64 | 80.81 |
| 红小豆 | Red beans | 107.91 | 110.28 | 94.72 | 106.95 | 118.02 | 95.76 |
| 蚕　豆 | Broad beans | | 105.79 | 94.88 | 108.34 | 132.02 | 104.19 |
| 豌　豆 | Peas | | 106.91 | 106.88 | 108.21 | 114.49 | 103.16 |
| 芸　豆 | Kidney beans | | 102.32 | 96.67 | 114.74 | 109.50 | 99.35 |
| 其他杂豆 | Other beans | | 107.47 | 100.31 | 107.31 | 118.04 | 97.79 |
| 豆　秸 | Beanstalk | | 112.70 | 100.00 | 105.00 | | |
| 棉花(籽棉) | Cotton (unginned cotton) | 77.20 | 77.98 | 114.48 | 96.54 | 112.24 | 78.06 |
| 细绒棉 | Thin- staple cotton | 77.30 | 77.72 | 114.68 | 96.50 | 112.15 | 77.82 |
| 长绒棉 | Long- staple cotton | 73.76 | 83.59 | 110.15 | 97.30 | 114.17 | 83.39 |
| 棉　籽 | Cottonseeds | | 94.12 | 103.73 | 104.56 | 116.03 | 88.66 |
| 麻　类 | Fiber crops | 106.71 | 106.99 | 100.69 | 87.74 | 93.48 | 99.59 |
| 黄红麻 | Jute and blueish dogbane | 115.14 | 109.00 | 102.71 | 88.76 | 98.09 | 117.67 |
| 苎　麻 | Ramie | 82.74 | 105.26 | 98.95 | 86.87 | 89.52 | 84.15 |
| 线　麻 | Thread hemp | | 105.00 | | | | |
| 剑　麻 | Steel hemp | | 100.00 | 152.17 | 77.14 | 85.19 | 73.91 |
| 其他麻类 | Other fiber crops | | 100.00 | | | | 100.00 |
| 糖　料 | Sugar crops | 81.41 | 107.60 | 134.92 | 100.36 | 96.47 | 101.46 |
| 甘　蔗 | Sugarcane | 81.39 | 107.60 | 134.92 | 100.35 | 96.01 | 101.45 |
| 甜　菜 | Beet | 98.20 | 111.72 | 136.46 | 114.95 | 101.28 | 116.17 |
| 烟　草 | Tobacco | 83.23 | 101.04 | 96.31 | 96.25 | 114.24 | 101.03 |
| 烤烟叶 | Flue-cured tobacco | 86.05 | 100.81 | 95.89 | 95.96 | 114.08 | 100.86 |
| 晒烟叶 | Sun-cured tobacco | 67.32 | 109.79 | 111.97 | 107.21 | 120.15 | 107.71 |
| 白肋烟 | Whiteerib tobacco | | 100.00 | | | | |

2-7 续表 2 continued 2

| 农产品名称 | Categories of agricultural products | 2002 | 2005 | 2006 | 2007 | 2008 | 2009 |
|---|---|---|---|---|---|---|---|
| 其他烟叶 | Other tobacco | | 102.25 | 102.75 | 106.18 | 111.30 | 95.51 |
| 青饲料 | Greenfeed | | 78.33 | 107.46 | 92.50 | | 100.11 |
| 牧 草 | Herbage | | 121.11 | 109.10 | 100.00 | | 83.43 |
| 绿 肥 | Green manure | | 115.47 | | | | |
| 桑 叶 | Mulberry leaves | | | | | | |
| 席 草 | Stems or leaves of cattail | | | | | | 104.55 |
| 蓖麻籽 | Castor beans | | 105.42 | 99.24 | 105.25 | 140.43 | 94.29 |
| 薄荷油 | Peppermint oil | | 116.04 | | 107.96 | | |
| 野生植物的采集 | Gathering of wild plants | | 104.68 | 103.86 | 102.32 | 118.27 | 97.14 |
| 未列明的其他农作物 | Other agricultural crops | | 113.38 | 99.97 | 106.13 | 117.93 | 98.42 |
| 2.蔬菜、园艺作物 | 2.Vegetable and Horticulture | | 105.52 | 114.24 | 98.28 | 123.36 | 101.09 |
| 蔬 菜 | Vegetable | 77.48 | 105.52 | 114.24 | 98.28 | 123.36 | 101.09 |
| 叶菜类 | Leaf vegetable | 77.05 | 110.62 | 112.20 | 97.43 | 119.76 | 104.31 |
| 菠 菜 | Spinach | 95.47 | 115.43 | 106.12 | 96.58 | 118.73 | 106.95 |
| 芹 菜 | Celery | 68.07 | 106.48 | 117.79 | 90.51 | 124.60 | 107.31 |
| 大白菜 | Chinese cabbage | 53.29 | 101.28 | 121.28 | 96.40 | 118.73 | 93.76 |
| 元白菜 | Cabbage | 63.48 | 118.56 | 107.80 | 99.89 | 116.92 | 102.99 |
| 甘 蓝 | Wild cabbage | 21.03 | 115.97 | 109.44 | 102.48 | 119.20 | 99.86 |
| 花椰菜 | Cauliflower | 87.03 | 112.63 | 104.77 | 93.40 | 127.17 | 101.62 |
| 莴 笋 | Asparagus lattuce | 120.53 | 108.07 | 113.62 | 98.12 | 125.05 | 105.26 |
| 油 菜 | Rape | 87.83 | 113.12 | 106.81 | 103.98 | 114.96 | 110.24 |
| 其他叶菜 | Other leaf vegetable | | 113.52 | 106.64 | 102.84 | 116.84 | 105.23 |
| 瓜菜类 | Gourd vegetable | 85.70 | 108.97 | 116.38 | 96.25 | 126.79 | 102.32 |
| 黄 瓜 | Cucumber | 86.82 | 111.08 | 116.18 | 95.52 | 126.09 | 103.69 |
| 冬 瓜 | White gourd | 55.66 | 109.52 | 119.33 | 99.43 | 132.95 | 94.37 |
| 西葫芦 | Summer squash | 67.51 | 126.18 | 103.33 | 102.03 | 118.33 | 100.44 |
| 苦 瓜 | Balsam pear | | 77.33 | 125.19 | 86.84 | 126.31 | 115.30 |
| 丝 瓜 | Towed gourd | | 95.37 | 109.76 | 99.77 | 121.19 | 99.87 |
| 南 瓜 | Pumpkin | | 99.00 | 102.47 | 96.33 | 110.68 | 97.72 |
| 打 瓜 | Seeded watermelon | | 92.64 | | | | 100.00 |
| 瓠 子 | Bottle gourd | | | | | | |
| 其他瓜菜 | Other gourd vegetable | | 115.01 | 107.54 | 107.07 | 121.48 | 95.33 |
| 块根、块茎菜类 | Root and tuber vegetable | 75.21 | 102.44 | 115.77 | 97.11 | 124.54 | 96.89 |
| 萝 卜 | Radish | 75.63 | 102.29 | 117.91 | 95.66 | 123.44 | 99.46 |
| 胡萝卜 | Carrot | 134.46 | 102.38 | 113.28 | 100.50 | 126.18 | 91.86 |
| 生 姜 | Ginger | 52.12 | 112.66 | 67.89 | 81.24 | 139.26 | 97.42 |
| 芋 头 | Taro | | 111.67 | 105.87 | 96.79 | 121.44 | 102.58 |
| 苔 干 | Dried bryophyte | | 102.06 | 97.69 | | 137.32 | 102.66 |

2-7 续表 3 continued 3

| 农产品名称 | Categories of agricultural products | 2002 | 2005 | 2006 | 2007 | 2008 | 2009 |
|---|---|---|---|---|---|---|---|
| 百合(根) | Lily (root) | | 102.74 | 106.58 | | 109.09 | 100.83 |
| 芋 艿 | Taro | | 126.36 | 97.54 | 94.97 | 102.06 | 113.51 |
| 山 药 | Chinese yam | | 99.39 | 106.20 | 100.84 | 123.43 | 100.55 |
| 其他块根、块茎菜 | Other root and tuber vegetable | | 109.24 | 102.30 | 89.75 | 126.84 | 105.46 |
| 茄果菜类 | Eggplant, tomato and chili, etc. | 58.98 | 96.74 | 118.45 | 93.11 | 132.89 | 99.00 |
| 茄 子 | Eggplant | 79.65 | 99.93 | 113.86 | 105.12 | 124.34 | 102.09 |
| 西红柿 | Tomato | 56.46 | 99.18 | 119.88 | 95.11 | 121.91 | 99.54 |
| 辣 椒 | Chili | 59.23 | 87.13 | 120.05 | 94.24 | 138.50 | 93.55 |
| 青 椒 | Sweetbell | 88.31 | 96.20 | 118.11 | 80.37 | 154.98 | 99.33 |
| 其他茄果菜类 | Others | | 97.72 | 105.74 | 107.91 | 108.69 | 102.00 |
| 葱蒜类 | Onion and Garlic | 135.35 | 108.18 | 110.82 | 104.18 | 120.96 | 96.54 |
| 大 葱 | Scallion | 171.63 | 92.91 | 111.29 | 85.35 | 157.90 | 94.57 |
| 蒜 苔 | Garlic stalk | 177.80 | 109.11 | 101.54 | 100.30 | 128.68 | 107.81 |
| 蒜 头 | Garlic head | 116.54 | 114.80 | 113.29 | 113.81 | 102.05 | 94.16 |
| 洋 葱 | Onion | | 95.10 | 104.43 | 103.38 | 98.34 | 116.96 |
| 蒜 苗 | Garlic bolt | | 122.74 | 111.69 | 94.09 | 115.21 | 105.80 |
| 小 葱 | Shallot | | 115.66 | 103.14 | 100.27 | 117.90 | 105.30 |
| 韭 菜 | Fragrant-flowered garlic | | 112.20 | 108.13 | 95.32 | 135.49 | 100.80 |
| 其他葱蒜类 | Others | | 128.58 | 108.02 | 103.36 | 121.75 | 102.52 |
| 菜用豆类 | Garden beans | 46.54 | 97.58 | 113.73 | 106.73 | 114.06 | 107.06 |
| 四季豆 | Kidney beans | 47.51 | 105.62 | 106.28 | 110.22 | 110.32 | 112.86 |
| 豇 豆 | Cowpeas | 35.24 | 91.79 | 119.10 | 104.21 | 116.75 | 102.87 |
| 其他菜用豆 | Other garden beans | | 115.90 | 110.05 | 101.77 | 109.16 | 105.71 |
| 水生菜类 | Water vegetable | 99.47 | 109.30 | 112.73 | 99.52 | 156.54 | 101.09 |
| 莲 藕 | Lotus root | 100.24 | 112.14 | 102.63 | 102.13 | 121.33 | 103.72 |
| 茭 白 | Wild ruice stem | 100.00 | 107.02 | 120.81 | 97.43 | 184.70 | 98.92 |
| 荸 荠 | Water chestnut | 85.94 | 112.45 | 105.05 | 106.02 | 121.56 | 102.06 |
| 其他水生菜 | Other water vegetable | | 105.88 | 112.35 | 62.55 | 149.28 | 75.95 |
| 食用菌(干鲜混合) | Mushroom | | 101.42 | 113.01 | 114.76 | 97.93 | 98.02 |
| 香菇(干品) | Mushroom (dried) | | 97.75 | 130.51 | 105.23 | 96.59 | 102.58 |
| 蘑菇(鲜品) | Mushroom (fresh) | | 101.45 | 112.17 | 116.28 | 96.37 | 97.40 |
| 黑木耳(干品) | Black edible fungus (dried) | | 105.41 | 103.71 | 105.64 | 120.39 | 100.77 |
| 白木耳(干品) | Tremella (dried) | | | 101.99 | 93.82 | | 88.48 |
| 金针菇(鲜品) | Golden mushroom | | 99.92 | 105.80 | 152.18 | 120.10 | 99.75 |
| 平菇(鲜品) | Oyster mushroom | | 106.48 | 103.72 | 110.42 | 115.25 | 108.30 |
| 花菇(干品) | Black forest mushroom | | | | | | |
| 其他食用菌 | Other edible mushrooms | | 91.54 | 99.81 | 108.65 | 113.94 | 107.95 |
| 椿 芽 | Chinese cedrela sprouts | | | | 133.20 | 94.12 | 83.93 |

2-7 续表 4 continued 4

| 农产品名称 | Categories of agricultural products | 2002 | 2005 | 2006 | 2007 | 2008 | 2009 |
|---|---|---|---|---|---|---|---|
| 未列明的其他蔬菜 | Other vegetable | | 109.99 | 94.42 | 109.88 | 112.61 | 107.00 |
| 鲜切花 | Flower | | | | | 95.60 | 113.09 |
| 百合花 | Lily | | 76.82 | 108.02 | 89.40 | 98.25 | 106.59 |
| 康乃馨 | Carnation | | 107.29 | 123.81 | 114.98 | 97.82 | 146.03 |
| 满天星 | June snow (serissa) | | 113.88 | 121.17 | 362.28 | 67.73 | 82.59 |
| 勿忘我 | Forgetmenot | | 95.41 | 116.67 | 100.00 | 100.00 | 100.00 |
| 非洲菊 | Flameray Gerbera | | 88.74 | 95.34 | 98.26 | 88.29 | 156.43 |
| 玫 瑰 | Rugosa rose | | 74.58 | 123.09 | 114.09 | 99.42 | 126.39 |
| 郁金香 | Tulip | | 101.05 | 115.00 | 93.25 | 93.27 | 103.39 |
| 情人草 | Evans begonia | | 90.31 | 116.67 | 71.43 | 120.00 | 83.33 |
| 其他鲜切花 | Other fresh flowers | | 105.29 | 122.71 | 99.74 | 100.79 | 104.47 |
| 草坪草皮 | Sod for lawn | | 110.29 | 105.41 | 103.28 | 129.45 | 101.77 |
| 其他园艺作物 | Other horticulture | | 108.60 | 107.06 | | 88.96 | 158.60 |
| 3.水果、坚果、饮料和香料 | 3.Fruits, beverages and perfume | | 103.65 | 116.20 | 96.98 | 109.60 | 85.33 |
| 水果、坚果 | Fruits and nuts | | 102.48 | 118.05 | 97.04 | 109.71 | 84.27 |
| 园林水果 | Garden fruits | 125.09 | 103.48 | 118.51 | 96.68 | 109.91 | 80.84 |
| 苹 果 | Apple | 141.53 | 95.65 | 128.02 | 108.47 | 130.27 | 74.51 |
| 红富士苹果 | Hongfushi apple | 143.08 | 97.02 | 125.80 | 96.43 | 127.14 | 77.51 |
| 国光苹果 | Guoguang apple | 111.80 | 92.58 | 118.16 | 128.48 | 112.92 | 82.24 |
| 秦冠苹果 | Qinguan apple | 115.87 | 94.79 | 146.51 | 102.59 | 162.75 | 60.90 |
| 香蕉苹果 | Banana apple | 100.00 | 104.08 | 114.34 | 114.59 | 101.86 | |
| 元帅苹果 | Yuanshuai (Marshal) apple | | 97.33 | 108.81 | 111.72 | 111.97 | 90.45 |
| 新红星苹果 | New Hongxing apple | | 101.18 | 110.58 | 104.01 | | |
| 其他苹果 | Other apples | | 97.92 | 104.01 | 103.72 | 121.00 | 85.51 |
| 梨 | Pear | 104.56 | 112.75 | 118.83 | 83.44 | 101.78 | 77.54 |
| 雪花梨 | Snowflake pear | 149.65 | 112.76 | 119.55 | 83.30 | 97.55 | 79.60 |
| 鸭 梨 | Ya- pear | 104.33 | 113.64 | 116.14 | 82.20 | 114.74 | 69.05 |
| 酥 梨 | Soft-pear | 110.92 | 103.18 | 119.87 | 101.51 | 128.04 | 86.57 |
| 苹果梨 | Apple pear | | 105.42 | | | | |
| 其他梨 | Other pears | | 116.32 | 100.24 | 104.03 | 121.22 | 92.92 |
| 柑 桔 | Citrus | 89.67 | 106.71 | 109.76 | 104.10 | 87.93 | 80.80 |
| 柑 | Mandarin orange | 90.04 | 108.71 | 106.47 | 104.51 | 87.74 | 84.27 |
| 桔 | Tangerine | 89.29 | 97.70 | 130.05 | 101.65 | 86.82 | 58.53 |
| 橙 | Orange | 81.64 | 95.04 | 109.75 | 103.80 | 95.93 | 82.59 |
| 柚 | Shaddock | 85.49 | 108.45 | 108.82 | 108.58 | 88.69 | 64.72 |
| 其他柑桔 | Others | | 103.02 | 99.19 | 105.71 | 87.02 | 92.94 |
| 其他水果 | Other fruits | | 90.80 | 106.70 | 110.19 | 107.44 | 98.18 |
| 香 蕉 | Banana | 267.44 | 94.18 | 115.08 | 108.64 | 103.87 | 89.04 |

2-7 续表 5 continued 5

| 农产品名称 | Categories of agricultural products | 2002 | 2005 | 2006 | 2007 | 2008 | 2009 |
|---|---|---|---|---|---|---|---|
| 菠萝 | Pineapple | | 124.75 | 109.03 | 89.67 | 159.09 | 74.50 |
| 芒果 | Mango | | 111.07 | 114.71 | 84.97 | 108.70 | 106.33 |
| 木瓜 | Papaya | | 101.72 | 173.21 | | 125.00 | 120.00 |
| 桃 | Peach | 100.00 | 87.71 | 106.67 | 111.18 | | |
| 猕猴桃 | Yangtao | 100.00 | 114.74 | | | 166.67 | 100.00 |
| 葡萄 | Grape | 191.12 | 109.14 | 95.44 | 104.67 | 109.01 | 109.99 |
| 红枣 | Chinese date | 115.16 | 103.74 | 99.13 | 101.35 | 115.87 | 110.91 |
| 柿子 | Persimmon | 139.41 | 105.56 | 106.05 | 110.00 | 109.89 | 94.36 |
| 其他园林水果 | Other garden fruits | | 89.22 | 104.30 | 98.48 | 109.29 | 101.88 |
| 瓜果类 | Melon | 420.22 | 91.68 | 113.24 | 100.83 | 107.62 | 121.26 |
| 西瓜 | Watermelon | 900.54 | 91.57 | 116.05 | 100.80 | 104.35 | 123.14 |
| 甜瓜 | Muskmelon | 100.00 | 91.36 | 75.95 | 109.54 | 158.02 | 99.02 |
| 草莓 | Strawberry | 93.48 | 95.60 | 95.36 | 85.87 | 115.93 | 105.34 |
| 其他瓜果 | Others | | 92.63 | 102.00 | 99.79 | 105.56 | 100.63 |
| 坚果类 | Nuts | | 99.93 | 89.89 | 112.29 | 112.13 | 102.94 |
| 椰子 | Coconut | | 99.93 | 89.89 | 112.29 | 112.13 | 102.94 |
| 槟榔 | Areca | | 146.04 | 131.44 | 153.34 | 28.13 | 124.63 |
| 其他坚果 | Other nuts | | 108.70 | 101.14 | | 109.62 | 110.43 |
| 茶及其他饮料(干品) | Tea and other beverages | | 111.23 | 104.20 | 96.56 | 108.87 | 92.19 |
| 茶 | Tea | 114.40 | 111.01 | 104.38 | 96.31 | 108.89 | 92.56 |
| 红毛茶 | Black tea | 100.00 | | | | 100.00 | |
| 绿毛茶 | Green tea | 114.40 | 111.95 | 104.76 | 95.81 | 109.02 | 92.52 |
| 乌龙茶 | Oolong tea | 100.00 | 101.62 | 100.55 | 101.32 | 110.53 | 92.98 |
| 其他茶 | Others | | 117.67 | 121.33 | 102.37 | 104.94 | 102.30 |
| 咖啡豆 | Coffee bean | | 117.44 | 99.13 | 103.51 | 108.26 | 81.82 |
| 4.中药材 | 4.Chinese medicinal materials | | | | | | 83.05 |
| 茯苓 | Fuling (poris cocos) | | 90.49 | | 104.90 | 100.00 | 111.90 |
| 党参 | Tangshen (pilose asiabell) | | 92.19 | 112.94 | 135.45 | 121.00 | 71.53 |
| 当归 | Chinese angelica | | 105.42 | 112.25 | 139.10 | 246.69 | 37.40 |
| 黄芪 | Root of membranous milk vetch | | 101.08 | 92.55 | 108.50 | 116.94 | 95.72 |
| 金银花 | Honeysuckle | | 93.66 | 109.04 | 124.62 | 143.58 | 102.27 |
| 黄连 | Rhizome of Chinese goldthread | | | | | | |
| 甘草 | Licorice root | | 105.10 | 115.43 | 100.00 | 136.35 | 72.56 |
| 贝母 | Bulb of fritillary | | 17.10 | 189.74 | | | 103.22 |
| 枸杞 | Fruit of Chinese wolfberry | | 81.74 | 108.57 | 124.19 | 125.11 | 65.31 |
| 菊花 | Chrysanthemum | | 59.07 | 120.95 | 148.23 | 98.48 | 134.33 |
| 白术 | Largehead atractyldes | | 112.69 | 101.49 | 119.74 | | |
| 半夏 | Tuber of pinelia | | 104.24 | 109.92 | 103.62 | 103.79 | 103.01 |

2-7 续表 6 continued 6

| 农产品名称 | Categories of agricultural products | 2002 | 2005 | 2006 | 2007 | 2008 | 2009 |
|---|---|---|---|---|---|---|---|
| 麦 冬 | Tuber of dwarf lilyturf | | | 96.62 | | 111.56 | 116.67 |
| 生 地 | Dried rhizome of rehmannia | | 103.55 | 100.28 | | | |
| 板蓝根 | Root of common baphicacanthus | | 79.54 | 107.41 | 102.63 | 131.66 | 85.69 |
| 苦丁茶 | Kudin crotoxylum (bitter tea tree) | | | | | | |
| 天 麻 | Tuber of elevated gastrodia | | 81.55 | 136.71 | 108.45 | | 114.30 |
| 灵 芝 | Glossy ganoderma | | | | | | |
| 穿心莲 | Creat | | 49.06 | 190.00 | | 104.35 | |
| 桔 梗 | Rampion | | 48.36 | 110.08 | 110.24 | 114.78 | |
| 丹 参 | Root of red-rooted salvia | | 103.71 | 115.55 | 120.44 | 138.96 | 91.37 |
| 大青叶 | Common conehead | | 75.00 | | | | |
| 二、林业产品 | II.Forestry products | 86.42 | 102.58 | 108.89 | 106.17 | 112.96 | 88.81 |
| 1.竹木采运 | 1.Bamboo and wood | | 102.97 | 107.22 | 107.33 | 110.86 | 95.90 |
| 木材采运 | Felling and transport of wood | 96.40 | 102.92 | 107.14 | 107.20 | 110.82 | 95.84 |
| 原 木 | Log | 94.80 | 102.92 | 107.14 | 107.20 | 110.82 | 95.84 |
| 红 松 | Korean pine | | 100.83 | 110.57 | 104.47 | 114.86 | 89.47 |
| 落叶松 | Larch | | 103.48 | 106.56 | 109.26 | 111.60 | 90.67 |
| 马尾松 | Masson pine | | 104.62 | 107.77 | 106.11 | 105.39 | 103.96 |
| 杉 木 | China fir | | 102.37 | 102.86 | 110.59 | 111.70 | 103.05 |
| 云南松 | Yunnan pine | | 101.72 | | 84.16 | 110.09 | 88.89 |
| 薪 材 | Firewood | 211.21 | 120.48 | 101.27 | 107.80 | 108.08 | 86.82 |
| 竹材采运 | Felling and transport of bamboo | 71.42 | 105.97 | 112.14 | 115.17 | 113.43 | 99.82 |
| 水 竹 | Water bamboo | | 116.39 | 111.53 | 103.86 | 117.76 | 101.81 |
| 斑 竹 | Mottled bamboo | | 101.67 | | | | 100.25 |
| 毛竹(楠竹) | Mao bamboo | | 105.97 | 112.14 | 115.17 | 113.43 | 99.82 |
| 蒿 竹 | Hao bamboo。 | | 108.29 | 99.42 | 100.00 | 108.00 | 101.45 |
| 淡 竹 | Henon bamboo | | 107.34 | 90.00 | | 133.70 | |
| 其他竹材 | Other bamboo | | 97.52 | 106.77 | 119.69 | 47.42 | 100.36 |
| 2.林产品的采集 | 2.Gathering of forest products | 79.97 | 102.40 | 109.69 | 105.62 | 113.95 | 85.45 |
| 天然和人工林的果实 | Products of natural and artificial forest | | 102.40 | 109.69 | 105.62 | 113.95 | 85.45 |
| 橡 胶 | Rubber | 76.05 | 106.16 | 122.23 | 97.22 | 119.49 | 64.64 |
| 油桐籽 | Seeds of tung oil tree | 84.93 | 122.43 | 94.77 | 104.61 | 121.62 | 73.44 |
| 乌桕籽 | Seeds of Chinese tallow tree | | 116.07 | | | | |
| 油茶籽 | Seeds of tea-oil tree | 75.08 | 100.91 | 99.70 | 120.21 | 138.60 | 95.39 |
| 棕 片 | Palm fibre | | 100.00 | 99.60 | 102.85 | 117.58 | 101.79 |
| 松 脂 | Rosin | | 102.82 | 211.73 | 86.18 | 81.04 | 105.66 |
| 核 桃 | Walnut | 124.96 | 106.83 | 112.74 | 109.40 | 108.16 | 93.83 |
| 板 栗 | Chinese chestnut | | 100.49 | 93.70 | 106.62 | 104.26 | 97.01 |
| 白 果 | Ginkgo | | 106.02 | 139.32 | | 77.46 | 42.89 |

2-7 续表 7 continued 7

| 农产品名称 | Categories of agricultural products | 2002 | 2005 | 2006 | 2007 | 2008 | 2009 |
|---|---|---|---|---|---|---|---|
| 花 椒 | Chinese prickly ash | 197.96 | 97.69 | 100.05 | 109.71 | 110.56 | 96.62 |
| 八 角 | Anise | 52.20 | 101.84 | 83.06 | 123.55 | 99.82 | 151.97 |
| 胡 椒 | Pepper | | 82.06 | 102.09 | 150.71 | 129.69 | 101.75 |
| 其他果实 | Other products | | 120.94 | 94.18 | 106.88 | 114.85 | 130.65 |
| 柳 条 | Willow twigs | | 110.00 | | | 109.09 | 116.67 |
| 藤 条 | Rattan | | 108.32 | 95.17 | | | 103.85 |
| 竹笋干 | Dried bamboo shoots | | 118.50 | 106.77 | 99.84 | 121.75 | 94.62 |
| 三、牧业(畜产品) | III.Livestock products | 103.42 | 109.95 | 98.43 | 113.82 | 144.94 | 92.16 |
| 1.牲畜的饲养 | 1.Livestock raising | | 103.93 | 100.71 | 105.28 | 132.63 | 99.49 |
| 牛的饲养 | Cattle raising | 92.22 | 102.92 | 100.16 | 105.17 | 137.11 | 101.86 |
| 活牛(毛重) | Live cattle (gross weight) | 92.22 | 102.89 | 100.20 | 105.26 | 137.27 | 101.74 |
| 牛 肉 | Beef | | 104.14 | 98.45 | 101.38 | 130.13 | 107.27 |
| 羊的饲养 | Sheep raising | | 105.08 | 101.48 | 106.42 | 136.90 | 100.32 |
| 活羊(毛重) | Live sheep | | 105.08 | 101.48 | 106.42 | 136.90 | 100.32 |
| 羊 肉 | Mutton | | 102.29 | 104.32 | 104.88 | 141.94 | 100.64 |
| 马 | Horse | | 106.92 | 98.51 | 99.40 | 117.10 | 77.44 |
| 驴 | Donkey | | 103.62 | 100.03 | 105.91 | 109.95 | 108.40 |
| 骡 | Mule | | 44.89 | 112.50 | 93.00 | 103.50 | 100.00 |
| 其他未列牲畜的饲养 | Other livestock raising | | 112.64 | 100.51 | 102.94 | 149.31 | 56.79 |
| 奶产品 | Milk products | 97.09 | 101.15 | 103.31 | 101.24 | 136.76 | 87.87 |
| 牛 奶 | Cow milk | 97.12 | 101.15 | 103.31 | 101.24 | 136.79 | 87.86 |
| 羊 奶 | Sheep milk | 77.49 | 100.14 | 100.14 | 100.38 | 117.96 | 93.56 |
| 其他奶类 | Other milk | | 110.01 | 100.51 | 101.11 | 107.10 | 103.02 |
| 毛绒产品 | Hair and down products | 120.24 | 107.56 | 100.00 | 106.02 | 104.28 | 95.26 |
| 山羊毛 | Goat's wool | 419.69 | 111.45 | | 110.79 | 121.88 | 97.89 |
| 绵羊毛 | Sheep's wool | | 101.38 | 74.96 | 101.16 | 104.13 | 103.85 |
| 山羊绒 | Cashmere | 82.81 | 106.62 | 100.00 | 104.86 | 100.00 | 94.61 |
| 牦牛毛 | Yak hair | | 100.00 | | 100.00 | 100.00 | 100.00 |
| 骆驼绒 | Camel hair cloth | | 113.51 | | | | |
| 其他毛绒产品 | Other Hair and down products | | 136.97 | 100.85 | 103.77 | 109.06 | |
| 其他牲畜产品 | Other animal products | | 103.22 | | | | |
| 2.猪的饲养 | 2.Hog raising | 97.67 | 111.91 | 98.56 | 118.00 | 162.01 | 84.81 |
| 活猪(毛重) | Hog (gross weight) | 97.67 | 111.91 | 98.55 | 118.00 | 162.07 | 84.78 |
| 猪 肉 | Pork | | 112.07 | 99.51 | 118.01 | 155.79 | 87.98 |
| 猪 鬃 | Bristles | | 107.95 | 88.42 | 100.75 | 121.37 | 100.86 |
| 3.家禽 | 3.Poultry | 127.93 | 111.14 | 95.93 | 112.29 | 117.05 | 102.21 |
| 肉禽(毛重) | Poultry (gross weight) | 127.93 | 110.51 | 95.95 | 112.67 | 117.93 | 102.37 |
| 鸡 | Chicken | 127.96 | 110.50 | 95.82 | 112.83 | 118.03 | 102.25 |

2-7 续表 8 continued 8

| 农产品名称 Categories of agricultural products | | 2002 | 2005 | 2006 | 2007 | 2008 | 2009 |
|---|---|---|---|---|---|---|---|
| 鸭 | Duck | 105.74 | 110.43 | 97.14 | 112.72 | 117.26 | 102.64 |
| 鹅 | Goose | 100.00 | 111.15 | 95.62 | 106.25 | 116.95 | 106.03 |
| 鹌 鹑 | Furs | | 109.09 | 116.67 | 114.20 | | |
| 其他家禽 | Other poultry | | 109.30 | 101.07 | 118.48 | 105.15 | 99.45 |
| 禽 蛋 | Eggs | 108.18 | 111.98 | 95.91 | 111.77 | 115.87 | 101.98 |
| 鸡 蛋 | Chicken's eggs | 108.09 | 112.19 | 95.63 | 112.11 | 115.79 | 101.72 |
| 鸭 蛋 | Duck 's eggs | 111.78 | 109.37 | 99.04 | 105.00 | 119.13 | 105.13 |
| 鹅 蛋 | Goose' s eggs | 60.59 | 107.00 | 103.16 | 106.49 | 115.47 | 108.46 |
| 其他蛋 | Other eggs | | 127.44 | 98.32 | 105.37 | 112.10 | 101.21 |
| 鸭 绒 | Duck 's down | | 104.29 | 102.91 | 108.49 | 128.67 | |
| 其他羽绒 | Other down | | 109.34 | 101.80 | 98.72 | | |
| 4.狩猎和捕捉动物 | 4.Hunting and catching animals | | | | | | |
| 兽 皮 | Furs | | 103.26 | 72.55 | 106.03 | 112.25 | 103.57 |
| 未列明的动物皮张 | Furs not identified | | 108.51 | 102.61 | 111.65 | 116.09 | 71.53 |
| 5.其他畜牧业 | 5.Other animal husbandry | | | | | | |
| 鸽 子 | Pigeon | | 103.91 | 110.01 | 108.32 | 108.80 | 101.12 |
| 兔 | Rabbit | | 110.73 | 101.50 | 109.00 | 106.85 | 113.80 |
| 狗 | Dog | | 102.81 | 101.13 | 104.35 | 116.87 | 97.07 |
| 猫 | Cat | | 115.42 | 104.17 | 100.00 | 100.00 | 100.00 |
| 兔 毛 | Rabbit hair | | 133.05 | 100.98 | 86.50 | 93.40 | 100.41 |
| 其他家养动物 | Other domestic animals | | 105.73 | 100.00 | 158.31 | 100.07 | 108.13 |
| 蛇 | Snake | | 90.74 | 103.90 | | | |
| 蚕 茧 | Silkworm cocoon | 75.41 | 100.85 | 126.90 | 110.09 | 84.37 | 102.04 |
| 蜂 蜜 | Honey | 115.91 | 101.27 | 100.69 | 108.09 | 116.67 | 112.64 |
| 动物皮张 | Animals' furs | | 105.20 | 92.17 | 109.19 | 127.00 | 75.67 |
| 四、渔业 | IV.Fishery | 106.00 | 105.80 | 102.26 | 101.51 | 112.85 | 96.71 |
| 1.海水水产品 | 1.Seawater aquatic products | 114.64 | 100.88 | 105.20 | 101.74 | 108.53 | 88.36 |
| 鱼类 | Seawater fish | 148.51 | 100.17 | 106.96 | 102.67 | 114.61 | 86.51 |
| 大黄鱼 | Large yellow croaker | 110.68 | 97.05 | 105.63 | 106.26 | 118.59 | 39.25 |
| 小黄鱼 | Small yellow croaker | 98.03 | 97.89 | 103.20 | 103.17 | 110.17 | 95.19 |
| 带 鱼 | Hairtail | 122.27 | 104.91 | 112.28 | 99.76 | 117.49 | 105.86 |
| 鲈 鱼 | Perch | | 103.86 | 108.39 | 103.36 | 120.35 | 102.73 |
| 沙丁鱼 | Sardine | | 105.42 | 105.03 | 103.88 | 101.58 | 104.97 |
| 鳕 鱼 | Cod | 164.65 | 100.00 | | | | |
| 石斑鱼 | Grouper | 100.00 | 105.29 | 102.37 | 103.95 | 107.27 | 94.20 |
| 醍 鱼 | Anchovy | | 129.28 | 105.84 | 99.29 | 109.84 | 101.02 |
| 梭 鱼 | Mullet | | 112.22 | 109.50 | 111.49 | 123.57 | 91.54 |
| 鲳 鱼 | Silvery pomfret | | 96.83 | 102.24 | 106.13 | 102.37 | 101.13 |

2-7 续表 9 continued 9

| 农产品名称 | Categories of agricultural products | 2002 | 2005 | 2006 | 2007 | 2008 | 2009 |
|---|---|---|---|---|---|---|---|
| 海鳗 | Conger pike | | 101.26 | 105.95 | 107.15 | 111.30 | 98.91 |
| 鲅鱼 | Spanish mackerel | | 115.05 | 98.39 | 106.28 | 100.57 | 85.18 |
| 鲐鱼 | Chub mackerel | | 100.90 | | 100.00 | | 85.71 |
| 马面鱼 | Black scraper | | 100.33 | 96.35 | 103.79 | 121.68 | 94.28 |
| 鳓鱼 | Chinese herring | | 95.24 | | | | |
| 马鲛 | Japanese Spanish mackerel | | 108.35 | 104.14 | 108.95 | 107.94 | 106.23 |
| 梅童鱼 | Baby croaker | | 106.37 | 96.69 | | | |
| 鲷鱼 | Porgy | | 96.96 | 89.22 | 108.67 | 111.91 | 123.07 |
| 蓝圆 | Blue scad | | | | | | |
| 其他海水鱼类 | Other seawater fish | | 101.23 | 103.65 | 106.48 | 116.30 | 105.03 |
| 海水虾蟹类 | Seawater shrimp and crab | | 95.64 | 104.03 | 111.28 | 111.88 | 103.71 |
| 对虾 | Prawn | | 88.10 | 104.73 | 114.54 | 105.89 | 100.34 |
| 毛虾 | Shrimp | | 106.36 | 101.54 | 99.79 | 117.78 | 97.90 |
| 爬虾 | Hypplyte | | 100.11 | 103.25 | 107.14 | 113.94 | 90.99 |
| 鹰爪虾 | Trachypemaeus curvirostris | | | | | 128.57 | |
| 梭子蟹 | Swimming crab | | 107.22 | 106.13 | 114.29 | 110.88 | 100.97 |
| 其他海水虾蟹类 | Other seawater shrimps and crabs | | 98.91 | 107.18 | 107.08 | 111.45 | 99.56 |
| 海水贝类 | Seawater shellfish | 59.02 | 105.05 | 100.98 | 96.10 | 102.47 | 89.83 |
| 扇贝 | Scallop | 100.00 | 94.83 | 105.08 | 85.71 | 83.33 | 77.77 |
| 牡蛎 | Oyster | 156.00 | 84.20 | 99.93 | 103.07 | 121.65 | 86.09 |
| 鲍鱼 | Abalone | 35.29 | 104.20 | 84.03 | 107.15 | 80.97 | 68.12 |
| 蛤 | Clam | 58.96 | 107.81 | 105.79 | 94.46 | 93.70 | 99.78 |
| 蚶 | Blood clam | 93.05 | | | 100.38 | | 103.24 |
| 海螺 | Conch | | 103.99 | 98.33 | 156.53 | 116.99 | 100.50 |
| 蛏 | Razor clam | | 100.95 | 101.32 | 107.47 | 126.25 | 111.93 |
| 其他海水贝类 | Other seawater shellfish | | 97.31 | 108.42 | 115.47 | 150.00 | 93.65 |
| 藻类 | Seaweeds | 114.41 | 83.79 | 95.60 | 113.46 | 125.10 | 82.00 |
| 海带 | Kelp | 76.87 | | 94.54 | | | |
| 紫菜 | Laver | 121.44 | 83.79 | 99.11 | 113.46 | 125.10 | 82.00 |
| 其他藻类 | Other seaweeds | | 162.37 | 111.11 | 178.92 | 111.79 | 106.00 |
| 墨鱼 | Inkfish | | 98.54 | 107.96 | 107.37 | 123.79 | 100.49 |
| 鱿鱼 | Squid | | 107.73 | 103.80 | 94.44 | 128.90 | 105.99 |
| 章鱼 | Octopus | | 90.76 | 104.54 | 108.32 | 106.94 | 98.44 |
| 海蜇 | Jellyfish | | 102.22 | 100.00 | | | 93.17 |
| 未列明的其他海水产品 | Other seawater products | | 101.31 | 100.62 | 102.72 | 109.78 | 82.99 |
| 2.内陆水域水产品 | 2.Aquatic products in inland water areas | 93.62 | 110.36 | 99.54 | 101.29 | 116.85 | 104.45 |
| 淡水鱼类 | Freshwater fish | 93.62 | 110.00 | 99.39 | 100.79 | 116.07 | 104.24 |
| 青鱼 | Black carp | 69.60 | 108.61 | 106.28 | 111.71 | 112.22 | 98.66 |

2-7 续表 10 continued

| 农产品名称 | Categories of agricultural products | 2002 | 2005 | 2006 | 2007 | 2008 | 2009 |
|---|---|---|---|---|---|---|---|
| 草　鱼 | Grass carp | 94.33 | 112.24 | 100.13 | 100.99 | 118.31 | 105.63 |
| 鲤　鱼 | Carp | 101.84 | 107.61 | 97.11 | 100.19 | 119.90 | 101.86 |
| 鲢　鱼 | Silver carp | 101.03 | 110.92 | 99.78 | 99.12 | 116.78 | 105.15 |
| 鲫　鱼 | Crucian carp | 79.73 | 112.40 | 98.60 | 99.85 | 110.04 | 107.56 |
| 罗非鱼 | Tilapia | 68.20 | 104.92 | 102.26 | 98.50 | 112.00 | 102.73 |
| 虹鳟鱼 | Rainbow trout | 83.89 | 102.57 | 101.43 | 101.04 | 107.74 | 105.28 |
| 白　鱼 | Whitefish | | 116.51 | 98.35 | 102.79 | 98.30 | 105.40 |
| 鳜　鱼 | Mandarin fish | | 104.80 | 88.22 | 112.72 | 96.96 | 100.30 |
| 白昌鱼 | Round spadefish | | 109.75 | | | | |
| 黑　鱼 | Snakeheaded fish | | 100.46 | 102.79 | 97.94 | 115.67 | 101.07 |
| 鲶　鱼 | Oriental sheatfish | | 102.82 | 99.22 | 104.54 | 100.70 | 114.62 |
| 武昌鱼 | Blunt-snout bream | | 113.35 | 96.21 | 98.64 | 108.58 | 109.56 |
| 鳙　鱼 | Variegated carp | | 110.21 | 101.83 | 100.20 | 117.90 | 102.54 |
| 鲮　鱼 | Dace | | 100.34 | 101.13 | 97.92 | 143.13 | 99.46 |
| 鳊 | Bream | | 100.43 | 103.50 | 99.34 | 107.63 | 98.00 |
| 黄颡鱼 | Yellowcat fish | | 82.92 | 91.60 | 89.00 | | 99.17 |
| 银　鱼 | Whitebait | | | | | | |
| 淡水鲈 | Freshwater perch | | 103.57 | 95.62 | 82.59 | 118.56 | 104.05 |
| 其他淡水鱼类 | Other freshwater fish | | 101.48 | 103.06 | 103.17 | 107.50 | 96.73 |
| 淡水虾蟹类 | Freshwater shrimps and crabs | 89.48 | 116.78 | 102.18 | 110.18 | 130.70 | 108.08 |
| 龙　虾 | Lobster | | 117.33 | 100.79 | 108.57 | 150.24 | 114.47 |
| 罗氏沼虾 | M. rosenbergii | | 117.62 | 89.34 | 183.57 | 71.86 | 103.83 |
| 青　虾 | Black shrimps | | 116.51 | 104.26 | 110.59 | 108.02 | 100.47 |
| 基围虾 | Exopalaemom carinicauda | | 98.16 | | | 114.29 | 87.50 |
| 红螯螯虾 | Shrimps with red chelas | | 100.00 | 133.33 | | | |
| 大闸蟹 | Dazha crab | | 99.66 | 100.46 | 84.19 | 113.12 | 111.98 |
| 其他淡水虾蟹类 | Other freshwater shrimp and crab | | 106.05 | 108.42 | 102.63 | 120.03 | 116.81 |
| 淡水珍珠 | Freshwater pearl | | 86.19 | 107.58 | 101.19 | | |
| 螺　丝 | Spiral shell | | 118.93 | 54.38 | 116.47 | 125.00 | 108.73 |
| 其他淡水贝类 | Other freshwater shellfish | | 104.45 | 102.74 | 109.92 | 104.72 | 100.21 |
| 牛　蛙 | Bullfrog | | 116.77 | 87.42 | | 110.00 | |
| 甲　鱼 | Soft-shelled turtle | | 89.62 | 99.65 | 89.24 | 108.86 | 96.74 |
| 黄　鳝 | Ricefield eel | | 115.90 | 103.71 | 104.60 | 116.10 | 111.48 |
| 泥　鳅 | Loach | | 111.81 | 96.80 | 112.85 | 120.58 | 101.70 |
| 蛙 | Frog | | | 88.89 | 156.25 | 130.25 | |
| 未列明的其他淡水产品 | Other freshwater products | | | 108.33 | 115.47 | 112.05 | 92.76 |

# 2-8 全国农产品生产价格指数(第二季度)
# Producer Price Indices of Agricultural Products in the Second Quarter

(上年同期=100) (the same period of the preceding year=100)

| 农产品名称 | Categories of agricultural products | 2002 | 2005 | 2006 | 2007 | 2008 | 2009 |
|---|---|---|---|---|---|---|---|
| 总指数 | **All** | 98.90 | 101.75 | 97.90 | 110.18 | 121.15 | 93.39 |
| 一、农业产品 | I. Crop products | 99.70 | 100.59 | 105.09 | 105.98 | 113.27 | 100.97 |
| 1.谷物及其他作物 | 1.Cereal and other crops | | 98.07 | 101.56 | 108.50 | 114.78 | 97.23 |
| #粮食 | Grain | 94.60 | 99.46 | 99.76 | 107.63 | 112.62 | 100.70 |
| 谷物(原粮) | Cereal (unprocessed food grains) | 95.60 | 99.74 | 99.77 | 108.00 | 108.50 | 103.23 |
| 小　麦 | Wheat | 93.20 | 99.07 | 96.15 | 104.79 | 107.76 | 109.34 |
| 硬粒小麦 | Hard-grained wheat | 90.20 | 98.62 | 94.91 | 104.13 | 108.17 | 108.92 |
| 软粒小麦 | Soft-grained wheat | 81.30 | 99.73 | 99.33 | 103.53 | 112.45 | 105.67 |
| 混合小麦 | Mixed wheat | 100.60 | 100.42 | 94.91 | 107.31 | 105.18 | 111.69 |
| 其他小麦 | Other wheat | | 98.88 | 97.46 | 106.42 | 108.24 | 109.58 |
| 稻　谷 | Paddy | 101.20 | 101.41 | 101.02 | 104.48 | 106.93 | 106.59 |
| 早籼稻 | Early long grained nonglutinous rice | 101.60 | 99.13 | 102.01 | 109.91 | 109.94 | 103.89 |
| 晚籼稻 | Late long grained nonglutinous rice | 103.50 | 99.94 | 97.89 | 108.71 | 111.91 | 103.59 |
| 粳　稻 | Round- grained rice | 98.20 | 102.94 | 101.50 | 100.60 | 103.96 | 108.79 |
| 其他稻谷 | Other paddy | | 102.21 | 99.50 | 106.32 | 111.83 | 104.56 |
| 玉　米 | Maize (corn) | 93.30 | 97.64 | 101.19 | 114.43 | 110.29 | 95.52 |
| 黄玉米 | Yellow maize | 93.10 | 97.55 | 101.32 | 114.54 | 110.26 | 95.64 |
| 白玉米 | White maize | 115.50 | 103.79 | 96.42 | 107.88 | 110.64 | 94.69 |
| 混合玉米 | Mixed maize | 165.00 | 100.08 | 97.03 | 111.09 | 111.46 | 91.18 |
| 其他玉米 | Other maize | | 100.21 | 100.53 | 110.98 | 112.85 | 94.79 |
| 杂　粮 | Coarse cereals | | 108.20 | 104.49 | 104.81 | 114.11 | 100.02 |
| 谷　子 | Millet | | 114.39 | 107.62 | 101.69 | 119.91 | 98.62 |
| 高　粱 | Chinese sorghum | | 100.52 | 100.72 | 110.79 | 107.93 | 100.93 |
| 大　麦 | Barley | | 105.85 | 101.26 | 106.83 | 111.71 | 86.18 |
| 荞　麦 | Buckwheat | | 126.74 | 112.92 | 99.00 | 99.12 | 98.31 |
| 元　麦 | poulard wheat | | | 102.50 | | | |
| 青　稞 | Highland barley | | | 108.14 | 101.82 | 109.36 | 119.05 |
| 莜　麦 | Naked oats | | 107.99 | 109.04 | 101.18 | 140.71 | 98.39 |
| 燕　麦 | Oats | | | 100.00 | 102.50 | 106.00 | 100.00 |
| 其他杂粮 | Other coarse cereals | | 105.63 | 104.87 | 106.21 | 108.81 | 98.75 |
| 小麦秸 | Wheat straw | | 110.47 | 104.75 | 104.84 | 113.84 | 102.58 |
| 稻　草 | Rice straw | | 121.71 | 96.49 | 107.25 | 122.31 | 99.78 |
| 玉米杆 | Corn stover | | 98.38 | 93.39 | 109.55 | 100.89 | 90.05 |
| 大麦秸 | Barley straw | | 99.02 | 100.00 | | 154.92 | |
| 谷子杆 | Millet stalk | | 114.89 | 105.62 | 112.46 | 118.80 | 96.82 |
| 高粱杆 | Chinese sorghum stalk | | 107.19 | 108.01 | | | |
| 薯　类 | Potato | 88.30 | 106.47 | 113.44 | 99.37 | 115.88 | 102.12 |
| 红　薯 | Sweet potato | 139.00 | 102.78 | 103.69 | 106.73 | 118.74 | 103.08 |

2-8 续表 1 continued 1

| 农产品名称 | Categories of agricultural products | 2002 | 2005 | 2006 | 2007 | 2008 | 2009 |
|---|---|---|---|---|---|---|---|
| 马铃薯 | White Potato | 76.00 | 108.27 | 118.21 | 95.78 | 114.49 | 101.65 |
| 其他薯类 | Other potatoes | | 102.83 | 101.54 | 102.33 | 127.04 | 111.47 |
| 薯　藤 | Potato vines | | 124.78 | 96.83 | 102.20 | 111.34 | 134.50 |
| 油　料 | Oil-bearing Crops | 103.20 | 88.70 | 99.28 | 128.47 | 140.08 | 75.82 |
| 花　生 | Peanut | 104.70 | 97.19 | 99.93 | 113.80 | 129.72 | 76.13 |
| 油菜籽 | Rapeseeds | 102.80 | 83.37 | 99.09 | 137.44 | 146.69 | 74.10 |
| 芝　麻 | Sesame | 88.20 | 101.59 | 100.05 | 101.64 | 132.61 | 94.38 |
| 向日葵 | Sunflower | | 106.85 | 96.28 | 105.02 | 109.93 | 94.99 |
| 胡麻籽 | Flaxseeds | 112.50 | 110.47 | 104.77 | 102.06 | 126.99 | 97.20 |
| 苏　籽 | Perillaseeds | | 96.00 | 93.54 | 112.50 | | 111.11 |
| 其他油料作物 | Other oil-bearing crops | | 105.76 | 113.88 | 106.16 | 126.12 | 100.50 |
| 花生蔓 | Peanut vine | | 98.13 | 100.00 | | | |
| 豆　类 | Beans | 90.20 | 95.41 | 95.03 | 108.26 | 135.92 | 85.20 |
| 大　豆 | Soybeans | 90.40 | 94.02 | 94.29 | 108.35 | 139.84 | 83.81 |
| 绿　豆 | Mung beans | 77.10 | 104.98 | 103.36 | 108.78 | 108.47 | 88.98 |
| 红小豆 | Red beans | 117.20 | 108.40 | 94.71 | 104.66 | 112.74 | 102.04 |
| 蚕　豆 | Broad beans | | 98.10 | 94.39 | 103.60 | 112.73 | 97.11 |
| 豌　豆 | Peas | | 106.88 | 97.75 | 99.95 | 116.73 | 113.76 |
| 芸　豆 | Kidney beans | | 102.73 | 98.32 | 118.71 | 99.50 | 88.85 |
| 其他杂豆 | Other beans | | 100.34 | 98.98 | 103.11 | 117.86 | 99.67 |
| 豆　秸 | Beanstalk | | 109.51 | 117.78 | | | 106.07 |
| 棉花(籽棉) | Cotton (unginned cotton) | 88.00 | 87.05 | 113.35 | 99.10 | 112.10 | 87.64 |
| 细绒棉 | Thin- staple cotton | 88.00 | 86.74 | 113.27 | 99.24 | 112.10 | 87.95 |
| 长绒棉 | Long- staple cotton | 100.00 | 93.75 | 115.16 | 96.05 | | 80.96 |
| 棉　籽 | Cottonseeds | | 97.29 | 106.82 | 101.63 | 106.51 | 84.00 |
| 麻　类 | Fiber crops | 85.20 | 104.84 | 97.37 | 89.56 | 101.09 | 90.02 |
| 黄红麻 | Jute and blueish dogbane | 95.70 | 113.96 | 104.16 | 92.88 | | |
| 亚　麻 | Flax | | 73.03 | 76.90 | 105.39 | 108.33 | 107.87 |
| 苎　麻 | Ramie | 77.90 | 107.62 | 98.37 | 81.44 | 98.62 | 83.93 |
| 剑　麻 | Steel hemp | | | 152.17 | | | 100.00 |
| 麻　杆 | Stalks of fiber crops | | | 99.96 | 72.06 | 79.59 | 147.50 |
| 糖　料 | Sugar crops | 105.20 | 104.16 | 130.25 | 98.84 | 99.31 | 94.80 |
| 甘　蔗 | Sugarcane | 105.20 | 104.16 | 134.25 | 98.84 | 99.31 | 94.80 |
| 甜　菜 | Beet | 96.10 | 100.00 | 135.89 | | | |
| 其他糖料 | Other sugar crops | | 111.11 | | | 137.50 | |
| 烟　草 | Tobacco | 183.30 | 106.58 | 93.06 | 101.85 | 114.32 | 100.71 |
| 烤烟叶 | Flue-cured tobacco | 263.90 | 106.63 | 92.84 | 101.77 | 114.33 | 100.86 |
| 晒烟叶 | Sun-cured tobacco | 97.80 | 104.67 | 101.51 | 104.70 | 113.83 | 95.04 |
| 其他烟叶 | Other tobacco | | 103.43 | 102.95 | 102.71 | 124.70 | 98.11 |

2-8 续表 2 continued 2

| 农产品名称 | Categories of agricultural products | 2002 | 2005 | 2006 | 2007 | 2008 | 2009 |
|---|---|---|---|---|---|---|---|
| 青饲料 | Greenfeed | | 103.20 | 108.05 | 94.00 | 116.67 | 100.00 |
| 牧 草 | Herbage | | 96.24 | 103.18 | 107.42 | 125.51 | 104.32 |
| 绿 肥 | Green manure | | 133.33 | 100.00 | 120.00 | 88.57 | |
| 桑 叶 | Mulberry leaves | | | 92.74 | | | |
| 席 草 | Stems or leaves of cattail | | | 103.20 | 129.17 | 117.65 | 101.50 |
| 蓖麻籽 | Castor beans | | 121.57 | 96.16 | 115.15 | 106.05 | 97.00 |
| 薄荷油 | Peppermint oil | | 114.29 | 120.00 | | | |
| 野生植物的采集 | Gathering of wild plants | | 111.20 | 102.41 | 99.95 | 97.57 | 99.82 |
| 未列明的其他农作物 | Other agricultural crops | | 106.20 | 106.79 | 101.29 | 103.73 | 99.16 |
| 2.蔬菜、园艺作物 | 2.Vegetable and Horticulture | | 105.65 | 111.16 | 100.24 | 108.61 | 110.62 |
| 蔬 菜 | Vegetable | 95.90 | 105.65 | 111.16 | 100.24 | 108.61 | 110.62 |
| 叶菜类 | Leaf vegetable | 86.80 | 107.59 | 108.79 | 104.07 | 109.22 | 111.35 |
| 菠 菜 | Spinach | 94.10 | 104.78 | 105.55 | 101.83 | 110.01 | 110.26 |
| 芹 菜 | Celery | 78.60 | 103.36 | 112.24 | 105.95 | 105.99 | 111.14 |
| 大白菜 | Chinese cabbage | 50.70 | 105.94 | 116.92 | 100.03 | 110.47 | 109.27 |
| 元白菜 | Cabbage | 73.90 | 114.55 | 102.62 | 106.57 | 106.16 | 115.55 |
| 甘 蓝 | Wild cabbage | 38.70 | 108.75 | 107.78 | 87.79 | 110.49 | 104.23 |
| 花椰菜 | Cauliflower | 72.10 | 94.47 | 103.18 | 91.36 | 116.02 | 113.30 |
| 莴 笋 | Asparagus lattuce | 105.80 | 110.33 | 106.32 | 103.50 | 115.28 | 112.03 |
| 油 菜 | Rape | 107.30 | 109.62 | 108.03 | 107.54 | 110.76 | 109.15 |
| 其他叶菜 | Other leaf vegetable | | 107.04 | 105.13 | 105.18 | 111.16 | 107.86 |
| 瓜菜类 | Gourd vegetable | 86.80 | 103.25 | 108.75 | 105.45 | 102.47 | 112.49 |
| 黄 瓜 | Cucumber | 86.90 | 103.45 | 109.47 | 106.61 | 104.50 | 113.86 |
| 冬 瓜 | White gourd | 63.60 | 100.95 | 107.89 | 98.64 | 99.10 | 105.44 |
| 西葫芦 | Summer squash | 99.90 | 98.49 | 109.17 | 106.79 | 102.61 | 117.30 |
| 苦 瓜 | Balsam pear | | 109.52 | 107.77 | 109.26 | 89.22 | 116.28 |
| 丝 瓜 | Towed gourd | | 108.31 | 101.38 | 111.76 | 106.17 | 110.81 |
| 南 瓜 | Pumpkin | | 106.25 | 107.98 | 97.11 | 119.21 | 99.89 |
| 打 瓜 | Seeded watermelon | | 122.69 | | | | |
| 瓠 子 | Bottle gourd | | 114.35 | 96.28 | 107.91 | 100.73 | 110.10 |
| 其他瓜菜 | Other gourd vegetable | | 103.52 | 105.99 | 115.22 | 111.31 | 102.57 |
| 块根、块茎菜类 | Root and tuber vegetable | 82.30 | 102.92 | 114.31 | 102.54 | 116.21 | 101.19 |
| 萝 卜 | Radish | 81.40 | 105.43 | 115.70 | 101.21 | 117.14 | 104.15 |
| 胡萝卜 | Carrot | 144.50 | 98.53 | 112.90 | 105.96 | 114.24 | 95.74 |
| 生 姜 | Ginger | 92.90 | 88.58 | 77.01 | 79.26 | 120.37 | 92.01 |
| 芋 头 | Taro | | 106.40 | 103.17 | 88.69 | 110.35 | 100.14 |
| 苔 干 | Dried bryophyte | | 106.67 | 97.69 | | 117.65 | |
| 百合(根) | Lily (root) | | 99.90 | 106.58 | | | 106.25 |
| 芋 艿 | Taro | | 109.54 | 96.86 | 99.58 | 112.04 | 109.33 |

2-8 续表 3 continued 3

| 农产品名称 | Categories of agricultural products | 2002 | 2005 | 2006 | 2007 | 2008 | 2009 |
|---|---|---|---|---|---|---|---|
| 山 药 | Chinese yam | | 117.20 | 108.09 | 100.30 | 102.90 | 118.83 |
| 其他块根、块茎菜 | Other root and tuber vegetable | | 107.87 | 99.80 | 99.87 | 113.90 | 98.66 |
| 茄果菜类 | Eggplant, tomato and chili, etc. | 108.80 | 100.80 | 110.59 | 104.11 | 111.55 | 105.03 |
| 茄 子 | Eggplant | 123.70 | 102.62 | 105.90 | 106.85 | 113.39 | 102.58 |
| 西红柿 | Tomato | 105.50 | 99.69 | 113.39 | 101.57 | 112.10 | 107.98 |
| 辣 椒 | Chili | 87.50 | 92.17 | 111.77 | 108.48 | 108.35 | 96.97 |
| 青 椒 | Sweetbell | 106.60 | 106.96 | 108.14 | 103.93 | 111.31 | 106.61 |
| 其他茄果菜类 | Others | | 106.02 | 107.50 | 104.06 | 113.81 | 100.96 |
| 葱蒜类 | Onion and Garlic | 60.90 | 109.93 | 119.04 | 77.72 | 105.78 | 120.84 |
| 大 葱 | Scallion | 250.10 | 96.09 | 110.88 | 91.57 | 128.52 | 110.86 |
| 蒜 苔 | Garlic stalk | 81.40 | 107.09 | 110.55 | 81.06 | 111.15 | 140.07 |
| 蒜 头 | Garlic head | 50.30 | 117.00 | 125.18 | 70.50 | 93.95 | 119.77 |
| 洋 葱 | Onion | | 97.18 | 106.52 | 94.03 | 115.44 | 105.37 |
| 蒜 苗 | Garlic bolt | | 104.82 | 111.65 | 91.66 | 112.68 | 114.20 |
| 小 葱 | Shallot | | 104.04 | 105.56 | 104.39 | 115.43 | 103.48 |
| 韭 菜 | Fragrant-flowered garlic | | 98.18 | 106.69 | 106.35 | 106.08 | 113.82 |
| 其他葱蒜类 | Others | | 109.77 | 107.03 | 101.63 | 104.03 | 104.91 |
| 菜用豆类 | Garden beans | 111.40 | 110.90 | 107.56 | 102.28 | 108.15 | 113.17 |
| 四季豆 | Kidney beans | 97.60 | 107.66 | 107.01 | 106.31 | 109.13 | 113.83 |
| 豇 豆 | Cowpeas | 136.90 | 113.23 | 107.95 | 99.37 | 107.44 | 112.69 |
| 其他菜用豆 | Other garden beans | | 106.26 | 107.08 | 101.40 | 110.42 | 105.25 |
| 水生菜类 | Water vegetable | 105.10 | 152.99 | 95.33 | 98.14 | 107.63 | 103.99 |
| 莲 藕 | Lotus root | 98.60 | 105.81 | 104.90 | 109.19 | 108.39 | 111.55 |
| 茭 白 | Wild ruice stem | 115.30 | 190.74 | 87.68 | 89.30 | 107.00 | 97.74 |
| 荸 荠 | Water chestnut | 100.00 | 101.71 | 107.47 | 100.51 | 118.59 | 117.92 |
| 其他水生菜 | Other water vegetable | | 106.45 | 105.99 | 53.57 | 108.59 | 98.81 |
| 食用菌(干鲜混合) | Mushroom | | 95.58 | 113.51 | 112.55 | 100.38 | 104.47 |
| 香菇(干品) | Mushroom (dried) | | 90.91 | 140.36 | 96.05 | 91.02 | 101.70 |
| 蘑菇(鲜品) | Mushroom (fresh) | | 96.94 | 111.62 | 114.60 | 100.93 | 104.91 |
| 黑木耳(干品) | Black edible fungus (dried) | | 82.80 | 107.26 | 104.53 | 104.22 | 101.88 |
| 白木耳(干品) | Tremella (dried) | | 111.12 | 97.69 | 99.13 | 95.92 | 119.94 |
| 金针菇(鲜品) | Golden mushroom | | 99.58 | 95.41 | 104.08 | 108.78 | 102.92 |
| 猴头菌(干品) | Bearded tooth(dried) | | 91.15 | 91.75 | 110.27 | 112.60 | 104.62 |
| 平菇(鲜品) | Oyster mushroom | | 102.72 | 103.94 | 113.20 | 93.07 | 111.72 |
| 花菇(干品) | Black forest mushroom | | | | | | |
| 其他食用菌 | Other edible mushrooms | | 95.74 | 100.52 | 109.93 | 112.84 | 105.34 |
| 椿 芽 | Chinese cedrela sprouts | | 104.75 | 95.40 | 103.16 | 107.95 | 101.95 |
| 未列明的其他蔬菜 | Other vegetable | | 109.15 | 98.37 | 108.46 | 113.10 | 109.67 |
| 百合花 | Lily | | 106.35 | 108.17 | 92.59 | 106.09 | 104.94 |

2-8 续表 4 continued 4

| 农产品名称 | Categories of agricultural products | 2002 | 2005 | 2006 | 2007 | 2008 | 2009 |
|---|---|---|---|---|---|---|---|
| 康乃馨 | Carnation | | 130.22 | 124.83 | 101.43 | 97.45 | 158.68 |
| 满天星 | June snow (serissa) | | 114.13 | 135.30 | 63.00 | 102.23 | 105.79 |
| 勿忘我 | Forgetmenot | | 109.39 | 116.67 | 173.21 | 100.00 | 100.00 |
| 非洲菊 | Flameray Gerbera | | 68.60 | 97.11 | 94.06 | 113.29 | 94.76 |
| 玫 瑰 | Rugosa rose | | 114.97 | 128.76 | 87.78 | 109.43 | 155.49 |
| 郁金香 | Tulip | | 101.00 | 109.89 | 105.71 | 72.07 | 107.50 |
| 情人草 | Evans begonia | | 100.00 | 118.32 | 66.67 | 125.00 | 100.00 |
| 其他鲜切花 | Other fresh flowers | | 111.81 | 123.38 | 95.57 | 110.01 | 108.14 |
| 草坪草皮 | Sod for lawn | | 100.48 | 106.07 | 101.05 | 132.02 | 69.26 |
| 3.水果、坚果、饮料和香料 | 3.Fruits, beverages and perfume | | 107.34 | 116.51 | 100.50 | 110.73 | 111.63 |
| 水果、坚果 | Fruits and nuts | | 107.27 | 117.95 | 95.15 | 114.66 | 113.74 |
| 园林水果 | Garden fruits | 117.90 | 106.99 | 118.64 | 95.53 | 114.97 | 114.40 |
| 苹 果 | Apple | 100.50 | 95.46 | 129.30 | 99.72 | 111.40 | 104.14 |
| 红富士苹果 | Hongfushi apple | 93.10 | 96.88 | 130.99 | 96.67 | 121.42 | 101.48 |
| 国光苹果 | Guoguang apple | 117.30 | 104.26 | 112.50 | 113.33 | 97.72 | 123.52 |
| 秦冠苹果 | Qinguan apple | 107.30 | 78.25 | 148.20 | 88.81 | 111.53 | 85.93 |
| 香蕉苹果 | Banana apple | 100.00 | 113.64 | 121.11 | | | |
| 元帅苹果 | Yuanshuai (Marshal) apple | | 94.57 | 108.81 | 96.00 | | 86.60 |
| 新红星苹果 | New Hongxing apple | | 115.16 | 109.15 | | | |
| 梨 | Pear | 95.60 | 116.18 | 118.69 | 89.11 | 121.32 | 125.94 |
| 雪花梨 | Snowflake pear | 99.90 | 125.25 | 119.13 | 90.00 | | 133.33 |
| 鸭 梨 | Ya- pear | 102.00 | 84.64 | 117.52 | 86.46 | 120.97 | 100.92 |
| 酥 梨 | Soft-pear | 69.60 | 99.77 | 114.36 | 82.63 | 125.00 | 105.68 |
| 其他梨 | Other pears | | 99.68 | 104.90 | 111.50 | 118.00 | |
| 柑 桔 | Citrus | 96.20 | 103.72 | 112.27 | 101.96 | 85.98 | 92.69 |
| 柑 | Mandarin orange | 94.30 | 102.51 | 109.85 | 104.52 | 87.76 | 99.52 |
| 桔 | Tangerine | 101.00 | 111.22 | 127.01 | 90.98 | 75.06 | 51.04 |
| 橙 | Orange | 100.00 | 103.49 | 112.71 | 84.91 | 85.14 | 88.82 |
| 柚 | Shaddock | 100.00 | 56.11 | 111.53 | 78.51 | 88.97 | 48.50 |
| 其他水果 | Other fruits | | 101.89 | 105.10 | 103.42 | 113.36 | 107.35 |
| 香 蕉 | Banana | 186.10 | 91.27 | 118.91 | 67.26 | 127.61 | 115.96 |
| 菠 萝 | Pineapple | | 107.67 | 110.19 | 112.81 | 135.94 | 122.69 |
| 荔 枝 | Litchi | 26.10 | 113.50 | 106.80 | 96.16 | 154.37 | 83.81 |
| 芒 果 | Mango | | 96.30 | 112.58 | 112.71 | 103.32 | 113.90 |
| 木 瓜 | Papaya | | 100.00 | 144.22 | 110.78 | 109.82 | 100.19 |
| 橄 榄 | Chinese olive | | 91.29 | 80.79 | 150.00 | 141.67 | 97.06 |
| 桃 | Peach | 161.80 | 100.92 | 104.54 | 109.87 | 105.26 | 108.23 |
| 杏 | Apricot | 90.60 | 88.26 | 102.93 | 110.97 | 105.63 | 89.62 |
| 杨 梅 | Red bayberry | 133.40 | 84.55 | 95.83 | 116.90 | 110.03 | 111.31 |

2-8 续表 5 continued 5

| 农产品名称 | Categories of agricultural products | 2002 | 2005 | 2006 | 2007 | 2008 | 2009 |
|---|---|---|---|---|---|---|---|
| 猕猴桃 | Yangtao | 100.00 | 104.50 | | | | |
| 葡　萄 | Grape | 196.70 | 109.26 | 87.05 | 108.07 | 109.09 | 115.33 |
| 红　枣 | Chinese date | 100.90 | 102.17 | 103.42 | 102.03 | 114.71 | 103.29 |
| 柿　子 | Persimmon | 100.00 | | 104.87 | 114.16 | 103.51 | |
| 其他园林水果 | Other garden fruits | | 91.12 | 110.28 | 99.01 | 115.39 | 115.69 |
| 瓜果类 | Melon | 44.00 | 110.33 | 110.57 | 90.98 | 111.31 | 106.68 |
| 西　瓜 | Watermelon | 38.40 | 110.68 | 111.95 | 90.08 | 110.94 | 107.10 |
| 甜　瓜 | Muskmelon | 140.60 | 110.37 | 89.95 | 106.06 | 113.12 | 102.54 |
| 香　瓜 | Musk melon | | 108.67 | 124.26 | 85.00 | 118.77 | 105.17 |
| 伊利沙白瓜 | Elizabeth melon | | | | | | |
| 草　莓 | Strawberry | 77.70 | 99.77 | 104.61 | 91.53 | 118.35 | 101.81 |
| 其他瓜果 | Others | | 101.40 | 109.21 | 104.91 | 114.17 | 88.19 |
| 坚果类 | Nuts | | 101.06 | 98.76 | 111.81 | 117.53 | 95.35 |
| 椰　子 | Coconut | | 102.12 | 96.94 | 111.81 | 117.53 | 95.35 |
| 槟　榔 | Areca | | 121.88 | 128.90 | 158.15 | 62.53 | 119.46 |
| 其他坚果 | Other nuts | | 77.08 | 101.14 | 125.90 | 114.29 | |
| 茶及其他饮料(干品) | Tea and other beverages | | 107.79 | 107.28 | 135.21 | 85.22 | 97.91 |
| 茶 | Tea | 144.40 | 107.50 | 107.28 | 135.21 | 84.21 | 97.91 |
| 红毛茶 | Black tea | 135.30 | 113.13 | 106.91 | 106.15 | 99.00 | 94.42 |
| 绿毛茶 | Green tea | 145.30 | 109.04 | 107.26 | 139.56 | 82.48 | 96.71 |
| 乌龙茶 | Oolong tea | 109.00 | 90.39 | 107.62 | 101.51 | 96.48 | 111.02 |
| 其他茶 | Others | | 99.87 | 110.66 | 172.09 | 104.12 | 113.42 |
| 可可和咖啡 | Cocoa and Coffee | | 116.04 | 104.35 | | 113.47 | |
| 咖啡豆 | Coffee bean | 88.00 | 116.04 | 104.35 | | 113.47 | |
| 茴　香 | Fennel | | | | | | |
| 4.中药材 | 4.Chinese medicinal materials | | | | | 123.06 | 72.07 |
| 茯　苓 | Fuling (poris cocos) | | 83.51 | 90.91 | 114.03 | 120.05 | 109.59 |
| 党　参 | Tangshen (pilose asiabell) | | 96.69 | 104.45 | 152.21 | 94.46 | 76.09 |
| 当　归 | Chinese angelica | | 71.43 | 112.25 | 156.13 | 168.44 | |
| 黄　芪 | Root of membranous milk vetch | | 96.75 | 96.63 | 111.60 | 116.38 | 87.59 |
| 金银花 | Honeysuckle | | 103.83 | 113.88 | 98.53 | 142.96 | 111.54 |
| 甘　草 | Licorice root | | 87.15 | 109.96 | 143.17 | 100.00 | 100.28 |
| 贝　母 | Bulb of fritillary | | 89.22 | 111.04 | 120.04 | 103.38 | 51.09 |
| 红　花 | Safflower | | | | 90.00 | | |
| 元　胡 | Amur corydalis | | 88.46 | 100.00 | | 118.94 | 87.50 |
| 枸　杞 | Fruit of Chinese wolfberry | | 100.91 | 108.57 | | 105.57 | 56.77 |
| 菊　花 | Chrysanthemum | | 104.00 | 124.54 | 98.93 | 93.87 | 91.95 |
| 白　术 | Largehead atractyldes | | 98.91 | 101.49 | | | 99.58 |
| 半　夏 | Tuber of pinelia | | 107.28 | 107.35 | | | 102.40 |

2-8 续表 6 continued 6

| 农产品名称 | Categories of agricultural products | 2002 | 2005 | 2006 | 2007 | 2008 | 2009 |
|---|---|---|---|---|---|---|---|
| 麦 冬 | Tuber of dwarf lilyturf | | 101.08 | 96.44 | 103.97 | 117.09 | 116.99 |
| 三 七 | Pseudo- ginseng | | 107.83 | 65.77 | 92.06 | | |
| 玄 参 | Root of Zhejiang figwort | | 99.80 | 101.71 | 103.10 | 104.17 | |
| 生 地 | Dried rhizome of rehmannia | | 100.78 | 104.30 | 120.33 | | 100.00 |
| 厚 朴 | Bark of official magnolia | | 100.00 | 95.24 | | | |
| 杜 仲 | Bark of eucommia | | 89.79 | 113.63 | 114.76 | 101.37 | 97.09 |
| 田 七 | Notoginseng | | | 19.38 | | | |
| 板蓝根 | Root of common baphicacanthus | | 90.96 | 110.65 | 106.84 | 110.11 | 126.14 |
| 苦丁茶 | Kudin crotoxylum (bitter tea tree) | | | | | | |
| 霍 香 | Wrinkled giant hyssop | | 118.12 | 107.83 | 118.63 | 69.14 | |
| 天 麻 | Tuber of elevated gastrodia | | 100.39 | 120.64 | | | |
| 穿心莲 | Creat | | | 190.00 | 103.58 | | |
| 桔 梗 | Rampion | | 101.23 | 104.35 | 113.88 | 130.83 | |
| 干 姜 | Dried ginger | | 112.59 | 116.63 | | 106.73 | |
| 丹 参 | Root of red-rooted salvia | | 84.02 | 119.78 | 109.15 | 120.79 | 72.58 |
| 大青叶 | Common conehead | | 116.67 | 125.00 | | | |
| 虫 草 | Chinese caterpillar fungus | | 103.61 | 112.69 | 135.93 | 144.49 | 45.74 |
| 其他药材 | Other medicinal materials | | 99.12 | 100.90 | 105.92 | 111.99 | 103.62 |
| 二、林业产品 | II.Forestry products | 88.40 | 102.45 | 112.14 | 103.37 | 111.49 | 86.73 |
| 1.竹木采运 | 1.Bamboo and wood | | 104.47 | 105.60 | 109.58 | 110.46 | 93.86 |
| 木材采运 | Felling and transport of wood | 104.50 | 104.54 | 104.50 | 109.53 | 110.49 | 93.77 |
| 原 木 | Log | 104.40 | 104.54 | 105.50 | 109.53 | 110.49 | 93.77 |
| 红 松 | Korean pine | | 112.32 | 108.99 | 104.22 | 111.20 | 81.66 |
| 落叶松 | Larch | | 101.77 | 103.38 | 113.73 | 110.39 | 99.38 |
| 马尾松 | Masson pine | | 103.77 | 106.97 | 109.11 | 108.02 | 100.99 |
| 杉 木 | China fir | | 100.71 | 103.42 | 109.81 | 110.54 | 88.63 |
| 云南松 | Yunnan pine | | 102.82 | 98.98 | 104.13 | 107.45 | 100.00 |
| 薪 材 | Firewood | 165.20 | 101.69 | 102.37 | 151.59 | 111.88 | 100.75 |
| 竹材采运 | Felling and transport of bamboo | 149.90 | 100.57 | 109.97 | 112.80 | 108.75 | 99.76 |
| 水 竹 | Water bamboo | | 104.08 | 111.35 | 108.56 | 123.70 | 98.68 |
| 斑 竹 | Mottled bamboo | | 100.00 | 101.05 | | | 105.44 |
| 毛竹(楠竹) | Mao bamboo | | 100.57 | 111.97 | 112.80 | 108.75 | 99.76 |
| 篙 竹 | Hao bamboo。 | | 104.88 | 104.23 | 101.13 | 108.33 | 107.22 |
| 淡 竹 | Henon bamboo | | 108.67 | 96.50 | 104.88 | | 100.00 |
| 其他竹材 | Other bamboo | | 101.94 | 128.01 | 100.00 | 118.66 | 93.15 |
| 3.林产品的采集 | 3.Gathering of forest products | 83.30 | 101.50 | 115.25 | 100.43 | 111.97 | 83.35 |
| 天然和人工林的果实 | Products of natural and artificial forest | | 101.50 | 115.25 | 100.43 | 111.97 | 83.35 |
| 橡 胶 | Rubber | 92.00 | 104.54 | 132.30 | 90.61 | 119.49 | 63.65 |
| 油桐籽 | Seeds of tung oil tree | 100.00 | 136.28 | 92.84 | 104.64 | 123.57 | 81.81 |

2-8 续表 7 continued 7

| 农产品名称 | Categories of agricultural products | 2002 | 2005 | 2006 | 2007 | 2008 | 2009 |
|---|---|---|---|---|---|---|---|
| 油茶籽 | Seeds of tea-oil tree | 100.00 | 112.30 | 97.96 | 113.68 | 104.00 | 81.11 |
| 棕 片 | Palm fibre | | 99.36 | 106.89 | 117.16 | | 99.80 |
| 松 脂 | Rosin | | 97.85 | 191.16 | 72.96 | 111.38 | 101.83 |
| 核 桃 | Walnut | 184.60 | 101.98 | 108.78 | 118.23 | 97.90 | 102.54 |
| 板 栗 | Chinese chestnut | | 88.89 | 91.86 | | 121.95 | |
| 花 椒 | Chinese prickly ash | 72.60 | 100.20 | 102.95 | 108.09 | 104.09 | 104.50 |
| 八 角 | Anise | 57.70 | 94.92 | 93.45 | 106.13 | 111.44 | 101.59 |
| 桂 皮 | Cassia bark | 90.60 | 103.34 | 103.93 | 102.29 | 75.46 | 86.99 |
| 胡 椒 | Pepper | | 103.40 | 102.39 | 127.73 | 128.68 | 91.20 |
| 其他果实 | Other products | | 108.01 | 101.45 | 110.42 | 118.16 | 100.60 |
| 柳 条 | Willow twigs | | | | | 100.00 | |
| 藤 条 | Rattan | | | 95.17 | | | |
| 竹笋干 | Dried bamboo shoots | | 105.48 | 105.61 | 102.74 | 131.63 | 101.51 |
| 桉树叶 | Eucalyptus leaves | | 101.21 | 84.06 | 116.67 | 100.00 | |
| 黄 柏 | Chinese weeping cypress | | 98.66 | 100.00 | 100.00 | | |
| 三、牧业(畜产品) | III.Livestock products | 99.80 | 102.52 | 84.83 | 117.76 | 135.15 | 82.70 |
| 1.牲畜的饲养 | 1.Livestock raising | | 102.10 | 101.56 | 108.23 | 125.06 | 96.85 |
| 牛的饲养 | Cattle raising | | 101.38 | 99.79 | 109.00 | 130.76 | 99.52 |
| 活牛(毛重) | Live cattle (gross weight) | 78.70 | 101.37 | 99.32 | 109.12 | 130.75 | 99.41 |
| 牛 肉 | Beef | | 101.71 | 98.48 | 103.94 | 131.19 | 104.29 |
| 羊的饲养 | Sheep raising | | 102.21 | 101.09 | 110.27 | 128.85 | 100.25 |
| 活羊(毛重) | Live sheep | | 102.21 | 101.09 | 110.27 | 128.85 | 100.25 |
| 羊 肉 | Mutton | | 108.18 | 103.11 | 120.45 | 134.01 | 98.45 |
| 马 | Horse | | 103.10 | 99.98 | 105.27 | 148.26 | 102.59 |
| 驴 | Donkey | | 93.11 | 111.05 | 98.01 | 113.95 | 99.32 |
| 骡 | Mule | | 102.46 | 97.61 | 103.64 | 111.07 | 93.33 |
| 奶产品 | Milk products | 98.50 | 99.32 | 103.99 | 101.64 | 131.66 | 86.67 |
| 牛 奶 | Cow milk | 98.50 | 99.32 | 103.99 | 101.63 | 131.67 | 86.70 |
| 羊 奶 | Sheep milk | 60.50 | 102.19 | 105.47 | 106.84 | 125.12 | 69.07 |
| 其他奶类 | Other milk | | 95.09 | 101.48 | 100.11 | 110.33 | 98.97 |
| 毛绒产品 | Hair and down products | 80.70 | 106.47 | 108.15 | 105.30 | 91.19 | 85.91 |
| 山羊毛 | Goat's wool | 139.90 | 100.50 | 103.57 | 110.52 | 97.31 | 98.60 |
| 绵羊毛 | Sheep's wool | | 104.15 | 94.97 | 113.06 | 111.70 | 101.30 |
| 山羊绒 | Cashmere | 74.20 | 107.93 | 109.28 | 104.03 | 89.69 | 82.82 |
| 绵羊绒 | Sheep's down | | 101.86 | 119.07 | 103.74 | | 100.60 |
| 骆驼绒 | Camel hair cloth | | 89.78 | | 108.91 | 113.68 | 91.16 |
| 2.猪的饲养 | 2.Hog raising | | 100.62 | 76.62 | 125.74 | 148.29 | 68.55 |
| 活猪(毛重) | Hog (gross weight) | 97.50 | 100.60 | 76.57 | 125.74 | 148.36 | 68.48 |
| 猪 肉 | Pork | | 103.07 | 81.53 | 102.81 | 141.79 | 75.82 |

2-8 续表 8 continued 8

| 农产品名称 | Categories of agricultural products | 2002 | 2005 | 2006 | 2007 | 2008 | 2009 |
|---|---|---|---|---|---|---|---|
| 猪 鬃 | Bristles | | 99.24 | 90.67 | 117.54 | 145.45 | 98.57 |
| 3.家禽 | 3.Poultry | 107.90 | 107.34 | 87.93 | 115.60 | 114.24 | 102.05 |
| 肉禽(毛重) | Poultry (gross weight) | | 107.23 | 88.36 | 114.89 | 115.20 | 101.64 |
| 鸡 | Chicken | 107.90 | 107.02 | 87.13 | 115.15 | 114.71 | 101.94 |
| 鸭 | Duck | 103.50 | 109.04 | 97.26 | 113.10 | 118.39 | 99.45 |
| 鹅 | Goose | 100.00 | 106.99 | 95.77 | 112.91 | 119.79 | 99.74 |
| 其他家禽 | Other poultry | | 100.84 | 95.69 | 110.49 | 106.17 | 102.02 |
| 禽 蛋 | Eggs | 104.80 | 107.48 | 87.37 | 116.54 | 112.97 | 102.60 |
| 鸡 蛋 | Chicken's eggs | 104.50 | 107.53 | 86.70 | 116.79 | 112.84 | 102.71 |
| 鸭 蛋 | Duck 's eggs | 119.90 | 107.58 | 96.91 | 113.26 | 114.45 | 101.56 |
| 鹅 蛋 | Goose' s eggs | 98.10 | 105.63 | 102.15 | 110.85 | 116.34 | 99.65 |
| 鹌鹑蛋 | Quail 's eggs | | | 106.54 | 124.79 | | 108.34 |
| 其他蛋 | Other eggs | | 101.69 | 94.53 | 117.00 | 110.35 | 102.40 |
| 鸭 绒 | Duck 's down | | 105.84 | 103.76 | 103.07 | 109.18 | 142.49 |
| 其他羽绒 | Other down | | 94.47 | 106.77 | | 100.00 | |
| 兽 皮 | Furs | | 100.18 | 77.22 | 106.25 | 110.67 | 100.23 |
| 未列明的动物皮张 | Furs not identified | | 105.86 | 105.07 | 97.88 | 95.06 | 76.59 |
| 鸽 子 | Pigeon | | 102.39 | 106.65 | 109.80 | 113.62 | 91.32 |
| 其他鸟类 | Other birds | | 103.30 | 96.82 | | | |
| 兔 | Rabbit | | 105.72 | 103.10 | 106.50 | 116.40 | 105.77 |
| 狗 | Dog | | 99.88 | 100.66 | 102.42 | 117.91 | 99.82 |
| 猫 | Cat | | 98.58 | 104.17 | | | |
| 兔 毛 | Rabbit hair | | 116.37 | 99.64 | 80.76 | 105.84 | 101.16 |
| 蛇 | Snake | | 99.38 | 109.10 | 124.15 | 200.00 | |
| 其他虫类 | Other Worms | | 99.20 | 95.25 | 97.02 | | 97.47 |
| 蚕 茧 | Silkworm cocoon | 65.90 | 110.54 | 125.75 | 81.34 | 103.97 | 97.74 |
| 蜂 蜜 | Honey | 223.80 | 103.09 | 104.39 | 110.02 | 120.76 | 107.99 |
| 鹿 茸 | Pilose antler | | 141.30 | 91.59 | 111.80 | 98.50 | 103.12 |
| 其他活的家畜产品 | Other livestock products | | 101.24 | 71.04 | 119.41 | | 56.00 |
| 动物皮张 | Animals' furs | | 79.34 | 90.28 | 114.78 | 110.53 | 72.52 |
| 四、渔业 | IV.Fishery | 93.40 | 103.95 | 104.01 | 106.10 | 112.73 | 99.32 |
| 1.海水水产品 | 1.Seawater aquatic products | 98.60 | 103.63 | 107.75 | 108.41 | 105.44 | 98.44 |
| 鱼类 | Seawater fish | 94.50 | 104.51 | 107.41 | 109.11 | 106.64 | 101.55 |
| 大黄鱼 | Large yellow croaker | 61.10 | 102.39 | 105.74 | 103.82 | 104.84 | 96.98 |
| 小黄鱼 | Small yellow croaker | 63.00 | 100.01 | 101.64 | 106.11 | 112.89 | 101.65 |
| 带 鱼 | Hairtail | 59.30 | 101.36 | 109.67 | 116.06 | 107.50 | 104.37 |
| 鲈 鱼 | Perch | | 104.78 | 105.06 | 118.28 | 107.18 | 96.65 |
| 沙丁鱼 | Sardine | | 102.01 | 104.26 | 104.91 | 108.54 | 103.44 |
| 石斑鱼 | Grouper | 100.00 | 105.24 | 103.00 | 98.62 | 112.68 | 100.74 |

2-8 续表 9 continued 9

| 农产品名称 | Categories of agricultural products | 2002 | 2005 | 2006 | 2007 | 2008 | 2009 |
|---|---|---|---|---|---|---|---|
| 醍　鱼 | Anchovy | | 102.34 | 101.85 | 103.68 | 105.24 | 104.91 |
| 梭　鱼 | Mullet | | 113.54 | 111.85 | 106.17 | 100.49 | 105.59 |
| 鲳　鱼 | Silvery pomfret | | 103.86 | 103.54 | 107.72 | 108.77 | 103.53 |
| 海　鳗 | Conger pike | | 107.02 | 107.11 | 107.22 | 111.98 | 112.82 |
| 鲅　鱼 | Spanish mackerel | | 123.29 | 116.60 | 99.04 | 121.05 | 93.61 |
| 鲐　鱼 | Chub mackerel | | 129.88 | | 100.00 | | 116.67 |
| 马面鱼 | Black scraper | | 91.78 | 99.65 | 99.42 | 101.75 | 96.56 |
| 马　鲛 | Japanese Spanish mackerel | | 105.32 | 103.09 | 106.03 | 108.70 | |
| 梅童鱼 | Baby croaker | | 99.63 | 96.69 | 100.00 | | |
| 鲷　鱼 | Porgy | | 103.08 | 95.01 | 102.90 | 122.96 | 103.72 |
| 蓝　圆 | Blue scad | | | | | | 110.00 |
| 鲆　鲽 | Left-eyed flounder | | 99.14 | 101.22 | | 115.65 | 101.87 |
| 舌　鳎 | Tonguefish | | 126.84 | 100.00 | | | 100.00 |
| 其他海水鱼类 | Other seawater fish | | 102.44 | 104.06 | 112.38 | 105.68 | 95.46 |
| 海水虾蟹类 | Seawater shrimp and crab | 164.50 | 106.82 | 105.21 | 104.57 | 103.14 | 105.50 |
| 对　虾 | Prawn | | 108.31 | 105.05 | 106.01 | 98.35 | 103.15 |
| 毛　虾 | Shrimp | | 118.37 | 105.25 | 103.15 | 109.90 | 98.88 |
| 爬　虾 | Hypplyte | | 109.82 | 105.08 | 103.25 | 113.47 | 91.56 |
| 脊尾白虾 | Exopataemom carimicauda | | 109.96 | 101.72 | 100.61 | 108.01 | 101.60 |
| 鹰爪虾 | Trachypemaeus curvirostris | | 98.57 | 102.43 | | | 114.00 |
| 梭子蟹 | Swimming crab | | 99.77 | 112.83 | 102.23 | 113.66 | 117.34 |
| 其他海水虾蟹类 | Other seawater shrimps and crabs | | 100.38 | 109.20 | 106.26 | 114.44 | 92.99 |
| 海水贝类 | Seawater shellfish | 111.30 | 100.94 | 115.56 | 106.72 | 102.20 | 88.78 |
| 贻　贝 | Mussel | 87.50 | | 100.00 | 100.00 | 100.00 | |
| 扇　贝 | Scallop | 101.40 | | 103.81 | | 100.00 | 85.47 |
| 牡　蛎 | Oyster | 97.10 | 98.95 | 101.49 | 112.33 | 118.34 | 95.90 |
| 鲍　鱼 | Abalone | 51.80 | 95.46 | 85.03 | 90.51 | 94.86 | 60.91 |
| 蛤 | Clam | 111.60 | 102.80 | 128.96 | 112.29 | 105.02 | 98.76 |
| 蚶 | Blood clam | 100.00 | 100.00 | 99.86 | 100.40 | 200.00 | 106.00 |
| 海　螺 | Conch | | 114.23 | 90.20 | 111.92 | 109.09 | 95.99 |
| 蛏 | Razor clam | | 92.76 | 100.93 | 100.54 | 109.92 | 122.71 |
| 其他海水贝类 | Other seawater shellfish | | 101.96 | 105.41 | 109.35 | 111.90 | 101.25 |
| 藻类 | Seaweeds | 144.80 | 90.34 | 95.74 | 123.51 | 115.96 | 77.78 |
| 海　带 | Kelp | 144.80 | 90.17 | 94.72 | 123.51 | 111.71 | 77.78 |
| 紫　菜 | Laver | 144.50 | 90.91 | 99.11 | | 130.00 | |
| 其他藻类 | Other seaweeds | | 100.97 | 96.85 | 89.58 | 122.00 | 111.71 |
| 墨　鱼 | Inkfish | | 109.31 | 121.62 | 105.46 | 124.92 | 101.53 |
| 鱿　鱼 | Squid | | 102.73 | 108.51 | 105.77 | 103.36 | 99.16 |
| 章　鱼 | Octopus | | 104.27 | 104.47 | 108.83 | 115.99 | 95.92 |
| 未列明的其他海水产品 | Other seawater products | | 109.64 | 107.33 | 119.62 | 112.49 | 78.81 |

2-8 续表 10 continued 10

| 农产品名称 | Categories of agricultural products | 2002 | 2005 | 2006 | 2007 | 2008 | 2009 |
|---|---|---|---|---|---|---|---|
| 2.内陆水域水产品 | 2.Aquatic products in inland water areas | 85.90 | 104.25 | 100.55 | 103.96 | 119.48 | 100.13 |
| 淡水鱼类 | Freshwater fish | 85.90 | 103.96 | 99.90 | 103.91 | 119.72 | 100.19 |
| 青 鱼 | Black carp | 61.60 | 106.70 | 106.95 | 103.78 | 118.74 | 99.34 |
| 草 鱼 | Grass carp | 88.40 | 105.09 | 99.50 | 104.73 | 121.37 | 102.84 |
| 鲤 鱼 | Carp | 82.60 | 100.76 | 98.17 | 104.46 | 122.08 | 97.31 |
| 鲢 鱼 | Silver carp | 75.70 | 105.06 | 100.02 | 103.51 | 117.81 | 99.77 |
| 鲫 鱼 | Crucian carp | 91.50 | 105.10 | 100.29 | 102.96 | 116.46 | 103.53 |
| 罗非鱼 | Tilapia | 66.90 | 106.70 | 101.03 | 102.68 | 119.32 | 93.92 |
| 虹鳟鱼 | Rainbow trout | 115.40 | 100.01 | 101.17 | 99.19 | 107.72 | 101.90 |
| 白 鱼 | Whitefish | | 111.15 | 97.47 | 89.06 | 118.64 | 114.00 |
| 鳜 鱼 | Mandarin fish | | 99.02 | 107.49 | 93.57 | 101.20 | 98.64 |
| 黑 鱼 | Snakeheaded fish | | 102.84 | 101.15 | 109.13 | 115.25 | 107.70 |
| 鲶 鱼 | Oriental sheatfish | | 102.57 | 97.57 | 101.33 | 100.43 | 96.36 |
| 武昌鱼 | Blunt-snout bream | | 109.86 | 102.83 | 109.59 | 105.41 | 106.07 |
| 鳙 鱼 | Variegated carp | | 102.18 | 100.70 | 107.13 | 120.94 | 98.64 |
| 鲮 鱼 | Dace | | 99.79 | 100.51 | 107.36 | 125.56 | 91.32 |
| 鳊 | Bream | | 102.12 | 101.31 | 102.76 | 120.93 | 94.33 |
| 黄颡鱼 | Yellowcat fish | | 100.00 | 93.96 | 106.95 | 106.54 | 105.72 |
| 淡水鲈 | Freshwater perch | | 110.98 | 96.91 | 95.28 | 106.09 | 80.22 |
| 其他淡水鱼类 | Other freshwater fish | | 110.01 | 102.93 | 104.79 | 113.66 | 100.59 |
| 淡水虾蟹类 | Freshwater shrimps and crabs | 99.90 | 109.31 | 112.12 | 104.88 | 115.24 | 99.14 |
| 龙 虾 | Lobster | | 118.11 | 115.62 | 102.25 | 121.71 | 98.85 |
| 罗氏沼虾 | M. rosenbergii | | 102.06 | 104.85 | 106.43 | | 105.09 |
| 青 虾 | Black shrimps | | 98.54 | 108.00 | 108.07 | 106.99 | 99.36 |
| 红螯螯虾 | Shrimps with red chelas | | 108.43 | 141.17 | 102.04 | 132.47 | |
| 大闸蟹 | Dazha crab | | 96.81 | 101.43 | 112.72 | 107.54 | 97.56 |
| 其他淡水虾蟹类 | Other freshwater shrimp and crab | | 116.13 | 97.42 | 104.39 | 115.51 | 102.42 |
| 螺 丝 | Spiral shell | | 110.70 | 92.95 | 115.80 | 121.75 | 142.84 |
| 河 蚌 | Freshwater mussel | | | 105.41 | 109.17 | 150.00 | |
| 其他淡水贝类 | Other freshwater shellfish | | 103.44 | 100.97 | 142.88 | 104.30 | 102.28 |
| 河 鳗 | River eel | | 91.89 | | | | |
| 牛 蛙 | Bullfrog | | 113.60 | 77.22 | 108.67 | | 82.74 |
| 甲 鱼 | Soft-shelled turtle | | 104.62 | 101.59 | 107.64 | 113.43 | 94.75 |
| 黄 鳝 | Ricefield eel | | 106.44 | 106.55 | 110.47 | 111.00 | 108.03 |
| 泥 鳅 | Loach | | 105.91 | 99.83 | 114.39 | 120.62 | 97.42 |
| 蛙 | Frog | | 61.56 | 95.88 | 168.75 | | |
| 未列明的其他淡水产品 | Other freshwater products | | 100.00 | 102.70 | 100.75 | 97.50 | 105.13 |

# 2-9 全国农产品生产价格指数(第三季度)
# Producer Price Indices of Agricultural Products in the Third Quarter

(上年同期=100) (the same period of the preceding year=100)

| 农产品名称 | Categories of agricultural products | 2002 | 2005 | 2006 | 2007 | 2008 | 2009 |
|---|---|---|---|---|---|---|---|
| 总指数 | **All** | 98.10 | 99.72 | 100.84 | 120.72 | 112.56 | 97.33 |
| 一、农业产品 | I. Crop products | 98.10 | 100.60 | 103.41 | 108.58 | 109.99 | 104.12 |
| 1.谷物及其他作物 | 1.Cereal and other crops | | 96.75 | 103.67 | 108.55 | 113.83 | 99.96 |
| #粮食 | Grain | 95.30 | 96.78 | 103.14 | 107.99 | 113.15 | 102.11 |
| 谷物(原粮) | Cereal (unprocessed food grains) | 93.00 | 97.11 | 103.59 | 107.52 | 109.96 | 104.35 |
| 小　麦 | Wheat | 98.00 | 95.81 | 100.96 | 105.12 | 109.55 | 107.47 |
| 硬粒小麦 | Hard-grained wheat | 97.90 | 96.00 | 100.77 | 104.77 | 110.10 | 106.80 |
| 软粒小麦 | Soft-grained wheat | 82.30 | 93.59 | 102.84 | 105.54 | 111.28 | 104.76 |
| 混合小麦 | Mixed wheat | 100.20 | 95.72 | 101.10 | 106.20 | 107.26 | 110.40 |
| 其他小麦 | Other wheat | | 95.71 | 101.96 | 105.53 | 110.69 | 104.66 |
| 稻　谷 | Paddy | 93.10 | 98.35 | 101.92 | 104.03 | 111.72 | 104.52 |
| 早籼稻 | Early long grained nonglutinous rice | 95.10 | 94.85 | 101.87 | 106.68 | 118.55 | 99.41 |
| 晚籼稻 | Late long grained nonglutinous rice | 97.80 | 94.62 | 101.94 | 108.11 | 113.82 | 102.18 |
| 粳　稻 | Round- grained rice | 90.60 | 101.17 | 101.93 | 101.51 | 107.82 | 107.68 |
| 其他稻谷 | Other paddy | | 99.72 | 100.65 | 104.09 | 116.08 | 102.07 |
| 玉　米 | Maize (corn) | 79.40 | 95.67 | 107.53 | 112.85 | 107.83 | 102.43 |
| 黄玉米 | Yellow maize | 78.20 | 95.87 | 107.47 | 112.95 | 107.82 | 102.38 |
| 白玉米 | White maize | 91.10 | 99.48 | 119.86 | 105.05 | 106.79 | 111.62 |
| 混合玉米 | Mixed maize | 92.40 | 87.30 | 107.98 | 110.24 | 108.40 | 102.72 |
| 其他玉米 | Other maize | | 96.46 | 106.16 | 111.46 | 109.99 | 98.90 |
| 杂　粮 | Coarse cereals | | 108.52 | 100.72 | 110.06 | 115.19 | 99.22 |
| 谷　子 | Millet | | 114.04 | 99.67 | 105.54 | 118.66 | 99.10 |
| 高　粱 | Chinese sorghum | | 115.13 | 100.42 | 110.60 | 112.05 | 97.44 |
| 大　麦 | Barley | | 90.19 | 89.16 | 126.61 | 124.80 | 86.73 |
| 荞　麦 | Buckwheat | | 123.15 | 109.48 | 99.51 | 110.62 | 113.14 |
| 青　稞 | Highland barley | | 100.29 | 113.86 | 97.58 | 103.79 | 115.94 |
| 莜　麦 | Naked oats | | 98.80 | 99.07 | 109.51 | 122.78 | 94.42 |
| 燕　麦 | Oats | | | | 120.00 | | |
| 其他杂粮 | Other coarse cereals | | 103.12 | 102.72 | 112.77 | 108.44 | 102.49 |
| 小麦秸 | Wheat straw | | 98.63 | 103.45 | 113.30 | 100.11 | 100.99 |
| 稻　草 | Rice straw | | 113.20 | 100.85 | 109.57 | 96.00 | 107.87 |
| 玉米秆 | Corn stover | | 83.69 | 105.94 | 115.45 | 99.81 | 100.00 |
| 高粱秆 | Chinese sorghum stalk | | 120.00 | | 114.29 | 96.67 | |
| 薯　类 | Potato | 118.70 | 102.92 | 104.61 | 109.50 | 110.78 | 104.52 |
| 红　薯 | Sweet potato | 223.20 | 99.00 | 105.93 | 110.52 | 108.17 | 100.89 |
| 马铃薯 | White Potato | 79.30 | 104.84 | 103.96 | 109.00 | 112.06 | 106.29 |
| 其他薯类 | Other potatoes | | 93.27 | 105.84 | 106.64 | 107.13 | 107.48 |
| 薯　藤 | Potato vines | | 110.07 | 101.87 | 108.10 | 100.59 | 96.86 |

2-9 续表 1 continued 1

| 农产品名称 | Categories of agricultural products | 2002 | 2005 | 2006 | 2007 | 2008 | 2009 |
|---|---|---|---|---|---|---|---|
| 油　料 | Oil-bearing Crops | 102.10 | 89.02 | 105.71 | 123.65 | 132.16 | 79.59 |
| 花　生 | Peanut | 110.90 | 95.62 | 106.76 | 115.19 | 117.21 | 87.43 |
| 油菜籽 | Rapeseeds | 97.90 | 84.74 | 105.54 | 128.55 | 140.81 | 74.43 |
| 芝　麻 | Sesame | 89.20 | 101.41 | 99.61 | 110.42 | 121.13 | 98.46 |
| 向日葵 | Sunflower | | 104.41 | 103.38 | 114.16 | 106.78 | 96.60 |
| 胡麻籽 | Flaxseeds | 112.10 | 105.03 | 99.98 | 106.06 | 118.69 | 86.19 |
| 其他油料作物 | Other oil-bearing crops | | 97.46 | 100.72 | 131.16 | 121.14 | 90.74 |
| 油菜籽杆 | Rapeseed stalk | | 149.48 | | | | |
| 豆　类 | Beans | 109.50 | 92.74 | 99.95 | 110.24 | 132.87 | 87.99 |
| 大　豆 | Soybeans | 110.60 | 90.89 | 99.00 | 110.54 | 136.53 | 85.84 |
| 绿　豆 | Mung beans | 99.10 | 107.75 | 111.10 | 109.41 | 104.66 | 107.07 |
| 红小豆 | Red beans | 62.40 | 109.77 | 99.65 | 105.69 | 107.59 | 102.15 |
| 蚕　豆 | Broad beans | | 91.49 | 100.12 | 109.16 | 124.91 | 97.73 |
| 豌　豆 | Peas | | 102.51 | 104.13 | 107.27 | 111.19 | 96.32 |
| 芸　豆 | Kidney beans | | 102.11 | 99.60 | 105.59 | 108.20 | 90.92 |
| 其他杂豆 | Other beans | | 97.91 | 107.64 | 108.19 | 111.66 | 96.87 |
| 豆　秸 | Beanstalk | | 105.53 | 104.28 | 99.81 | | 128.57 |
| 棉花(籽棉) | Cotton (unginned cotton) | 110.10 | 106.00 | 105.47 | 104.90 | 100.56 | 102.05 |
| 细绒棉 | Thin- staple cotton | 110.80 | 104.91 | 105.47 | 105.89 | 101.01 | 102.05 |
| 长绒棉 | Long- staple cotton | 89.00 | 129.73 | | 83.33 | 90.59 | |
| 麻　类 | Fiber crops | 92.50 | 108.09 | 93.57 | 84.11 | 82.34 | 94.31 |
| 黄红麻 | Jute and blueish dogbane | 90.50 | 115.33 | 100.71 | 79.81 | 50.00 | 105.77 |
| 亚　麻 | Flax | | 101.17 | 88.46 | | 103.71 | 100.00 |
| 苎　麻 | Ramie | 92.70 | 104.18 | 89.15 | 87.80 | 102.66 | 82.58 |
| 其他麻类 | Other fiber crops | | | 92.34 | 106.16 | 149.33 | |
| 糖　料 | Sugar crops | 70.90 | 94.93 | 108.73 | 94.27 | 100.11 | 100.83 |
| 甘　蔗 | Sugarcane | 73.20 | 94.93 | 108.74 | 94.27 | 100.11 | 100.83 |
| 甜　菜 | Beet | 100.00 | 99.67 | 93.48 | 97.43 | | |
| 烟　草 | Tobacco | 111.40 | 100.80 | 102.03 | 103.01 | 119.13 | 104.17 |
| 烤烟叶 | Flue-cured tobacco | 111.60 | 100.71 | 101.73 | 102.97 | 119.28 | 104.24 |
| 晒烟叶 | Sun-cured tobacco | 80.30 | 104.37 | 113.17 | 104.64 | 113.30 | 101.46 |
| 其他烟叶 | Other tobacco | | 104.00 | 101.76 | 104.12 | 107.86 | 139.86 |
| 青饲料 | Greenfeed | | 91.29 | 96.72 | 108.81 | 131.78 | 100.00 |
| 牧　草 | Herbage | | 94.76 | 106.46 | 100.77 | 117.46 | 115.15 |
| 绿　肥 | Green manure | | | 110.00 | 107.32 | | |
| 席　草 | Stems or leaves of cattail | | 95.50 | | | 122.08 | 82.82 |
| 薄荷油 | Peppermint oil | | 109.09 | | | | |
| 野生植物的采集 | Gathering of wild plants | | 110.78 | 101.08 | 97.38 | 104.07 | 95.60 |
| 未列明的其他农作物 | Other agricultural crops | | 101.65 | 116.78 | 102.32 | 115.90 | 90.00 |

2-9 续表 2 continued 2

| 农产品名称 Categories of agricultural products | | 2002 | 2005 | 2006 | 2007 | 2008 | 2009 |
|---|---|---|---|---|---|---|---|
| 2.蔬菜、园艺作物 | 2.Vegetable and Horticulture | | 109.41 | 102.33 | 110.21 | 99.83 | 118.27 |
| 蔬 菜 | Vegetable | 84.70 | 109.41 | 102.33 | 110.21 | 99.83 | 118.27 |
| 叶菜类 | Leaf vegetable | 77.20 | 108.94 | 101.47 | 114.11 | 103.59 | 111.68 |
| 菠 菜 | Spinach | 87.20 | 101.62 | 103.67 | 107.10 | 105.68 | 106.85 |
| 芹 菜 | Celery | 89.50 | 106.25 | 97.49 | 124.02 | 98.74 | 115.14 |
| 大白菜 | Chinese cabbage | 42.20 | 111.33 | 103.85 | 110.28 | 107.87 | 110.56 |
| 元白菜 | Cabbage | 84.20 | 108.46 | 99.73 | 112.97 | 101.60 | 111.79 |
| 甘 蓝 | Wild cabbage | 52.50 | 107.66 | 93.42 | 115.49 | 102.87 | 112.31 |
| 花椰菜 | Cauliflower | 61.60 | 97.20 | 101.26 | 105.73 | 106.35 | 110.51 |
| 莴 笋 | Asparagus lattuce | 118.50 | 115.76 | 96.28 | 110.40 | 103.96 | 115.42 |
| 油 菜 | Rape | 105.30 | 113.33 | 107.16 | 112.95 | 106.05 | 109.25 |
| 其他叶菜 | Other leaf vegetable | | 108.56 | 105.90 | 110.44 | 111.93 | 107.31 |
| 瓜菜类 | Gourd vegetable | 102.90 | 106.11 | 101.92 | 111.49 | 102.98 | 109.72 |
| 黄 瓜 | Cucumber | 99.60 | 105.96 | 102.71 | 114.23 | 101.43 | 112.30 |
| 冬 瓜 | White gourd | 122.20 | 105.58 | 99.12 | 105.20 | 110.07 | 107.51 |
| 西葫芦 | Summer squash | 283.30 | 101.82 | 89.33 | 119.12 | 94.39 | 101.46 |
| 苦 瓜 | Balsam pear | | 110.83 | 112.16 | 97.99 | 103.34 | 99.61 |
| 丝 瓜 | Towed gourd | | 110.06 | 104.43 | 106.24 | 106.51 | 104.88 |
| 南 瓜 | Pumpkin | | 105.62 | 101.67 | 107.61 | 103.77 | 104.84 |
| 打 瓜 | Seeded watermelon | | 101.24 | 107.69 | 94.17 | 100.00 | 106.45 |
| 瓠 子 | Bottle gourd | | 113.10 | 109.22 | 119.87 | 89.67 | 118.14 |
| 其他瓜菜 | Other gourd vegetable | | 101.07 | 101.83 | 107.10 | 106.55 | 98.93 |
| 块根、块茎菜类 | Root and tuber vegetable | 60.40 | 108.74 | 99.73 | 112.91 | 103.14 | 111.22 |
| 萝 卜 | Radish | 60.70 | 110.01 | 102.77 | 109.59 | 104.40 | 112.15 |
| 胡萝卜 | Carrot | 54.90 | 106.83 | 94.45 | 120.10 | 99.92 | 109.67 |
| 生 姜 | Ginger | 49.90 | 92.37 | 80.73 | 92.40 | 124.24 | 103.74 |
| 芋 头 | Taro | | 101.67 | 114.79 | 103.84 | 112.85 | 100.96 |
| 苔 干 | Dried bryophyte | | 138.71 | | | | |
| 百合(根) | Lily (root) | | 89.08 | 111.15 | 333.33 | 132.68 | |
| 芋 艿 | Taro | | 137.14 | 104.91 | 93.99 | 123.46 | 95.43 |
| 山 药 | Chinese yam | | 105.46 | 97.50 | 88.61 | 91.24 | 87.74 |
| 其他块根、块茎菜 | Other root and tuber vegetable | | 105.09 | 104.38 | 110.23 | 110.18 | 100.98 |
| 茄果菜类 | Eggplant, tomato and chili, etc. | 82.10 | 107.44 | 100.36 | 117.92 | 99.43 | 110.67 |
| 茄 子 | Eggplant | 97.00 | 105.82 | 98.28 | 120.47 | 101.31 | 103.48 |
| 西红柿 | Tomato | 67.40 | 107.15 | 99.37 | 119.75 | 98.62 | 113.55 |
| 辣 椒 | Chili | 74.80 | 109.77 | 106.68 | 114.17 | 97.71 | 108.04 |
| 青 椒 | Sweetbell | 133.10 | 107.63 | 99.60 | 115.23 | 100.66 | 112.27 |

2-9 续表 3 continued 3

| 农产品名称 | Categories of agricultural products | 2002 | 2005 | 2006 | 2007 | 2008 | 2009 |
|---|---|---|---|---|---|---|---|
| 其他茄果菜类 | Others | | 105.40 | 100.45 | 112.40 | 108.07 | 106.54 |
| 葱蒜类 | Onion and Garlic | 84.70 | 118.41 | 107.73 | 89.52 | 82.80 | 159.90 |
| 大 葱 | Scallion | 182.70 | 115.41 | 100.75 | 112.44 | 105.26 | 119.58 |
| 蒜 苔 | Garlic stalk | 54.30 | 112.84 | 112.92 | 97.50 | 96.35 | 140.74 |
| 蒜 头 | Garlic head | 55.60 | 121.37 | 109.38 | 76.87 | 68.73 | 183.67 |
| 洋 葱 | Onion | | 94.71 | 116.92 | 83.69 | 125.32 | 127.86 |
| 蒜 苗 | Garlic bolt | | 107.06 | 100.06 | 111.54 | 111.90 | 107.32 |
| 小 葱 | Shallot | | 110.26 | 102.97 | 102.46 | 112.23 | 100.89 |
| 韭 菜 | Fragrant-flowered garlic | | 108.29 | 103.15 | 104.98 | 110.40 | 104.60 |
| 菜用豆类 | Garden beans | 105.90 | 108.39 | 106.20 | 109.80 | 107.69 | 104.14 |
| 四季豆 | Kidney beans | 124.90 | 105.93 | 103.33 | 114.09 | 105.80 | 109.15 |
| 豇 豆 | Cowpeas | 95.20 | 110.16 | 108.27 | 106.71 | 109.06 | 100.52 |
| 水生菜类 | Water vegetable | 129.70 | 103.49 | 104.35 | 97.37 | 114.14 | 97.25 |
| 莲 藕 | Lotus root | 153.90 | 105.74 | 107.18 | 105.17 | 116.66 | 104.50 |
| 茭 白 | Wild ruice stem | 128.80 | 101.69 | 102.09 | 91.13 | 112.06 | 91.25 |
| 荸 荠 | Water chestnut | 100.00 | 93.33 | | 112.39 | | |
| 其他水生菜 | Other water vegetable | | 86.59 | 101.45 | 127.31 | 113.27 | 108.16 |
| 食用菌(干鲜混合) | Mushroom | | 100.91 | 101.00 | 104.45 | 109.03 | 119.56 |
| 香菇(干品) | Mushroom (dried) | | 100.48 | 109.40 | 105.07 | 98.57 | 98.79 |
| 蘑菇(鲜品) | Mushroom (fresh) | | 101.27 | 99.50 | 103.79 | 110.52 | 122.86 |
| 黑木耳(干品) | Black edible fungus (dried) | | 96.53 | 111.19 | 112.65 | 101.69 | 100.57 |
| 白木耳(干品) | Tremella (dried) | | 110.40 | 89.82 | 119.07 | 100.84 | 90.37 |
| 金针菇(鲜品) | Golden mushroom | | 108.02 | 101.29 | 100.13 | 99.87 | 89.99 |
| 猴头菌(干品) | Bearded tooth(dried) | | 97.34 | 83.82 | 93.58 | 102.71 | 108.86 |
| 平菇(鲜品) | Oyster mushroom | | 103.11 | 101.42 | 108.33 | 122.14 | 92.58 |
| 花菇(干品) | Black forest mushroom | | | | | | |
| 其他食用菌 | Other edible mushrooms | | 108.14 | 99.83 | 105.50 | 106.71 | 101.44 |
| 椿 芽 | Chinese cedrela sprouts | | 101.71 | 124.55 | 103.94 | 92.74 | |
| 百合花 | Lily | | 96.26 | 94.25 | 92.86 | 117.63 | 114.30 |
| 康乃馨 | Carnation | | 103.13 | 98.15 | 120.55 | 95.85 | 127.64 |
| 满天星 | June snow (serissa) | | 106.06 | 127.46 | 133.49 | 74.58 | 77.54 |
| 勿忘我 | Forgetmenot | | 100.00 | 70.00 | 130.38 | | 109.54 |
| 非洲菊 | Flameray Gerbera | | 73.41 | 147.23 | 83.58 | 99.73 | 117.00 |
| 玫 瑰 | Rugosa rose | | 100.01 | 127.82 | 136.73 | 77.65 | 90.64 |
| 郁金香 | Tulip | | 90.00 | 96.95 | 97.87 | 125.00 | 95.56 |
| 情人草 | Evans begonia | | 125.00 | 120.00 | 143.36 | 73.19 | 100.00 |
| 其他鲜切花 | Other fresh flowers | | 105.26 | 92.19 | 103.50 | 77.94 | 109.42 |
| 草坪草皮 | Sod for lawn | | 91.19 | 104.42 | 108.33 | 119.29 | 87.09 |
| 其他园艺作物 | Other horticulture | | 101.21 | 112.21 | 136.56 | 106.83 | 103.01 |

2-9 续表 4 continued 4

| 农产品名称 Categories of agricultural products | | 2002 | 2005 | 2006 | 2007 | 2008 | 2009 |
|---|---|---|---|---|---|---|---|
| 3.水果、坚果、饮料和香料 | 3.Fruits, beverages and perfume | | 108.87 | 103.82 | 105.65 | 104.43 | 105.61 |
| 水果、坚果 | Fruits and nuts | | 108.87 | 103.53 | 103.39 | 108.87 | 106.23 |
| 园林水果 | Garden fruits | 103.00 | 108.11 | 104.83 | 103.14 | 108.62 | 106.42 |
| 苹 果 | Apple | 124.40 | 112.89 | 104.72 | 107.60 | 106.05 | 95.92 |
| 红富士苹果 | Hongfushi apple | 181.40 | 108.84 | 97.84 | 105.65 | 107.30 | 104.75 |
| 国光苹果 | Guoguang apple | 60.00 | 107.31 | 115.90 | 105.63 | 106.64 | 84.92 |
| 秦冠苹果 | Qinguan apple | 73.70 | 125.19 | 102.38 | 111.13 | 108.20 | 89.25 |
| 香蕉苹果 | Banana apple | 60.80 | 114.55 | 105.54 | 114.18 | 88.41 | 116.51 |
| 金冠苹果 | Jinguan apple | | 121.99 | 85.33 | 133.59 | 81.77 | 90.30 |
| 元帅苹果 | Yuanshuai (Marshal) apple | | 94.33 | 105.30 | 102.33 | 86.91 | 117.55 |
| 新红星苹果 | New Hongxing apple | | 105.31 | 113.16 | 129.22 | 103.99 | 105.20 |
| 其他苹果 | Other apples | | 112.06 | 107.00 | 125.91 | 92.09 | 110.30 |
| 梨 | Pear | 123.40 | 104.67 | 108.62 | 99.72 | 110.59 | 108.30 |
| 雪花梨 | Snowflake pear | 125.50 | 104.04 | 109.93 | 97.68 | 110.27 | 107.17 |
| 鸭 梨 | Ya- pear | 103.50 | 107.13 | 105.02 | 107.21 | 113.73 | 111.67 |
| 酥 梨 | Soft-pear | 43.30 | 104.06 | 96.61 | 98.57 | 89.18 | 116.80 |
| 香 梨 | Bergamot pear | 181.90 | 85.16 | 101.26 | 125.99 | | 90.95 |
| 苹果梨 | Apple pear | | 83.33 | 100.00 | 105.22 | 116.96 | 103.65 |
| 其他梨 | Other pears | | 99.59 | 102.45 | 105.23 | | 109.63 |
| 柑 桔 | Citrus | 91.70 | 106.19 | 101.19 | 104.34 | 108.23 | 109.95 |
| 柑 | Mandarin orange | 90.40 | 105.81 | 99.98 | 103.15 | 109.76 | 111.64 |
| 桔 | Tangerine | 120.10 | 110.29 | 108.63 | 112.92 | 98.64 | 102.24 |
| 橙 | Orange | 100.00 | 100.00 | | 100.00 | | 100.00 |
| 柚 | Shaddock | 83.50 | 102.33 | 112.45 | 100.00 | 101.55 | 105.41 |
| 其他柑桔 | Others | | 98.96 | 125.09 | | 100.50 | |
| 其他水果 | Other fruits | | 110.32 | 96.71 | 104.78 | 107.56 | 115.83 |
| 香 蕉 | Banana | 47.10 | 109.27 | 96.05 | 70.66 | 129.63 | 113.37 |
| 菠 萝 | Pineapple | | 126.22 | 103.44 | 111.61 | 110.20 | 104.61 |
| 荔 枝 | Litchi | 104.60 | 120.30 | 109.92 | 95.05 | 101.67 | 95.30 |
| 龙 眼 | Longan | 33.90 | 91.80 | 103.58 | 102.75 | 89.56 | 115.97 |
| 芒 果 | Mango | | 102.11 | 103.93 | 101.78 | 112.42 | 93.43 |
| 橄 榄 | Chinese olive | | 100.00 | 112.47 | 86.21 | 127.72 | 103.87 |
| 桃 | Peach | 88.30 | 110.76 | 94.20 | 110.63 | 105.68 | 118.88 |
| 杏 | Apricot | 103.70 | 89.68 | 97.82 | 116.85 | 108.75 | 96.72 |
| 杨 梅 | Red bayberry | 100.00 | 106.15 | 92.17 | 100.57 | 94.85 | 109.26 |
| 猕猴桃 | Yangtao | 101.50 | 101.28 | 98.56 | 121.42 | 104.34 | 124.15 |
| 葡 萄 | Grape | 96.20 | 113.12 | 103.21 | 107.59 | 112.97 | 112.77 |

2-9 续表 5 　　continued 5

| 农产品名称 | Categories of agricultural products | 2002 | 2005 | 2006 | 2007 | 2008 | 2009 |
|---|---|---|---|---|---|---|---|
| 红　枣 | Chinese date | 101.20 | 88.15 | 90.39 | 101.21 | 132.55 | 83.90 |
| 柿　子 | Persimmon | 70.60 | 105.44 | 118.41 | 106.36 | 114.52 | 102.71 |
| 其他园林水果 | Other garden fruits | | 107.88 | 100.01 | 108.94 | 106.82 | 110.52 |
| 瓜果类 | Melon | 135.40 | 117.15 | 89.41 | 106.18 | 111.51 | 104.38 |
| 西　瓜 | Watermelon | 138.00 | 118.88 | 88.35 | 105.81 | 111.70 | 104.90 |
| 甜　瓜 | Muskmelon | 88.20 | 102.75 | 101.05 | 112.03 | 110.52 | 97.44 |
| 哈蜜瓜 | Hami melon | 135.20 | | 96.97 | 100.00 | | 142.86 |
| 香　瓜 | Musk melon | | 105.34 | 105.50 | 100.10 | 109.11 | 107.29 |
| 草　莓 | Strawberry | | 97.91 | 97.93 | 107.40 | 107.69 | 99.25 |
| 其他瓜果 | Others | | 98.71 | 111.66 | 94.42 | 115.80 | 105.73 |
| 坚果类 | Nuts | | 99.14 | 104.63 | 97.93 | 115.70 | 72.51 |
| 椰　子 | Coconut | | 96.59 | 116.87 | 97.93 | 115.70 | 72.51 |
| 杏　仁 | Apricot kerne | | 90.18 | 97.29 | 102.68 | 115.50 | 106.17 |
| 其他坚果 | Other nuts | | 106.43 | 105.61 | 101.80 | 108.32 | 101.58 |
| 茶及其他饮料(干品) | Tea and other beverages | | 108.87 | 105.70 | 120.31 | 75.63 | 101.58 |
| 茶 | Tea | 255.20 | 108.87 | 105.70 | 121.03 | 75.63 | 101.58 |
| 红毛茶 | Black tea | 119.80 | 106.34 | 102.37 | 144.89 | 58.85 | 102.01 |
| 绿毛茶 | Green tea | 320.00 | 110.93 | 107.31 | 122.62 | 73.91 | 102.11 |
| 乌龙茶 | Oolong tea | 70.70 | 89.16 | 90.73 | 97.34 | 98.30 | 96.16 |
| 紧压茶原料 | Raw material for pressed tea | 81.00 | 92.63 | | | | |
| 其他茶 | Others | | 99.67 | 101.62 | 137.44 | 90.79 | 103.43 |
| 咖啡豆 | Coffee bean | | | | 100.00 | | |
| 茴　香 | Fennel | | 93.57 | 107.10 | 106.81 | 119.03 | |
| 留兰香 | Spearmint | | 98.67 | 141.21 | 103.99 | | |
| 4.中药材 | 4.Chinese medicinal materials | | | | | 109.23 | 95.60 |
| 茯　苓 | Fuling (poris cocos) | | 98.23 | 93.43 | 109.06 | 116.63 | 90.78 |
| 当　归 | Chinese angelica | | | 100.00 | | 78.66 | 112.48 |
| 黄　芪 | Root of membranous milk vetch | | 104.80 | 110.00 | 100.00 | | 36.84 |
| 金银花 | Honeysuckle | | 107.48 | 128.42 | 119.59 | 127.13 | 102.53 |
| 人　参 | Ginseng | | | 90.78 | | | 141.89 |
| 黄　连 | Rhizome of Chinese goldthread | | | | | | |
| 贝　母 | Bulb of fritillary | | 48.78 | 104.33 | 113.63 | 99.01 | 96.14 |
| 红　花 | Safflower | | 144.75 | 121.12 | 79.86 | 188.10 | 69.46 |
| 元　胡 | Amur corydalis | | 82.70 | 116.16 | 107.69 | 113.32 | 93.20 |
| 枸　杞 | Fruit of Chinese wolfberry | | 98.87 | 116.49 | 136.33 | 107.64 | 78.92 |
| 砂　仁 | Villous amomum | | 90.83 | 151.70 | 141.90 | 88.59 | 104.60 |
| 菊　花 | Chrysanthemum | | 97.23 | 103.57 | 110.34 | | 86.42 |
| 白　术 | Largehead atractyldes | | 100.00 | | | | 100.00 |

2-9 续表 6 continued 6

| 农产品名称 | Categories of agricultural products | 2002 | 2005 | 2006 | 2007 | 2008 | 2009 |
|---|---|---|---|---|---|---|---|
| 半　夏 | Tuber of pinelia | | 106.62 | 85.80 | 115.39 | | |
| 三　七 | Pseudo- ginseng | | | 61.88 | 119.20 | 139.94 | 160.21 |
| 生　地 | Dried rhizome of rehmannia | | 100.00 | 97.07 | 122.91 | | 99.43 |
| 杜　仲 | Bark of eucommia | | 104.82 | 104.66 | 109.54 | 80.00 | 100.00 |
| 枳　壳 | Trifoliate- orange | | 103.04 | 100.00 | 93.11 | 129.03 | |
| 板蓝根 | Root of common baphicacanthus | | 91.83 | 104.35 | 125.00 | 186.67 | 108.11 |
| 苦丁茶 | Kudin crotoxylum (bitter tea tree) | | | | | | |
| 天　麻 | Tuber of elevated gastrodia | | 109.54 | 100.00 | | | 137.50 |
| 灵　芝 | Glossy ganoderma | | 135.44 | 109.87 | 119.19 | 117.19 | |
| 白　芍 | Root of herbaceous peony | | 102.71 | 154.98 | 97.27 | 291.12 | |
| 虫　草 | Chinese caterpillar fungus | | 104.39 | 110.23 | 174.02 | 90.47 | 69.12 |
| 其他药材 | Other medicinal materials | | 94.11 | 95.58 | 105.82 | 91.33 | 103.55 |
| 二、林业产品 | II.Forestry products | 106.90 | 104.42 | 117.49 | 101.54 | 112.11 | 96.52 |
| 1.竹木采运 | 1.Bamboo and wood | | 105.06 | 107.43 | 107.22 | 107.32 | 94.58 |
| 木材采运 | Felling and transport of wood | 95.60 | 105.06 | 107.22 | 107.19 | 107.30 | 94.53 |
| 原　木 | Log | 95.50 | 105.06 | 107.22 | 107.19 | 107.30 | 94.53 |
| 红　松 | Korean pine | | 114.28 | 101.46 | 102.61 | 102.32 | 86.46 |
| 落叶松 | Larch | | 106.17 | 111.47 | 109.40 | 112.15 | 90.36 |
| 马尾松 | Masson pine | | 96.91 | 106.77 | 108.62 | 102.64 | 101.44 |
| 杉　木 | China fir | | 102.31 | 107.52 | 108.30 | 111.31 | 103.16 |
| 云南松 | Yunnan pine | | | | 94.43 | | |
| 薪　材 | Firewood | | 102.71 | 97.46 | 106.88 | 109.91 | 97.56 |
| 竹材采运 | Felling and transport of bamboo | | 105.14 | 120.41 | 108.66 | 108.51 | 97.32 |
| 水　竹 | Water bamboo | | 100.84 | 96.35 | 100.96 | 105.07 | 93.76 |
| 斑　竹 | Mottled bamboo | | | 106.70 | 129.10 | | 96.56 |
| 毛竹(楠竹) | Mao bamboo | | 105.14 | 120.41 | 108.66 | 108.51 | 97.32 |
| 蒿　竹 | Hao bamboo。 | | 98.44 | 104.19 | 143.70 | 113.28 | 102.64 |
| 淡　竹 | Henon bamboo | | 100.00 | 100.00 | 105.72 | 100.00 | |
| 其他竹材 | Other bamboo | | 107.73 | 100.00 | 86.75 | 132.46 | 89.78 |
| 2.林产品的采集 | 2.Gathering of forest products | | 104.11 | 122.26 | 98.84 | 114.38 | 97.44 |
| 天然和人工林的果实 | Products of natural and artificial forest | | 104.11 | 122.26 | 98.84 | 114.38 | 97.44 |
| 橡　胶 | Rubber | 116.30 | 113.47 | 131.90 | 91.13 | 126.98 | 72.91 |
| 山苍籽 | Seeds of mountain spicy tree | | 109.11 | 69.45 | 112.68 | 138.36 | 100.13 |
| 五倍籽 | Chinese gall (gall nut) | | 102.35 | 107.14 | | | |
| 油茶籽 | Seeds of tea-oil tree | 100.00 | 99.38 | 106.79 | 130.12 | 122.87 | 94.91 |
| 棕　片 | Palm fibre | | 102.96 | 105.51 | 112.63 | | |
| 松　脂 | Rosin | | 123.53 | 126.30 | 78.90 | 120.35 | 90.55 |
| 核　桃 | Walnut | 179.00 | 104.62 | 103.12 | 112.81 | 92.29 | 103.36 |

2-9 续表 7 continued 7

| 农产品名称 | Categories of agricultural products | 2002 | 2005 | 2006 | 2007 | 2008 | 2009 |
|---|---|---|---|---|---|---|---|
| 板　栗 | Chinese chestnut | | 107.24 | 94.18 | 101.74 | 120.02 | 88.99 |
| 白　果 | Ginkgo | | 89.22 | 90.95 | 106.86 | 78.75 | |
| 花　椒 | Chinese prickly ash | 84.30 | 97.81 | 117.58 | 102.12 | 107.40 | 100.16 |
| 八　角 | Anise | 139.90 | 68.58 | 122.24 | 95.48 | 91.33 | 255.75 |
| 桂　皮 | Cassia bark | 66.40 | 101.68 | | 106.87 | 106.67 | 78.64 |
| 胡　椒 | Pepper | | 101.25 | 119.76 | 157.54 | 83.26 | 97.71 |
| 其他果实 | Other products | | 82.89 | 108.66 | 114.45 | 117.43 | 97.60 |
| 柳　条 | Willow twigs | | 100.64 | | | | 105.26 |
| 竹笋干 | Dried bamboo shoots | | 108.94 | 100.58 | 143.38 | 116.56 | 104.19 |
| 二、牧业(畜产品) | III.Livestock products | 98.80 | 96.78 | 94.94 | 142.61 | 115.87 | 88.32 |
| 1.牲畜的饲养 | 1.Livestock raising | 99.50 | 101.64 | 101.24 | 115.44 | 117.50 | 98.47 |
| 牛的饲养 | Cattle raising | | 101.47 | 100.97 | 117.61 | 121.60 | 100.77 |
| 活牛(毛重) | Live cattle (gross weight) | 96.80 | 101.60 | 100.91 | 117.40 | 121.60 | 100.73 |
| 牛　肉 | Beef | | 95.89 | 103.51 | 126.71 | 121.76 | 102.37 |
| 羊的饲养 | Sheep raising | | 100.08 | 100.20 | 119.08 | 122.53 | 100.83 |
| 活羊(毛重) | Live sheep | | 100.08 | 100.20 | 119.08 | 122.53 | 100.83 |
| 羊　肉 | Mutton | | 96.93 | 99.87 | 131.07 | 139.34 | 97.96 |
| 马 | Horse | | 108.21 | 103.01 | 114.91 | 121.23 | 105.49 |
| 驴 | Donkey | | 99.58 | 107.12 | 108.94 | 110.41 | 104.46 |
| 骡 | Mule | | 73.83 | | 100.00 | 135.54 | 97.40 |
| 奶产品 | Milk products | 99.20 | 99.06 | 101.16 | 104.74 | 124.73 | 91.80 |
| 牛　奶 | Cow milk | 99.30 | 99.05 | 101.15 | 104.74 | 124.72 | 91.80 |
| 羊　奶 | Sheep milk | 58.20 | 103.09 | 106.44 | 105.60 | 129.27 | 92.66 |
| 其他奶类 | Other milk | | 100.41 | 103.25 | 106.65 | 144.77 | 104.38 |
| 毛绒产品 | Hair and down products | 62.30 | 106.72 | 104.26 | 106.40 | 87.50 | 88.84 |
| 山羊毛 | Goat's wool | 86.80 | 102.19 | 97.21 | 110.25 | 93.61 | 93.20 |
| 绵羊毛 | Sheep's wool | | 103.30 | 99.42 | 121.80 | 99.90 | 76.41 |
| 山羊绒 | Cashmere | 55.40 | 107.83 | 105.98 | 105.46 | 85.99 | 87.77 |
| 绵羊绒 | Sheep's down | | 118.17 | 95.64 | 100.45 | 126.73 | 100.00 |
| 牦牛毛 | Yak hair | | 100.00 | 100.48 | 105.96 | 111.31 | 100.00 |
| 骆驼绒 | Camel hair cloth | | 90.02 | 119.37 | 104.74 | 84.45 | 80.66 |
| 其他毛绒产品 | Other Hair and down products | | 95.52 | 92.55 | 110.15 | 109.57 | 103.36 |
| 其他牲畜产品 | Other animal products | | 102.70 | | | | |
| 2.猪的饲养 | 2.Hog raising | | 90.96 | 90.40 | 164.70 | 117.42 | 78.21 |
| 活猪(毛重) | Hog (gross weight) | 97.20 | 90.88 | 90.37 | 164.78 | 117.42 | 78.17 |
| 猪　肉 | Pork | | 98.37 | 93.25 | 133.86 | 117.82 | 82.25 |
| 猪　鬃 | Bristles | | 100.99 | 73.46 | 132.71 | 113.64 | |
| 3.家禽 | 3.Poultry | | 105.68 | 99.46 | 117.25 | 110.70 | 102.10 |

2-9 续表 8 continued 8

| 农产品名称 Categories of agricultural products | | 2002 | 2005 | 2006 | 2007 | 2008 | 2009 |
|---|---|---|---|---|---|---|---|
| 肉禽(毛重) | Poultry (gross weight) | 93.90 | 105.61 | 100.74 | 118.16 | 111.13 | 101.51 |
| 鸡 | Chicken | 93.30 | 105.75 | 100.47 | 118.33 | 111.73 | 101.54 |
| 鸭 | Duck | 97.10 | 104.63 | 103.25 | 115.86 | 107.39 | 101.43 |
| 鹅 | Goose | 115.10 | 104.51 | 99.91 | 121.88 | 104.71 | 100.89 |
| 其他家禽 | Other poultry | | 106.38 | 84.38 | 114.78 | 104.65 | 99.75 |
| 禽 蛋 | Eggs | 98.60 | 105.77 | 97.76 | 116.05 | 110.12 | 102.87 |
| 鸡 蛋 | Chicken's eggs | 98.50 | 105.79 | 97.66 | 116.22 | 110.13 | 102.82 |
| 鸭 蛋 | Duck 's eggs | 102.70 | 105.89 | 99.64 | 112.44 | 108.39 | 103.85 |
| 鹅 蛋 | Goose' s eggs | 100.00 | 105.01 | 99.32 | 113.45 | 111.63 | 103.74 |
| 其他蛋 | Other eggs | | 106.07 | 94.94 | 114.95 | 104.14 | 103.46 |
| 鸭 绒 | Duck 's down | | 104.26 | 108.36 | 106.29 | | 100.00 |
| 其他羽绒 | Other down | | 106.68 | 106.67 | 110.28 | 119.23 | 104.94 |
| 4.狩猎和捕捉动物 | 4.Hunting and catching animals | | | | | | |
| 兽 皮 | Furs | | 72.03 | 100.00 | 104.88 | 100.00 | |
| 未列明的动物皮张 | Furs not identified | | 92.96 | 92.07 | 122.43 | 91.03 | 77.97 |
| 5.其他畜牧业 | 5.Other animal husbandry | | | | | | |
| 鸽 子 | Pigeon | | 106.96 | 94.86 | 111.51 | 103.50 | 104.28 |
| 山 鸡 | Pheasant | | 125.00 | 103.31 | | 100.00 | |
| 兔 | Rabbit | | 103.03 | 105.47 | 113.34 | 110.60 | 109.08 |
| 狗 | Dog | | 94.80 | 97.57 | 105.19 | 114.30 | 94.33 |
| 猫 | Cat | | 102.70 | 87.72 | 100.00 | | |
| 兔 毛 | Rabbit hair | | 102.43 | 96.36 | 81.47 | 107.34 | 104.09 |
| 鹿 | Deer | | | 77.93 | 110.71 | 92.74 | 105.26 |
| 水 貂 | Marten | | 100.11 | 102.74 | 74.08 | 97.77 | |
| 蛇 | Snake | | 91.13 | 95.19 | 100.92 | 105.20 | |
| 蚯 蚓 | Earthworm | | 100.00 | 48.89 | 100.00 | 100.00 | |
| 蝎 子 | Scorpion | | 88.92 | 97.87 | 100.49 | 111.11 | 109.29 |
| 其他虫类 | Other Worms | | 104.95 | 100.32 | 113.26 | | 108.18 |
| 蚕 茧 | Silkworm cocoon | 69.30 | 107.63 | 121.22 | 84.27 | 99.90 | 109.08 |
| 蜂 蜜 | Honey | 152.70 | 100.31 | 114.68 | 110.51 | 132.22 | 108.34 |
| 鹿 茸 | Pilose antler | | 116.45 | 45.47 | 115.17 | 94.70 | 102.30 |
| 其他活的家畜产品 | Other domestic animal | | 85.45 | 70.78 | 139.22 | 136.33 | 60.71 |
| 动物皮张 | Animals' furs | | 71.80 | 89.28 | 129.64 | 97.41 | 74.94 |
| 四、渔业 | IV.Fishery | 93.30 | 103.76 | 101.85 | 108.73 | 112.94 | 98.33 |
| 1.海水水产品 | 1.Seawater aquatic products | 92.30 | 104.58 | 103.18 | 111.34 | 109.38 | 99.15 |
| 鱼类 | Seawater fish | 93.10 | 105.88 | 102.52 | 111.06 | 111.69 | 100.33 |
| 大黄鱼 | Large yellow croaker | 80.60 | 93.97 | 96.17 | 115.82 | 108.23 | 80.87 |
| 小黄鱼 | Small yellow croaker | 120.40 | 103.37 | 101.97 | 111.02 | 113.31 | 112.75 |

2-9 续表 9 continued 9

| 农产品名称 Categories of agricultural products | | 2002 | 2005 | 2006 | 2007 | 2008 | 2009 |
|---|---|---|---|---|---|---|---|
| 带 鱼 | Hairtail | 93.50 | 116.58 | 107.12 | 108.18 | 111.86 | 97.90 |
| 沙丁鱼 | Sardine | | 93.45 | 104.62 | 102.99 | 122.24 | 108.84 |
| 石斑鱼 | Grouper | 110.60 | 104.01 | 104.44 | 109.14 | 107.06 | 103.07 |
| 醍 鱼 | Anchovy | | 104.62 | 94.35 | 113.14 | 104.99 | 102.62 |
| 梭 鱼 | Mullet | | 94.41 | 107.20 | 101.92 | 106.29 | 101.96 |
| 鲳 鱼 | Silvery pomfret | | 122.10 | 111.10 | 121.92 | 108.19 | 82.19 |
| 海 鳗 | Conger pike | | 106.47 | 113.54 | 115.00 | 112.72 | 110.50 |
| 鲅 鱼 | Spanish mackerel | | | 101.96 | 105.22 | 107.87 | 91.79 |
| 马面鱼 | Black scraper | | 97.52 | 100.36 | 107.34 | 101.53 | 101.16 |
| 马 鲛 | Japanese Spanish mackerel | | 106.67 | 105.10 | 107.06 | 119.00 | 93.98 |
| 鲷 鱼 | Porgy | | 106.25 | 90.00 | 126.28 | 88.53 | 97.15 |
| 鲆 鲽 | Left-eyed flounder | | | | 99.44 | 112.67 | 106.02 |
| 舌 鳎 | Tonguefish | | 105.26 | | | | 100.46 |
| 其他海水鱼类 | Other seawater fish | | 106.22 | 101.68 | 104.52 | 110.78 | 99.65 |
| 海水虾蟹类 | Seawater shrimp and crab | 276.24 | 102.73 | 105.36 | 102.98 | 112.11 | 99.59 |
| 对 虾 | Prawn | | 103.52 | 105.92 | 100.88 | 109.25 | 103.28 |
| 毛 虾 | Shrimp | | 109.78 | 103.90 | 111.93 | 104.45 | 94.17 |
| 爬 虾 | Hypplyte | | 102.85 | 107.06 | 111.62 | 110.02 | 104.14 |
| 脊尾白虾 | Exopataemom carimicauda | | 91.56 | 106.50 | 94.72 | 127.50 | 76.81 |
| 鹰爪虾 | Trachypemaeus curvirostris | | | | | 115.15 | 100.00 |
| 梭子蟹 | Swimming crab | | 102.23 | 102.24 | 109.66 | 116.01 | 101.06 |
| 其他海水虾蟹类 | Other shrimps and crabs | | 104.96 | 111.98 | 101.17 | 110.87 | 98.96 |
| 海水贝类 | Seawater shellfish | | 101.35 | 104.29 | 112.69 | 100.52 | 96.72 |
| 贻 贝 | Mussel | | 104.62 | 115.40 | 108.15 | | |
| 扇 贝 | Scallop | | 100.00 | 112.00 | | 102.86 | 100.48 |
| 牡 蛎 | Oyster | | 94.05 | 128.79 | 96.65 | 106.86 | 101.46 |
| 鲍 鱼 | Abalone | | 97.12 | 73.30 | 113.79 | 87.39 | 87.53 |
| 蛤 | Clam | | 103.05 | 112.40 | 112.64 | 104.34 | 98.93 |
| 蚶 | Blood clam | | 126.36 | 111.20 | 96.01 | 109.13 | |
| 海 螺 | Conch | | 102.74 | 104.97 | 100.88 | 109.71 | 100.89 |
| 蛏 | Razor clam | | 105.91 | 101.06 | 121.68 | 114.25 | 98.30 |
| 其他海水贝类 | Other seawater shellfish | | 109.43 | 100.64 | 103.37 | 136.54 | 127.65 |
| 藻类 | Seaweeds | | 105.46 | 107.62 | 147.59 | 145.32 | 76.85 |
| 海 带 | Kelp | | 105.46 | 107.62 | 147.59 | 145.32 | 76.85 |
| 其他藻类 | Other seaweeds | | 98.05 | 115.33 | 103.49 | 130.89 | 74.85 |
| 墨 鱼 | Inkfish | | 98.60 | 121.30 | 115.63 | 152.49 | 98.05 |
| 鱿 鱼 | Squid | | 99.82 | 102.06 | 104.79 | 98.21 | 95.53 |
| 章 鱼 | Octopus | | 104.41 | 103.79 | 107.12 | 118.53 | 100.28 |
| 海 蜇 | Jellyfish | | 98.88 | 106.92 | 111.65 | 157.01 | 106.75 |

2-9 续表 10 continued 10

| 农产品名称 | Categories of agricultural products | 2002 | 2005 | 2006 | 2007 | 2008 | 2009 |
|---|---|---|---|---|---|---|---|
| 2.内陆水域水产品 | 2.Aquatic products in inland water areas | 95.10 | 103.00 | 100.61 | 106.31 | 116.24 | 97.56 |
| 淡水鱼类 | Freshwater fish | 95.10 | 102.33 | 99.76 | 106.19 | 116.61 | 97.34 |
| 青　鱼 | Black carp | 60.90 | 103.51 | 102.05 | 105.32 | 105.27 | 102.66 |
| 草　鱼 | Grass carp | 89.80 | 102.42 | 99.85 | 105.15 | 120.18 | 101.07 |
| 鲤　鱼 | Carp | 94.70 | 100.07 | 99.47 | 108.31 | 117.50 | 94.32 |
| 鲢　鱼 | Silver carp | 88.00 | 104.94 | 98.44 | 102.71 | 119.31 | 98.47 |
| 鲫　鱼 | Crucian carp | 90.80 | 101.98 | 100.38 | 106.93 | 112.57 | 97.70 |
| 罗非鱼 | Tilapia | 122.00 | 107.00 | 99.42 | 107.03 | 118.17 | 87.50 |
| 虹鳟鱼 | Rainbow trout | 125.10 | 105.20 | 99.47 | 97.32 | 114.57 | 98.05 |
| 白　鱼 | Whitefish | | 113.53 | 101.67 | 103.49 | 118.75 | 97.22 |
| 鳜　鱼 | Mandarin fish | | 106.25 | 100.05 | 100.50 | 119.23 | 102.00 |
| 白昌鱼 | Round spadefish | | 77.17 | 101.90 | 122.47 | 133.64 | 64.98 |
| 黑　鱼 | Snakeheaded fish | | 101.30 | 96.63 | 107.44 | 105.00 | 105.07 |
| 鲶　鱼 | Oriental sheatfish | | 96.39 | 98.55 | 109.71 | 101.17 | 98.37 |
| 武昌鱼 | Blunt-snout bream | | 112.31 | | 107.95 | 114.01 | 101.26 |
| 鳙　鱼 | Variegated carp | | 100.25 | 100.05 | 108.16 | 119.46 | 93.52 |
| 鲮　鱼 | Dace | | 83.64 | 105.39 | 120.02 | 148.38 | 94.12 |
| 鳊 | Bream | | 101.91 | 100.67 | 107.62 | 116.80 | 100.73 |
| 银　鱼 | Whitebait | | | | | 98.25 | 107.55 |
| 淡水鲈 | Freshwater perch | | 95.25 | 101.86 | 108.75 | 115.68 | 74.98 |
| 其他淡水鱼类 | Other freshwater fish | | 107.64 | 99.92 | 104.19 | 108.57 | 103.56 |
| 淡水虾蟹类 | Freshwater shrimps and crabs | 91.30 | 114.88 | 115.56 | 108.47 | 109.81 | 101.55 |
| 龙　虾 | Lobster | | 120.66 | 121.45 | 114.59 | 106.85 | 100.25 |
| 罗氏沼虾 | M. rosenbergii | | 94.95 | 100.02 | 104.61 | 114.78 | 103.39 |
| 青　虾 | Black shrimps | | 108.42 | 109.11 | 101.27 | 113.23 | 103.12 |
| 红螯螯虾 | Shrimps with red chelas | | 117.09 | 130.45 | 78.22 | 104.18 | 120.00 |
| 大闸蟹 | Dazha crab | | 107.96 | 98.97 | 96.03 | 107.54 | 96.17 |
| 其他淡水虾蟹类 | Other freshwater shrimp and crab | | 101.76 | 97.68 | 112.32 | 99.12 | 101.43 |
| 淡水珍珠 | Freshwater pearl | | 140.42 | 105.56 | | | 150.00 |
| 螺　丝 | Spiral shell | | 103.74 | 116.59 | 128.89 | 87.25 | 107.33 |
| 甲　鱼 | Soft-shelled turtle | | 99.04 | 110.59 | 114.84 | 119.77 | 96.32 |
| 黄　鳝 | Ricefield eel | | 101.05 | 113.92 | 108.99 | 114.58 | 106.38 |
| 泥　鳅 | Loach | | 102.77 | 104.23 | 101.79 | 119.16 | 101.64 |
| 龟 | Tortoise | | 72.46 | 107.56 | | | 116.67 |
| 蛙 | Frog | | 103.63 | 103.35 | | | |
| 未列明的其他淡水产品 | Other freshwater products | | 100.63 | | | 113.64 | 105.32 |

# 2-10 全国农产品生产价格指数(第四季度)
# Producer Price Indices of Agricultural Products in the Fourth Quarter

(上年同期=100) (the same period of the preceding year=100)

| 农产品名称 | Categories of agricultural products | 2002 | 2005 | 2006 | 2007 | 2008 | 2009 |
|---|---|---|---|---|---|---|---|
| 总指数 | **All** | 102.29 | 98.81 | 105.54 | 122.22 | 101.61 | 103.20 |
| 一、农业产品 | I. Crop products | 107.25 | 101.99 | 104.32 | 113.57 | 101.53 | 108.37 |
| 1.谷物及其他作物 | 1.Cereal and other crops | | 99.11 | 104.23 | 114.46 | 103.58 | 106.19 |
| #粮食 | Grain | 98.60 | 97.75 | 104.15 | 113.30 | 104.31 | 106.47 |
| 谷物(原粮) | Cereal (unprocessed food grains) | 96.43 | 97.81 | 104.29 | 110.59 | 104.92 | 107.26 |
| 小　麦 | Wheat | 97.56 | 95.18 | 102.09 | 109.05 | 107.20 | 108.02 |
| 硬粒小麦 | Hard-grained wheat | 98.03 | 95.06 | 101.35 | 109.36 | 107.88 | 106.74 |
| 软粒小麦 | Soft-grained wheat | 89.67 | 95.13 | 101.99 | 108.60 | 108.55 | 108.56 |
| 混合小麦 | Mixed wheat | 93.20 | 95.58 | 104.63 | 108.14 | 104.58 | 112.18 |
| 其他小麦 | Other wheat | | 95.62 | 101.39 | 107.17 | 101.07 | 107.75 |
| 稻　谷 | Paddy | 96.17 | 100.13 | 102.82 | 106.11 | 105.96 | 105.39 |
| 早籼稻 | Early long grained nonglutinous rice | 98.15 | 94.46 | 105.41 | 110.03 | 109.95 | 100.26 |
| 晚籼稻 | Late long grained nonglutinous rice | 100.54 | 96.25 | 104.07 | 110.44 | 109.21 | 101.91 |
| 粳　稻 | Round- grained rice | 93.40 | 104.02 | 101.20 | 102.91 | 103.06 | 108.91 |
| 其他稻谷 | Other paddy | | 97.68 | 104.00 | 110.88 | 104.97 | 104.17 |
| 玉　米 | Maize (corn) | 96.11 | 96.30 | 107.50 | 116.28 | 101.80 | 108.32 |
| 黄玉米 | Yellow maize | 96.53 | 96.37 | 107.54 | 116.23 | 101.78 | 108.36 |
| 白玉米 | White maize | 93.31 | 101.50 | 106.56 | 111.49 | 103.07 | 108.34 |
| 混合玉米 | Mixed maize | 91.35 | 92.98 | 106.26 | 118.84 | 102.22 | 106.65 |
| 其他玉米 | Other maize | | 98.84 | 105.45 | 114.36 | 106.98 | 105.02 |
| 杂　粮 | Coarse cereals | | 106.84 | 103.70 | 114.90 | 109.25 | 113.11 |
| 谷　子 | Millet | | 104.73 | 103.30 | 114.39 | 111.87 | 115.25 |
| 高　粱 | Chinese sorghum | | 102.38 | 102.18 | 118.39 | 111.55 | 112.33 |
| 大　麦 | Barley | | 101.76 | 101.28 | 119.17 | 108.65 | 95.35 |
| 荞　麦 | Buckwheat | | 147.75 | 100.50 | 115.21 | 100.56 | 103.76 |
| 元　麦 | poulard wheat | | | | | 108.68 | |
| 青　稞 | Highland barley | | 103.11 | 102.22 | 92.36 | 113.62 | 106.65 |
| 莜　麦 | Naked oats | | 104.83 | 113.11 | 123.63 | 98.76 | 101.60 |
| 燕　麦 | Oats | | 113.44 | 105.49 | | | 160.00 |
| 其他杂粮 | Other coarse cereals | | 101.90 | 102.34 | 108.93 | 108.63 | 108.04 |
| 小麦秸 | Wheat straw | | 107.40 | 91.32 | 112.56 | 109.23 | 105.07 |
| 稻　草 | Rice straw | | 97.13 | 110.50 | 113.10 | 100.47 | 97.94 |
| 玉米秆 | Corn stover | | 105.02 | 97.83 | 108.72 | 97.36 | 106.94 |
| 谷子秆 | Millet stalk | | 98.28 | 122.47 | 120.51 | 100.79 | 108.09 |
| 高粱秆 | Chinese sorghum stalk | | 102.37 | 91.48 | | | 102.96 |
| 薯　类 | Potato | 76.97 | 109.13 | 106.57 | 113.84 | 100.12 | 109.82 |
| 红　薯 | Sweet potato | 88.97 | 105.17 | 104.54 | 112.57 | 105.91 | 108.47 |
| 马铃薯 | White Potato | 72.45 | 111.07 | 107.56 | 114.46 | 97.29 | 110.48 |

2-10 续表 1 continued 1

| 农产品名称 | Categories of agricultural products | 2002 | 2005 | 2006 | 2007 | 2008 | 2009 |
|---|---|---|---|---|---|---|---|
| 其他薯类 | Other potatoes | | 101.32 | 103.29 | 111.41 | 106.91 | 107.21 |
| 薯　藤 | Potato vines | | 102.41 | 109.54 | 100.00 | | 88.16 |
| 油　料 | Oil-bearing Crops | 105.47 | 91.07 | 111.24 | 133.90 | 102.33 | 95.40 |
| 花　生 | Peanut | 114.21 | 96.95 | 108.80 | 126.69 | 96.94 | 105.38 |
| 油菜籽 | Rapeseeds | 101.75 | 87.55 | 113.37 | 138.69 | 104.49 | 90.13 |
| 芝　麻 | Sesame | 84.58 | 101.73 | 96.63 | 123.39 | 111.55 | 97.48 |
| 向日葵 | Sunflower | | 99.12 | 101.27 | 112.70 | 103.79 | 105.60 |
| 胡麻籽 | Flaxseeds | 96.12 | 102.64 | 98.09 | 132.88 | 104.09 | 93.75 |
| 苏　籽 | Perillaseeds | | 99.30 | 101.76 | 175.72 | 98.38 | 149.64 |
| 其他油料作物 | Other oil-bearing crops | | 105.26 | 109.51 | 110.83 | 113.96 | 106.62 |
| 花生蔓 | Peanut vine | | 76.59 | 100.00 | | 100.00 | 100.00 |
| 豆　类 | Beans | 109.90 | 93.49 | 102.46 | 129.19 | 102.15 | 100.60 |
| 大　豆 | Soybeans | 111.65 | 92.14 | 102.13 | 131.06 | 103.16 | 98.74 |
| 绿　豆 | Mung beans | 92.22 | 103.41 | 105.28 | 114.17 | 86.22 | 120.84 |
| 红小豆 | Red beans | 109.68 | 99.55 | 102.66 | 117.43 | 101.97 | 107.78 |
| 蚕　豆 | Broad beans | | 101.37 | 103.89 | 128.60 | 105.51 | 97.03 |
| 豌　豆 | Peas | | 102.41 | 103.95 | 115.35 | 114.81 | 104.36 |
| 芸　豆 | Kidney beans | | 103.60 | 105.87 | 118.01 | 101.14 | 106.70 |
| 其他杂豆 | Other beans | | 101.04 | 106.38 | 114.29 | 102.60 | 103.75 |
| 豆　秸 | Beanstalk | | 156.88 | 97.78 | 115.14 | | |
| 棉花(籽棉) | Cotton (unginned cotton) | 138.13 | 113.73 | 96.00 | 111.06 | 86.64 | 121.04 |
| 细绒棉 | Thin- staple cotton | 139.27 | 113.96 | 95.76 | 111.11 | 86.75 | 121.32 |
| 长绒棉 | Long- staple cotton | 120.46 | 108.71 | 101.15 | 109.92 | 84.32 | 114.87 |
| 棉　籽 | Cottonseeds | | 112.05 | 98.57 | 110.11 | 90.14 | 135.37 |
| 麻　类 | Fiber crops | 90.95 | 101.97 | 92.95 | 84.61 | 105.99 | 97.12 |
| 黄红麻 | Jute and blueish dogbane | 85.27 | 107.56 | 93.18 | 90.66 | 112.86 | 110.76 |
| 亚　麻 | Flax | | 101.59 | 111.11 | | | 101.50 |
| 苎　麻 | Ramie | 91.64 | 97.31 | 86.70 | 79.42 | 100.12 | 83.97 |
| 剑　麻 | Steel hemp | | 150.00 | 77.78 | 107.14 | 53.33 | 75.00 |
| 麻　杆 | Stalks of fiber crops | | 96.75 | 102.22 | | 102.05 | 147.57 |
| 糖　料 | Sugar crops | 86.51 | 117.66 | 109.07 | 101.74 | 104.29 | 104.09 |
| 甘　蔗 | Sugarcane | 86.51 | 117.67 | 109.07 | 101.74 | 104.29 | 104.10 |
| 甜　菜 | Beet | 100.00 | 102.61 | 105.18 | 103.15 | 99.97 | 97.88 |
| 烟　草 | Tobacco | 86.51 | 104.46 | 98.59 | 108.49 | 120.36 | 105.06 |
| 烤烟叶 | Flue-cured tobacco | 86.51 | 104.36 | 98.26 | 108.28 | 120.60 | 104.86 |
| 晒烟叶 | Sun-cured tobacco | 100.00 | 108.32 | 111.13 | 116.52 | 111.31 | 112.71 |
| 白肋烟 | Whiteerib tobacco | | 101.63 | 97.10 | 125.00 | 113.31 | |
| 其他烟叶 | Other tobacco | | 103.59 | 105.73 | 111.13 | 110.23 | 103.65 |
| 青饲料 | Greenfeed | | 90.54 | 92.29 | 97.78 | 114.13 | 107.82 |

2-10 续表 2

continued 2

| 农产品名称 | Categories of agricultural products | 2002 | 2005 | 2006 | 2007 | 2008 | 2009 |
|---|---|---|---|---|---|---|---|
| 牧　草 | Herbage | | 98.36 | 109.53 | 107.48 | 105.44 | 104.00 |
| 席　草 | Stems or leaves of cattail | | | 113.39 | 96.34 | 74.30 | 90.81 |
| 蓖麻籽 | Castor beans | | 80.13 | 106.22 | 109.46 | 100.76 | 110.68 |
| 野生植物的采集 | Gathering of wild plants | | 121.72 | 107.43 | 107.20 | 100.25 | 99.20 |
| 未列明的其他农作物 | Other agricultural crops | | 101.73 | 111.83 | 110.95 | 107.06 | 101.42 |
| 2.蔬菜、园艺作物 | 2.Vegetable and Horticulture | | 108.23 | 102.56 | 113.35 | 97.59 | 115.35 |
| 蔬　菜 | Vegetable | 122.21 | 108.23 | 102.56 | 113.35 | 97.59 | 115.35 |
| 叶菜类 | Leaf vegetable | 151.35 | 110.32 | 101.02 | 118.17 | 97.35 | 109.01 |
| 菠　菜 | Spinach | 65.66 | 110.22 | 102.00 | 117.29 | 101.28 | 110.23 |
| 芹　菜 | Celery | 90.29 | 118.25 | 99.49 | 115.16 | 98.46 | 110.08 |
| 大白菜 | Chinese cabbage | 179.29 | 110.05 | 102.43 | 123.51 | 90.52 | 108.92 |
| 元白菜 | Cabbage | 139.64 | 107.83 | 99.27 | 119.90 | 96.50 | 108.68 |
| 甘　蓝 | Wild cabbage | 472.05 | 101.64 | 101.63 | 120.94 | 100.72 | 105.52 |
| 花椰菜 | Cauliflower | 137.90 | 106.73 | 95.34 | 123.92 | 90.55 | 97.69 |
| 莴　笋 | Asparagus lattuce | 132.01 | 107.29 | 107.15 | 115.27 | 103.03 | 108.49 |
| 油　菜 | Rape | 321.62 | 106.79 | 102.13 | 115.37 | 100.44 | 110.84 |
| 其他叶菜 | Other leaf vegetable | | 108.77 | 102.59 | 115.58 | 107.70 | 105.55 |
| 瓜菜类 | Gourd vegetable | 116.64 | 104.48 | 102.93 | 115.67 | 102.51 | 106.09 |
| 黄　瓜 | Cucumber | 114.62 | 104.07 | 103.64 | 113.65 | 103.14 | 106.81 |
| 冬　瓜 | White gourd | 131.46 | 108.47 | 98.88 | 116.96 | 106.18 | 105.15 |
| 西葫芦 | Summer squash | 133.52 | 105.75 | 104.53 | 135.55 | 83.87 | 107.84 |
| 苦　瓜 | Balsam pear | | 96.47 | 105.75 | 115.99 | 101.56 | 101.61 |
| 丝　瓜 | Towed gourd | | 102.64 | 103.94 | 113.92 | 102.50 | 102.86 |
| 南　瓜 | Pumpkin | | 108.15 | 101.11 | 111.09 | 96.38 | 108.91 |
| 打　瓜 | Seeded watermelon | | 100.41 | 96.09 | 127.39 | 118.39 | 99.94 |
| 瓠　子 | Bottle gourd | | 115.04 | 98.88 | 110.81 | 100.00 | 100.00 |
| 其他瓜菜 | Other gourd vegetable | | 110.36 | 106.84 | 114.55 | 103.82 | 97.28 |
| 块根、块茎菜类 | Root and tuber vegetable | 125.50 | 109.23 | 99.85 | 120.09 | 98.08 | 110.08 |
| 萝　卜 | Radish | 127.59 | 111.49 | 101.77 | 117.65 | 100.16 | 108.33 |
| 胡萝卜 | Carrot | 62.79 | 105.49 | 96.71 | 125.50 | 93.67 | 113.55 |
| 生　姜 | Ginger | 73.31 | 89.72 | 82.41 | 101.59 | 108.20 | 108.18 |
| 芋　头 | Taro | | 108.56 | 104.59 | 104.01 | 111.09 | 101.36 |
| 苔　干 | Dried bryophyte | | | | | | 107.14 |
| 百合(根) | Lily (root) | | 110.06 | 109.32 | 117.95 | 127.53 | 101.57 |
| 芋　艿 | Taro | | 118.31 | 106.31 | 108.83 | 111.02 | 99.52 |
| 山　药 | Chinese yam | | 106.19 | 102.07 | 114.64 | 116.12 | 129.92 |
| 其他块根、块茎菜 | Other root and tuber vegetable | | 106.77 | 103.02 | 111.99 | 102.11 | 108.58 |
| 茄果菜类 | Eggplant, tomato and chili, etc. | 94.88 | 105.40 | 103.88 | 116.45 | 96.09 | 113.18 |
| 茄　子 | Eggplant | 106.62 | 105.22 | 100.50 | 118.94 | 92.30 | 105.91 |

2-10 续表 3 continued 3

| 农产品名称 | Categories of agricultural products | 2002 | 2005 | 2006 | 2007 | 2008 | 2009 |
|---|---|---|---|---|---|---|---|
| 西红柿 | Tomato | 87.35 | 106.03 | 105.58 | 114.10 | 97.06 | 116.70 |
| 辣　椒 | Chili | 129.96 | 103.86 | 107.07 | 120.53 | 90.25 | 117.93 |
| 青　椒 | Sweetbell | 109.55 | 105.36 | 101.20 | 116.33 | 100.71 | 109.02 |
| 其他茄果菜类 | Others | | 107.98 | 107.30 | 116.56 | 104.79 | 111.04 |
| 葱蒜类 | Onion and Garlic | 104.59 | 111.48 | 104.42 | 94.07 | 94.95 | 148.18 |
| 大　葱 | Scallion | 89.26 | 107.03 | 97.65 | 119.11 | 96.44 | 110.99 |
| 蒜　苔 | Garlic stalk | 125.74 | 100.10 | 105.63 | 112.22 | 109.66 | 120.50 |
| 蒜　头 | Garlic head | 115.92 | 116.79 | 107.12 | 77.51 | 90.01 | 173.00 |
| 洋　葱 | Onion | | 89.95 | 103.71 | 99.38 | 97.39 | 141.97 |
| 蒜　苗 | Garlic bolt | | 112.29 | 99.12 | 106.75 | 105.69 | 121.63 |
| 小　葱 | Shallot | | 111.10 | 94.34 | 113.61 | 111.19 | 102.42 |
| 韭　菜 | Fragrant-flowered garlic | | 108.12 | 99.75 | 112.63 | 101.70 | 110.32 |
| 其他葱蒜类 | Others | | 105.47 | 106.58 | 116.29 | 104.36 | 109.54 |
| 菜用豆类 | Garden beans | 137.59 | 106.24 | 103.38 | 116.17 | 100.36 | 105.18 |
| 四季豆 | Kidney beans | 124.18 | 106.35 | 102.21 | 118.31 | 102.14 | 106.93 |
| 豇　豆 | Cowpeas | 145.18 | 106.16 | 104.22 | 114.62 | 99.08 | 103.91 |
| 其他菜用豆 | Other garden beans | | 108.64 | 99.50 | 114.63 | 104.57 | 109.08 |
| 水生菜类 | Water vegetable | 183.24 | 105.51 | 92.38 | 136.70 | 102.35 | 105.47 |
| 莲　藕 | Lotus root | 98.13 | 101.16 | 104.20 | 106.10 | 105.69 | 113.22 |
| 茭　白 | Wild ruice stem | 185.99 | 106.56 | 81.40 | 160.80 | 99.59 | 99.05 |
| 荸　荠 | Water chestnut | 100.00 | 98.14 | 96.50 | 111.76 | 109.68 | 97.79 |
| 其他水生菜 | Other water vegetable | | 99.78 | 97.01 | 108.12 | 117.58 | 100.07 |
| 食用菌(干鲜混合) | Mushroom | | 104.34 | 108.18 | 94.97 | 97.44 | 108.19 |
| 香菇(干品) | Mushroom (dried) | | 99.88 | 115.99 | 95.90 | 95.91 | 103.54 |
| 蘑菇(鲜品) | Mushroom (fresh) | | 104.99 | 107.60 | 93.07 | 96.88 | 109.11 |
| 黑木耳(干品) | Black edible fungus (dried) | | 100.85 | 106.83 | 119.32 | 106.57 | 101.48 |
| 白木耳(干品) | Tremella (dried) | | 107.25 | 99.55 | 119.64 | 101.49 | 130.42 |
| 金针菇(鲜品) | Golden mushroom | | 104.83 | 102.46 | 106.79 | 135.64 | 87.24 |
| 猴头菌(干品) | Bearded tooth(dried) | | 104.09 | 93.34 | 103.19 | 97.87 | 112.43 |
| 平菇(鲜品) | Oyster mushroom | | 99.99 | 108.80 | 92.49 | 127.39 | 101.05 |
| 其他食用菌 | Other edible mushrooms | | 106.65 | 94.32 | 103.22 | 103.90 | 108.14 |
| 未列明的其他蔬菜 | Other vegetable | | 108.73 | 97.42 | 110.67 | 104.71 | 102.34 |
| 百合花 | Lily | | 88.65 | 106.88 | 109.96 | 105.59 | 100.34 |
| 康乃馨 | Carnation | | 64.78 | 150.55 | 125.89 | 93.76 | 106.18 |
| 满天星 | June snow (serissa) | | 102.71 | 103.81 | 142.01 | 75.45 | 104.00 |
| 勿忘我 | Forgetmenot | | 96.82 | 140.00 | 183.23 | 70.00 | 85.71 |
| 非洲菊 | Flameray Gerbera | | 97.00 | 120.68 | 93.77 | 91.06 | 110.04 |
| 玫　瑰 | Rugosa rose | | 74.55 | 145.96 | 133.42 | 99.63 | 129.13 |

2-10 续表 4 continued 4

| 农产品名称 | Categories of agricultural products | 2002 | 2005 | 2006 | 2007 | 2008 | 2009 |
|---|---|---|---|---|---|---|---|
| 情人草 | Evans begonia | | 111.11 | 120.00 | 120.00 | 116.67 | 103.51 |
| 其他鲜切花 | Other fresh flowers | | 97.69 | 108.87 | 115.76 | 95.84 | 102.83 |
| 草坪草皮 | Sod for lawn | | 92.11 | 111.00 | 113.65 | 125.78 | 83.24 |
| 3.水果、坚果、饮料和香料 | 3.Fruits, beverages and perfume | | 108.84 | 108.29 | 108.14 | 95.39 | 107.69 |
| 水果、坚果 | Fruits and nuts | | 108.10 | 108.25 | 108.36 | 97.51 | 108.11 |
| 园林水果 | Garden fruits | 93.65 | 108.01 | 109.51 | 108.11 | 97.01 | 109.30 |
| 苹 果 | Apple | 59.71 | 118.51 | 107.30 | 127.61 | 80.06 | 110.04 |
| 红富士苹果 | Hongfushi apple | 65.11 | 115.35 | 101.74 | 125.05 | 91.54 | 105.71 |
| 国光苹果 | Guoguang apple | 89.38 | 106.29 | 130.22 | 111.70 | 86.20 | 99.08 |
| 秦冠苹果 | Qinguan apple | 58.90 | 139.05 | 87.73 | 153.91 | 52.70 | 127.56 |
| 香蕉苹果 | Banana apple | 37.52 | 112.68 | 114.30 | 112.78 | 88.77 | 117.01 |
| 元帅苹果 | Yuanshuai (Marshal) apple | | 106.04 | 108.63 | 131.31 | 87.69 | 114.33 |
| 新红星苹果 | New Hongxing apple | | 109.13 | 106.98 | 100.10 | 98.95 | 108.74 |
| 其他苹果 | Other apples | | 110.66 | 100.91 | 121.84 | 72.73 | 114.25 |
| 梨 | Pear | 125.84 | 102.55 | 114.88 | 97.27 | 104.54 | 111.76 |
| 雪花梨 | Snowflake pear | 125.71 | 101.43 | 114.22 | 94.66 | 104.45 | 112.13 |
| 鸭 梨 | Ya- pear | 102.32 | 106.55 | 117.30 | 106.09 | 105.99 | 110.90 |
| 酥 梨 | Soft-pear | 139.24 | 104.08 | 114.68 | 104.16 | 92.95 | 107.25 |
| 香 梨 | Bergamot pear | 111.11 | 100.02 | 118.62 | 105.15 | 97.89 | 91.75 |
| 苹果梨 | Apple pear | | 80.84 | 108.78 | 120.09 | 92.33 | 108.49 |
| 其他梨 | Other pears | | 105.81 | 100.05 | 103.50 | 98.21 | 69.54 |
| 柑 桔 | Citrus | 134.56 | 104.77 | 105.24 | 103.30 | 93.17 | 101.00 |
| 柑 | Mandarin orange | 162.88 | 101.35 | 106.60 | 104.67 | 95.57 | 102.03 |
| 桔 | Tangerine | 118.07 | 126.34 | 98.14 | 97.99 | 79.15 | 94.47 |
| 橙 | Orange | 98.68 | 103.02 | 100.82 | 92.15 | 89.76 | 101.31 |
| 柚 | Shaddock | 70.70 | 119.63 | 110.87 | 105.88 | 97.78 | 104.42 |
| 其他柑桔 | Others | | 101.83 | 105.69 | 93.68 | 98.18 | 94.79 |
| 其他水果 | Other fruits | | 107.41 | 100.69 | 108.30 | 104.03 | 104.69 |
| 香 蕉 | Banana | 74.57 | 102.49 | 103.02 | 100.70 | 111.28 | 85.50 |
| 菠 萝 | Pineapple | | 98.00 | 105.94 | 114.65 | 78.02 | 108.53 |
| 荔 枝 | Litchi | 100.00 | | | | | |
| 龙 眼 | Longan | 15.04 | 95.83 | 105.95 | 98.46 | 83.08 | 115.79 |
| 木 瓜 | Papaya | | 100.00 | 105.83 | 100.00 | 117.31 | |
| 橄 榄 | Chinese olive | | 77.97 | 112.81 | 102.18 | 90.58 | 117.45 |
| 桃 | Peach | 103.72 | 109.02 | 99.47 | 110.43 | 104.06 | 106.76 |
| 杏 | Apricot | 80.65 | 101.98 | 111.20 | 165.45 | 106.56 | 82.02 |
| 猕猴桃 | Yangtao | 105.88 | 116.56 | 91.36 | 151.61 | 106.40 | 118.53 |
| 葡 萄 | Grape | 62.50 | 108.56 | 105.07 | 103.31 | 108.38 | 103.58 |

2-10 续表 5 continued 5

| 农产品名称 | Categories of agricultural products | 2002 | 2005 | 2006 | 2007 | 2008 | 2009 |
|---|---|---|---|---|---|---|---|
| 红　枣 | Chinese date | 90.54 | 97.43 | 99.86 | 110.27 | 112.76 | 102.19 |
| 柿　子 | Persimmon | 130.97 | 104.19 | 103.02 | 94.20 | 95.23 | 96.98 |
| 其他园林水果 | Other garden fruits | | 82.18 | 103.49 | 120.47 | 94.65 | 98.27 |
| 瓜果类 | Melon | 72.64 | 109.10 | 94.65 | 111.01 | 102.78 | 95.45 |
| 西　瓜 | Watermelon | 74.30 | 109.22 | 94.97 | 109.46 | 103.74 | 94.87 |
| 甜　瓜 | Muskmelon | 34.96 | 111.34 | 88.64 | 116.25 | 97.05 | 98.42 |
| 香　瓜 | Musk melon | | | 47.04 | | | |
| 草　莓 | Strawberry | | 101.31 | 100.19 | 148.68 | 84.46 | 107.95 |
| 其他瓜果 | Others | | 110.45 | 106.72 | 108.22 | 106.15 | 121.30 |
| 坚果类 | Nuts | | 105.61 | 120.09 | 106.07 | 115.94 | 69.73 |
| 椰　子 | Coconut | | 105.61 | 120.09 | 106.07 | 115.94 | 69.73 |
| 杏　仁 | Apricot kerne | | 95.00 | 132.72 | 93.06 | 125.00 | 101.10 |
| 槟　榔 | Areca | | 123.19 | 156.33 | 46.39 | 116.80 | 103.39 |
| 其他坚果 | Other nuts | | 105.56 | 73.03 | 165.80 | 94.98 | 85.38 |
| 茶及其他饮料(干品) | Tea and other beverages | | 113.60 | 108.55 | 106.74 | 81.65 | 104.98 |
| 茶 | Tea | 140.89 | 113.86 | 108.61 | 105.74 | 82.19 | 105.38 |
| 红毛茶 | Black tea | 60.84 | 112.67 | 104.24 | 140.00 | 70.59 | 101.85 |
| 绿毛茶 | Green tea | 143.11 | 114.91 | 109.03 | 104.91 | 79.61 | 105.96 |
| 乌龙茶 | Oolong tea | 139.09 | 103.78 | 105.86 | 102.79 | 111.73 | 100.79 |
| 其他茶 | Others | | 111.25 | 87.23 | 95.23 | 90.70 | 103.48 |
| 可可和咖啡 | Cocoa and Coffee | | 106.33 | 106.78 | 135.00 | 66.67 | 93.75 |
| 咖啡豆 | Coffee bean | | 106.33 | 106.78 | 135.00 | 66.67 | 93.75 |
| 茴　香 | Fennel | | | 123.81 | 109.09 | 136.19 | 106.90 |
| 留兰香 | Spearmint | | | 223.13 | | | 88.36 |
| 其　他 | Others | | 74.41 | 106.25 | 108.56 | 102.65 | |
| 4.中药材 | 4.Chinese medicinal materials | | | | | 103.51 | 118.44 |
| 茯　苓 | Fuling (poris cocos) | | 119.78 | 102.54 | 118.96 | 111.33 | 105.86 |
| 党　参 | Tangshen (pilose asiabell) | | 91.27 | 109.32 | 117.94 | 101.82 | 103.94 |
| 当　归 | Chinese angelica | | | 130.00 | | | 48.85 |
| 黄　芪 | Root of membranous milk vetch | | 116.73 | 104.37 | 107.20 | 88.55 | 109.26 |
| 金银花 | Honeysuckle | | 109.73 | 106.41 | 129.93 | 155.59 | 136.66 |
| 黄　连 | Rhizome of Chinese goldthread | | 93.93 | 97.70 | 108.04 | 101.04 | |
| 贝　母 | Bulb of fritillary | | 109.53 | 104.62 | 91.97 | 69.91 | 100.00 |
| 红　花 | Safflower | | 100.00 | 102.31 | 86.40 | 139.96 | 102.22 |
| 元　胡 | Amur corydalis | | 110.92 | 104.50 | 98.48 | 113.78 | 79.42 |
| 枸　杞 | Fruit of Chinese wolfberry | | 100.33 | 110.20 | 163.73 | 93.63 | 100.24 |
| 菊　花 | Chrysanthemum | | 103.06 | 116.71 | 101.29 | 107.60 | 110.40 |
| 白　术 | Largehead atractyldes | | 101.28 | 109.54 | 117.48 | 93.32 | 81.80 |

2-10 续表 6 continued 6

| 农产品名称 | Categories of agricultural products | 2002 | 2005 | 2006 | 2007 | 2008 | 2009 |
|---|---|---|---|---|---|---|---|
| 半 夏 | Tuber of pinelia | | 102.60 | 164.12 | 113.09 | | |
| 生 地 | Dried rhizome of rehmannia | | 98.32 | 89.10 | 74.50 | | 100.00 |
| 杜 仲 | Bark of eucommia | | 100.00 | 89.58 | 100.00 | | 129.10 |
| 板蓝根 | Root of common baphicacanthus | | 97.89 | 103.28 | 148.24 | 160.00 | 109.85 |
| 苦丁茶 | Kudin crotoxylum (bitter tea tree) | | | | | | |
| 天 麻 | Tuber of elevated gastrodia | | 89.70 | 99.67 | 94.30 | 98.95 | 112.92 |
| 穿心莲 | Creat | | 168.15 | 90.89 | 100.42 | 107.99 | 69.46 |
| 桔 梗 | Rampion | | 101.65 | 121.50 | 88.02 | 97.41 | 118.50 |
| 其他药材 | Other medicinal materials | | 99.45 | 106.99 | 131.45 | 91.95 | 107.34 |
| 二、林业产品 | II.Forestry products | 111.49 | 107.20 | 112.98 | 106.67 | 99.51 | 104.14 |
| 1.竹木采运 | 1.Bamboo and wood | | 101.64 | 109.36 | 108.01 | 106.37 | 98.28 |
| 木材采运 | Felling and transport of wood | 105.26 | 101.64 | 109.26 | 107.85 | 106.38 | 98.18 |
| 原 木 | Log | 105.54 | 101.64 | 109.26 | 107.85 | 106.38 | 98.18 |
| 红 松 | Korean pine | | 98.04 | 107.65 | 105.96 | 103.77 | 94.48 |
| 落叶松 | Larch | | 105.08 | 113.06 | 102.98 | 112.73 | 90.00 |
| 马尾松 | Masson pine | | 99.46 | 107.71 | 110.37 | 100.54 | 108.91 |
| 杉 木 | China fir | | 103.55 | 107.73 | 114.17 | 107.77 | 102.76 |
| 云南松 | Yunnan pine | | 95.74 | 95.87 | 125.00 | 89.07 | 102.69 |
| 薪 材 | Firewood | | 99.24 | 106.69 | 112.93 | 111.60 | 99.57 |
| 竹材采运 | Felling and transport of bamboo | | 102.09 | 115.70 | 117.80 | 106.06 | 104.72 |
| 水 竹 | Water bamboo | | 86.73 | 109.06 | 123.98 | 103.79 | 97.15 |
| 斑 竹 | Mottled bamboo | | 100.00 | 88.00 | 106.67 | | 105.26 |
| 毛竹(楠竹) | Mao bamboo | | 102.09 | 115.70 | 117.80 | 106.06 | 104.72 |
| 蒿 竹 | Hao bamboo。 | | 104.28 | 108.31 | 105.99 | 101.05 | 99.39 |
| 淡 竹 | Henon bamboo | | 172.72 | 123.83 | 100.00 | 133.33 | |
| 其他竹材 | Other bamboo | | 107.70 | 101.77 | 111.31 | 82.21 | 127.33 |
| 2.林产品的采集 | 2.Gathering of forest products | | 109.83 | 114.69 | 106.03 | 96.25 | 106.92 |
| 天然和人工林的果实 | Products of natural and artificial forest | | 109.83 | 114.69 | 106.03 | 96.25 | 106.92 |
| 橡 胶 | Rubber | 157.52 | 120.41 | 107.73 | 107.67 | 88.73 | 100.53 |
| 生 漆 | Raw lacquer | | 106.62 | 103.63 | 122.93 | 133.33 | 110.00 |
| 油桐籽 | Seeds of tung oil tree | 100.00 | 104.58 | 98.75 | 119.12 | 84.24 | 126.15 |
| 乌桕籽 | Seeds of Chinese tallow tree | | | | | | |
| 五倍籽 | Chinese gall (gall nut) | | 100.49 | 97.93 | 121.43 | | 100.69 |
| 油茶籽 | Seeds of tea-oil tree | 100.00 | 98.34 | 102.85 | 135.13 | 98.64 | 113.91 |
| 棕 片 | Palm fibre | | 97.59 | 106.92 | 111.10 | | |
| 松 脂 | Rosin | | 114.19 | 130.73 | 103.23 | 108.75 | 114.10 |
| 核 桃 | Walnut | 83.02 | 113.70 | 115.07 | 108.31 | 97.13 | 106.55 |
| 板 栗 | Chinese chestnut | | 97.57 | 96.34 | 105.03 | 115.54 | 91.17 |

2-10 续表 7 continued 7

| 农产品名称 | Categories of agricultural products | 2002 | 2005 | 2006 | 2007 | 2008 | 2009 |
|---|---|---|---|---|---|---|---|
| 白 果 | Ginkgo | | 102.04 | 94.80 | 91.23 | 66.74 | 127.15 |
| 松 子 | Pine nut | | 100.00 | 108.74 | 96.86 | 122.47 | 107.13 |
| 花 椒 | Chinese prickly ash | 49.58 | 101.34 | 125.44 | 104.22 | 106.75 | 99.01 |
| 八 角 | Anise | 80.28 | 88.77 | 132.51 | 95.48 | 85.34 | 189.83 |
| 桂 皮 | Cassia bark | 87.27 | 101.31 | 109.74 | 99.18 | | |
| 胡 椒 | Pepper | | 111.18 | 118.36 | 139.04 | 77.17 | 119.65 |
| 其他果实 | Other products | | 100.07 | 111.44 | 106.75 | 109.96 | 101.36 |
| 竹笋干 | Dried bamboo shoots | | 115.48 | 102.93 | 99.17 | 114.72 | 116.67 |
| 桉树叶 | Eucalyptus leaves | | 140.00 | 100.00 | 83.33 | | |
| 三、牧业(畜产品) | III.Livestock products | 98.59 | 92.10 | 106.11 | 140.39 | 100.21 | 96.99 |
| 1.牲畜的饲养 | 1.Livestock raising | 102.03 | 100.63 | 103.20 | 123.88 | 110.14 | 101.08 |
| 牛的饲养 | Cattle raising | | 100.49 | 102.75 | 125.11 | 113.35 | 102.48 |
| 活牛(毛重) | Live cattle (gross weight) | 98.04 | 100.48 | 102.75 | 125.11 | 113.37 | 102.43 |
| 牛 肉 | Beef | | 100.82 | 102.66 | 125.11 | 112.38 | 104.74 |
| 羊的饲养 | Sheep raising | | 99.32 | 103.51 | 129.69 | 110.17 | 102.39 |
| 活羊(毛重) | Live sheep | | 99.32 | 103.51 | 129.69 | 110.17 | 102.39 |
| 羊 肉 | Mutton | | 101.24 | 99.94 | 146.89 | 109.20 | 104.85 |
| 马 | Horse | | 104.67 | 104.34 | 132.14 | 105.62 | 107.91 |
| 驴 | Donkey | | 104.67 | 101.02 | 111.58 | 106.56 | 97.46 |
| 骆 驼 | Camel | | 96.91 | 104.44 | 129.20 | 124.49 | 83.30 |
| 其他未列牲畜的饲养 | Other livestock raising | | 97.27 | 104.11 | | 98.58 | |
| 奶产品 | Milk products | 104.09 | 99.25 | 101.64 | 117.14 | 108.68 | 99.51 |
| 牛 奶 | Cow milk | 104.16 | 99.25 | 101.64 | 117.16 | 108.66 | 99.50 |
| 羊 奶 | Sheep milk | 54.49 | 97.63 | 103.10 | 105.63 | 118.62 | 103.81 |
| 毛绒产品 | Hair and down products | 57.25 | 104.43 | 105.40 | 112.31 | 97.96 | 93.96 |
| 山羊毛 | Goat’s wool | 55.39 | 109.36 | 116.74 | 118.65 | 106.46 | 100.00 |
| 绵羊毛 | Sheep’s wool | | 101.85 | 102.94 | 104.21 | 87.82 | 80.52 |
| 山羊绒 | Cashmere | 57.83 | 103.24 | 102.65 | 110.78 | 95.89 | 92.49 |
| 绵羊绒 | Sheep’s down | | 100.20 | | | | 100.00 |
| 其他毛绒产品 | Other Hair and down products | | 99.38 | 98.11 | 100.00 | 80.89 | 122.07 |
| 2.猪的饲养 | 2.Hog raising | | 85.56 | 107.13 | 156.15 | 93.54 | 92.31 |
| 活猪(毛重) | Hog (gross weight) | 99.46 | 85.47 | 107.12 | 156.23 | 93.50 | 92.28 |
| 猪 肉 | Pork | | 94.66 | 107.68 | 148.69 | 97.75 | 95.70 |
| 猪 鬃 | Bristles | | 67.87 | 112.80 | 134.94 | 106.84 | |
| 3.家禽 | 3.Poultry | | 99.13 | 106.52 | 119.56 | 106.23 | 103.96 |
| 肉禽(毛重) | Poultry (gross weight) | 94.59 | 97.38 | 107.30 | 120.61 | 105.71 | 103.48 |
| 鸡 | Chicken | 94.58 | 97.24 | 106.99 | 120.38 | 106.36 | 103.38 |
| 鸭 | Duck | 96.36 | 98.14 | 109.75 | 120.54 | 103.58 | 103.00 |

2-10 续表 8 continued 8

| 农产品名称 | Categories of agricultural products | 2002 | 2005 | 2006 | 2007 | 2008 | 2009 |
|---|---|---|---|---|---|---|---|
| 鹅 | Goose | 100.00 | 99.19 | 108.01 | 130.02 | 90.26 | 109.69 |
| 其他家禽 | Other poultry | | 99.76 | 101.53 | 99.74 | 113.08 | 106.21 |
| 禽 蛋 | Eggs | 99.57 | 101.48 | 105.50 | 118.17 | 106.92 | 104.60 |
| 鸡 蛋 | Chicken's eggs | 99.27 | 101.51 | 105.44 | 118.27 | 106.99 | 104.66 |
| 鸭 蛋 | Duck 's eggs | 108.56 | 102.97 | 105.97 | 117.97 | 105.57 | 103.41 |
| 鹅 蛋 | Goose' s eggs | 100.00 | 98.51 | 107.16 | 114.44 | 105.93 | 103.65 |
| 其他蛋 | Other eggs | | 86.18 | 103.70 | 123.09 | 105.20 | 99.43 |
| 鸭 绒 | Duck 's down | | 111.13 | 127.42 | 99.35 | 83.85 | 106.07 |
| 其他羽绒 | Other down | | 107.12 | 104.25 | 100.00 | 112.00 | 100.11 |
| 4.狩猎和捕捉动物 | 4.Hunting and catching animals | | | | | | |
| 兽 皮 | Furs | | 104.66 | 100.00 | 111.80 | 84.09 | 110.82 |
| 未列明的动物皮张 | Furs not identified | | 96.54 | 105.53 | 135.52 | 102.16 | 93.73 |
| 5.其他畜牧业 | 5.Other animal husbandry | | | | | | |
| 鸽 子 | Pigeon | | 101.11 | 107.00 | 120.18 | 105.66 | 100.16 |
| 兔 | Rabbit | | 102.88 | 107.82 | 116.58 | 107.56 | 109.23 |
| 狗 | Dog | | 98.14 | 102.57 | 108.76 | 105.40 | 99.75 |
| 猫 | Cat | | 90.98 | | | 100.00 | 100.00 |
| 兔 毛 | Rabbit hair | | 102.65 | 83.38 | 89.59 | 103.43 | 116.93 |
| 其他家养动物 | Other domestic animals | | 100.32 | 100.35 | 120.02 | 119.77 | 117.59 |
| 水 貂 | Marten | | 100.00 | 103.80 | 56.48 | 206.78 | |
| 蛇 | Snake | | 101.82 | 100.41 | 100.00 | 104.17 | 111.24 |
| 蚕 茧 | Silkworm cocoon | 46.95 | 118.38 | 128.15 | 66.56 | 85.25 | 144.25 |
| 蜂 蜜 | Honey | 58.30 | 103.34 | 109.57 | 129.96 | 126.63 | 101.37 |
| 鹿 茸 | Pilose antler | | 97.64 | 102.09 | 134.06 | 56.15 | |
| 其他活的家畜产品 | Other domestic animal products | | 62.77 | 99.55 | 96.54 | 117.94 | 100.00 |
| 动物皮张 | Animals' furs | | 75.92 | 95.83 | 122.04 | 109.79 | 85.28 |
| 四、渔业 | IV.Fishery | 90.87 | 103.73 | 105.53 | 105.64 | 107.82 | 100.88 |
| 1.海水水产品 | 1.Seawater aquatic products | 86.81 | 105.27 | 110.12 | 101.17 | 105.90 | 101.12 |
| 鱼类 | Seawater fish | 83.38 | 104.92 | 112.58 | 98.17 | 108.99 | 101.65 |
| 大黄鱼 | Large yellow croaker | 54.21 | 106.91 | 120.74 | 117.77 | 109.07 | 121.94 |
| 小黄鱼 | Small yellow croaker | 84.82 | 105.75 | 110.69 | 78.68 | 111.95 | 88.26 |
| 带 鱼 | Hairtail | 104.61 | 102.40 | 109.66 | 108.34 | 105.51 | 104.15 |
| 鲈 鱼 | Perch | | 135.96 | 121.95 | 100.24 | 109.86 | 106.22 |
| 沙丁鱼 | Sardine | | 100.89 | 107.55 | 110.60 | 106.86 | 118.90 |
| 石斑鱼 | Grouper | 100.00 | 103.84 | 102.82 | 103.95 | 104.22 | 101.45 |
| 醍 鱼 | Anchovy | | 116.00 | 95.55 | 106.14 | 99.40 | 102.59 |
| 梭 鱼 | Mullet | | 106.29 | 97.88 | 109.48 | 105.18 | 98.88 |
| 鲳 鱼 | Silvery pomfret | | 106.13 | 106.63 | 111.80 | 107.79 | 93.33 |

2-10 续表 9 continued 9

| 农产品名称 | Categories of agricultural products | 2002 | 2005 | 2006 | 2007 | 2008 | 2009 |
|---|---|---|---|---|---|---|---|
| 海　鳗 | Conger pike | | 108.74 | 104.51 | 114.19 | 106.56 | 106.64 |
| 鲅　鱼 | Spanish mackerel | | 102.58 | 102.35 | 118.43 | 104.41 | 99.47 |
| 鲐　鱼 | Chub mackerel | | 100.00 | | | | 100.00 |
| 马面鱼 | Black scraper | | 70.82 | 102.16 | 105.06 | 102.20 | 102.69 |
| 马　鲛 | Japanese Spanish mackerel | | 106.61 | 102.54 | 110.58 | 104.93 | 102.84 |
| 梅童鱼 | Baby croaker | | 100.85 | 108.70 | | 102.67 | |
| 鲷　鱼 | Porgy | | 102.04 | 102.13 | 107.26 | 116.66 | 95.02 |
| 蓝　圆 | Blue scad | | | | | | |
| 鲆　鲽 | Left-eyed flounder | | 104.16 | 104.84 | 95.89 | 125.95 | 110.34 |
| 舌　鳎 | Tonguefish | | 116.58 | 107.14 | | | 100.00 |
| 其他海水鱼类 | Other seawater fish | | 101.67 | 105.26 | 106.82 | 112.06 | 106.52 |
| 海水虾蟹类 | Seawater shrimp and crab | 88.76 | 105.00 | 106.63 | 106.00 | 108.36 | 101.70 |
| 对　虾 | Prawn | | 104.69 | 106.99 | 102.35 | 108.42 | 98.28 |
| 毛　虾 | Shrimp | | 110.62 | 112.60 | 101.53 | 107.83 | 99.48 |
| 爬　虾 | Hypplyte | | 108.47 | 101.72 | 130.43 | 115.68 | 102.74 |
| 脊尾白虾 | Exopataemom carimicauda | | 94.07 | 99.43 | 98.55 | 112.08 | 108.17 |
| 鹰爪虾 | Trachypemaeus curvirostris | | 107.13 | 106.48 | 111.77 | 104.87 | 105.91 |
| 梭子蟹 | Swimming crab | | 106.30 | 108.07 | 115.02 | 108.03 | 108.25 |
| 其他海水虾蟹类 | Other seawater shrimps and crabs | | 106.11 | 102.91 | 106.46 | 101.77 | 112.85 |
| 海水贝类 | Seawater shellfish | | 106.17 | 104.01 | 106.63 | 95.34 | 99.98 |
| 贻　贝 | Mussel | | 132.55 | 77.40 | 80.00 | | 100.00 |
| 扇　贝 | Scallop | | 108.16 | 86.58 | 115.04 | 80.47 | 113.18 |
| 牡　蛎 | Oyster | | 106.38 | 114.36 | 124.90 | 108.16 | 99.70 |
| 鲍　鱼 | Abalone | | 89.03 | 86.24 | 97.92 | 81.16 | 132.32 |
| 蛤 | Clam | | 110.74 | 114.41 | 108.27 | 103.19 | 86.26 |
| 蚶 | Blood clam | | 107.93 | 100.00 | 98.60 | | 100.00 |
| 海　螺 | Conch | | 104.23 | 110.10 | 119.22 | 111.14 | 97.01 |
| 蛏 | Razor clam | | 107.57 | 111.29 | 89.38 | 113.39 | 101.46 |
| 其他海水贝类 | Other seawater shellfish | | 58.05 | 97.93 | 108.35 | 110.30 | 95.37 |
| 藻类 | Seaweeds | | 108.53 | 111.91 | 139.14 | 132.28 | 89.88 |
| 海　带 | Kelp | | 108.01 | 113.64 | | 135.23 | 90.23 |
| 紫　菜 | Laver | | 110.24 | 106.19 | 139.14 | 122.51 | 88.72 |
| 墨　鱼 | Inkfish | | 123.16 | 109.18 | 107.64 | 100.88 | 106.21 |
| 鱿　鱼 | Squid | | 103.69 | 100.14 | 105.73 | 101.38 | 102.42 |
| 章　鱼 | Octopus | | 109.18 | 106.75 | 109.28 | 117.42 | 97.50 |
| 海　蜇 | Jellyfish | | 107.97 | 103.12 | 97.08 | 169.83 | 96.64 |
| 未列明的其他海水产品 | Other seawater products | | 105.70 | 103.57 | 113.67 | 105.71 | 101.03 |

2-10 续表 10 continued 10

| 农产品名称 | Categories of agricultural products | 2002 | 2005 | 2006 | 2007 | 2008 | 2009 |
|---|---|---|---|---|---|---|---|
| 2.内陆水域水产品 | 2.Aquatic products in inland water areas | 97.64 | 102.31 | 101.27 | 109.78 | 109.59 | 100.65 |
| 淡水鱼类 | Freshwater fish | 97.64 | 101.81 | 100.67 | 109.90 | 109.58 | 100.44 |
| 青 鱼 | Black carp | 47.77 | 102.10 | 100.27 | 118.07 | 104.55 | 103.88 |
| 草 鱼 | Grass carp | 91.35 | 104.66 | 100.46 | 107.77 | 109.71 | 101.32 |
| 鲤 鱼 | Carp | 96.56 | 101.99 | 100.48 | 111.88 | 109.41 | 100.59 |
| 鲢 鱼 | Silver carp | 91.39 | 101.41 | 100.77 | 111.56 | 110.03 | 100.46 |
| 鲫 鱼 | Crucian carp | 78.25 | 100.80 | 99.79 | 106.64 | 110.27 | 99.25 |
| 罗非鱼 | Tilapia | 161.80 | 91.46 | 104.06 | 109.49 | 111.90 | 96.40 |
| 虹鳟鱼 | Rainbow trout | 111.09 | 117.17 | 107.67 | 98.43 | 108.82 | 101.69 |
| 白 鱼 | Whitefish |  | 110.68 | 96.56 | 101.49 | 115.97 | 99.63 |
| 鳜 鱼 | Mandarin fish |  | 101.29 | 100.86 | 104.48 | 100.97 | 103.10 |
| 白昌鱼 | Round spadefish |  |  |  | 108.50 |  |  |
| 黑 鱼 | Snakeheaded fish |  | 98.91 | 99.84 | 108.81 | 94.46 | 104.05 |
| 鲶 鱼 | Oriental sheatfish |  | 87.41 | 99.10 | 113.57 | 104.73 | 100.64 |
| 武昌鱼 | Blunt-snout bream |  | 99.28 | 115.31 | 94.77 | 116.35 | 87.94 |
| 鳙 鱼 | Variegated carp |  | 97.29 | 101.29 | 111.62 | 113.41 | 99.19 |
| 鲮 鱼 | Dace |  | 99.98 | 110.59 | 116.01 | 128.36 | 83.88 |
| 鳊 | Bream |  | 102.02 | 94.80 | 106.15 | 93.27 | 98.32 |
| 黄颡鱼 | Yellowcat fish |  | 114.91 | 102.39 | 109.00 | 100.00 |  |
| 淡水鲈 | Freshwater perch |  | 89.21 | 93.91 | 109.83 | 129.43 | 75.30 |
| 其他淡水鱼类 | Other freshwater fish |  | 101.29 | 107.54 | 105.26 | 106.73 | 100.97 |
| 淡水虾蟹类 | Freshwater shrimps and crabs | 86.23 | 111.08 | 111.80 | 107.57 | 109.79 | 104.42 |
| 龙 虾 | Lobster |  | 117.15 | 116.10 | 110.03 | 113.31 | 104.23 |
| 罗氏沼虾 | M. rosenbergii |  | 104.63 | 101.55 | 106.16 | 97.20 | 110.45 |
| 青 虾 | Black shrimps |  | 103.82 | 106.90 | 104.52 | 105.91 | 104.37 |
| 基围虾 | Exopalaemom carinicauda |  | 102.60 | 98.20 | 108.12 | 103.71 | 113.06 |
| 红螯螯虾 | Shrimps with red chelas |  | 106.67 | 100.00 | 100.00 |  |  |
| 大闸蟹 | Dazha crab |  | 101.98 | 107.66 | 104.45 | 94.28 | 103.62 |
| 其他淡水虾蟹类 | Other freshwater shrimp and crab |  | 104.84 | 111.44 | 91.93 | 119.50 | 98.35 |
| 螺 丝 | Spiral shell |  | 100.61 | 96.10 | 187.50 | 97.07 | 102.05 |
| 其他淡水贝类 | Other freshwater shellfish |  | 103.57 | 103.78 | 104.74 | 103.82 | 99.43 |
| 河 鳗 | River eel |  | 111.11 |  | 107.47 |  |  |
| 牛 蛙 | Bullfrog |  |  | 89.30 |  |  | 97.18 |
| 甲 鱼 | Soft-shelled turtle |  | 97.26 | 114.96 | 109.18 | 96.10 | 100.12 |
| 黄 鳝 | Ricefield eel |  | 102.60 | 115.04 | 108.05 | 105.84 | 101.93 |
| 泥 鳅 | Loach |  | 93.88 | 100.44 | 115.75 | 113.35 | 106.59 |
| 龟 | Tortoise |  | 80.86 | 95.13 |  |  | 175.15 |
| 蛙 | Frog |  | 100.77 | 119.30 | 114.29 |  | 120.00 |

# 2-11 各地区农产品生产价格总指数
# Producer Price Indices of Agricultural Products by Region

(上年=100) (the preceding year=100)

| 地区 | Region | 2004 | 2005 | 2006 | 2007 | 2008 | 2009 |
|---|---|---|---|---|---|---|---|
| **全国** | **National** | **113.09** | **101.39** | **101.20** | **118.49** | **114.06** | **97.60** |
| 北京 | Beijing | 105.76 | 103.53 | 99.13 | 114.38 | 112.26 | 98.27 |
| 天津 | Tianjin | 108.06 | 103.38 | 103.41 | 107.79 | 107.05 | 103.03 |
| 河北 | Hebei | 110.09 | 102.45 | 100.22 | 116.15 | 108.98 | 99.70 |
| 山西 | Shanxi | 110.61 | 103.50 | 100.18 | 112.95 | 109.19 | 100.43 |
| 内蒙古 | Inner Mongolia | 112.00 | 103.17 | 103.55 | 114.90 | 110.99 | 99.83 |
| 辽宁 | Liaoning | 120.41 | 101.50 | 105.84 | 116.61 | 109.81 | 102.90 |
| 吉林 | Jilin | 118.11 | 100.29 | 104.64 | 114.01 | 104.50 | 103.77 |
| 黑龙江 | Heilongjiang | 117.27 | 101.01 | 99.97 | 119.90 | 117.02 | 98.07 |
| 上海 | Shanghai | 110.84 | 105.71 | 101.86 | 110.24 | 109.73 | 102.23 |
| 江苏 | Jiangsu | 122.68 | 100.32 | 99.92 | 112.55 | 114.32 | 99.92 |
| 浙江 | Zhejiang | 116.77 | 105.88 | 102.70 | 108.59 | 112.94 | 100.25 |
| 安徽 | Anhui | 117.78 | 98.71 | 99.33 | 114.13 | 114.68 | 99.08 |
| 福建 | Fujian | 106.80 | 103.90 | 102.70 | 112.60 | 110.68 | 98.04 |
| 江西 | Jiangxi | 119.48 | 100.45 | 101.40 | 114.98 | 114.21 | 96.81 |
| 山东 | Shandong | 112.31 | 102.93 | 103.35 | 113.98 | 112.46 | 101.23 |
| 河南 | Henan | 121.95 | 100.74 | 100.85 | 117.70 | 114.97 | 99.07 |
| 湖北 | Hubei | 121.66 | 100.30 | 99.47 | 116.98 | 117.01 | 96.30 |
| 湖南 | Hunan | 127.31 | 99.54 | 100.74 | 130.59 | 126.65 | 90.61 |
| 广东 | Guangdong | 110.70 | 103.47 | 102.56 | 109.69 | 113.85 | 94.95 |
| 广西 | Guangxi | 118.93 | 100.02 | 106.76 | 121.49 | 112.99 | 89.25 |
| 海南 | Hainan | 106.36 | 102.20 | 105.59 | 104.70 | 112.45 | 101.91 |
| 重庆 | Chongqing | 125.53 | 100.03 | 93.58 | 121.77 | 120.19 | 88.99 |
| 四川 | Sichuan | 120.38 | 103.18 | 102.73 | 120.79 | 118.36 | 96.94 |
| 贵州 | Guizhou | 111.14 | 101.82 | 101.35 | 113.03 | 115.50 | 96.11 |
| 云南 | Yunnan | 112.91 | 103.99 | 106.64 | 117.51 | 115.54 | 96.50 |
| 陕西 | Shaanxi | 111.66 | 104.85 | 103.23 | 115.40 | 111.24 | 95.83 |
| 甘肃 | Gansu | 113.06 | 103.06 | 102.63 | 111.42 | 113.95 | 100.22 |
| 青海 | Qinghai | 108.75 | 103.28 | 104.54 | 118.95 | 114.93 | 94.61 |
| 宁夏 | Ningxia | 114.23 | 103.26 | 101.20 | 114.95 | 118.66 | 99.39 |
| 新疆 | Xinjiang | 100.80 | 108.29 | 98.43 | 114.67 | 119.75 | 92.87 |

# 2-12 各地区种植业产品生产价格指数
# Producers Price Indices of Crop products by Region

(上年=100) (the preceding year=100)

| 地 区 | Region | 2004 | 2005 | 2006 | 2007 | 2008 | 2009 |
|---|---|---|---|---|---|---|---|
| **全 国** | **National Total** | **115.86** | **101.55** | **104.50** | **109.82** | **108.43** | **102.88** |
| 北 京 | Beijing | 103.21 | 107.15 | 100.57 | 106.11 | 106.55 | 106.22 |
| 天 津 | Tianjin | 103.11 | 103.49 | 104.67 | 105.74 | 105.47 | 105.81 |
| 河 北 | Hebei | 107.10 | 103.85 | 102.27 | 110.99 | 104.97 | 102.40 |
| 山 西 | Shanxi | 109.14 | 104.24 | 100.97 | 112.81 | 103.95 | 104.59 |
| 内蒙古 | Inner Mongolia | 112.26 | 103.11 | 105.39 | 114.82 | 106.86 | 102.92 |
| 辽 宁 | Liaoning | 117.73 | 100.30 | 110.24 | 112.06 | 103.62 | 104.57 |
| 吉 林 | Jilin | 119.78 | 100.75 | 105.99 | 112.27 | 102.02 | 106.16 |
| 黑龙江 | Heilongjiang | 117.14 | 100.46 | 100.84 | 116.69 | 114.76 | 99.51 |
| 上 海 | Shanghai | 108.12 | 108.17 | 104.07 | 106.19 | 105.52 | 108.66 |
| 江 苏 | Jiangsu | 124.96 | 100.33 | 102.67 | 103.77 | 108.72 | 104.98 |
| 浙 江 | Zhejiang | 116.98 | 109.64 | 101.10 | 102.72 | 107.02 | 104.82 |
| 安 徽 | Anhui | 117.73 | 97.30 | 100.94 | 109.88 | 109.63 | 103.14 |
| 福 建 | Fujian | 104.70 | 105.10 | 105.50 | 107.60 | 106.66 | 103.28 |
| 江 西 | Jiangxi | 122.60 | 98.87 | 103.92 | 109.50 | 108.19 | 99.70 |
| 山 东 | Shandong | 111.40 | 103.40 | 103.18 | 111.29 | 107.55 | 105.40 |
| 河 南 | Henan | 118.43 | 99.81 | 104.10 | 110.41 | 108.15 | 106.00 |
| 湖 北 | Hubei | 119.58 | 97.92 | 103.60 | 112.30 | 111.26 | 99.97 |
| 湖 南 | Hunan | 118.13 | 103.44 | 101.91 | 111.77 | 113.89 | 100.61 |
| 广 东 | Guangdong | 108.88 | 104.46 | 106.12 | 104.67 | 109.18 | 98.77 |
| 广 西 | Guangxi | 104.11 | 107.36 | 116.10 | 100.35 | 100.41 | 98.13 |
| 海 南 | Hainan | 105.70 | 101.03 | 107.90 | 98.34 | 113.91 | 107.07 |
| 重 庆 | Chongqing | 120.26 | 102.16 | 100.39 | 108.61 | 108.94 | 104.15 |
| 四 川 | Sichuan | 121.03 | 103.89 | 104.39 | 110.72 | 111.19 | 103.49 |
| 贵 州 | Guizhou | 110.72 | 102.49 | 103.39 | 107.99 | 108.55 | 104.38 |
| 云 南 | Yunnan | 110.68 | 103.93 | 108.42 | 113.33 | 107.59 | 103.62 |
| 陕 西 | Shaanxi | 110.28 | 108.49 | 104.77 | 114.17 | 105.97 | 96.35 |
| 甘 肃 | Gansu | 112.98 | 103.31 | 104.02 | 109.94 | 107.93 | 104.93 |
| 青 海 | Qinghai | 111.51 | 102.24 | 108.32 | 121.57 | 109.76 | 97.78 |
| 宁 夏 | Ningxia | 120.21 | 103.00 | 103.23 | 111.89 | 110.59 | 106.27 |
| 新 疆 | Xinjiang | 96.76 | 118.40 | 98.75 | 113.92 | 101.04 | 106.39 |

# 2-13 各地区林业产品生产价格指数
## Producers Price Indices of Forestry products by Region

(上年=100) (the preceding year=100)

| 地 区 | Region | 2004 | 2005 | 2006 | 2007 | 2008 | 2009 |
|---|---|---|---|---|---|---|---|
| **全 国** | **National** | **104.62** | **104.79** | **112.78** | **104.37** | **108.47** | **94.88** |
| 北 京 | Beijing | 111.40 | 108.26 | 122.63 | 128.49 | 103.54 | 83.51 |
| 天 津 | Tianjin | 98.80 | 101.95 | 102.63 | 99.15 | 106.02 | 84.22 |
| 河 北 | Hebei | 112.34 | 100.58 | 118.77 | 105.09 | 88.96 | 104.30 |
| 山 西 | Shanxi | 106.33 | 102.18 | 102.02 | 103.77 | 100.73 | 101.14 |
| 内蒙古 | Inner Mongolia | 98.97 | 103.18 | 107.71 | 107.67 | 116.63 | 102.35 |
| 辽 宁 | Liaoning | 95.05 | 101.67 | 101.77 | 109.72 | 108.95 | 94.75 |
| 吉 林 | Jilin | 250.55 | 106.06 |  | 107.76 | 121.15 | 100.11 |
| 黑龙江 | Heilongjiang | 83.75 | 99.64 |  |  |  |  |
| 上 海 | Shanghai |  |  |  |  | 111.62 | 101.88 |
| 江 苏 | Jiangsu | 99.36 | 104.82 | 103.83 | 102.71 | 96.54 | 96.80 |
| 浙 江 | Zhejiang | 98.75 | 101.28 | 118.50 | 108.63 | 102.60 | 96.35 |
| 安 徽 | Anhui | 102.78 | 107.39 | 107.85 | 109.04 | 106.46 | 97.58 |
| 福 建 | Fujian | 102.30 | 104.00 | 103.80 | 107.50 | 115.18 | 101.50 |
| 江 西 | Jiangxi | 109.06 | 108.14 | 106.01 | 108.90 | 114.73 | 99.10 |
| 山 东 | Shandong | 110.24 | 101.01 | 104.27 | 115.84 | 109.57 | 90.08 |
| 河 南 | Henan | 103.81 | 104.94 | 104.40 | 107.19 | 105.40 |  |
| 湖 北 | Hubei | 100.09 | 104.77 | 108.85 | 106.06 | 113.68 | 103.67 |
| 湖 南 | Hunan | 111.10 | 99.84 | 104.20 | 115.57 | 118.83 | 106.54 |
| 广 东 | Guangdong | 108.26 | 103.93 | 109.85 | 104.26 | 103.13 | 98.87 |
| 广 西 | Guangxi | 105.29 | 98.41 | 102.24 | 105.26 | 104.30 | 104.52 |
| 海 南 | Hainan | 106.26 | 106.79 | 117.00 | 113.24 | 102.96 | 83.50 |
| 重 庆 | Chongqing |  | 100.60 | 106.38 | 110.69 | 112.88 | 111.36 |
| 四 川 | Sichuan | 104.37 | 102.04 | 99.05 | 105.62 | 109.58 | 101.00 |
| 贵 州 | Guizhou | 106.00 | 102.79 | 103.61 | 106.22 | 107.53 | 108.30 |
| 云 南 | Yunnan | 115.79 | 115.34 | 123.30 | 97.73 | 105.55 | 98.35 |
| 陕 西 | Shaanxi | 95.09 | 96.93 | 124.91 | 103.67 | 109.45 | 92.03 |
| 甘 肃 | Gansu | 100.01 | 99.68 | 113.51 | 100.10 | 115.91 | 92.91 |
| 青 海 | Qinghai |  |  |  |  |  |  |
| 宁 夏 | Ningxia |  |  |  |  |  |  |
| 新 疆 | Xinjiang | 98.77 | 87.29 | 100.46 | 109.40 | 102.15 | 121.88 |

# 2-14 各地区畜牧业产品生产价格指数
# Producers Price Indices of Livestock products by Region

(上年=100) (the preceding year=100)

| 地区 | Region | 2004 | 2005 | 2006 | 2007 | 2008 | 2009 |
|---|---|---|---|---|---|---|---|
| **全国** | **National** | **111.08** | **100.52** | **94.33** | **131.36** | **123.94** | **90.13** |
| 北京 | Beijing | 107.42 | 101.22 | 97.48 | 122.00 | 117.58 | 91.98 |
| 天津 | Tianjin | 113.65 | 103.22 | 99.39 | 114.76 | 106.51 | 96.44 |
| 河北 | Hebei | 112.06 | 100.40 | 97.05 | 123.36 | 115.45 | 95.79 |
| 山西 | Shanxi | 113.86 | 102.59 | 98.72 | 114.60 | 117.80 | 96.98 |
| 内蒙古 | Inner Mongolia | 112.48 | 103.47 | 101.13 | 116.56 | 115.92 | 95.77 |
| 辽宁 | Liaoning | 124.93 | 103.31 | 97.60 | 126.36 | 122.31 | 98.33 |
| 吉林 | Jilin | 111.81 | 98.89 | 99.03 | 122.97 | 115.27 | 93.85 |
| 黑龙江 | Heilongjiang | 119.57 | 102.01 | 96.23 | 133.72 | 126.58 | 92.15 |
| 上海 | Shanghai | 107.81 | 102.07 | 94.35 | 128.76 | 112.95 | 90.12 |
| 江苏 | Jiangsu | 127.44 | 98.47 | 93.98 | 131.44 | 125.84 | 90.44 |
| 浙江 | Zhejiang | 131.17 | 103.24 | 100.54 | 124.83 | 126.06 | 90.10 |
| 安徽 | Anhui | 120.18 | 99.71 | 94.34 | 123.88 | 125.88 | 90.59 |
| 福建 | Fujian | 113.90 | 100.90 | 98.50 | 132.17 | 119.57 | 88.62 |
| 江西 | Jiangxi | 125.45 | 98.44 | 96.52 | 129.43 | 124.38 | 90.56 |
| 山东 | Shandong | 115.13 | 102.77 | 99.69 | 122.42 | 121.60 | 95.08 |
| 河南 | Henan | 129.27 | 101.98 | 95.11 | 130.69 | 126.54 | 87.40 |
| 湖北 | Hubei | 128.15 | 100.48 | 92.35 | 131.40 | 130.45 | 85.63 |
| 湖南 | Hunan | 134.80 | 96.54 | 99.89 | 143.92 | 135.91 | 82.67 |
| 广东 | Guangdong | 118.08 | 100.81 | 99.15 | 123.52 | 120.05 | 89.66 |
| 广西 | Guangxi | 132.33 | 94.49 | 100.13 | 140.42 | 123.20 | 80.52 |
| 海南 | Hainan | 115.20 | 98.83 | 96.74 | 118.57 | 118.41 | 94.92 |
| 重庆 | Chongqing | 128.83 | 98.76 | 89.79 | 128.77 | 125.79 | 80.84 |
| 四川 | Sichuan | 121.50 | 102.26 | 101.15 | 128.34 | 123.18 | 92.39 |
| 贵州 | Guizhou | 111.69 | 100.97 | 98.73 | 119.40 | 124.26 | 85.50 |
| 云南 | Yunnan | 116.84 | 100.87 | 99.99 | 128.61 | 130.74 | 84.48 |
| 陕西 | Shaanxi | 115.89 | 96.48 | 98.43 | 118.96 | 124.10 | 94.75 |
| 甘肃 | Gansu | 113.66 | 102.70 | 99.55 | 114.72 | 125.81 | 91.13 |
| 青海 | Qinghai | 106.67 | 104.07 | 101.68 | 116.97 | 118.83 | 92.22 |
| 宁夏 | Ningxia | 109.22 | 103.47 | 99.11 | 118.36 | 127.81 | 91.78 |
| 新疆 | Xinjiang | 102.95 | 92.70 | 96.89 | 115.57 | 129.73 | 91.06 |

# 2-15 各地区渔业产品生产价格指数
# Indices of Producers' Prices of Fishery products by Region

(上年=100) (the preceding year=100)

| 地　区 | Region | 2004 | 2005 | 2006 | 2007 | 2008 | 2009 |
|---|---|---|---|---|---|---|---|
| **全　国** | **National** | **110.19** | **104.67** | **103.93** | **108.05** | **111.24** | **99.01** |
| 北　京 | Beijing | 106.46 | 98.44 | 100.48 | 107.11 | 111.74 | 96.32 |
| 天　津 | Tianjin | 104.41 | 103.21 | 102.68 | 99.25 | 118.74 | 106.48 |
| 河　北 | Hebei | 126.99 | 107.08 | 97.73 | 111.98 | 102.36 | 103.77 |
| 山　西 | Shanxi | 102.79 | 102.34 | 96.38 | 116.53 | 158.68 | 77.61 |
| 内蒙古 | Inner Mongolia | 112.35 | 100.23 | 102.49 | 101.84 | 111.11 | 99.03 |
| 辽　宁 | Liaoning | 117.77 | 107.33 | 104.06 | 105.52 | 102.41 | 119.99 |
| 吉　林 | Jilin | 87.34 | 100.15 | 99.27 | 102.20 | 106.33 | 95.27 |
| 黑龙江 | Heilongjiang | 104.84 | 100.99 | 101.18 | 112.78 | 127.98 | 75.86 |
| 上　海 | Shanghai | 114.74 | 104.94 | 107.47 | 102.60 | 116.04 | 100.97 |
| 江　苏 | Jiangsu | 111.85 | 102.58 | 103.60 | 102.51 | 108.42 | 104.80 |
| 浙　江 | Zhejiang | 110.30 | 104.89 | 103.08 | 103.09 | 113.33 | 102.45 |
| 安　徽 | Anhui | 110.10 | 105.56 | 108.41 | 104.46 | 107.29 | 106.02 |
| 福　建 | Fujian | 107.00 | 103.75 | 103.30 | 108.75 | 108.97 | 97.11 |
| 江　西 | Jiangxi | 110.61 | 104.98 | 101.45 | 102.02 | 110.82 | 100.12 |
| 山　东 | Shandong | 110.05 | 103.29 | 111.62 | 105.99 | 111.91 | 100.00 |
| 河　南 | Henan | 109.30 | 103.01 | 104.65 | 109.26 | 121.05 | 103.17 |
| 湖　北 | Hubei | 113.67 | 109.12 | 102.44 | 103.53 | 111.27 | 105.15 |
| 湖　南 | Hunan | 111.76 | 105.40 | 100.92 | 107.10 | 116.49 | 105.00 |
| 广　东 | Guangdong | 106.09 | 104.57 | 98.66 | 104.17 | 115.89 | 94.24 |
| 广　西 | Guangxi | 109.86 | 97.90 | 101.12 | 107.90 | 118.36 | 96.89 |
| 海　南 | Hainan | 101.46 | 104.96 | 103.33 | 103.49 | 109.17 | 104.15 |
| 重　庆 | Chongqing | 107.83 | 105.72 | 101.73 | 105.87 | 110.41 | 104.74 |
| 四　川 | Sichuan | 109.37 | 106.53 | 102.06 | 106.69 | 115.10 | 103.84 |
| 贵　州 | Guizhou | 106.20 | 102.69 | 110.16 | 114.29 | 115.08 | 103.79 |
| 云　南 | Yunnan | 111.63 | 111.34 | 93.95 | 113.02 | 111.43 | 98.10 |
| 陕　西 | Shaanxi | 110.25 | 95.38 | 90.67 | 123.46 | 120.04 | 98.41 |
| 甘　肃 | Gansu | 100.00 | 101.35 | 101.23 | 104.94 | 113.82 | 108.17 |
| 青　海 | Qinghai | | | | | | |
| 宁　夏 | Ningxia | 132.87 | 106.33 | 96.64 | 111.65 | 103.70 | 104.94 |
| 新　疆 | Xinjiang | 122.90 | 96.06 | 101.22 | 105.09 | 128.09 | 104.31 |

# 2-16 各地区种植业产品生产价格分类指数
# Producer Price Indices of Crop Products by Region and Category

(上年=100) (the preceding year=100)

| 地 区 | Region | 种植业产品 Crop products 2008 | 种植业产品 Crop products 2009 | 谷物(原粮) Cereal (unprocessed food grains) 2008 | 谷物(原粮) Cereal (unprocessed food grains) 2009 |
|---|---|---|---|---|---|
| **全 国** | **National** | **108.43** | **102.88** | **107.07** | **104.92** |
| 北 京 | Beijing | 106.55 | 106.22 | 107.73 | 103.46 |
| 天 津 | Tianjin | 105.47 | 105.81 | 107.25 | 106.09 |
| 河 北 | Hebei | 104.97 | 102.40 | 105.58 | 102.02 |
| 山 西 | Shanxi | 103.95 | 104.59 | 105.79 | 100.92 |
| 内 蒙 古 | Inner Mongolia | 106.86 | 102.92 | 108.36 | 100.31 |
| 辽 宁 | Liaoning | 103.62 | 104.57 | 103.01 | 104.40 |
| 吉 林 | Jilin | 102.02 | 106.16 | 103.38 | 106.88 |
| 黑 龙 江 | Heilongjiang | 114.76 | 99.51 | 102.43 | 108.94 |
| 上 海 | Shanghai | 105.52 | 108.66 | 106.32 | 104.94 |
| 江 苏 | Jiangsu | 108.72 | 104.98 | 105.42 | 105.28 |
| 浙 江 | Zhejiang | 107.02 | 104.82 | 106.81 | 103.25 |
| 安 徽 | Anhui | 109.63 | 103.14 | 107.38 | 107.38 |
| 福 建 | Fujian | 106.66 | 103.28 | 109.72 | 101.09 |
| 江 西 | Jiangxi | 108.19 | 99.70 | 109.19 | 99.22 |
| 山 东 | Shandong | 107.55 | 105.40 | 105.63 | 102.04 |
| 河 南 | Henan | 108.15 | 106.00 | 108.18 | 107.17 |
| 湖 北 | Hubei | 111.26 | 99.97 | 112.81 | 103.65 |
| 湖 南 | Hunan | 113.89 | 100.61 | 114.92 | 101.04 |
| 广 东 | Guangdong | 109.18 | 98.77 | 110.65 | 101.39 |
| 广 西 | Guangxi | 100.41 | 98.13 | 112.14 | 100.71 |
| 海 南 | Hainan | 113.91 | 107.07 | 114.49 | 99.00 |
| 重 庆 | Chongqing | 108.94 | 104.15 | 108.41 | 100.40 |
| 四 川 | Sichuan | 111.19 | 103.49 | 110.06 | 103.54 |
| 贵 州 | Guizhou | 108.55 | 104.38 | 109.89 | 103.63 |
| 云 南 | Yunnan | 107.59 | 103.62 | 114.25 | 100.78 |
| 陕 西 | Shaanxi | 105.97 | 96.35 | 110.78 | 100.71 |
| 甘 肃 | Gansu | 107.93 | 104.93 | 107.76 | 100.40 |
| 青 海 | Qinghai | 109.76 | 97.78 | 111.44 | 105.65 |
| 宁 夏 | Ningxia | 110.59 | 106.27 | 107.74 | 104.85 |
| 新 疆 | Xinjiang | 101.04 | 106.39 | 109.95 | 103.22 |

2-16续表1 continued 1

| 地　区 | Region | 蔬菜与园艺作物 Vegetable and Horticulture | | 水果、饮料和香料作物 Fruits, beverages and perfume | |
|---|---|---|---|---|---|
| | | 2008 | 2009 | 2008 | 2009 |
| **全　国** | **National** | **104.65** | **111.47** | **104.89** | **103.30** |
| 北　京 | Beijing | 104.29 | 105.12 | 108.66 | 110.74 |
| 天　津 | Tianjin | 104.80 | 104.40 | 108.68 | 108.04 |
| 河　北 | Hebei | 99.54 | 115.61 | 113.22 | 110.10 |
| 山　西 | Shanxi | 102.84 | 109.67 | 98.49 | 107.12 |
| 内蒙古 | Inner Mongolia | 99.22 | 122.67 | 104.47 | 112.59 |
| 辽　宁 | Liaoning | 98.37 | 101.05 | 109.72 | 119.19 |
| 吉　林 | Jilin | 97.71 | 107.14 | 92.08 | 114.22 |
| 黑龙江 | Heilongjiang | 98.16 | 122.11 | 98.77 | 137.85 |
| 上　海 | Shanghai | 108.66 | 109.12 | 97.56 | 113.07 |
| 江　苏 | Jiangsu | 103.49 | 110.64 | 109.72 | 87.99 |
| 浙　江 | Zhejiang | 108.47 | 106.83 | 103.33 | 104.16 |
| 安　徽 | Anhui | 110.08 | 105.79 | 105.25 | 108.30 |
| 福　建 | Fujian | 107.72 | 103.41 | 99.49 | 102.10 |
| 江　西 | Jiangxi | 108.94 | 103.10 | 85.24 | 92.93 |
| 山　东 | Shandong | 106.73 | 112.09 | 106.56 | 107.73 |
| 河　南 | Henan | 94.56 | 145.27 | | |
| 湖　北 | Hubei | 109.70 | 109.00 | 94.07 | 100.54 |
| 湖　南 | Hunan | 112.19 | 108.67 | 104.85 | 93.70 |
| 广　东 | Guangdong | 110.83 | 97.08 | 104.55 | 95.52 |
| 广　西 | Guangxi | 109.81 | 103.22 | 103.05 | 90.03 |
| 海　南 | Hainan | 115.83 | 106.43 | 112.20 | 114.39 |
| 重　庆 | Chongqing | 106.76 | 110.51 | 109.07 | 106.96 |
| 四　川 | Sichuan | 110.32 | 110.63 | 104.75 | 101.65 |
| 贵　州 | Guizhou | 100.96 | 108.74 | 104.31 | 100.50 |
| 云　南 | Yunnan | 105.09 | 111.56 | 69.23 | 102.66 |
| 陕　西 | Shaanxi | 106.09 | 114.61 | 101.48 | 90.60 |
| 甘　肃 | Gansu | 105.12 | 123.80 | 111.17 | 95.38 |
| 青　海 | Qinghai | 114.61 | 119.53 | | |
| 宁　夏 | Ningxia | 113.58 | 115.88 | 127.28 | 120.21 |
| 新　疆 | Xinjiang | 93.87 | 96.08 | 108.76 | 112.41 |

2-16续表2 continued 2

| 地　区 | Region | 薯类 Potato | | 豆类 Beans | | 油料 Oil-bearing Crops | |
|---|---|---|---|---|---|---|---|
| | | 2008 | 2009 | 2008 | 2009 | 2008 | 2009 |
| **全　国** | **National** | **108.21** | **107.10** | **117.91** | **93.79** | **128.00** | **94.15** |
| 北　京 | Beijing | 108.62 | 110.79 | 125.15 | 95.87 | 122.66 | 94.21 |
| 天　津 | Tianjin | | | 99.50 | 109.54 | 106.67 | 100.00 |
| 河　北 | Hebei | 86.83 | 97.96 | 130.40 | 89.49 | 105.47 | 86.20 |
| 山　西 | Shanxi | 106.56 | 91.72 | 113.38 | 101.25 | 136.25 | 98.68 |
| 内蒙古 | Inner Mongolia | 100.47 | 101.91 | 105.45 | 98.32 | 114.66 | 97.28 |
| 辽　宁 | Liaoning | 102.38 | 104.69 | 115.31 | 93.18 | 102.77 | 89.10 |
| 吉　林 | Jilin | 95.72 | 109.60 | 98.78 | 97.01 | 102.11 | 108.87 |
| 黑龙江 | Heilongjiang | 104.04 | 113.23 | 130.71 | 85.91 | 86.39 | 105.56 |
| 上　海 | Shanghai | | | | | 109.09 | |
| 江　苏 | Jiangsu | 109.37 | 103.03 | 114.44 | 87.00 | 140.75 | 82.41 |
| 浙　江 | Zhejiang | 109.52 | 127.29 | 111.28 | 98.66 | 117.26 | 88.19 |
| 安　徽 | Anhui | 105.80 | 100.67 | 126.89 | 85.20 | 127.47 | 78.54 |
| 福　建 | Fujian | 117.20 | 103.76 | 123.28 | 94.83 | 114.32 | 94.58 |
| 江　西 | Jiangxi | 105.97 | 108.90 | 115.52 | 100.46 | 117.86 | 90.57 |
| 山　东 | Shandong | 103.17 | 101.29 | 128.12 | 85.60 | 118.34 | 81.32 |
| 河　南 | Henan | 103.69 | 101.93 | 118.33 | 91.72 | 110.62 | 88.97 |
| 湖　北 | Hubei | 115.33 | 109.67 | 126.20 | 87.60 | 141.41 | 74.15 |
| 湖　南 | Hunan | 111.93 | 104.99 | 131.44 | 85.36 | 129.69 | 88.11 |
| 广　东 | Guangdong | 116.17 | 108.31 | 133.33 | 94.40 | 113.25 | 92.10 |
| 广　西 | Guangxi | 108.40 | 85.82 | 128.60 | 94.83 | 109.20 | 90.47 |
| 海　南 | Hainan | 115.53 | 104.69 | 112.99 | 103.93 | 119.10 | 91.91 |
| 重　庆 | Chongqing | 109.10 | 109.89 | 111.47 | 105.23 | 119.43 | 80.29 |
| 四　川 | Sichuan | 114.08 | 104.02 | 116.02 | 95.47 | 127.05 | 83.80 |
| 贵　州 | Guizhou | 109.98 | 110.56 | 114.13 | 100.47 | 124.48 | 83.74 |
| 云　南 | Yunnan | 126.50 | 110.28 | 107.32 | 90.83 | 138.05 | 74.34 |
| 陕　西 | Shaanxi | 113.86 | 102.62 | 131.17 | 96.45 | 128.17 | 80.47 |
| 甘　肃 | Gansu | 94.18 | 108.20 | 123.46 | 93.30 | 122.95 | 90.29 |
| 青　海 | Qinghai | 109.69 | 101.35 | 113.16 | 103.56 | 111.75 | 87.19 |
| 宁　夏 | Ningxia | 93.76 | 102.99 | 115.65 | 92.41 | 114.02 | 97.33 |
| 新　疆 | Xinjiang | 107.24 | 98.90 | 116.12 | 103.17 | 88.04 | 97.14 |

2-16续表3 continued 3

| 地区 | Region | 棉花(籽棉) Cotton (un-ginned cotton) | | 麻类 Fiber crops | |
|---|---|---|---|---|---|
| | | 2008 | 2009 | 2008 | 2009 |
| **全国** | **National** | **97.06** | **111.75** | **94.55** | **96.87** |
| 北京 | Beijing | | | | |
| 天津 | Tianjin | 102.59 | 108.68 | | |
| 河北 | Hebei | 98.05 | 91.67 | | |
| 山西 | Shanxi | 97.52 | 107.27 | | |
| 内蒙古 | Inner Mongolia | | | | |
| 辽宁 | Liaoning | | | | |
| 吉林 | Jilin | | | | |
| 黑龙江 | Heilongjiang | | | | |
| 上海 | Shanghai | | | | |
| 江苏 | Jiangsu | 93.17 | 110.26 | 100.00 | 100.00 |
| 浙江 | Zhejiang | 99.74 | 124.90 | | |
| 安徽 | Anhui | 100.94 | 111.45 | | |
| 福建 | Fujian | | | | |
| 江西 | Jiangxi | 101.93 | 107.40 | | |
| 山东 | Shandong | 101.98 | 101.57 | 92.28 | |
| 河南 | Henan | 105.18 | 93.30 | | |
| 湖北 | Hubei | 99.18 | 108.27 | 101.66 | |
| 湖南 | Hunan | 98.91 | 101.09 | 88.32 | 81.30 |
| 广东 | Guangdong | | | 100.00 | 100.02 |
| 广西 | Guangxi | | | 79.05 | 79.35 |
| 海南 | Hainan | | | | |
| 重庆 | Chongqing | | | 96.60 | 91.20 |
| 四川 | Sichuan | 104.18 | | 96.41 | 82.61 |
| 贵州 | Guizhou | | | | |
| 云南 | Yunnan | | | 79.17 | 108.66 |
| 陕西 | Shaanxi | 93.42 | 91.78 | | |
| 甘肃 | Gansu | 100.73 | 98.10 | | |
| 青海 | Qinghai | | | | |
| 宁夏 | Ningxia | | | | |
| 新疆 | Xinjiang | 95.74 | 115.77 | | |

2-16续表4

continued 4

| 地　区 | Region | 糖料 Sugar crops 2008 | 糖料 Sugar crops 2009 | 烟叶 Tobacco 2008 | 烟叶 Tobacco 2009 |
|---|---|---|---|---|---|
| **全　国** | **National** | **98.44** | **101.47** | **119.89** | **104.72** |
| 北　京 | Beijing | | | | |
| 天　津 | Tianjin | | | | |
| 河　北 | Hebei | | | | |
| 山　西 | Shanxi | 113.33 | | 125.00 | |
| 内蒙古 | Inner Mongolia | 111.14 | 99.02 | 118.48 | 107.10 |
| 辽　宁 | Liaoning | | | 115.03 | 79.38 |
| 吉　林 | Jilin | 125.56 | | 107.28 | 124.17 |
| 黑龙江 | Heilongjiang | 100.53 | 109.38 | 102.30 | 103.68 |
| 上　海 | Shanghai | | | | |
| 江　苏 | Jiangsu | 100.00 | 100.00 | 100.00 | 100.00 |
| 浙　江 | Zhejiang | | 101.08 | | |
| 安　徽 | Anhui | | 112.43 | | |
| 福　建 | Fujian | 101.09 | 102.00 | 114.18 | 112.85 |
| 江　西 | Jiangxi | 108.81 | 101.38 | 111.47 | 114.96 |
| 山　东 | Shandong | | | 114.34 | 103.00 |
| 河　南 | Henan | | | 120.13 | 105.08 |
| 湖　北 | Hubei | 87.46 | 112.51 | 116.80 | 106.59 |
| 湖　南 | Hunan | 109.08 | 106.97 | 125.88 | 99.22 |
| 广　东 | Guangdong | 83.63 | 102.91 | 117.04 | 110.06 |
| 广　西 | Guangxi | 97.50 | 100.60 | 124.38 | 105.90 |
| 海　南 | Hainan | 102.26 | 98.68 | | |
| 重　庆 | Chongqing | | | 107.69 | 110.44 |
| 四　川 | Sichuan | 125.00 | | 122.37 | 104.40 |
| 贵　州 | Guizhou | 103.48 | 95.87 | 113.87 | 109.40 |
| 云　南 | Yunnan | 99.90 | 98.80 | 118.36 | 103.97 |
| 陕　西 | Shaanxi | | | 125.16 | 105.01 |
| 甘　肃 | Gansu | | | 123.66 | 91.22 |
| 青　海 | Qinghai | | | | |
| 宁　夏 | Ningxia | | | | |
| 新　疆 | Xinjiang | 99.64 | 105.07 | | |

2-16续表5 continued 5

| 地　区 | Region | 小麦 Wheat | | 稻谷 Paddy | |
|---|---|---|---|---|---|
| | | 2008 | 2009 | 2008 | 2009 |
| **全　国** | **National** | **100.07** | **107.86** | **102.02** | **105.24** |
| 北　京 | Beijing | 97.49 | 109.40 | | 107.14 |
| 天　津 | Tianjin | 99.72 | 113.37 | | 106.60 |
| 河　北 | Hebei | 98.77 | 111.34 | 104.59 | 107.20 |
| 山　西 | Shanxi | 99.52 | 107.37 | | |
| 内蒙古 | Inner Mongolia | 101.27 | 99.96 | 106.64 | 103.27 |
| 辽　宁 | Liaoning | | | 106.47 | 112.38 |
| 吉　林 | Jilin | | | 103.34 | 111.23 |
| 黑龙江 | Heilongjiang | 90.61 | 98.60 | 102.02 | 117.22 |
| 上　海 | Shanghai | 100.59 | 104.46 | 105.05 | 106.95 |
| 江　苏 | Jiangsu | 101.08 | 109.66 | 97.44 | 104.98 |
| 浙　江 | Zhejiang | 103.85 | 107.16 | 99.31 | 103.32 |
| 安　徽 | Anhui | 101.04 | 112.48 | 98.96 | 104.96 |
| 福　建 | Fujian | | | 103.11 | 100.81 |
| 江　西 | Jiangxi | | | 102.53 | 99.22 |
| 山　东 | Shandong | 99.02 | 110.89 | 103.69 | 98.71 |
| 河　南 | Henan | 99.65 | 112.56 | 106.79 | 105.87 |
| 湖　北 | Hubei | 108.80 | 102.79 | 102.40 | 103.97 |
| 湖　南 | Hunan | | | 101.60 | 101.11 |
| 广　东 | Guangdong | | | 103.66 | 101.41 |
| 广　西 | Guangxi | | | 102.94 | 104.79 |
| 海　南 | Hainan | | | 96.54 | 100.63 |
| 重　庆 | Chongqing | 95.14 | 103.51 | 97.79 | 100.78 |
| 四　川 | Sichuan | 98.31 | 107.22 | 102.09 | 102.79 |
| 贵　州 | Guizhou | 99.33 | 103.62 | 101.33 | 102.92 |
| 云　南 | Yunnan | 92.29 | 95.59 | 101.51 | 100.20 |
| 陕　西 | Shaanxi | 99.42 | 107.88 | 102.82 | 100.47 |
| 甘　肃 | Gansu | 104.21 | 106.07 | | |
| 青　海 | Qinghai | 103.75 | 103.30 | | |
| 宁　夏 | Ningxia | 99.43 | 110.12 | 103.66 | 108.58 |
| 新　疆 | Xinjiang | 99.10 | 105.60 | 102.04 | 114.76 |

2-16续表6 continued 6

| 地区 | Region | 玉米 Maize (corn) 2008 | 2009 | 杂粮 Coarse cereals 2008 | 2009 |
|---|---|---|---|---|---|
| **全国** | **National** | **107.32** | **98.52** | **113.28** | **107.74** |
| 北京 | Beijing | 108.99 | 100.38 | | |
| 天津 | Tianjin | 109.23 | 100.53 | | |
| 河北 | Hebei | 105.97 | 95.00 | | |
| 山西 | Shanxi | 106.00 | 99.75 | 113.40 | 105.15 |
| 内蒙古 | Inner Mongolia | 108.57 | 99.86 | 110.67 | 102.12 |
| 辽宁 | Liaoning | 104.02 | 101.91 | 105.67 | 99.16 |
| 吉林 | Jilin | 103.67 | 105.59 | 108.52 | 109.14 |
| 黑龙江 | Heilongjiang | 105.11 | 101.83 | | 100.78 |
| 上海 | Shanghai | 100.00 | 100.00 | | 80.00 |
| 江苏 | Jiangsu | 101.61 | 94.96 | | |
| 浙江 | Zhejiang | 119.86 | 99.98 | 97.44 | 97.08 |
| 安徽 | Anhui | 103.10 | 99.30 | | |
| 福建 | Fujian | 109.27 | 116.77 | | |
| 江西 | Jiangxi | 108.75 | 104.54 | | |
| 山东 | Shandong | 105.75 | 95.04 | | |
| 河南 | Henan | 106.55 | 96.84 | | |
| 湖北 | Hubei | 109.13 | 101.63 | | |
| 湖南 | Hunan | 113.09 | 98.83 | | |
| 广东 | Guangdong | 113.86 | 100.64 | 104.17 | |
| 广西 | Guangxi | 111.81 | 99.62 | | |
| 海南 | Hainan | 109.06 | 66.67 | | |
| 重庆 | Chongqing | 106.36 | 97.88 | | |
| 四川 | Sichuan | 107.80 | 101.34 | 110.87 | 111.95 |
| 贵州 | Guizhou | 109.88 | 105.11 | | |
| 云南 | Yunnan | 118.38 | 102.26 | 118.06 | 113.25 |
| 陕西 | Shaanxi | 107.93 | 93.77 | 116.57 | 108.41 |
| 甘肃 | Gansu | 108.17 | 96.55 | 101.18 | 85.13 |
| 青海 | Qinghai | | | 114.49 | 109.48 |
| 宁夏 | Ningxia | 105.41 | 97.37 | | |
| 新疆 | Xinjiang | 103.38 | 105.49 | 133.29 | 79.68 |

2-16续表7 continued 7

| 地 区 | Region | 红薯 Sweet potato | | 马铃薯 White Potato | |
|---|---|---|---|---|---|
| | | 2008 | 2009 | 2008 | 2009 |
| **全 国** | **National** | **110.90** | **105.40** | **106.94** | **108.15** |
| 北 京 | Beijing | 108.62 | 110.79 | | |
| 天 津 | Tianjin | | | | |
| 河 北 | Hebei | 100.00 | 103.46 | 80.58 | 95.35 |
| 山 西 | Shanxi | 113.57 | 98.95 | 105.02 | 90.14 |
| 内蒙古 | Inner Mongolia | | 100.00 | 100.47 | 101.91 |
| 辽 宁 | Liaoning | 102.86 | 105.39 | 99.75 | 100.86 |
| 吉 林 | Jilin | 107.93 | 97.14 | 94.79 | 110.55 |
| 黑龙江 | Heilongjiang | 105.71 | | 104.04 | 113.23 |
| 上 海 | Shanghai | | | | |
| 江 苏 | Jiangsu | | | | |
| 浙 江 | Zhejiang | 107.88 | 144.98 | 110.07 | 102.25 |
| 安 徽 | Anhui | 105.77 | 99.94 | 106.03 | 107.14 |
| 福 建 | Fujian | 117.50 | 104.17 | 116.42 | 102.93 |
| 江 西 | Jiangxi | 105.27 | 109.16 | 108.04 | 106.77 |
| 山 东 | Shandong | 100.73 | 100.60 | 121.35 | 106.43 |
| 河 南 | Henan | 103.69 | 101.93 | | 99.14 |
| 湖 北 | Hubei | 109.37 | 106.35 | 117.92 | 111.12 |
| 湖 南 | Hunan | 111.08 | 104.56 | 114.22 | 106.13 |
| 广 东 | Guangdong | 117.03 | 104.93 | 112.87 | 110.29 |
| 广 西 | Guangxi | 107.54 | 102.54 | 109.37 | 100.00 |
| 海 南 | Hainan | 114.17 | 104.38 | | |
| 重 庆 | Chongqing | 107.65 | 106.96 | 109.58 | 111.06 |
| 四 川 | Sichuan | 115.53 | 103.67 | 110.02 | 105.01 |
| 贵 州 | Guizhou | 110.33 | 110.78 | 109.96 | 110.55 |
| 云 南 | Yunnan | 113.91 | 104.20 | 126.84 | 110.45 |
| 陕 西 | Shaanxi | 107.51 | 103.34 | 115.72 | 102.41 |
| 甘 肃 | Gansu | 124.05 | | 94.18 | 108.20 |
| 青 海 | Qinghai | | | 109.69 | 101.35 |
| 宁 夏 | Ningxia | | | 93.76 | 102.99 |
| 新 疆 | Xinjiang | 118.33 | 98.59 | 94.18 | 100.00 |

2-16续表8 continued 8

| 地区 | Region | 大豆 Soybeans 2008 | 大豆 Soybeans 2009 | 绿豆 Mung beans 2008 | 绿豆 Mung beans 2009 | 红小豆 Red beans 2008 | 红小豆 Red beans 2009 |
|---|---|---|---|---|---|---|---|
| **全国** | **National** | **119.72** | **92.30** | **98.37** | **104.03** | **105.61** | **104.81** |
| 北京 | Beijing | 127.55 | 95.49 | 100.00 | 99.75 | 100.00 | 100.00 |
| 天津 | Tianjin | | 109.54 | | | | |
| 河北 | Hebei | 130.40 | 89.49 | | | | |
| 山西 | Shanxi | 116.25 | 101.15 | 105.31 | 103.93 | 107.40 | 94.64 |
| 内蒙古 | Inner Mongolia | 110.79 | 96.00 | 92.51 | 103.60 | 100.36 | 98.78 |
| 辽宁 | Liaoning | 115.31 | 93.18 | 146.33 | 93.25 | 98.96 | 116.84 |
| 吉林 | Jilin | 102.93 | 93.27 | 92.11 | 101.66 | 105.35 | 100.41 |
| 黑龙江 | Heilongjiang | 130.71 | 85.91 | | 99.02 | 96.62 | 95.79 |
| 上海 | Shanghai | | | | | | |
| 江苏 | Jiangsu | 106.55 | 84.67 | 100.00 | 101.92 | 100.28 | 103.82 |
| 浙江 | Zhejiang | 114.06 | 98.90 | 100.00 | 100.00 | | 100.00 |
| 安徽 | Anhui | 129.18 | 82.85 | 112.69 | 99.77 | 100.00 | |
| 福建 | Fujian | 119.29 | 95.83 | | | | |
| 江西 | Jiangxi | 115.52 | 100.46 | 117.06 | 105.44 | | |
| 山东 | Shandong | 128.12 | 85.60 | 110.85 | 94.52 | | 95.85 |
| 河南 | Henan | 122.73 | 90.83 | 93.16 | 96.82 | 114.29 | 100.00 |
| 湖北 | Hubei | 125.72 | 86.09 | 132.60 | 107.69 | | |
| 湖南 | Hunan | 131.99 | 85.02 | 109.07 | 99.33 | | 104.20 |
| 广东 | Guangdong | 132.08 | 91.20 | 120.00 | 100.00 | 153.58 | 100.00 |
| 广西 | Guangxi | 128.67 | 94.83 | 115.47 | 100.70 | | |
| 海南 | Hainan | 117.19 | 101.41 | | 106.67 | 107.75 | |
| 重庆 | Chongqing | 114.93 | 98.92 | 94.85 | 98.58 | 125.00 | |
| 四川 | Sichuan | 122.29 | 89.22 | 99.86 | 115.67 | 117.41 | 114.29 |
| 贵州 | Guizhou | 114.12 | 100.41 | | 107.93 | 116.62 | 113.42 |
| 云南 | Yunnan | 117.55 | 102.78 | 114.89 | | 107.31 | 99.78 |
| 陕西 | Shaanxi | 140.17 | 97.03 | 109.29 | 94.59 | 120.55 | 103.46 |
| 甘肃 | Gansu | 125.73 | 92.81 | | | | 99.30 |
| 青海 | Qinghai | 107.89 | 96.89 | | | | |
| 宁夏 | Ningxia | 115.65 | 92.41 | | | | |
| 新疆 | Xinjiang | 120.65 | 105.24 | 100.00 | | 142.86 | |

2-16续表9 continued 9

| 地 区 | Region | 蚕豆 Broad beans 2008 | 蚕豆 Broad beans 2009 | 豌豆 Peas 2008 | 豌豆 Peas 2009 | 芸豆 Kidney beans 2008 | 芸豆 Kidney beans 2009 |
|---|---|---|---|---|---|---|---|
| **全 国** | **National** | **110.90** | **98.33** | **113.99** | **104.62** | **104.48** | **104.66** |
| 北 京 | Beijing | | | | | | |
| 天 津 | Tianjin | | | | | | |
| 河 北 | Hebei | | | | | | |
| 山 西 | Shanxi | 113.40 | 103.52 | 109.67 | 97.85 | | |
| 内蒙古 | Inner Mongolia | 90.17 | 101.84 | 124.28 | | 104.24 | 98.83 |
| 辽 宁 | Liaoning | | | | | 138.00 | |
| 吉 林 | Jilin | | | 95.01 | 111.49 | 109.55 | 117.89 |
| 黑龙江 | Heilongjiang | | | 110.95 | 68.67 | 92.18 | 90.75 |
| 上 海 | Shanghai | | | | | | |
| 江 苏 | Jiangsu | | | | | | |
| 浙 江 | Zhejiang | 97.49 | 97.24 | 99.58 | 98.88 | | 105.50 |
| 安 徽 | Anhui | 101.60 | 101.80 | | | | |
| 福 建 | Fujian | 110.02 | | | 112.00 | | |
| 江 西 | Jiangxi | 110.24 | 111.00 | 113.77 | 112.86 | | |
| 山 东 | Shandong | | | 106.34 | 107.00 | 102.07 | 92.84 |
| 河 南 | Henan | | | 102.80 | 91.43 | | |
| 湖 北 | Hubei | 112.81 | 96.32 | 112.35 | 91.58 | | |
| 湖 南 | Hunan | 121.95 | 102.50 | 132.68 | 88.76 | | |
| 广 东 | Guangdong | | | 100.00 | 115.93 | | |
| 广 西 | Guangxi | | | | 102.19 | | |
| 海 南 | Hainan | | | | | | |
| 重 庆 | Chongqing | 109.23 | 122.32 | 112.12 | 120.00 | | |
| 四 川 | Sichuan | 112.23 | 100.16 | 107.54 | 101.21 | | |
| 贵 州 | Guizhou | | 104.67 | 105.84 | 94.04 | 103.83 | 90.91 |
| 云 南 | Yunnan | 126.59 | 94.94 | 116.35 | 94.95 | 99.38 | 86.94 |
| 陕 西 | Shaanxi | 76.64 | 102.94 | 127.97 | 116.46 | 111.69 | |
| 甘 肃 | Gansu | 100.78 | 96.90 | 113.08 | 97.65 | 110.18 | |
| 青 海 | Qinghai | 111.00 | 94.19 | 114.95 | 111.35 | | |
| 宁 夏 | Ningxia | 125.22 | | 112.52 | 95.77 | | |
| 新 疆 | Xinjiang | 118.32 | | 120.00 | | | |

2-16续表10 continued 10

| 地 区 | Region | 花生 Peanut 2008 | 花生 Peanut 2009 | 油菜籽 Rapeseeds 2008 | 油菜籽 Rapeseeds 2009 | 芝麻 Sesame 2008 | 芝麻 Sesame 2009 |
|---|---|---|---|---|---|---|---|
| **全 国** | **National** | **114.94** | **92.88** | **135.69** | **89.50** | **115.02** | **97.43** |
| 北 京 | Beijing | 122.66 | 94.21 | | | | |
| 天 津 | Tianjin | 106.67 | | | | | |
| 河 北 | Hebei | 105.20 | 83.39 | | | 106.31 | 89.09 |
| 山 西 | Shanxi | 102.89 | 108.57 | 160.99 | 90.91 | 110.32 | 105.62 |
| 内蒙古 | Inner Mongolia | 109.29 | 80.49 | 111.27 | 75.30 | 85.00 | 116.90 |
| 辽 宁 | Liaoning | 102.77 | 89.10 | | | | |
| 吉 林 | Jilin | 91.15 | 104.60 | | | 116.42 | 110.55 |
| 黑龙江 | Heilongjiang | 112.50 | 115.38 | | | | |
| 上 海 | Shanghai | | | 109.09 | | | |
| 江 苏 | Jiangsu | 88.83 | 88.57 | 185.39 | 80.28 | | |
| 浙 江 | Zhejiang | 110.98 | 103.40 | 131.89 | 86.91 | 114.04 | 104.40 |
| 安 徽 | Anhui | 114.71 | 84.09 | 143.35 | 68.11 | 112.60 | 95.68 |
| 福 建 | Fujian | 113.61 | 94.73 | 133.77 | 91.84 | | |
| 江 西 | Jiangxi | 116.13 | 91.05 | 124.84 | 87.25 | 107.42 | 101.14 |
| 山 东 | Shandong | 118.35 | 81.32 | 114.29 | | 120.00 | 100.00 |
| 河 南 | Henan | 110.62 | 88.97 | 143.52 | 89.57 | 131.53 | 93.76 |
| 湖 北 | Hubei | 112.56 | 88.45 | 150.16 | 68.74 | 116.53 | 96.12 |
| 湖 南 | Hunan | 120.12 | 84.85 | 185.73 | 73.18 | 112.37 | 92.72 |
| 广 东 | Guangdong | 111.26 | 89.07 | | 100.57 | 123.20 | 107.24 |
| 广 西 | Guangxi | 109.20 | 90.50 | | 71.98 | 109.14 | 109.51 |
| 海 南 | Hainan | 118.80 | 91.91 | | | 133.38 | |
| 重 庆 | Chongqing | 115.27 | 96.35 | 119.83 | 70.77 | 110.57 | 92.21 |
| 四 川 | Sichuan | 115.39 | 90.46 | 133.57 | 80.07 | 114.87 | 114.10 |
| 贵 州 | Guizhou | 114.57 | 101.72 | 125.86 | 81.23 | | 100.00 |
| 云 南 | Yunnan | 108.99 | 102.13 | 141.37 | 68.88 | | |
| 陕 西 | Shaanxi | 112.39 | 83.27 | 130.74 | 80.01 | 115.37 | 95.02 |
| 甘 肃 | Gansu | | | 116.72 | 95.05 | | |
| 青 海 | Qinghai | | | 111.75 | 87.19 | | |
| 宁 夏 | Ningxia | | | | | | |
| 新 疆 | Xinjiang | 94.18 | 99.42 | 106.18 | 96.45 | | |

2-16续表11 continued 11

| 地区 | Region | 黄红麻 Jute and blueish dogbane | | 苎麻 Ramie | |
|---|---|---|---|---|---|
| | | 2008 | 2009 | 2008 | 2009 |
| **全国** | **National** | **110.34** | **111.67** | **93.67** | **83.56** |
| 北京 | Beijing | | | | |
| 天津 | Tianjin | | | | |
| 河北 | Hebei | | | | |
| 山西 | Shanxi | | | | |
| 内蒙古 | Inner Mongolia | | | | |
| 辽宁 | Liaoning | | | | |
| 吉林 | Jilin | | | | |
| 黑龙江 | Heilongjiang | | | | |
| 上海 | Shanghai | | | | |
| 江苏 | Jiangsu | 100.00 | 100.00 | 100.00 | 100.00 |
| 浙江 | Zhejiang | | | | |
| 安徽 | Anhui | 118.20 | 118.59 | 109.09 | 89.09 |
| 福建 | Fujian | | | | |
| 江西 | Jiangxi | | | | |
| 山东 | Shandong | 100.00 | | | |
| 河南 | Henan | 93.37 | 119.64 | | |
| 湖北 | Hubei | | | | |
| 湖南 | Hunan | | | 99.55 | 81.30 |
| 广东 | Guangdong | | 100.02 | | |
| 广西 | Guangxi | 111.16 | 109.89 | | |
| 海南 | Hainan | | | | |
| 重庆 | Chongqing | 100.00 | | 88.74 | 91.20 |
| 四川 | Sichuan | | | 85.01 | 82.61 |
| 贵州 | Guizhou | | | | |
| 云南 | Yunnan | | | | |
| 陕西 | Shaanxi | | | | |
| 甘肃 | Gansu | | | | |
| 青海 | Qinghai | | | | |
| 宁夏 | Ningxia | | | | |
| 新疆 | Xinjiang | | | | |

2-16续表12 continued 12

| 地　区 | Region | 甘蔗 Sugarcane 2008 | 甘蔗 Sugarcane 2009 | 甜菜 Beet 2008 | 甜菜 Beet 2009 |
|---|---|---|---|---|---|
| **全　国** | **National** | **98.09** | **101.43** | **100.18** | **102.94** |
| 北　京 | Beijing | | | | |
| 天　津 | Tianjin | | | | |
| 河　北 | Hebei | | | | |
| 山　西 | Shanxi | | | 113.33 | |
| 内蒙古 | Inner Mongolia | | | 111.14 | 99.02 |
| 辽　宁 | Liaoning | | | 145.45 | |
| 吉　林 | Jilin | | | 125.56 | |
| 黑龙江 | Heilongjiang | | | 100.53 | 109.38 |
| 上　海 | Shanghai | | | | |
| 江　苏 | Jiangsu | 100.00 | 100.00 | 100.00 | 100.00 |
| 浙　江 | Zhejiang | 103.65 | 101.08 | 91.43 | |
| 安　徽 | Anhui | | 112.43 | | |
| 福　建 | Fujian | 101.09 | 102.00 | | |
| 江　西 | Jiangxi | 108.81 | 101.38 | | |
| 山　东 | Shandong | | | | |
| 河　南 | Henan | | | | |
| 湖　北 | Hubei | 87.46 | 112.51 | | |
| 湖　南 | Hunan | 109.08 | 106.97 | | |
| 广　东 | Guangdong | 83.63 | 102.91 | | |
| 广　西 | Guangxi | 97.50 | 100.60 | | |
| 海　南 | Hainan | 102.26 | 98.68 | | |
| 重　庆 | Chongqing | | | | |
| 四　川 | Sichuan | 125.00 | | | |
| 贵　州 | Guizhou | 103.48 | 95.87 | | |
| 云　南 | Yunnan | 99.90 | 98.80 | | |
| 陕　西 | Shaanxi | | | | |
| 甘　肃 | Gansu | | | | |
| 青　海 | Qinghai | | | | |
| 宁　夏 | Ningxia | | | | |
| 新　疆 | Xinjiang | | | 99.64 | 105.07 |

2-16续表13 continued 13

| 地 区 Region | 烤烟叶 Flue-cured tobacco 2008 | 烤烟叶 Flue-cured tobacco 2009 | 晒烟叶 Sun-cured tobacco 2008 | 晒烟叶 Sun-cured tobacco 2009 |
|---|---|---|---|---|
| **全 国 National** | **120.13** | **104.62** | **113.94** | **108.61** |
| 北 京 Beijing | | | | |
| 天 津 Tianjin | | | | |
| 河 北 Hebei | | | | |
| 山 西 Shanxi | 125.49 | 90.62 | 125.00 | |
| 内蒙古 Inner Mongolia | 118.48 | 107.10 | | |
| 辽 宁 Liaoning | 115.03 | 79.38 | 111.41 | 112.00 |
| 吉 林 Jilin | | | 107.28 | 124.17 |
| 黑龙江 Heilongjiang | 102.30 | 103.68 | 119.77 | 99.68 |
| 上 海 Shanghai | | | | |
| 江 苏 Jiangsu | | 100.00 | 100.00 | 100.00 |
| 浙 江 Zhejiang | | | | |
| 安 徽 Anhui | | | | |
| 福 建 Fujian | 114.31 | 112.87 | 94.10 | 107.10 |
| 江 西 Jiangxi | 111.47 | 114.96 | | |
| 山 东 Shandong | 114.34 | 103.00 | | |
| 河 南 Henan | 120.13 | 105.08 | | |
| 湖 北 Hubei | 116.80 | 108.14 | 116.82 | 92.64 |
| 湖 南 Hunan | 125.88 | 99.22 | | 109.09 |
| 广 东 Guangdong | 116.63 | 110.31 | 122.89 | 107.72 |
| 广 西 Guangxi | 124.38 | 105.90 | | |
| 海 南 Hainan | | | | |
| 重 庆 Chongqing | 107.69 | 118.47 | | 100.00 |
| 四 川 Sichuan | 137.01 | 113.90 | 115.44 | 99.91 |
| 贵 州 Guizhou | 114.06 | 109.27 | 107.58 | 113.62 |
| 云 南 Yunnan | 118.75 | 104.06 | 96.00 | 98.79 |
| 陕 西 Shaanxi | 125.16 | 105.01 | | |
| 甘 肃 Gansu | 127.44 | 91.22 | 102.99 | |
| 青 海 Qinghai | | | | |
| 宁 夏 Ningxia | | | | |
| 新 疆 Xinjiang | | | | |

2-16续表14 continued 14

| 地区 Region | 蔬菜 Vegetable | | 蔬菜 Vegetable 叶菜类 Leaf vegetable | | 瓜菜类 Gourd vegetable | |
|---|---|---|---|---|---|---|
| | 2008 | 2009 | 2008 | 2009 | 2008 | 2009 |
| **全国 National** | **104.73** | **111.81** | **103.31** | **109.08** | **104.22** | **108.29** |
| 北京 Beijing | 106.34 | 105.58 | 104.38 | 108.32 | 110.92 | 106.35 |
| 天津 Tianjin | 103.69 | 105.36 | 110.75 | 111.91 | 103.41 | 120.63 |
| 河北 Hebei | 99.54 | 115.61 | 87.74 | 109.18 | 105.77 | 121.47 |
| 山西 Shanxi | 102.84 | 109.67 | 111.80 | 107.19 | 102.07 | 106.11 |
| 内蒙古 Inner Mongolia | 99.22 | 122.67 | 100.67 | 131.07 | 100.11 | 109.95 |
| 辽宁 Liaoning | 98.37 | 101.05 | 89.29 | 103.00 | 112.47 | 106.20 |
| 吉林 Jilin | 97.71 | 107.17 | 99.14 | 105.63 | 95.06 | 111.08 |
| 黑龙江 Heilongjiang | 98.16 | 122.11 | 90.95 | 109.76 | 84.28 | 114.97 |
| 上海 Shanghai | 109.46 | 111.07 | 109.61 | 113.08 | 107.78 | 115.00 |
| 江苏 Jiangsu | 103.81 | 110.93 | 103.51 | 112.11 | 114.47 | 104.08 |
| 浙江 Zhejiang | 107.00 | 104.29 | 101.64 | 111.25 | 108.93 | 104.78 |
| 安徽 Anhui | 110.05 | 105.93 | 105.32 | 107.75 | 110.22 | 97.30 |
| 福建 Fujian | 105.77 | 101.15 | 113.71 | 98.18 | 103.41 | 110.26 |
| 江西 Jiangxi | 109.62 | 104.06 | 112.63 | 104.99 | 102.06 | 101.99 |
| 山东 Shandong | 107.00 | 110.77 | 108.59 | 103.03 | 105.60 | 111.00 |
| 河南 Henan | 94.56 | 145.27 | 101.32 | 119.65 | 98.25 | 131.21 |
| 湖北 Hubei | 109.70 | 109.00 | 117.21 | 109.28 | 107.10 | 112.57 |
| 湖南 Hunan | 111.93 | 108.53 | 116.94 | 104.94 | 103.91 | 114.56 |
| 广东 Guangdong | 110.87 | 97.20 | 111.61 | 97.48 | 107.38 | 92.51 |
| 广西 Guangxi | 109.81 | 103.22 | 119.88 | 98.12 | 111.91 | 94.99 |
| 海南 Hainan | 116.59 | 106.90 | 115.83 | 104.84 | 107.59 | 113.20 |
| 重庆 Chongqing | 106.76 | 110.51 | 108.18 | 110.65 | 105.10 | 111.02 |
| 四川 Sichuan | 110.32 | 110.63 | 115.96 | 109.87 | 102.87 | 109.77 |
| 贵州 Guizhou | 101.09 | 108.74 | 110.02 | 109.62 | 102.33 | 103.93 |
| 云南 Yunnan | 107.08 | 109.49 | 102.28 | 113.61 | 97.79 | 108.41 |
| 陕西 Shaanxi | 106.09 | 114.61 | 118.35 | 111.40 | 106.91 | 107.40 |
| 甘肃 Gansu | 104.97 | 124.00 | 84.41 | 125.77 | 99.48 | 142.84 |
| 青海 Qinghai | 114.61 | 119.53 | 120.43 | 102.08 | 128.19 | 80.00 |
| 宁夏 Ningxia | 113.58 | 115.88 | 120.39 | 114.01 | 111.82 | 123.75 |
| 新疆 Xinjiang | 93.87 | 96.08 | 94.70 | 87.81 | 63.52 | |

2-16续表15 continued 15

| 地区 Region | 蔬菜 Vegetable | | | |
|---|---|---|---|---|
| | 块根、块茎菜类 Root and tuber vegetable | | 茄果菜类 Eggplant, tomato and chili, etc. | |
| | 2008 | 2009 | 2008 | 2009 |
| **全国 National** | **104.53** | **104.77** | **105.48** | **107.33** |
| 北京 Beijing | 100.08 | 98.76 | 105.25 | 106.27 |
| 天津 Tianjin | | | 101.10 | 94.00 |
| 河北 Hebei | 93.74 | 93.50 | 94.18 | 114.69 |
| 山西 Shanxi | 94.13 | 111.17 | 96.74 | 115.42 |
| 内蒙古 Inner Mongolia | 93.37 | 119.26 | 91.99 | 122.42 |
| 辽宁 Liaoning | 99.65 | 96.42 | 95.38 | 100.31 |
| 吉林 Jilin | 103.02 | 108.37 | 95.69 | 107.72 |
| 黑龙江 Heilongjiang | 99.82 | | 103.08 | 115.25 |
| 上海 Shanghai | 108.07 | 105.99 | 110.24 | 109.88 |
| 江苏 Jiangsu | 99.47 | 105.01 | 104.33 | 102.87 |
| 浙江 Zhejiang | 112.83 | 94.29 | 104.51 | 94.90 |
| 安徽 Anhui | 118.02 | 111.85 | 113.81 | 107.73 |
| 福建 Fujian | 118.65 | 96.10 | 99.80 | 95.68 |
| 江西 Jiangxi | 109.15 | 104.25 | 110.07 | 104.00 |
| 山东 Shandong | 119.90 | 89.32 | 104.91 | 108.35 |
| 河南 Henan | 94.68 | 115.02 | 90.53 | 110.99 |
| 湖北 Hubei | 113.36 | 113.27 | 106.02 | 113.55 |
| 湖南 Hunan | 118.13 | 102.00 | 101.88 | 117.77 |
| 广东 Guangdong | 111.14 | 96.87 | 108.66 | 104.00 |
| 广西 Guangxi | 131.48 | 103.59 | 88.91 | 112.06 |
| 海南 Hainan | 108.95 | 103.98 | 134.82 | 95.21 |
| 重庆 Chongqing | 110.16 | 106.82 | 98.59 | 121.39 |
| 四川 Sichuan | 110.61 | 110.19 | 105.74 | 115.07 |
| 贵州 Guizhou | 110.04 | 106.48 | 89.40 | 109.04 |
| 云南 Yunnan | 110.39 | 103.80 | 107.35 | 104.72 |
| 陕西 Shaanxi | 129.97 | 118.09 | 93.78 | 116.90 |
| 甘肃 Gansu | 111.42 | 102.68 | 107.15 | 104.83 |
| 青海 Qinghai | 111.67 | 117.20 | 117.19 | 103.24 |
| 宁夏 Ningxia | 130.76 | 103.82 | 80.23 | 122.91 |
| 新疆 Xinjiang | 108.27 | 93.69 | 84.81 | 100.00 |

2-16续表16 continued 16

| 地 区 | Region | 蔬菜 Vegetable | | | | | |
|---|---|---|---|---|---|---|---|
| | | 葱蒜类 Onion and Garlic | | 菜用豆类 Garden beans | | 食用菌(干鲜混合) Mushroom | |
| | | 2008 | 2009 | 2008 | 2009 | 2008 | 2009 |
| **全 国** | **National** | **101.78** | **134.25** | **107.44** | **108.27** | **103.80** | **107.69** |
| 北 京 | Beijing | 106.96 | 108.22 | 112.64 | 105.40 | 99.77 | 92.28 |
| 天 津 | Tianjin | 102.68 | 118.78 | 104.60 | 104.84 | 96.05 | 104.63 |
| 河 北 | Hebei | 116.31 | 108.64 | 104.36 | 114.27 | 85.18 | 90.90 |
| 山 西 | Shanxi | 104.99 | 99.58 | 107.60 | 107.23 | | |
| 内蒙古 | Inner Mongolia | 123.16 | 113.14 | | | | |
| 辽 宁 | Liaoning | 106.67 | 101.86 | 116.62 | 104.98 | 112.59 | 85.97 |
| 吉 林 | Jilin | 96.83 | 105.19 | 102.90 | 110.59 | 101.11 | 97.65 |
| 黑龙江 | Heilongjiang | 100.70 | 116.00 | 95.02 | 124.52 | 124.84 | 229.87 |
| 上 海 | Shanghai | 101.11 | 110.46 | 115.51 | 111.50 | 113.78 | 82.57 |
| 江 苏 | Jiangsu | 96.49 | 128.64 | 99.76 | 101.57 | 102.37 | 97.92 |
| 浙 江 | Zhejiang | 114.40 | 109.48 | 117.44 | 94.02 | 100.27 | 101.45 |
| 安 徽 | Anhui | 110.36 | 102.12 | 114.20 | 101.60 | 112.27 | 100.37 |
| 福 建 | Fujian | 114.82 | 108.13 | 113.45 | 106.02 | 95.51 | 103.96 |
| 江 西 | Jiangxi | 113.53 | 101.67 | 107.49 | 101.23 | 108.31 | 115.46 |
| 山 东 | Shandong | 98.84 | 195.19 | 103.63 | 116.55 | 100.25 | 114.52 |
| 河 南 | Henan | 82.04 | 258.08 | | | 103.55 | 108.66 |
| 湖 北 | Hubei | 112.46 | 109.25 | 110.34 | 108.76 | 92.53 | 100.10 |
| 湖 南 | Hunan | 119.36 | 105.28 | 109.21 | 116.33 | 99.48 | 96.35 |
| 广 东 | Guangdong | 117.61 | 91.12 | 107.20 | 105.51 | 107.23 | 115.19 |
| 广 西 | Guangxi | 110.73 | 128.71 | 104.15 | 105.65 | 71.95 | 75.88 |
| 海 南 | Hainan | 102.82 | 105.51 | 113.95 | 110.14 | | |
| 重 庆 | Chongqing | 108.62 | 108.76 | 104.00 | 115.16 | | |
| 四 川 | Sichuan | 113.21 | 113.41 | 101.41 | 112.39 | 107.26 | 103.65 |
| 贵 州 | Guizhou | 106.91 | 110.36 | 104.87 | 112.52 | 108.16 | 104.26 |
| 云 南 | Yunnan | 102.30 | 114.57 | 106.97 | 115.49 | 130.50 | 106.27 |
| 陕 西 | Shaanxi | 119.36 | 110.78 | 105.18 | 119.33 | 119.93 | 97.99 |
| 甘 肃 | Gansu | 118.06 | 136.87 | 118.35 | 142.59 | 126.35 | 108.01 |
| 青 海 | Qinghai | 86.33 | 235.67 | | | | |
| 宁 夏 | Ningxia | 119.99 | 119.47 | 137.48 | 110.93 | | |
| 新 疆 | Xinjiang | 105.79 | | 115.94 | 110.00 | | |

2-16续表17 continued 17

| 地区 Region | 蔬菜 Vegetable | | | | | |
|---|---|---|---|---|---|---|
| | 菠菜 Spinach | | 芹菜 Celery | | 大白菜 Chinese cabbage | |
| | 2008 | 2009 | 2008 | 2009 | 2008 | 2009 |
| **全国 National** | **108.92** | **107.96** | **102.46** | **110.47** | **97.83** | **105.94** |
| 北京 Beijing | 109.66 | 113.62 | 101.24 | 107.30 | 99.51 | 104.75 |
| 天津 Tianjin | | | 117.11 | 86.37 | 93.97 | 97.42 |
| 河北 Hebei | 90.93 | 118.93 | 109.46 | 112.32 | 75.76 | 93.09 |
| 山西 Shanxi | 109.54 | | 107.12 | 107.58 | 123.77 | 98.19 |
| 内蒙古 Inner Mongolia | 101.57 | 104.98 | 109.71 | 130.70 | 97.60 | 135.07 |
| 辽宁 Liaoning | 100.30 | 102.23 | 104.57 | 104.66 | 74.46 | 101.60 |
| 吉林 Jilin | 99.72 | 104.06 | 97.01 | 108.29 | 100.35 | 104.04 |
| 黑龙江 Heilongjiang | 99.53 | 127.47 | 85.79 | 107.50 | 104.70 | 97.62 |
| 上海 Shanghai | 128.18 | 109.88 | 103.93 | 110.12 | 99.19 | 123.29 |
| 江苏 Jiangsu | 97.78 | 105.83 | 116.04 | 124.26 | 84.06 | 104.78 |
| 浙江 Zhejiang | 107.88 | 95.78 | 109.70 | 107.99 | 87.93 | 104.15 |
| 安徽 Anhui | 102.23 | 104.33 | 99.07 | 108.53 | 113.97 | 110.01 |
| 福建 Fujian | 122.67 | 100.90 | 107.59 | 116.66 | 106.73 | 101.68 |
| 江西 Jiangxi | 130.66 | 104.97 | 118.87 | 106.02 | 114.50 | 107.02 |
| 山东 Shandong | 128.69 | 107.32 | 110.57 | 112.60 | 84.40 | 82.57 |
| 河南 Henan | 120.51 | 123.49 | 112.93 | 124.05 | 89.62 | 100.81 |
| 湖北 Hubei | 112.31 | 117.43 | 127.32 | 108.59 | 113.64 | 113.89 |
| 湖南 Hunan | 115.75 | 108.42 | 116.26 | 114.65 | 120.45 | 105.02 |
| 广东 Guangdong | 114.32 | 88.10 | 110.33 | 106.03 | 109.56 | 94.46 |
| 广西 Guangxi | | 110.37 | 125.20 | 94.72 | 118.19 | 94.26 |
| 海南 Hainan | 114.67 | 45.90 | 123.64 | 113.46 | 110.94 | 103.86 |
| 重庆 Chongqing | 108.46 | 104.23 | 108.87 | 116.37 | 110.44 | 106.05 |
| 四川 Sichuan | 112.13 | 110.43 | 119.08 | 111.88 | 114.09 | 107.34 |
| 贵州 Guizhou | 114.71 | 122.61 | 114.36 | 108.15 | 110.05 | 106.80 |
| 云南 Yunnan | 95.53 | 120.74 | 85.26 | 116.82 | 115.36 | 111.13 |
| 陕西 Shaanxi | 116.30 | 108.15 | 114.92 | 127.34 | 120.85 | 102.99 |
| 甘肃 Gansu | 103.74 | 100.64 | 51.90 | 109.44 | 102.35 | 140.10 |
| 青海 Qinghai | 108.69 | 107.32 | | | 114.85 | 96.38 |
| 宁夏 Ningxia | 95.88 | 123.24 | 107.40 | 119.76 | 131.83 | 110.81 |
| 新疆 Xinjiang | 100.55 | | 108.15 | | 94.53 | 83.10 |

2-16续表18 continued 18

| 地　区 | Region | 蔬菜 Vegetable | | | | | |
|---|---|---|---|---|---|---|---|
| | | 元白菜 Cabbage | | 甘蓝 Wild cabbage | | 花椰菜 Cauliflower | |
| | | 2008 | 2009 | 2008 | 2009 | 2008 | 2009 |
| **全　国** | **National** | **105.89** | **111.61** | **117.13** | **105.11** | **115.29** | **105.95** |
| 北　京 | Beijing | 93.57 | 108.03 | 103.33 | 89.92 | 86.46 | 106.23 |
| 天　津 | Tianjin | 103.69 | 161.78 | | | 117.51 | 104.58 |
| 河　北 | Hebei | 87.69 | 128.28 | | | 80.50 | 104.15 |
| 山　西 | Shanxi | 98.03 | 124.14 | 107.47 | 121.91 | 109.14 | 107.18 |
| 内蒙古 | Inner Mongolia | 104.46 | 96.75 | | | | |
| 辽　宁 | Liaoning | 105.15 | 111.97 | 110.34 | | | |
| 吉　林 | Jilin | 85.71 | 115.02 | 100.47 | 83.33 | | |
| 黑龙江 | Heilongjiang | 63.93 | 125.11 | 100.87 | 99.37 | 121.54 | 115.27 |
| 上　海 | Shanghai | 109.44 | 130.71 | 108.51 | 90.48 | 99.84 | 105.89 |
| 江　苏 | Jiangsu | 103.65 | 127.29 | 106.41 | 111.70 | 94.15 | 114.98 |
| 浙　江 | Zhejiang | 102.14 | 139.95 | 136.50 | 100.18 | 110.05 | 104.89 |
| 安　徽 | Anhui | 112.70 | 107.62 | 110.06 | | 107.53 | 99.05 |
| 福　建 | Fujian | 110.43 | 82.12 | 107.00 | 103.26 | 130.08 | 79.18 |
| 江　西 | Jiangxi | 112.38 | 111.25 | 107.33 | 108.62 | 103.57 | 109.09 |
| 山　东 | Shandong | 126.89 | 105.74 | 90.37 | 111.54 | 143.11 | 113.32 |
| 河　南 | Henan | 110.98 | 144.75 | 95.74 | 164.61 | 106.97 | 102.97 |
| 湖　北 | Hubei | 111.78 | 96.75 | 254.48 | | 107.89 | |
| 湖　南 | Hunan | 113.54 | 109.16 | 108.81 | 103.44 | 115.40 | 103.28 |
| 广　东 | Guangdong | 107.55 | 100.56 | 109.12 | 110.93 | 113.32 | 111.42 |
| 广　西 | Guangxi | 100.00 | 88.82 | 115.95 | 83.92 | | |
| 海　南 | Hainan | 114.66 | 107.57 | | | 133.33 | |
| 重　庆 | Chongqing | 110.02 | 109.08 | 109.70 | 100.00 | 108.70 | 108.47 |
| 四　川 | Sichuan | 114.88 | 108.61 | 115.37 | | 118.20 | 107.39 |
| 贵　州 | Guizhou | 105.79 | 120.67 | | 100.00 | 110.28 | 99.52 |
| 云　南 | Yunnan | 109.43 | 121.75 | 43.02 | 58.33 | 121.16 | 93.59 |
| 陕　西 | Shaanxi | 104.05 | 166.36 | 125.04 | 103.74 | 112.52 | 98.60 |
| 甘　肃 | Gansu | 83.52 | 122.35 | 97.59 | 69.86 | 75.16 | 151.79 |
| 青　海 | Qinghai | | 100.00 | 100.00 | 114.13 | | |
| 宁　夏 | Ningxia | 140.44 | 102.94 | 109.59 | 104.58 | 125.00 | |
| 新　疆 | Xinjiang | 97.18 | | | | 84.89 | |

2-16续表19 continued 19

| 地　区 Region | 蔬菜 Vegetable 莴笋 Asparagus lattuce 2008 | 2009 | 油菜 Rape 2008 | 2009 |
|---|---|---|---|---|
| **全　国 National** | **112.37** | **108.38** | **105.87** | **110.14** |
| 北　京 Beijing | 110.58 | 112.94 | 108.22 | 110.33 |
| 天　津 Tianjin | | | 105.86 | 110.73 |
| 河　北 Hebei | 97.77 | 107.09 | 103.93 | 92.36 |
| 山　西 Shanxi | | | 114.34 | 97.45 |
| 内蒙古 Inner Mongolia | | | 115.38 | 113.64 |
| 辽　宁 Liaoning | | | 100.00 | 103.45 |
| 吉　林 Jilin | | 94.12 | 98.18 | 107.51 |
| 黑龙江 Heilongjiang | | | 118.94 | 89.44 |
| 上　海 Shanghai | 116.37 | 92.72 | 105.14 | 113.00 |
| 江　苏 Jiangsu | 94.35 | 104.30 | 104.32 | 115.63 |
| 浙　江 Zhejiang | 85.06 | 128.79 | 106.06 | 108.54 |
| 安　徽 Anhui | 109.46 | 104.44 | 112.73 | 107.54 |
| 福　建 Fujian | 118.86 | 95.72 | 111.49 | 96.89 |
| 江　西 Jiangxi | 102.00 | 106.21 | 100.46 | |
| 山　东 Shandong | 106.11 | 112.57 | 118.60 | 129.38 |
| 河　南 Henan | 146.14 | | 106.06 | |
| 湖　北 Hubei | 110.49 | 101.34 | 119.57 | |
| 湖　南 Hunan | 116.35 | 100.82 | 101.67 | 116.96 |
| 广　东 Guangdong | 100.71 | 96.86 | 111.11 | 94.39 |
| 广　西 Guangxi | 133.33 | 95.24 | | 90.09 |
| 海　南 Hainan | | | | |
| 重　庆 Chongqing | 109.64 | 114.78 | | 103.92 |
| 四　川 Sichuan | 117.67 | 112.23 | 109.28 | 106.97 |
| 贵　州 Guizhou | 107.47 | 106.92 | 105.00 | 121.69 |
| 云　南 Yunnan | 83.02 | 112.69 | 75.00 | |
| 陕　西 Shaanxi | 126.50 | 110.76 | 115.57 | 113.59 |
| 甘　肃 Gansu | 81.18 | 124.91 | 114.19 | 171.08 |
| 青　海 Qinghai | 100.00 | 135.56 | 145.23 | 100.83 |
| 宁　夏 Ningxia | | 113.54 | 119.63 | 112.66 |
| 新　疆 Xinjiang | | | | |

2-16续表20 continued 20

| 地区 | Region | 蔬菜 Vegetable | | | |
|---|---|---|---|---|---|
| | | 黄瓜 Cucumber | | 冬瓜 White gourd | |
| | | 2008 | 2009 | 2008 | 2009 |
| **全 国** | **National** | **104.39** | **109.38** | **113.71** | **105.07** |
| 北 京 | Beijing | 111.32 | 104.35 | 108.74 | 133.51 |
| 天 津 | Tianjin | 103.41 | 120.63 | | |
| 河 北 | Hebei | 105.77 | 121.50 | | 114.02 |
| 山 西 | Shanxi | 97.14 | 107.39 | | |
| 内蒙古 | Inner Mongolia | 100.11 | 109.95 | 80.00 | |
| 辽 宁 | Liaoning | 112.47 | 106.20 | | |
| 吉 林 | Jilin | 94.89 | 111.72 | 116.08 | 100.00 |
| 黑龙江 | Heilongjiang | 84.28 | 114.97 | 64.95 | 121.70 |
| 上 海 | Shanghai | 109.16 | 116.10 | 103.02 | 106.66 |
| 江 苏 | Jiangsu | 111.55 | 104.10 | 119.41 | 99.20 |
| 浙 江 | Zhejiang | 98.17 | 94.95 | 124.10 | 98.52 |
| 安 徽 | Anhui | 109.85 | 94.60 | 108.25 | 99.23 |
| 福 建 | Fujian | 103.80 | 110.09 | 103.57 | 105.18 |
| 江 西 | Jiangxi | 103.64 | 99.00 | 102.65 | 107.29 |
| 山 东 | Shandong | 109.60 | 116.04 | 94.13 | 111.65 |
| 河 南 | Henan | 98.25 | 131.21 | 94.57 | 92.76 |
| 湖 北 | Hubei | 104.27 | 118.59 | 118.76 | 108.42 |
| 湖 南 | Hunan | 104.50 | 119.99 | 106.33 | 109.49 |
| 广 东 | Guangdong | 79.38 | 111.23 | 124.39 | 98.69 |
| 广 西 | Guangxi | 110.10 | 100.35 | 111.83 | 88.50 |
| 海 南 | Hainan | 116.32 | 119.71 | 98.52 | 114.14 |
| 重 庆 | Chongqing | 105.34 | 118.55 | 108.86 | 100.00 |
| 四 川 | Sichuan | 100.57 | 110.62 | 108.84 | 105.74 |
| 贵 州 | Guizhou | 102.81 | 112.58 | | 88.57 |
| 云 南 | Yunnan | 92.21 | 122.35 | 72.42 | 109.66 |
| 陕 西 | Shaanxi | 106.94 | 107.42 | | 107.37 |
| 甘 肃 | Gansu | 108.53 | 145.76 | | |
| 青 海 | Qinghai | 126.62 | | | |
| 宁 夏 | Ningxia | 111.82 | 123.75 | | |
| 新 疆 | Xinjiang | 133.33 | | | |

2-16续表21 continued 21

| 地　区 Region | 蔬菜 Vegetable | | | |
|---|---|---|---|---|
| | 西葫芦 Summer squash | | 苦瓜 Balsam pear | |
| | 2008 | 2009 | 2008 | 2009 |
| **全　国 National** | **103.95** | **110.78** | **99.25** | **107.80** |
| 北　京 Beijing | 109.00 | 98.23 | 106.87 | 104.05 |
| 天　津 Tianjin | | | | |
| 河　北 Hebei | 104.84 | 115.66 | | |
| 山　西 Shanxi | 110.61 | 104.21 | | |
| 内蒙古 Inner Mongolia | 60.00 | 128.21 | 100.00 | |
| 辽　宁 Liaoning | 161.82 | 102.90 | | 115.00 |
| 吉　林 Jilin | 102.63 | 100.22 | 109.12 | 90.55 |
| 黑龙江 Heilongjiang | 105.73 | 132.94 | 107.72 | 79.39 |
| 上　海 Shanghai | 100.00 | 140.78 | | |
| 江　苏 Jiangsu | 87.12 | 98.63 | 100.00 | 100.37 |
| 浙　江 Zhejiang | 73.57 | 107.10 | 121.53 | 106.97 |
| 安　徽 Anhui | | | 122.99 | 111.11 |
| 福　建 Fujian | 108.86 | 98.99 | 111.94 | 92.47 |
| 江　西 Jiangxi | 88.18 | 98.83 | 102.57 | 94.56 |
| 山　东 Shandong | 108.25 | 104.88 | 97.19 | 108.91 |
| 河　南 Henan | 120.53 | 130.22 | | 103.51 |
| 湖　北 Hubei | | | 108.64 | 98.32 |
| 湖　南 Hunan | 112.82 | 117.27 | 90.15 | 111.58 |
| 广　东 Guangdong | 129.16 | 104.06 | 118.34 | 80.50 |
| 广　西 Guangxi | 116.67 | 104.20 | 112.08 | 90.67 |
| 海　南 Hainan | | | 100.19 | 120.21 |
| 重　庆 Chongqing | 133.33 | | 100.79 | 112.36 |
| 四　川 Sichuan | | 150.83 | 93.98 | 118.95 |
| 贵　州 Guizhou | | | 93.78 | 100.00 |
| 云　南 Yunnan | 107.39 | 108.62 | | 101.67 |
| 陕　西 Shaanxi | 101.11 | 103.77 | 107.26 | 106.39 |
| 甘　肃 Gansu | 82.10 | 137.24 | | |
| 青　海 Qinghai | | | | |
| 宁　夏 Ningxia | 75.16 | 159.24 | | |
| 新　疆 Xinjiang | 63.52 | | | |

2-16续表22 continued 22

| 地　区 | Region | 蔬菜 Vegetable | | | |
|---|---|---|---|---|---|
| | | 萝卜 Radish | | 胡萝卜 Carrot | |
| | | 2008 | 2009 | 2008 | 2009 |
| **全　国** | **National** | **103.21** | **105.12** | **111.33** | **103.47** |
| 北　京 | Beijing | 107.53 | 98.79 | 85.76 | 101.32 |
| 天　津 | Tianjin | | | | |
| 河　北 | Hebei | 119.61 | 100.00 | 88.75 | 92.24 |
| 山　西 | Shanxi | 95.68 | 104.31 | 92.72 | 117.40 |
| 内蒙古 | Inner Mongolia | 99.09 | 93.14 | 92.23 | 124.44 |
| 辽　宁 | Liaoning | 89.10 | 96.42 | 110.19 | |
| 吉　林 | Jilin | 102.44 | 101.68 | 100.85 | 116.44 |
| 黑龙江 | Heilongjiang | 100.43 | 109.83 | 111.83 | 144.70 |
| 上　海 | Shanghai | 107.38 | 105.85 | 109.38 | |
| 江　苏 | Jiangsu | 105.68 | 106.25 | 71.96 | 96.55 |
| 浙　江 | Zhejiang | 95.40 | 97.48 | 109.29 | 93.91 |
| 安　徽 | Anhui | 108.92 | 111.84 | 130.32 | |
| 福　建 | Fujian | 124.24 | 85.09 | 105.47 | 90.55 |
| 江　西 | Jiangxi | 108.66 | 102.97 | 112.17 | 111.16 |
| 山　东 | Shandong | 102.86 | 93.92 | 123.93 | 79.87 |
| 河　南 | Henan | 94.68 | 115.02 | 94.15 | 102.92 |
| 湖　北 | Hubei | 110.08 | 110.29 | 128.59 | 88.71 |
| 湖　南 | Hunan | 116.67 | 107.96 | 115.79 | 93.81 |
| 广　东 | Guangdong | 111.76 | 97.17 | 119.80 | 88.69 |
| 广　西 | Guangxi | 116.18 | 92.02 | | 100.00 |
| 海　南 | Hainan | 112.82 | 103.98 | | |
| 重　庆 | Chongqing | 112.39 | 108.96 | 107.90 | 119.29 |
| 四　川 | Sichuan | 109.70 | 110.10 | 113.67 | 108.52 |
| 贵　州 | Guizhou | 108.71 | 106.96 | 111.18 | |
| 云　南 | Yunnan | 113.08 | 112.74 | 101.73 | 85.73 |
| 陕　西 | Shaanxi | 120.07 | 106.79 | 139.08 | 141.34 |
| 甘　肃 | Gansu | 93.94 | 102.33 | 126.50 | 95.16 |
| 青　海 | Qinghai | 111.67 | 110.47 | 118.32 | 122.64 |
| 宁　夏 | Ningxia | 130.76 | 119.36 | | 100.00 |
| 新　疆 | Xinjiang | 108.15 | 88.44 | 102.82 | 95.74 |

2-16续表23 continued 23

| 地区 Region | 蔬菜 Vegetable | | | |
|---|---|---|---|---|
| | 生姜 Ginger | | 芋头 Taro | |
| | 2008 | 2009 | 2008 | 2009 |
| **全国 National** | **122.88** | **102.09** | **113.84** | **101.26** |
| 北京 Beijing | 100.00 | | | |
| 天津 Tianjin | | | | |
| 河北 Hebei | | | | |
| 山西 Shanxi | | | | |
| 内蒙古 Inner Mongolia | | | | |
| 辽宁 Liaoning | 108.71 | 50.00 | | |
| 吉林 Jilin | | | | |
| 黑龙江 Heilongjiang | | | | |
| 上海 Shanghai | | | | |
| 江苏 Jiangsu | 58.56 | 95.44 | | |
| 浙江 Zhejiang | 118.42 | 92.01 | 120.82 | 111.13 |
| 安徽 Anhui | 119.53 | 111.86 | 107.46 | 111.55 |
| 福建 Fujian | 112.81 | 94.98 | 121.31 | 100.45 |
| 江西 Jiangxi | 110.11 | 108.18 | 111.19 | 100.84 |
| 山东 Shandong | 139.88 | 86.04 | 100.99 | 101.89 |
| 河南 Henan | 126.03 | 106.99 | 111.24 | 87.27 |
| 湖北 Hubei | 126.18 | 113.80 | 98.21 | 102.26 |
| 湖南 Hunan | 123.65 | 107.85 | 123.22 | 98.82 |
| 广东 Guangdong | 117.88 | 88.01 | 110.35 | 93.91 |
| 广西 Guangxi | 138.49 | 104.71 | 116.58 | 100.85 |
| 海南 Hainan | 105.25 | | 148.15 | |
| 重庆 Chongqing | 113.77 | 96.73 | 103.85 | 103.28 |
| 四川 Sichuan | 114.93 | 115.73 | 103.71 | 105.01 |
| 贵州 Guizhou | 120.50 | 99.43 | 105.34 | 121.48 |
| 云南 Yunnan | 116.04 | 101.33 | 107.17 | 105.18 |
| 陕西 Shaanxi | 173.50 | 95.28 | 120.81 | 88.77 |
| 甘肃 Gansu | | | | |
| 青海 Qinghai | | | | |
| 宁夏 Ningxia | | | | |
| 新疆 Xinjiang | | | | |

2-16续表24 continued 24

| 地　区 | Region | 蔬菜 Vegetable 茄子 Eggplant 2008 | 2009 | 西红柿 Tomato 2008 | 2009 |
|---|---|---|---|---|---|
| **全　国** | **National** | **105.27** | **103.34** | **104.09** | **109.97** |
| 北　京 | Beijing | 97.53 | 104.13 | 107.19 | 107.31 |
| 天　津 | Tianjin | 101.43 | 86.76 | 111.00 | 92.66 |
| 河　北 | Hebei | 91.01 | 111.81 | 94.37 | 114.66 |
| 山　西 | Shanxi | 104.23 | 110.67 | 98.20 | 115.02 |
| 内蒙古 | Inner Mongolia | 90.00 | 113.36 | 94.12 | 119.79 |
| 辽　宁 | Liaoning | 104.04 | 88.20 | 88.96 | 111.27 |
| 吉　林 | Jilin | 92.81 | 120.32 | 96.31 | 106.11 |
| 黑龙江 | Heilongjiang | 72.55 | 126.88 | 89.26 | 120.93 |
| 上　海 | Shanghai | 115.35 | 103.27 | 110.73 | 111.39 |
| 江　苏 | Jiangsu | 104.91 | 97.54 | 105.52 | 119.46 |
| 浙　江 | Zhejiang | 112.83 | 96.44 | 99.03 | 103.77 |
| 安　徽 | Anhui | 111.93 | 109.77 | 112.68 | 108.27 |
| 福　建 | Fujian | 112.19 | 93.17 | 106.05 | 94.21 |
| 江　西 | Jiangxi | 120.00 | 101.96 | 100.00 | 106.61 |
| 山　东 | Shandong | 101.94 | 89.27 | 111.42 | 114.28 |
| 河　南 | Henan | 66.21 | 103.30 | 103.57 | 115.20 |
| 湖　北 | Hubei | 106.84 | 109.04 | 108.40 | 129.38 |
| 湖　南 | Hunan | 101.82 | 111.61 | 104.19 | 119.43 |
| 广　东 | Guangdong | 104.72 | 90.86 | 113.80 | 97.68 |
| 广　西 | Guangxi | 102.77 | 83.51 | 83.99 | 115.92 |
| 海　南 | Hainan | 103.08 | 107.23 | 148.39 | 107.52 |
| 重　庆 | Chongqing | 102.01 | 117.37 | 98.67 | 124.99 |
| 四　川 | Sichuan | 106.58 | 111.46 | 104.14 | 122.18 |
| 贵　州 | Guizhou | 113.70 | 112.96 | 88.38 | 126.65 |
| 云　南 | Yunnan | 129.00 | 101.58 | 116.50 | 106.54 |
| 陕　西 | Shaanxi | 111.37 | 116.80 | 104.79 | 118.63 |
| 甘　肃 | Gansu | 106.01 | 109.76 | 105.82 | 105.17 |
| 青　海 | Qinghai | | | 130.84 | |
| 宁　夏 | Ningxia | 62.72 | 134.33 | 90.64 | 111.89 |
| 新　疆 | Xinjiang | 92.72 | | 115.71 | 100.00 |

2-16续表25 continued 25

| 地区 Region | 蔬菜 Vegetable | | | |
|---|---|---|---|---|
| | 辣椒 Chili | | 青椒 Sweetbell | |
| | 2008 | 2009 | 2008 | 2009 |
| **全国 National** | **105.31** | **106.20** | **112.72** | **107.37** |
| 北京 Beijing | 102.86 | 112.69 | 109.94 | 101.21 |
| 天津 Tianjin | 90.50 | 112.79 | 95.56 | 114.01 |
| 河北 Hebei | | | 93.00 | 121.40 |
| 山西 Shanxi | 92.18 | 110.59 | 84.09 | 125.85 |
| 内蒙古 Inner Mongolia | 94.28 | 113.69 | 89.05 | 142.86 |
| 辽宁 Liaoning | 85.37 | 105.58 | | |
| 吉林 Jilin | 93.13 | 107.40 | 98.01 | 101.40 |
| 黑龙江 Heilongjiang | 115.13 | 93.21 | 113.26 | 119.52 |
| 上海 Shanghai | 108.86 | 96.00 | 94.75 | 113.98 |
| 江苏 Jiangsu | 107.33 | 103.57 | 100.84 | 107.31 |
| 浙江 Zhejiang | 95.02 | 81.03 | 123.67 | 98.65 |
| 安徽 Anhui | 116.13 | 107.24 | 105.83 | 102.60 |
| 福建 Fujian | 94.90 | 98.67 | 72.31 | 99.88 |
| 江西 Jiangxi | 108.03 | 105.00 | 111.78 | 103.42 |
| 山东 Shandong | 90.46 | 120.32 | 129.22 | 113.97 |
| 河南 Henan | 76.70 | 106.41 | 118.03 | 104.81 |
| 湖北 Hubei | 100.64 | 103.37 | 103.09 | 97.47 |
| 湖南 Hunan | 101.66 | 120.54 | 109.35 | 114.89 |
| 广东 Guangdong | 101.85 | 120.83 | 122.97 | 101.93 |
| 广西 Guangxi | 104.92 | 103.97 | 69.91 | 99.26 |
| 海南 Hainan | 135.38 | 92.78 | 141.61 | 94.79 |
| 重庆 Chongqing | 101.88 | 117.56 | 96.83 | 116.39 |
| 四川 Sichuan | 107.35 | 115.33 | 102.96 | 110.34 |
| 贵州 Guizhou | 84.64 | 105.80 | 106.52 | 111.75 |
| 云南 Yunnan | 101.57 | 104.61 | 96.30 | 105.20 |
| 陕西 Shaanxi | 90.47 | 116.38 | 111.61 | 133.98 |
| 甘肃 Gansu | 110.69 | 97.78 | 80.58 | 106.50 |
| 青海 Qinghai | 98.54 | 101.07 | 104.80 | 104.82 |
| 宁夏 Ningxia | 67.10 | 139.94 | | |
| 新疆 Xinjiang | 82.94 | | 84.68 | 100.00 |

2-16续表26

continued 26

| 地 区 | Region | 蔬菜 Vegetable | | | |
|---|---|---|---|---|---|
| | | 大葱 Scallion | | 蒜苔 Garlic stalk | |
| | | 2008 | 2009 | 2008 | 2009 |
| **全 国** | **National** | **122.67** | **108.67** | **114.52** | **127.81** |
| 北 京 | Beijing | 114.98 | 136.11 | | |
| 天 津 | Tianjin | 110.08 | 110.58 | | |
| 河 北 | Hebei | 97.41 | 102.45 | | 91.75 |
| 山 西 | Shanxi | 103.57 | 101.13 | 112.34 | |
| 内蒙古 | Inner Mongolia | 123.72 | 113.21 | | |
| 辽 宁 | Liaoning | 106.67 | 103.71 | | |
| 吉 林 | Jilin | 95.22 | 107.83 | 100.69 | 133.33 |
| 黑龙江 | Heilongjiang | 111.24 | 143.86 | 145.18 | |
| 上 海 | Shanghai | 112.50 | | | |
| 江 苏 | Jiangsu | 111.77 | 105.12 | 96.05 | 142.44 |
| 浙 江 | Zhejiang | 126.93 | 98.28 | 126.50 | 111.27 |
| 安 徽 | Anhui | 113.59 | 101.46 | 103.79 | 105.38 |
| 福 建 | Fujian | 111.90 | 104.45 | 108.01 | |
| 江 西 | Jiangxi | 104.77 | 102.34 | 103.11 | 105.55 |
| 山 东 | Shandong | 167.53 | 100.28 | 98.35 | 178.04 |
| 河 南 | Henan | 169.60 | 98.80 | 107.62 | 196.66 |
| 湖 北 | Hubei | 98.31 | 106.63 | 124.06 | 118.62 |
| 湖 南 | Hunan | 96.73 | 116.11 | 126.04 | 110.30 |
| 广 东 | Guangdong | 113.11 | 92.32 | 140.31 | 114.33 |
| 广 西 | Guangxi | 166.67 | 103.82 | | |
| 海 南 | Hainan | | | | |
| 重 庆 | Chongqing | 106.28 | 106.83 | 117.07 | 114.28 |
| 四 川 | Sichuan | 123.68 | 103.99 | 115.63 | 116.86 |
| 贵 州 | Guizhou | 107.55 | 109.26 | 108.54 | 108.81 |
| 云 南 | Yunnan | 89.32 | 118.34 | 170.54 | 122.68 |
| 陕 西 | Shaanxi | 128.87 | 113.06 | 121.18 | 131.64 |
| 甘 肃 | Gansu | 121.53 | 129.59 | 109.11 | 128.91 |
| 青 海 | Qinghai | 111.80 | 127.48 | 99.46 | 314.06 |
| 宁 夏 | Ningxia | 113.42 | 119.45 | | |
| 新 疆 | Xinjiang | 136.93 | | 104.35 | |

2-16续表27 continued 27

| 地区 Region | 蔬菜 Vegetable | | | |
|---|---|---|---|---|
| | 蒜头 Garlic head | | 洋葱 Onion | |
| | 2008 | 2009 | 2008 | 2009 |
| **全国 National** | **85.81** | **140.53** | **106.66** | **137.40** |
| 北京 Beijing | 88.24 | 100.00 | 142.16 | 150.00 |
| 天津 Tianjin | 98.27 | 172.53 | | |
| 河北 Hebei | 100.00 | 115.47 | | |
| 山西 Shanxi | 83.50 | 92.86 | 129.60 | 154.15 |
| 内蒙古 Inner Mongolia | 93.03 | 109.29 | | |
| 辽宁 Liaoning | | 100.00 | | |
| 吉林 Jilin | 96.70 | 104.11 | 103.22 | 98.80 |
| 黑龙江 Heilongjiang | 94.94 | 113.06 | | 109.14 |
| 上海 Shanghai | 78.59 | 110.41 | 106.63 | 121.85 |
| 江苏 Jiangsu | 91.35 | 172.49 | | |
| 浙江 Zhejiang | 99.63 | 96.65 | | 100.00 |
| 安徽 Anhui | 110.78 | 105.88 | 103.57 | |
| 福建 Fujian | 116.67 | 105.03 | 97.95 | 135.11 |
| 江西 Jiangxi | 108.49 | 107.81 | | |
| 山东 Shandong | 47.87 | 282.43 | 132.83 | 155.56 |
| 河南 Henan | 43.64 | 359.62 | | |
| 湖北 Hubei | 97.92 | 83.13 | 101.13 | |
| 湖南 Hunan | 122.70 | 99.41 | | 95.24 |
| 广东 Guangdong | 107.55 | 104.58 | 106.16 | |
| 广西 Guangxi | 107.79 | | | |
| 海南 Hainan | | | | |
| 重庆 Chongqing | 109.90 | 124.52 | 105.26 | |
| 四川 Sichuan | 112.63 | 115.83 | 120.00 | |
| 贵州 Guizhou | 102.27 | 116.85 | | |
| 云南 Yunnan | 81.66 | 111.30 | | |
| 陕西 Shaanxi | 87.39 | 103.11 | 132.50 | 120.98 |
| 甘肃 Gansu | 100.22 | 200.00 | 94.70 | 150.08 |
| 青海 Qinghai | 68.60 | 264.75 | | |
| 宁夏 Ningxia | | 100.00 | | |
| 新疆 Xinjiang | 88.85 | | 100.00 | |

2-16续表28

continued 28

| 地　区 Region | 食用菌 Mushroom | | 食用菌 Mushroom 香菇(干品) Mushroom (dried) | |
|---|---|---|---|---|
| | 2008 | 2009 | 2008 | 2009 |
| **全　国 National** | **103.80** | **107.69** | **95.75** | **102.52** |
| 北　京 Beijing | 99.77 | 92.28 | | |
| 天　津 Tianjin | 96.05 | 104.63 | | |
| 河　北 Hebei | 85.18 | 90.90 | | |
| 山　西 Shanxi | | | | |
| 内蒙古 Inner Mongolia | | | | |
| 辽　宁 Liaoning | 112.59 | 85.97 | | |
| 吉　林 Jilin | 101.11 | 97.65 | 107.76 | 80.00 |
| 黑龙江 Heilongjiang | 124.84 | 229.87 | | |
| 上　海 Shanghai | 113.78 | 82.57 | | |
| 江　苏 Jiangsu | 102.37 | 97.92 | 100.00 | 100.00 |
| 浙　江 Zhejiang | 100.27 | 101.45 | 99.26 | 100.35 |
| 安　徽 Anhui | 112.27 | 100.37 | | 104.18 |
| 福　建 Fujian | 95.51 | 103.96 | 98.66 | 100.52 |
| 江　西 Jiangxi | 108.31 | 115.46 | 108.31 | 115.46 |
| 山　东 Shandong | 100.25 | 114.52 | 95.49 | 113.50 |
| 河　南 Henan | 103.55 | 108.66 | 103.55 | 108.66 |
| 湖　北 Hubei | 92.53 | 100.10 | 87.74 | 99.77 |
| 湖　南 Hunan | 99.48 | 96.35 | | |
| 广　东 Guangdong | 107.23 | 115.19 | | |
| 广　西 Guangxi | 71.95 | 75.88 | | |
| 海　南 Hainan | | | | |
| 重　庆 Chongqing | | | | |
| 四　川 Sichuan | 107.26 | 103.65 | | 100.82 |
| 贵　州 Guizhou | 108.16 | 104.26 | | |
| 云　南 Yunnan | 130.50 | 106.27 | | 113.03 |
| 陕　西 Shaanxi | 119.93 | 97.99 | 116.15 | |
| 甘　肃 Gansu | 126.35 | 108.01 | | |
| 青　海 Qinghai | | | | |
| 宁　夏 Ningxia | | | | |
| 新　疆 Xinjiang | | | | |

2-16续表29 continued 29

| 地区 | Region | 食用菌 Mushroom 蘑菇(鲜品) Mushroom (fresh) 2008 | 2009 | 黑木耳(干品) Black edible fungus (dried) 2008 | 2009 | 花卉 Flowers 康乃馨 Carnation 2008 | 2009 |
|---|---|---|---|---|---|---|---|
| **全国** | **National** | **107.12** | **106.89** | **104.77** | **101.30** | **96.66** | **139.10** |
| 北京 | Beijing | 98.16 | 91.17 | | | | |
| 天津 | Tianjin | 96.05 | 104.63 | | | | |
| 河北 | Hebei | 85.18 | 90.90 | | | | |
| 山西 | Shanxi | | | | | | |
| 内蒙古 | Inner Mongolia | | | | | | |
| 辽宁 | Liaoning | 112.59 | 85.97 | | | | |
| 吉林 | Jilin | 98.09 | 97.58 | 116.10 | 111.11 | | |
| 黑龙江 | Heilongjiang | 124.84 | 229.87 | | | | |
| 上海 | Shanghai | 112.29 | 100.51 | | | | |
| 江苏 | Jiangsu | 82.10 | 99.15 | 100.00 | 100.00 | 99.99 | 87.64 |
| 浙江 | Zhejiang | 101.53 | 106.74 | 99.92 | 99.63 | | |
| 安徽 | Anhui | | 111.11 | | 105.26 | | |
| 福建 | Fujian | 84.99 | 84.20 | 104.46 | 103.06 | | |
| 江西 | Jiangxi | | | | 103.44 | | |
| 山东 | Shandong | 101.38 | 114.76 | | | | |
| 河南 | Henan | 115.77 | 111.45 | | 102.22 | | |
| 湖北 | Hubei | 112.99 | 117.13 | 104.84 | 99.97 | | |
| 湖南 | Hunan | 119.09 | 101.93 | | 133.33 | | |
| 广东 | Guangdong | | | | | | |
| 广西 | Guangxi | 114.29 | 100.00 | 106.64 | | | |
| 海南 | Hainan | | | | | | |
| 重庆 | Chongqing | 111.80 | 125.00 | | | | |
| 四川 | Sichuan | 91.49 | 104.35 | 100.00 | 100.50 | | |
| 贵州 | Guizhou | 105.71 | | | | | |
| 云南 | Yunnan | 144.34 | 111.08 | 120.00 | 140.00 | 108.55 | 121.94 |
| 陕西 | Shaanxi | 105.88 | 111.11 | 120.61 | 97.99 | | |
| 甘肃 | Gansu | 126.50 | 114.42 | | | 100.65 | 134.38 |
| 青海 | Qinghai | 78.99 | 263.37 | | | | |
| 宁夏 | Ningxia | 125.00 | | | | | |
| 新疆 | Xinjiang | | | | | | |

2-16续表30 continued 30

| 地 区 | Region | 水果 Fruits | | 水果 Fruits 苹果 Apple | |
|---|---|---|---|---|---|
| | | 2008 | 2009 | 2008 | 2009 |
| **全 国** | **National** | **101.35** | **106.96** | **98.39** | **107.05** |
| 北 京 | Beijing | 107.22 | 110.46 | 115.98 | 104.50 |
| 天 津 | Tianjin | 114.84 | 110.02 | 116.06 | 106.50 |
| 河 北 | Hebei | 113.72 | 109.45 | 105.20 | 92.85 |
| 山 西 | Shanxi | 99.22 | 107.90 | 100.08 | 105.03 |
| 内蒙古 | Inner Mongolia | | | | |
| 辽 宁 | Liaoning | 106.48 | 100.12 | 91.94 | 104.55 |
| 吉 林 | Jilin | 87.78 | 101.33 | 100.56 | 98.45 |
| 黑龙江 | Heilongjiang | | | | |
| 上 海 | Shanghai | 92.62 | 126.01 | | |
| 江 苏 | Jiangsu | | | 100.00 | 88.60 |
| 浙 江 | Zhejiang | 106.00 | 106.94 | | 136.68 |
| 安 徽 | Anhui | 99.25 | 102.94 | | |
| 福 建 | Fujian | 100.27 | 102.51 | | |
| 江 西 | Jiangxi | 70.22 | 84.77 | | |
| 山 东 | Shandong | 101.93 | 106.31 | 94.63 | 102.56 |
| 河 南 | Henan | | | 85.48 | 92.06 |
| 湖 北 | Hubei | 77.97 | 100.31 | | |
| 湖 南 | Hunan | 101.33 | 89.77 | | |
| 广 东 | Guangdong | 104.52 | 95.28 | | |
| 广 西 | Guangxi | 103.05 | 97.83 | | |
| 海 南 | Hainan | 119.59 | 120.79 | | |
| 重 庆 | Chongqing | 107.97 | 106.69 | | |
| 四 川 | Sichuan | 102.71 | 104.27 | | 129.14 |
| 贵 州 | Guizhou | 101.19 | 101.93 | | |
| 云 南 | Yunnan | 102.53 | 108.93 | 97.20 | 111.90 |
| 陕 西 | Shaanxi | 101.46 | 90.59 | 101.29 | 88.95 |
| 甘 肃 | Gansu | 110.94 | 97.22 | 101.80 | 98.27 |
| 青 海 | Qinghai | | | | |
| 宁 夏 | Ningxia | 88.05 | 93.89 | 79.33 | 90.97 |
| 新 疆 | Xinjiang | 108.81 | | 108.84 | |

2-16续表31 continued 31

| 地区 | Region | 水果 Fruits 梨 Pear 2008 | 2009 | 柑桔 Citrus 2008 | 2009 |
|---|---|---|---|---|---|
| **全国** | **National** | **105.49** | **108.55** | **91.29** | **97.63** |
| 北京 | Beijing | 103.75 | 102.82 | | |
| 天津 | Tianjin | 107.52 | 113.24 | | |
| 河北 | Hebei | 111.32 | 110.06 | | |
| 山西 | Shanxi | 95.89 | 105.52 | | |
| 内蒙古 | Inner Mongolia | | | | |
| 辽宁 | Liaoning | 98.32 | 85.71 | | |
| 吉林 | Jilin | 79.40 | 101.89 | | |
| 黑龙江 | Heilongjiang | | | | |
| 上海 | Shanghai | 114.29 | 88.89 | 45.08 | 141.98 |
| 江苏 | Jiangsu | 100.00 | 107.07 | 100.00 | 100.00 |
| 浙江 | Zhejiang | 100.83 | 115.38 | 86.39 | 59.83 |
| 安徽 | Anhui | | | 92.83 | |
| 福建 | Fujian | | | 97.43 | 96.17 |
| 江西 | Jiangxi | | | 68.24 | 83.67 |
| 山东 | Shandong | 102.06 | 82.35 | | |
| 河南 | Henan | | | | |
| 湖北 | Hubei | 103.99 | 108.83 | 75.22 | 99.62 |
| 湖南 | Hunan | | | 97.34 | 83.86 |
| 广东 | Guangdong | | | 93.86 | 83.78 |
| 广西 | Guangxi | 78.34 | 130.05 | 100.40 | 83.37 |
| 海南 | Hainan | | | | |
| 重庆 | Chongqing | 99.19 | 128.47 | 100.57 | 102.70 |
| 四川 | Sichuan | 102.90 | 103.04 | 102.16 | 100.83 |
| 贵州 | Guizhou | | | 94.04 | 97.46 |
| 云南 | Yunnan | 120.55 | 70.61 | 91.82 | 100.08 |
| 陕西 | Shaanxi | 99.86 | 91.00 | 94.72 | |
| 甘肃 | Gansu | 114.08 | 98.66 | | |
| 青海 | Qinghai | | | | |
| 宁夏 | Ningxia | 114.00 | | | |
| 新疆 | Xinjiang | 99.59 | | | |

2-16续表32　　continued 32

| 地　区 | Region | 水果 Fruits | | | | | |
|---|---|---|---|---|---|---|---|
| | | 红富士苹果 Hongfushi apple | | 国光苹果 Guoguang apple | | 香蕉苹果 Banana apple | |
| | | 2008 | 2009 | 2008 | 2009 | 2008 | 2009 |
| **全　国** | **National** | **105.63** | **103.90** | **89.07** | **98.64** | **89.15** | **116.73** |
| 北　京 | Beijing | 120.00 | 103.48 | 100.00 | 100.00 | 100.00 | |
| 天　津 | Tianjin | 125.53 | 107.69 | | | 109.38 | 105.66 |
| 河　北 | Hebei | 109.15 | 94.16 | 96.02 | 89.81 | | |
| 山　西 | Shanxi | 106.00 | 106.96 | 79.25 | 106.98 | 89.35 | 127.78 |
| 内蒙古 | Inner Mongolia | | | | | | |
| 辽　宁 | Liaoning | 102.49 | 111.17 | 81.38 | 97.93 | | |
| 吉　林 | Jilin | 107.53 | | | | | |
| 黑龙江 | Heilongjiang | | | 200.00 | 104.00 | | |
| 上　海 | Shanghai | | | | | | |
| 江　苏 | Jiangsu | 100.00 | 88.60 | 100.00 | 100.00 | | |
| 浙　江 | Zhejiang | | | | | | |
| 安　徽 | Anhui | | | | | | |
| 福　建 | Fujian | | | | | | |
| 江　西 | Jiangxi | | | | | 125.00 | |
| 山　东 | Shandong | 94.63 | 102.96 | 94.68 | 98.40 | 107.93 | 114.23 |
| 河　南 | Henan | 85.48 | 92.06 | | | 79.13 | 134.62 |
| 湖　北 | Hubei | | | | | | |
| 湖　南 | Hunan | | | | | | |
| 广　东 | Guangdong | | | | | | |
| 广　西 | Guangxi | | | | | | |
| 海　南 | Hainan | | | | | | |
| 重　庆 | Chongqing | | | | | | |
| 四　川 | Sichuan | | 131.38 | | | | |
| 贵　州 | Guizhou | | | | | | |
| 云　南 | Yunnan | 70.27 | | | | | |
| 陕　西 | Shaanxi | 100.73 | 89.29 | 120.00 | 120.00 | | |
| 甘　肃 | Gansu | 104.83 | 102.51 | 105.47 | 68.70 | 71.31 | 125.00 |
| 青　海 | Qinghai | 130.42 | | | | | |
| 宁　夏 | Ningxia | 81.88 | 89.02 | 60.94 | 100.00 | | |
| 新　疆 | Xinjiang | 108.86 | | | | | |

2-16续表33 continued 33

| 地 区 | Region | 水果 Fruits 雪花梨 Snowflake pear 2008 | 2009 | 鸭梨 Ya- pear 2008 | 2009 | 酥梨 Soft-pear 2008 | 2009 |
|---|---|---|---|---|---|---|---|
| **全 国** | **National** | **105.93** | **106.74** | **107.77** | **103.85** | **99.09** | **115.70** |
| 北 京 | Beijing | 115.09 | 89.01 | 102.11 | 104.81 | 113.53 | 105.00 |
| 天 津 | Tianjin | 97.29 | 110.83 | 113.39 | 114.62 | | |
| 河 北 | Hebei | 115.37 | 105.31 | 106.58 | 115.62 | | |
| 山 西 | Shanxi | | | | | 95.89 | 105.52 |
| 内蒙古 | Inner Mongolia | | | | | | |
| 辽 宁 | Liaoning | | | 88.75 | 68.17 | | 111.11 |
| 吉 林 | Jilin | | 136.36 | | | | |
| 黑龙江 | Heilongjiang | | | | 100.00 | | |
| 上 海 | Shanghai | 114.29 | | | | | |
| 江 苏 | Jiangsu | 100.00 | 100.00 | 100.00 | 100.00 | 100.00 | 107.07 |
| 浙 江 | Zhejiang | 103.08 | 117.12 | 100.83 | | | |
| 安 徽 | Anhui | | | | | | |
| 福 建 | Fujian | | | | | | |
| 江 西 | Jiangxi | | | | | | |
| 山 东 | Shandong | | | 102.06 | 82.35 | | |
| 河 南 | Henan | 94.13 | 119.52 | | | | 230.77 |
| 湖 北 | Hubei | 102.56 | 108.83 | 130.00 | | | |
| 湖 南 | Hunan | | | 100.00 | 100.00 | | 100.00 |
| 广 东 | Guangdong | | | | | | |
| 广 西 | Guangxi | | | | | | |
| 海 南 | Hainan | | | | | | |
| 重 庆 | Chongqing | 100.00 | 131.20 | | 148.75 | 92.48 | 100.00 |
| 四 川 | Sichuan | 100.63 | 103.04 | 116.20 | | | |
| 贵 州 | Guizhou | | | | | | |
| 云 南 | Yunnan | 125.00 | 89.44 | | | | 90.65 |
| 陕 西 | Shaanxi | 84.05 | 107.37 | 125.00 | 61.67 | 87.01 | 106.06 |
| 甘 肃 | Gansu | | | | | 110.98 | 85.95 |
| 青 海 | Qinghai | | | | | | |
| 宁 夏 | Ningxia | 114.00 | | 111.11 | | 114.00 | 100.00 |
| 新 疆 | Xinjiang | | | | | | |

2-16续表34 continued 34

| 地区 | Region | 水果 Fruits | | | |
|---|---|---|---|---|---|
| | | 西瓜 Watermelon | | 甜瓜 Muskmelon | |
| | | 2008 | 2009 | 2008 | 2009 |
| **全国** | **National** | **110.97** | **105.50** | **112.03** | **98.90** |
| 北京 | Beijing | 112.42 | 96.73 | 119.26 | 123.05 |
| 天津 | Tianjin | 97.96 | 104.59 | | |
| 河北 | Hebei | 80.75 | 158.74 | 110.13 | 104.58 |
| 山西 | Shanxi | 89.50 | 103.93 | 110.10 | 100.74 |
| 内蒙古 | Inner Mongolia | 101.03 | 113.35 | 121.38 | 111.58 |
| 辽宁 | Liaoning | 146.81 | 141.42 | 105.34 | |
| 吉林 | Jilin | 77.30 | 116.88 | 97.47 | 111.41 |
| 黑龙江 | Heilongjiang | 91.61 | 137.85 | 112.07 | |
| 上海 | Shanghai | 102.61 | 103.14 | 95.45 | 100.51 |
| 江苏 | Jiangsu | 100.00 | 96.41 | 100.00 | 95.43 |
| 浙江 | Zhejiang | 112.31 | 100.64 | 176.40 | 61.95 |
| 安徽 | Anhui | 125.88 | 101.24 | 105.28 | |
| 福建 | Fujian | 99.78 | 91.30 | | |
| 江西 | Jiangxi | 104.30 | 104.99 | 119.21 | 99.41 |
| 山东 | Shandong | 109.17 | 105.61 | 118.38 | 121.28 |
| 河南 | Henan | 112.48 | 92.56 | 112.10 | 100.10 |
| 湖北 | Hubei | 121.05 | 118.10 | 121.35 | 102.45 |
| 湖南 | Hunan | 113.64 | 106.13 | 103.80 | 114.89 |
| 广东 | Guangdong | 105.24 | 93.51 | 125.90 | 104.07 |
| 广西 | Guangxi | 93.06 | 103.15 | | |
| 海南 | Hainan | 103.41 | 131.50 | 111.41 | 76.79 |
| 重庆 | Chongqing | 108.62 | 111.58 | | |
| 四川 | Sichuan | 127.33 | | | |
| 贵州 | Guizhou | 104.15 | 95.39 | | |
| 云南 | Yunnan | 120.66 | 124.89 | 112.75 | 99.19 |
| 陕西 | Shaanxi | 110.26 | 115.20 | 121.40 | 87.29 |
| 甘肃 | Gansu | 115.29 | 86.23 | 109.42 | 95.36 |
| 青海 | Qinghai | | | | |
| 宁夏 | Ningxia | 142.75 | 130.59 | 112.86 | 102.78 |
| 新疆 | Xinjiang | 105.93 | 100.00 | 100.84 | 114.29 |

2-16续表35 continued 35

| 地　区 | Region | 水果 Fruits | | | |
|---|---|---|---|---|---|
| | | 香瓜 Musk melon | | 草莓 Strawberry | |
| | | 2008 | 2009 | 2008 | 2009 |
| **全　国** | **National** | **111.58** | **107.02** | **112.30** | **102.54** |
| 北　京 | Beijing | | | 106.80 | 127.27 |
| 天　津 | Tianjin | | | | |
| 河　北 | Hebei | | | 111.44 | 109.11 |
| 山　西 | Shanxi | | | | |
| 内蒙古 | Inner Mongolia | | 100.00 | | |
| 辽　宁 | Liaoning | | | 108.08 | 106.67 |
| 吉　林 | Jilin | 109.83 | 119.05 | | 97.94 |
| 黑龙江 | Heilongjiang | 89.34 | | | |
| 上　海 | Shanghai | | | 116.94 | 108.28 |
| 江　苏 | Jiangsu | | | | |
| 浙　江 | Zhejiang | | 125.00 | 96.33 | 100.86 |
| 安　徽 | Anhui | 106.21 | | | 102.52 |
| 福　建 | Fujian | 113.53 | 120.00 | 121.28 | 108.46 |
| 江　西 | Jiangxi | 111.51 | 108.68 | | |
| 山　东 | Shandong | | | 105.10 | 84.33 |
| 河　南 | Henan | 133.33 | | 109.37 | 119.83 |
| 湖　北 | Hubei | | | | |
| 湖　南 | Hunan | 123.57 | 116.32 | | 119.73 |
| 广　东 | Guangdong | 185.96 | | | |
| 广　西 | Guangxi | 110.08 | 93.05 | | |
| 海　南 | Hainan | | | | |
| 重　庆 | Chongqing | | | | |
| 四　川 | Sichuan | | | 117.41 | 87.79 |
| 贵　州 | Guizhou | | 100.00 | 122.88 | |
| 云　南 | Yunnan | | | | |
| 陕　西 | Shaanxi | | 103.14 | | |
| 甘　肃 | Gansu | 95.30 | | | |
| 青　海 | Qinghai | | | | |
| 宁　夏 | Ningxia | 84.14 | 121.35 | | |
| 新　疆 | Xinjiang | | | | |

2-16续表36 continued 36

| 地区 Region | 水果 Fruits | | | |
|---|---|---|---|---|
| | 桃 Peach | | 杏 Apricot | |
| | 2008 | 2009 | 2008 | 2009 |
| **全　国 National** | **105.86** | **113.06** | **106.96** | **91.58** |
| 北　京 Beijing | 100.68 | 122.55 | 94.77 | 116.08 |
| 天　津 Tianjin | 120.64 | 117.18 | | |
| 河　北 Hebei | 112.25 | 120.08 | 86.19 | 143.44 |
| 山　西 Shanxi | 95.89 | 124.85 | 98.49 | 114.53 |
| 内蒙古 Inner Mongolia | | | | |
| 辽　宁 Liaoning | 115.21 | 105.70 | | 100.00 |
| 吉　林 Jilin | | | 100.00 | |
| 黑龙江 Heilongjiang | | | | |
| 上　海 Shanghai | 113.19 | 105.67 | | |
| 江　苏 Jiangsu | 100.00 | 102.01 | | |
| 浙　江 Zhejiang | 102.69 | 115.40 | | |
| 安　徽 Anhui | 95.73 | 102.69 | 100.00 | 112.50 |
| 福　建 Fujian | 111.24 | 106.03 | | |
| 江　西 Jiangxi | 107.46 | 102.50 | | |
| 山　东 Shandong | 101.86 | 117.14 | 102.70 | 128.78 |
| 河　南 Henan | 96.79 | 137.27 | 100.00 | 133.97 |
| 湖　北 Hubei | 104.20 | 102.35 | | |
| 湖　南 Hunan | 112.15 | 115.25 | | |
| 广　东 Guangdong | 66.67 | 54.55 | | |
| 广　西 Guangxi | 73.31 | 129.25 | | |
| 海　南 Hainan | | | | |
| 重　庆 Chongqing | 108.48 | 106.13 | | |
| 四　川 Sichuan | 109.25 | 105.43 | 103.81 | 90.00 |
| 贵　州 Guizhou | 112.64 | 123.40 | | |
| 云　南 Yunnan | 110.44 | 98.52 | | |
| 陕　西 Shaanxi | 105.75 | 115.97 | 98.84 | 128.30 |
| 甘　肃 Gansu | 123.97 | 110.64 | 122.94 | 75.52 |
| 青　海 Qinghai | | | 113.50 | 65.97 |
| 宁　夏 Ningxia | 116.67 | 112.71 | 96.47 | 109.60 |
| 新　疆 Xinjiang | 106.67 | 100.00 | 112.47 | 78.88 |

2-16续表37 continued 37

| 地区 Region | | 水果 Fruits | | | | |
|---|---|---|---|---|---|---|
| | 葡萄 Grape | | 红枣 Chinese date | | 柿子 Persimmon | |
| | 2008 | 2009 | 2008 | 2009 | 2008 | 2009 |
| **全国 National** | **110.81** | **108.29** | **116.86** | **99.97** | **96.44** | **97.02** |
| 北京 Beijing | 107.09 | 109.24 | 126.52 | 81.84 | 145.21 | 110.61 |
| 天津 Tianjin | 111.02 | 115.36 | | | | |
| 河北 Hebei | 111.57 | 121.11 | 124.69 | 100.76 | 82.07 | 83.76 |
| 山西 Shanxi | 101.16 | 100.20 | 101.85 | 98.89 | 96.59 | 96.98 |
| 内蒙古 Inner Mongolia | | | | | | |
| 辽宁 Liaoning | | | 172.96 | 97.02 | | |
| 吉林 Jilin | 108.51 | 99.49 | | | | |
| 黑龙江 Heilongjiang | 103.21 | | | | | |
| 上海 Shanghai | 107.83 | 97.50 | | | | |
| 江苏 Jiangsu | 100.00 | 100.00 | 100.00 | 100.00 | | |
| 浙江 Zhejiang | 109.78 | 114.02 | 108.33 | 128.02 | 93.37 | 105.50 |
| 安徽 Anhui | 121.90 | 94.12 | | | | 100.00 |
| 福建 Fujian | 111.11 | 108.94 | | | 143.64 | 61.05 |
| 江西 Jiangxi | | 111.11 | 107.24 | 105.26 | 95.83 | 115.38 |
| 山东 Shandong | 115.15 | 119.15 | | 95.53 | 52.37 | 109.98 |
| 河南 Henan | | | 148.81 | | 62.85 | 106.51 |
| 湖北 Hubei | 103.28 | 149.52 | | | 93.25 | |
| 湖南 Hunan | 127.29 | 113.05 | 106.09 | 94.29 | 115.70 | 93.61 |
| 广东 Guangdong | | | 100.00 | | 100.56 | 97.72 |
| 广西 Guangxi | 98.58 | 101.53 | | | 117.03 | 117.31 |
| 海南 Hainan | | | | | | |
| 重庆 Chongqing | | | | | 109.09 | |
| 四川 Sichuan | 98.75 | 111.23 | 128.56 | 87.04 | 102.82 | 102.81 |
| 贵州 Guizhou | 99.59 | 80.00 | | | 109.81 | |
| 云南 Yunnan | 92.71 | 148.44 | | | 115.72 | 107.01 |
| 陕西 Shaanxi | 115.44 | 108.14 | 104.77 | 111.45 | 93.17 | 81.95 |
| 甘肃 Gansu | 136.54 | 91.67 | 94.34 | | 106.59 | |
| 青海 Qinghai | 100.00 | | | | | |
| 宁夏 Ningxia | 142.11 | 116.28 | 75.63 | 95.87 | | |
| 新疆 Xinjiang | 110.24 | 88.90 | 111.38 | 101.26 | | |

2-16续表38 continued 38

| 地 区 | Region | 其它水果 Other fruits 2008 | 其它水果 Other fruits 2009 | 其他水果 Other fruits 香蕉 Banana 2008 | 其他水果 Other fruits 香蕉 Banana 2009 | 茶叶 Tea 绿毛茶 Green tea 2008 | 茶叶 Tea 绿毛茶 Green tea 2009 |
|---|---|---|---|---|---|---|---|
| **全 国** | **National** | **107.22** | **109.63** | **122.95** | **110.96** | **81.07** | **98.91** |
| 北 京 | Beijing | 101.42 | 115.31 | | | | |
| 天 津 | Tianjin | 117.55 | 116.60 | | | | |
| 河 北 | Hebei | 116.59 | 113.34 | | | | |
| 山 西 | Shanxi | 98.08 | 114.82 | | | | |
| 内 蒙 古 | Inner Mongolia | | | | | | |
| 辽 宁 | Liaoning | 129.53 | 103.55 | | | | |
| 吉 林 | Jilin | 111.86 | 101.93 | | | | |
| 黑 龙 江 | Heilongjiang | | | | | | |
| 上 海 | Shanghai | 111.60 | | | | | |
| 江 苏 | Jiangsu | | | | | 109.03 | 99.29 |
| 浙 江 | Zhejiang | 103.72 | 112.89 | | | 93.62 | 104.68 |
| 安 徽 | Anhui | 101.82 | 102.94 | | | 103.83 | 110.07 |
| 福 建 | Fujian | 102.25 | 105.75 | 112.26 | 74.2 | 95.34 | 89.66 |
| 江 西 | Jiangxi | 110.41 | 107.38 | | | 114.00 | 105.18 |
| 山 东 | Shandong | 108.07 | 111.79 | | | | |
| 河 南 | Henan | | | | | 141.2 | 146.68 |
| 湖 北 | Hubei | 104.20 | 102.35 | | | 104.80 | 96.80 |
| 湖 南 | Hunan | 115.53 | 110.78 | | | 119.28 | 97.31 |
| 广 东 | Guangdong | 108.07 | 98.96 | 103.47 | 99.76 | 107.19 | 102.69 |
| 广 西 | Guangxi | 104.82 | 107.09 | 129.70 | 84.50 | 103.72 | 67.06 |
| 海 南 | Hainan | 119.59 | 120.79 | 127.59 | 131.70 | | |
| 重 庆 | Chongqing | 133.39 | 106.13 | 104.26 | | 120 | |
| 四 川 | Sichuan | 103.39 | 106.88 | 106.07 | 114.58 | 96.55 | 96.76 |
| 贵 州 | Guizhou | 107.34 | 105.77 | 121.21 | 84.62 | 111.06 | 106.14 |
| 云 南 | Yunnan | 102.87 | 123.42 | 99.83 | 150.00 | 28.81 | 93.58 |
| 陕 西 | Shaanxi | 105.25 | 113.50 | | | 138.83 | 95.66 |
| 甘 肃 | Gansu | 122.87 | 94.00 | | | | |
| 青 海 | Qinghai | | | | | | |
| 宁 夏 | Ningxia | 132.61 | 113.36 | | | | |
| 新 疆 | Xinjiang | 110.39 | | | | | |

# 2-17 各地区林业产品生产价格分类指数

# Producer Price Indices of Forestry Products by Region and Category

(上年=100) (the preceding year=100)

| 地区 | Region | 林业产品 Forestry products | | 竹木采运 Felling and transport of bamboo and wood | | 林产品的采集 Gathering of forest products | |
|---|---|---|---|---|---|---|---|
| | | 2008 | 2009 | 2008 | 2009 | 2008 | 2009 |
| **全国** | **National** | **108.47** | **94.88** | **108.16** | **95.72** | **109.80** | **94.64** |
| 北京 | Beijing | 103.54 | 83.51 | | | 103.54 | 83.51 |
| 天津 | Tianjin | 106.02 | 84.22 | | | 106.02 | 84.22 |
| 河北 | Hebei | 88.96 | 104.30 | | | 88.96 | 104.30 |
| 山西 | Shanxi | 100.73 | 101.14 | 105.47 | 104.66 | 97.07 | 97.86 |
| 内蒙古 | Inner Mongolia | 116.63 | 102.35 | 116.63 | 102.35 | | |
| 辽宁 | Liaoning | 108.95 | 94.75 | 117.84 | 90.81 | 92.31 | 102.13 |
| 吉林 | Jilin | 121.15 | 100.11 | 112.30 | 93.87 | 130.00 | 103.24 |
| 黑龙江 | Heilongjiang | | | | | | |
| 上海 | Shanghai | 111.62 | 101.88 | | 104.50 | | |
| 江苏 | Jiangsu | 96.54 | 96.80 | 102.09 | 96.75 | 79.29 | 98.47 |
| 浙江 | Zhejiang | 102.60 | 96.35 | 102.13 | 99.34 | 105.95 | 92.81 |
| 安徽 | Anhui | 106.46 | 97.58 | 106.90 | 97.24 | 103.59 | 100.13 |
| 福建 | Fujian | 115.18 | 101.50 | 107.44 | 101.50 | 129.59 | 100.79 |
| 江西 | Jiangxi | 114.73 | 99.10 | 115.13 | 98.84 | 102.46 | 106.84 |
| 山东 | Shandong | 109.57 | 90.08 | 104.67 | 73.43 | 111.40 | 96.32 |
| 河南 | Henan | 105.40 | | 105.40 | | | |
| 湖北 | Hubei | 113.68 | 103.67 | 114.22 | 105.37 | 112.37 | 99.56 |
| 湖南 | Hunan | 118.83 | 106.54 | 115.09 | 107.34 | 126.15 | 104.99 |
| 广东 | Guangdong | 103.13 | 98.87 | 103.81 | 99.42 | 99.54 | 95.93 |
| 广西 | Guangxi | 104.30 | 104.52 | 104.30 | 104.47 | 102.32 | 121.69 |
| 海南 | Hainan | 102.96 | 83.50 | 109.15 | 72.84 | 102.00 | 85.16 |
| 重庆 | Chongqing | 112.88 | 111.36 | 113.88 | 100.00 | 108.89 | 120.20 |
| 四川 | Sichuan | 109.58 | 101.00 | 111.29 | 99.99 | 105.27 | 103.52 |
| 贵州 | Guizhou | 107.53 | 108.30 | 108.02 | 106.47 | 106.81 | 111.02 |
| 云南 | Yunnan | 105.55 | 98.35 | 113.60 | 100.77 | 103.54 | 97.68 |
| 陕西 | Shaanxi | 109.45 | 92.03 | 101.42 | | 109.59 | 92.03 |
| 甘肃 | Gansu | 115.91 | 92.91 | | | 115.91 | 92.91 |
| 青海 | Qinghai | | | | | | |
| 宁夏 | Ningxia | | | | | | |
| 新疆 | Xinjiang | 102.15 | 121.88 | 106.53 | 98.31 | 94.77 | 124.64 |

2-17续表1 continued 1

| 地区 | Region | 木材采运 Felling and transport of wood | | | | 竹材采运 Felling and transport of bamboo | |
|---|---|---|---|---|---|---|---|
| | | 原木 Log | | 薪材 Firewood | | | |
| | | 2008 | 2009 | 2008 | 2009 | 2008 | 2009 |
| **全国** | **National** | **108.17** | **96.26** | **110.93** | **98.97** | **108.87** | **100.63** |
| 北京 | Beijing | | | | | | |
| 天津 | Tianjin | | | | | | |
| 河北 | Hebei | | | | | | |
| 山西 | Shanxi | 105.47 | 104.66 | | | | |
| 内蒙古 | Inner Mongolia | 116.63 | 102.35 | | | | |
| 辽宁 | Liaoning | 117.84 | 90.81 | 109.20 | 100.00 | | |
| 吉林 | Jilin | 112.30 | 93.87 | | | | |
| 黑龙江 | Heilongjiang | | 88.12 | | | | |
| 上海 | Shanghai | | 104.50 | | | | |
| 江苏 | Jiangsu | 102.29 | 97.44 | | | 108.67 | 91.79 |
| 浙江 | Zhejiang | 101.05 | 100.09 | | 100.11 | 103.07 | 98.88 |
| 安徽 | Anhui | 106.51 | 96.96 | 106.32 | 100.15 | 109.32 | 95.41 |
| 福建 | Fujian | 104.53 | 102.54 | 112.44 | 98.81 | 108.57 | 102.24 |
| 江西 | Jiangxi | 116.70 | 98.25 | 103.28 | 99.24 | 102.50 | 103.62 |
| 山东 | Shandong | 104.67 | 73.43 | | | | |
| 河南 | Henan | 105.40 | | | | | |
| 湖北 | Hubei | 114.75 | 105.79 | | | 112.90 | 104.31 |
| 湖南 | Hunan | 112.68 | 106.38 | | | 120.11 | 109.33 |
| 广东 | Guangdong | 104.14 | 96.98 | 102.04 | 100.00 | 103.09 | 104.67 |
| 广西 | Guangxi | 104.30 | 104.47 | 106.48 | 101.59 | 101.84 | 99.42 |
| 海南 | Hainan | 110.59 | 74.39 | 107.22 | 70.75 | | |
| 重庆 | Chongqing | | 100.00 | | | 113.88 | |
| 四川 | Sichuan | 106.82 | 99.18 | | 98.38 | 118.43 | 101.98 |
| 贵州 | Guizhou | 107.42 | 105.51 | | | 111.10 | 111.45 |
| 云南 | Yunnan | 116.46 | 102.25 | 129.92 | | 99.10 | 93.25 |
| 陕西 | Shaanxi | | | 101.42 | | | |
| 甘肃 | Gansu | | | | | | |
| 青海 | Qinghai | | | 119.28 | 113.64 | | |
| 宁夏 | Ningxia | | | | | | |
| 新疆 | Xinjiang | 106.53 | 98.31 | | | | |

2-17续表2 continued 2

| 地区 Region | 林产品采集 Gathering of forest products | | | | | |
|---|---|---|---|---|---|---|
| | 橡胶 Rubber | | 油桐籽 Seeds of tung oil tree | | 油茶籽 Seeds of tea-oil tree | |
| | 2008 | 2009 | 2008 | 2009 | 2008 | 2009 |
| **全国 National** | **114.86** | **77.70** | **117.15** | **106.02** | **121.01** | **103.82** |
| 北京 Beijing | | | | | | |
| 天津 Tianjin | | | | | | |
| 河北 Hebei | | | | | | |
| 山西 Shanxi | | | | | | |
| 内蒙古 Inner Mongolia | | | | | | |
| 辽宁 Liaoning | | | | | | |
| 吉林 Jilin | | | | | | |
| 黑龙江 Heilongjiang | | | | | | |
| 上海 Shanghai | | | | | | |
| 江苏 Jiangsu | | | | 100.00 | | 100.00 |
| 浙江 Zhejiang | | | | | 115.13 | 105.26 |
| 安徽 Anhui | | | | | | |
| 福建 Fujian | | | | | 116.67 | 115.21 |
| 江西 Jiangxi | | | 102.66 | 94.22 | 102.23 | 106.79 |
| 山东 Shandong | | | | | | |
| 河南 Henan | | | | | | |
| 湖北 Hubei | | | | 100.00 | 101.96 | 112.00 |
| 湖南 Hunan | | | 125.38 | 82.63 | 127.79 | 107.33 |
| 广东 Guangdong | | | | | 103.91 | 96.04 |
| 广西 Guangxi | | | 114.75 | 74.27 | 127.81 | 76.22 |
| 海南 Hainan | 107.30 | 77.37 | | | | |
| 重庆 Chongqing | | | 73.85 | 100.00 | | |
| 四川 Sichuan | | | 109.54 | | | |
| 贵州 Guizhou | | | 94.23 | 118.43 | 105.26 | |
| 云南 Yunnan | 100.65 | 89.08 | 111.11 | 103.28 | | |
| 陕西 Shaanxi | | | 136.66 | 60.55 | | |
| 甘肃 Gansu | | | | | | |
| 青海 Qinghai | | | | | | |
| 宁夏 Ningxia | | | | | | |
| 新疆 Xinjiang | | | | | | |

2-17续表3 continued 3

| 地 区 Region | 林产品采集 Gathering of forest products | | | |
|---|---|---|---|---|
| | 棕片 Palm fibre | | 松脂 Rosin | |
| | 2008 | 2009 | 2008 | 2009 |
| **全 国 National** | **117.58** | **101.06** | **113.41** | **101.89** |
| 北 京 Beijing | | | | |
| 天 津 Tianjin | | | | |
| 河 北 Hebei | | | | |
| 山 西 Shanxi | | | | |
| 内蒙古 Inner Mongolia | | | | |
| 辽 宁 Liaoning | | | | |
| 吉 林 Jilin | | | | |
| 黑龙江 Heilongjiang | | | | |
| 上 海 Shanghai | | | | |
| 江 苏 Jiangsu | | | | |
| 浙 江 Zhejiang | | | | |
| 安 徽 Anhui | | | 139.03 | |
| 福 建 Fujian | | | | |
| 江 西 Jiangxi | 121.44 | 93.75 | | |
| 山 东 Shandong | | | | |
| 河 南 Henan | | | | |
| 湖 北 Hubei | 107.88 | | | |
| 湖 南 Hunan | | 100.00 | 89.56 | 90.74 |
| 广 东 Guangdong | | | 117.20 | 94.38 |
| 广 西 Guangxi | | | 109.88 | 89.82 |
| 海 南 Hainan | | | | |
| 重 庆 Chongqing | 120.00 | 120.00 | | |
| 四 川 Sichuan | | | | |
| 贵 州 Guizhou | | | | |
| 云 南 Yunnan | | 100.00 | 116.50 | 111.38 |
| 陕 西 Shaanxi | | | | |
| 甘 肃 Gansu | | | | |
| 青 海 Qinghai | | | | |
| 宁 夏 Ningxia | | | | |
| 新 疆 Xinjiang | | | | |

2-17续表4 continued 4

| 地 区 | Region | 林产品采集 Gathering of forest products | | | |
|---|---|---|---|---|---|
| | | 核桃 Walnut | | 板栗 Chinese chestnut | |
| | | 2008 | 2009 | 2008 | 2009 |
| **全 国** | **National** | **97.23** | **105.58** | **116.18** | **91.12** |
| 北 京 | Beijing | 119.67 | 92.54 | 88.52 | 73.84 |
| 天 津 | Tianjin | 103.42 | 78.81 | 110.00 | 92.50 |
| 河 北 | Hebei | 86.02 | 119.79 | 86.23 | 94.07 |
| 山 西 | Shanxi | 93.63 | 96.60 | | |
| 内 蒙 古 | Inner Mongolia | | | | |
| 辽 宁 | Liaoning | | | 92.31 | 102.13 |
| 吉 林 | Jilin | 100.28 | 103.62 | | |
| 黑 龙 江 | Heilongjiang | | | | |
| 上 海 | Shanghai | | | | |
| 江 苏 | Jiangsu | 100.00 | 100.00 | 122.42 | 99.49 |
| 浙 江 | Zhejiang | 88.28 | 99.61 | 125.27 | 87.57 |
| 安 徽 | Anhui | 70.80 | 126.06 | 136.37 | 74.19 |
| 福 建 | Fujian | | | 110.55 | 98.15 |
| 江 西 | Jiangxi | | | 115.45 | 94.64 |
| 山 东 | Shandong | 99.59 | 106.21 | 113.83 | 91.47 |
| 河 南 | Henan | 101.17 | 101.39 | 133.36 | 68.00 |
| 湖 北 | Hubei | | | 112.37 | 99.51 |
| 湖 南 | Hunan | 168.00 | 102.88 | 109.52 | 98.41 |
| 广 东 | Guangdong | | | 107.26 | 96.58 |
| 广 西 | Guangxi | | | 139.13 | 58.84 |
| 海 南 | Hainan | | | | |
| 重 庆 | Chongqing | 104.40 | 126.32 | 106.01 | 120.31 |
| 四 川 | Sichuan | 106.11 | 107.84 | 104.31 | 112.02 |
| 贵 州 | Guizhou | 121.52 | 103.14 | 119.65 | 97.91 |
| 云 南 | Yunnan | 108.96 | 111.35 | 117.87 | 100.36 |
| 陕 西 | Shaanxi | 77.40 | 106.40 | 157.71 | 121.62 |
| 甘 肃 | Gansu | 101.10 | 92.48 | | |
| 青 海 | Qinghai | | 98.08 | | |
| 宁 夏 | Ningxia | | | | |
| 新 疆 | Xinjiang | 95.19 | 124.88 | | |

# 2-18 各地区畜牧业产品生产价格分类指数
# Producer Price Indices of Livestock Products by Region and Category

(上年=100) (the preceding year=100)

| 地区 | Region | 畜牧业产品 Livestock products | | 大牲畜 Livestock | | 猪 Hog | |
|---|---|---|---|---|---|---|---|
| | | 2008 | 2009 | 2008 | 2009 | 2008 | 2009 |
| **全国** | **National** | **123.94** | **90.13** | **120.24** | **98.91** | **130.84** | **81.62** |
| 北京 | Beijing | 117.58 | 91.98 | 131.06 | 96.44 | 117.95 | 78.33 |
| 天津 | Tianjin | 106.51 | 96.44 | 111.93 | 101.99 | 107.78 | 89.13 |
| 河北 | Hebei | 115.45 | 95.79 | 116.98 | 100.19 | 120.89 | 85.27 |
| 山西 | Shanxi | 117.80 | 96.98 | 118.21 | 100.61 | 125.10 | 93.59 |
| 内蒙古 | Inner Mongolia | 115.92 | 95.77 | 113.66 | 96.78 | 118.77 | 91.45 |
| 辽宁 | Liaoning | 122.31 | 98.33 | 120.99 | 101.16 | 134.37 | 84.91 |
| 吉林 | Jilin | 115.27 | 93.85 | 115.74 | 99.32 | 116.60 | 89.11 |
| 黑龙江 | Heilongjiang | 126.58 | 92.15 | 130.86 | 97.24 | 125.48 | 86.19 |
| 上海 | Shanghai | 112.95 | 90.12 | 122.60 | 104.04 | 114.96 | 81.23 |
| 江苏 | Jiangsu | 125.84 | 90.44 | 112.12 | 103.95 | 136.30 | 80.52 |
| 浙江 | Zhejiang | 126.06 | 90.10 | 124.28 | 99.62 | 129.95 | 81.08 |
| 安徽 | Anhui | 125.88 | 90.59 | 124.46 | 91.22 | 135.51 | 81.75 |
| 福建 | Fujian | 119.57 | 88.62 | 129.13 | 104.28 | 121.11 | 80.32 |
| 江西 | Jiangxi | 124.38 | 90.56 | 125.21 | 96.60 | 126.42 | 88.18 |
| 山东 | Shandong | 121.60 | 95.08 | 121.06 | 100.28 | 137.72 | 81.56 |
| 河南 | Henan | 126.54 | 87.40 | 127.01 | 100.89 | 126.44 | 84.38 |
| 湖北 | Hubei | 130.45 | 85.63 | 126.88 | 95.47 | 137.13 | 78.72 |
| 湖南 | Hunan | 135.91 | 82.67 | 124.68 | 99.54 | 138.24 | 80.16 |
| 广东 | Guangdong | 120.05 | 89.66 | 114.82 | 101.05 | 122.41 | 83.38 |
| 广西 | Guangxi | 123.20 | 80.52 | 122.82 | 98.00 | 123.76 | 79.07 |
| 海南 | Hainan | 118.41 | 94.92 | 118.62 | 101.83 | 123.49 | 85.59 |
| 重庆 | Chongqing | 125.79 | 80.84 | 120.13 | 103.54 | 127.01 | 77.12 |
| 四川 | Sichuan | 123.18 | 92.39 | 110.45 | 102.42 | 132.58 | 82.12 |
| 贵州 | Guizhou | 124.26 | 85.50 | 118.35 | 99.28 | 127.61 | 80.49 |
| 云南 | Yunnan | 130.74 | 84.48 | 125.71 | 99.34 | 135.09 | 78.01 |
| 陕西 | Shaanxi | 124.10 | 94.75 | 127.86 | 88.45 | 140.01 | 79.05 |
| 甘肃 | Gansu | 125.81 | 91.13 | 122.31 | 95.48 | 128.00 | 85.39 |
| 青海 | Qinghai | 118.83 | 92.22 | 117.02 | 93.87 | 136.42 | 74.95 |
| 宁夏 | Ningxia | 127.81 | 91.78 | 126.36 | 89.18 | 146.87 | 85.46 |
| 新疆 | Xinjiang | 129.73 | 91.06 | 128.93 | 102.20 | 141.44 | 80.47 |

2-18续表1 continued 1

| 地区 Region | 家禽(毛重) Poultry | | 禽蛋 Eggs | |
|---|---|---|---|---|
| | 2008 | 2009 | 2008 | 2009 |
| **全国 National** | **111.94** | **102.21** | **112.23** | **102.78** |
| 北京 Beijing | 111.59 | 98.03 | 104.88 | 101.15 |
| 天津 Tianjin | 107.23 | 103.89 | 99.90 | 100.72 |
| 河北 Hebei | 105.54 | 100.28 | 104.05 | 102.69 |
| 山西 Shanxi | 107.47 | 100.08 | 104.03 | 103.02 |
| 内蒙古 Inner Mongolia | 114.22 | 100.52 | 102.71 | 101.75 |
| 辽宁 Liaoning | 113.39 | 106.26 | 99.50 | 102.95 |
| 吉林 Jilin | 108.08 | 103.97 | 109.40 | 103.73 |
| 黑龙江 Heilongjiang | 121.66 | 104.12 | 124.19 | 108.42 |
| 上海 Shanghai | 102.02 | 101.04 | 104.87 | 99.31 |
| 江苏 Jiangsu | 105.23 | 100.17 | 109.73 | 100.48 |
| 浙江 Zhejiang | 116.99 | 104.38 | 106.93 | 103.33 |
| 安徽 Anhui | 108.13 | 102.42 | 110.95 | 103.50 |
| 福建 Fujian | 115.91 | 103.13 | 108.80 | 99.33 |
| 江西 Jiangxi | 108.23 | 101.78 | 113.72 | 101.10 |
| 山东 Shandong | 114.65 | 102.34 | 105.41 | 103.87 |
| 河南 Henan | | | | |
| 湖北 Hubei | 112.01 | 99.15 | 109.76 | 104.56 |
| 湖南 Hunan | 117.03 | 101.35 | 118.73 | 103.29 |
| 广东 Guangdong | 106.90 | 101.70 | 115.24 | 103.94 |
| 广西 Guangxi | 108.35 | 101.03 | 128.32 | 96.01 |
| 海南 Hainan | 112.07 | 105.25 | 109.73 | 104.98 |
| 重庆 Chongqing | 111.75 | 102.80 | 112.09 | 101.91 |
| 四川 Sichuan | 113.15 | 104.78 | 112.19 | 104.38 |
| 贵州 Guizhou | 109.96 | 99.57 | 109.59 | 100.19 |
| 云南 Yunnan | 113.73 | 100.10 | 111.34 | 98.46 |
| 陕西 Shaanxi | 126.30 | 101.73 | 114.70 | 104.10 |
| 甘肃 Gansu | 120.97 | 95.11 | 101.53 | 102.62 |
| 青海 Qinghai | 112.67 | 103.67 | 98.87 | 106.10 |
| 宁夏 Ningxia | 115.89 | 98.53 | 119.43 | 106.04 |
| 新疆 Xinjiang | 119.00 | 107.71 | 115.62 | 107.68 |

2-18续表2 continued 2

| 地　区 | Region | 牛 Live cattle 2008 | 牛 Live cattle 2009 | 羊 Sheep raising 2008 | 羊 Sheep raising 2009 | 马 Horse 2008 | 马 Horse 2009 |
|---|---|---|---|---|---|---|---|
| **全　国** | **National** | **123.60** | **101.03** | **118.76** | **101.09** | **116.61** | **96.60** |
| 北　京 | Beijing | 124.89 | 100.81 | 130.63 | 102.30 | | |
| 天　津 | Tianjin | 111.09 | 101.73 | 112.88 | 107.72 | | |
| 河　北 | Hebei | 116.73 | 99.59 | 117.44 | 102.14 | | |
| 山　西 | Shanxi | 113.63 | 103.57 | 120.67 | 102.16 | | |
| 内蒙古 | Inner Mongolia | 120.81 | 104.49 | 115.39 | 103.21 | 106.61 | 108.64 |
| 辽　宁 | Liaoning | 121.20 | 103.41 | 119.44 | 95.59 | | |
| 吉　林 | Jilin | 116.93 | 99.75 | 112.23 | 95.21 | 102.95 | 101.76 |
| 黑龙江 | Heilongjiang | 138.86 | 99.39 | 114.41 | 116.30 | | |
| 上　海 | Shanghai | | | 113.68 | 113.76 | | |
| 江　苏 | Jiangsu | 100.00 | 100.41 | | 103.95 | | |
| 浙　江 | Zhejiang | | | 134.04 | 91.55 | | |
| 安　徽 | Anhui | 124.58 | 89.03 | 124.51 | 99.81 | | |
| 福　建 | Fujian | 137.68 | 99.03 | 132.49 | 101.42 | | |
| 江　西 | Jiangxi | 125.21 | 96.60 | | | | |
| 山　东 | Shandong | 118.77 | 104.08 | 123.66 | 98.90 | | |
| 河　南 | Henan | 130.21 | 102.51 | 122.74 | 98.72 | | |
| 湖　北 | Hubei | 126.70 | | 127.29 | 95.47 | | |
| 湖　南 | Hunan | 127.04 | 98.69 | 117.62 | 102.06 | 121.21 | |
| 广　东 | Guangdong | 122.17 | 101.65 | | | | |
| 广　西 | Guangxi | 122.16 | 105.03 | 123.24 | 102.59 | 104.21 | 93.33 |
| 海　南 | Hainan | 118.53 | 101.58 | 118.81 | 102.35 | | |
| 重　庆 | Chongqing | 116.96 | 104.24 | 128.85 | 100.74 | | |
| 四　川 | Sichuan | 106.08 | 102.40 | 118.89 | 103.34 | | |
| 贵　州 | Guizhou | 117.79 | 100.73 | 120.95 | 94.00 | 119.46 | |
| 云　南 | Yunnan | 131.58 | 96.06 | 128.74 | 95.78 | | |
| 陕　西 | Shaanxi | 129.23 | 99.13 | 122.78 | 95.97 | | |
| 甘　肃 | Gansu | 131.63 | 102.15 | 126.31 | 97.45 | | |
| 青　海 | Qinghai | 131.63 | 99.98 | 129.65 | 98.83 | 200.32 | 92.36 |
| 宁　夏 | Ningxia | 133.66 | 97.65 | 125.84 | 97.13 | | |
| 新　疆 | Xinjiang | 135.38 | 106.55 | 125.43 | 104.57 | 133.37 | 106.25 |

2-18续表3 continued 3

| 地区 | Region | 牛肉 Beef | | 羊肉 Mutton | | 猪肉 Pork | |
|---|---|---|---|---|---|---|---|
| | | 2008 | 2009 | 2008 | 2009 | 2008 | 2009 |
| **全国** | **National** | **127.59** | **103.96** | **136.08** | **99.52** | **145.79** | **90.78** |
| 北京 | Beijing | 151.87 | 105.60 | | | | |
| 天津 | Tianjin | | | | | | |
| 河北 | Hebei | | | 133.22 | 102.98 | 136.00 | 83.15 |
| 山西 | Shanxi | 100.00 | | 117.37 | 100.73 | 140.55 | 85.96 |
| 内蒙古 | Inner Mongolia | 120.24 | 103.62 | 133.60 | 102.71 | 138.00 | 94.15 |
| 辽宁 | Liaoning | 126.25 | | 122.37 | 95.24 | 165.49 | 90.77 |
| 吉林 | Jilin | 123.38 | | 113.04 | 98.86 | 121.80 | 95.92 |
| 黑龙江 | Heilongjiang | | 105.26 | 98.76 | 96.14 | 151.68 | 95.25 |
| 上海 | Shanghai | | | 101.07 | 83.33 | 108.24 | |
| 江苏 | Jiangsu | 100.00 | 100.00 | | 100.00 | | 87.92 |
| 浙江 | Zhejiang | 100.03 | 101.20 | 103.29 | 123.98 | 134.72 | 89.15 |
| 安徽 | Anhui | | | | 102.00 | 146.95 | 87.04 |
| 福建 | Fujian | 154.98 | | 159.30 | 85.50 | 137.62 | 84.95 |
| 江西 | Jiangxi | | | | | 134.12 | 88.17 |
| 山东 | Shandong | | 134.11 | 118.75 | 101.56 | 128.18 | 78.87 |
| 河南 | Henan | 140.74 | | 129.68 | 99.73 | 202.96 | 88.32 |
| 湖北 | Hubei | | | | 108.90 | 143.60 | 86.00 |
| 湖南 | Hunan | 123.44 | 107.14 | 93.25 | 93.75 | 148.07 | 84.71 |
| 广东 | Guangdong | | | 100.00 | | 145.51 | 84.86 |
| 广西 | Guangxi | 187.50 | | | | 116.37 | 87.37 |
| 海南 | Hainan | 133.58 | 106.32 | | | 123.01 | 81.77 |
| 重庆 | Chongqing | | | | | 136.20 | 70.81 |
| 四川 | Sichuan | 100.47 | 100.04 | | 107.53 | 134.14 | 88.49 |
| 贵州 | Guizhou | 116.47 | 95.24 | | 100.36 | 131.66 | 87.61 |
| 云南 | Yunnan | 112.33 | | | 89.68 | 125.05 | 100.02 |
| 陕西 | Shaanxi | | | 117.66 | 95.77 | 166.96 | 84.70 |
| 甘肃 | Gansu | 131.18 | 104.34 | 133.08 | 101.53 | 149.64 | 85.57 |
| 青海 | Qinghai | 136.08 | | 139.97 | | 144.77 | 78.12 |
| 宁夏 | Ningxia | 151.67 | 100.00 | 131.02 | 100.37 | 187.15 | 91.43 |
| 新疆 | Xinjiang | 136.51 | | 158.76 | 108.11 | 107.56 | 106.67 |

2-18续表4 continued 4

| 地　区 | Region | 鸡 Chicken 2008 | 鸡 Chicken 2009 | 鸭 Duck 2008 | 鸭 Duck 2009 | 鹅 Goose 2008 | 鹅 Goose 2009 |
|---|---|---|---|---|---|---|---|
| **全　国** | **National** | **112.15** | **102.24** | **111.03** | **101.58** | **104.04** | **104.61** |
| 北　京 | Beijing | 114.64 | 97.03 | 103.09 | 101.46 | | |
| 天　津 | Tianjin | 106.46 | 107.43 | 111.96 | 82.25 | | |
| 河　北 | Hebei | 106.01 | 100.13 | | 101.63 | 80.11 | 108.06 |
| 山　西 | Shanxi | 107.47 | 100.08 | | | | |
| 内蒙古 | Inner Mongolia | 116.39 | 100.84 | 96.16 | 102.21 | 96.45 | 97.86 |
| 辽　宁 | Liaoning | 114.78 | 106.35 | 110.34 | 94.68 | 93.76 | 107.08 |
| 吉　林 | Jilin | 110.89 | 104.46 | 106.00 | 100.45 | 98.04 | 102.47 |
| 黑龙江 | Heilongjiang | 126.77 | 103.35 | 110.61 | 89.84 | 90.53 | 110.05 |
| 上　海 | Shanghai | 101.90 | 100.45 | 102.38 | 103.12 | | |
| 江　苏 | Jiangsu | 107.69 | 100.21 | 94.86 | 97.24 | 94.59 | 101.47 |
| 浙　江 | Zhejiang | 115.78 | 104.44 | 118.71 | 104.32 | | |
| 安　徽 | Anhui | 110.34 | 100.98 | 102.85 | 105.99 | 108.14 | 101.88 |
| 福　建 | Fujian | 117.72 | 103.03 | 113.00 | 103.27 | 126.42 | 89.70 |
| 江　西 | Jiangxi | 111.38 | 101.19 | 104.82 | 103.72 | 109.82 | 96.41 |
| 山　东 | Shandong | 113.99 | 103.03 | 115.87 | 95.02 | 139.73 | 98.83 |
| 河　南 | Henan | 110.91 | 102.15 | 110.44 | 102.39 | 112.72 | 101.36 |
| 湖　北 | Hubei | 114.38 | 101.40 | 110.52 | 97.73 | | |
| 湖　南 | Hunan | 117.99 | 100.29 | 116.15 | 102.68 | 115.60 | 101.72 |
| 广　东 | Guangdong | 108.17 | 101.78 | 104.94 | 101.22 | 116.26 | 104.65 |
| 广　西 | Guangxi | 108.42 | 100.21 | 107.29 | 103.11 | 119.19 | 111.30 |
| 海　南 | Hainan | 112.36 | 105.39 | 107.74 | 102.79 | 109.84 | 104.83 |
| 重　庆 | Chongqing | 114.04 | 103.07 | 111.00 | 102.09 | 107.87 | 105.81 |
| 四　川 | Sichuan | 114.27 | 106.14 | 111.17 | 104.08 | 112.17 | 100.63 |
| 贵　州 | Guizhou | 110.84 | 99.10 | 105.32 | 100.60 | 110.38 | 103.01 |
| 云　南 | Yunnan | 113.26 | 99.92 | 120.45 | 101.80 | 109.21 | 108.06 |
| 陕　西 | Shaanxi | 126.28 | 101.76 | 136.51 | 86.81 | | |
| 甘　肃 | Gansu | 120.97 | 95.11 | | | | |
| 青　海 | Qinghai | 112.67 | 103.67 | | | | |
| 宁　夏 | Ningxia | 115.89 | 98.53 | 116.89 | 98.21 | | |
| 新　疆 | Xinjiang | 119.49 | 107.71 | 98.55 | 116.70 | 105.26 | |

2-18续表5 continued 5

| 地　区 Region | | 鸡蛋 Chicken's eggs | | 鸭蛋 Duck's eggs | | 鹅蛋 Goose's eggs | |
|---|---|---|---|---|---|---|---|
| | | 2008 | 2009 | 2008 | 2009 | 2008 | 2009 |
| **全　国** | **National** | **112.22** | **102.73** | **111.90** | **103.44** | **115.36** | **102.62** |
| 北　京 | Beijing | 104.44 | 101.16 | 105.47 | 100.00 | | |
| 天　津 | Tianjin | 99.90 | 100.72 | | | | |
| 河　北 | Hebei | 103.97 | 102.69 | | | 112.00 | |
| 山　西 | Shanxi | 104.03 | 103.02 | | | | |
| 内蒙古 | Inner Mongolia | 102.72 | 101.79 | 108.98 | 93.31 | 96.88 | 89.77 |
| 辽　宁 | Liaoning | 99.16 | 102.85 | 110.45 | 105.74 | 118.05 | 108.40 |
| 吉　林 | Jilin | 109.03 | 104.09 | 109.81 | 101.03 | 113.97 | 100.80 |
| 黑龙江 | Heilongjiang | 124.08 | 108.56 | 132.61 | 98.01 | 124.73 | 92.32 |
| 上　海 | Shanghai | 104.87 | 99.31 | | | | |
| 江　苏 | Jiangsu | 109.68 | 100.44 | 109.04 | 103.51 | 100.00 | 100.00 |
| 浙　江 | Zhejiang | 115.36 | 103.11 | 97.67 | 105.54 | 132.64 | 106.38 |
| 安　徽 | Anhui | 111.28 | 104.06 | 109.29 | 100.66 | | 100.00 |
| 福　建 | Fujian | 111.90 | 95.84 | 106.97 | 101.74 | | |
| 江　西 | Jiangxi | 118.13 | 104.17 | 111.01 | 99.21 | | |
| 山　东 | Shandong | 105.12 | 103.56 | 108.67 | 108.14 | | 101.82 |
| 河　南 | Henan | 108.86 | 102.24 | 109.21 | 101.47 | | 96.49 |
| 湖　北 | Hubei | 114.11 | 103.55 | 104.32 | 105.83 | | |
| 湖　南 | Hunan | 121.25 | 103.25 | 117.17 | 103.31 | | |
| 广　东 | Guangdong | 115.56 | 104.70 | 111.45 | 99.96 | | |
| 广　西 | Guangxi | 115.46 | 100.06 | 128.51 | 95.95 | | |
| 海　南 | Hainan | 107.12 | 106.92 | 113.40 | 102.27 | | |
| 重　庆 | Chongqing | 111.31 | 102.54 | 109.71 | 100.66 | 120.38 | 99.93 |
| 四　川 | Sichuan | 112.33 | 103.49 | 110.07 | 105.68 | 117.23 | 107.14 |
| 贵　州 | Guizhou | 108.40 | 99.94 | 114.26 | 101.91 | 109.80 | 96.08 |
| 云　南 | Yunnan | 112.42 | 99.33 | 104.99 | 93.38 | 108.01 | 100.57 |
| 陕　西 | Shaanxi | 114.70 | 104.10 | 111.66 | 106.70 | 120.00 | |
| 甘　肃 | Gansu | 101.53 | 102.62 | | | | |
| 青　海 | Qinghai | 98.87 | 106.10 | | | | |
| 宁　夏 | Ningxia | 119.43 | 106.04 | | | | |
| 新　疆 | Xinjiang | 115.62 | 107.68 | | | 109.95 | 102.53 |

2-18续表6 continued 6

| 地区 | Region | 牛奶 Cow milk | | 羊奶 Sheep milk | |
|---|---|---|---|---|---|
| | | 2008 | 2009 | 2008 | 2009 |
| **全国** | **National** | **125.52** | **91.63** | **118.72** | **89.03** |
| 北京 | Beijing | 137.95 | 89.63 | | |
| 天津 | Tianjin | 111.92 | 99.15 | | |
| 河北 | Hebei | 117.93 | 88.71 | | |
| 山西 | Shanxi | 126.77 | 95.00 | | |
| 内蒙古 | Inner Mongolia | 124.43 | 93.62 | | |
| 辽宁 | Liaoning | 133.99 | 84.15 | 107.87 | 101.12 |
| 吉林 | Jilin | 138.66 | 110.41 | | |
| 黑龙江 | Heilongjiang | 133.79 | 88.41 | | |
| 上海 | Shanghai | 128.44 | 101.19 | 111.52 | |
| 江苏 | Jiangsu | 100.73 | 100.00 | 100.00 | 100.00 |
| 浙江 | Zhejiang | 135.55 | 100.90 | | |
| 安徽 | Anhui | 123.54 | 70.12 | | |
| 福建 | Fujian | 112.34 | 116.28 | 112.06 | 107.00 |
| 江西 | Jiangxi | | | | |
| 山东 | Shandong | 129.94 | 85.07 | 110.12 | 108.77 |
| 河南 | Henan | 121.05 | 99.84 | | |
| 湖北 | Hubei | | | | |
| 湖南 | Hunan | | | | |
| 广东 | Guangdong | 102.15 | 99.99 | 104.82 | 99.98 |
| 广西 | Guangxi | | | | |
| 海南 | Hainan | | | | |
| 重庆 | Chongqing | | | | |
| 四川 | Sichuan | 101.86 | 100.77 | | |
| 贵州 | Guizhou | 113.64 | | | |
| 云南 | Yunnan | 115.69 | 109.23 | | |
| 陕西 | Shaanxi | 128.49 | 84.29 | 133.71 | 72.45 |
| 甘肃 | Gansu | 117.20 | 92.25 | | |
| 青海 | Qinghai | 118.70 | 104.47 | | |
| 宁夏 | Ningxia | 123.18 | 78.88 | | |
| 新疆 | Xinjiang | 124.26 | 91.32 | | |

2-18续表7 continued 7

| 地 区 Region | 山羊毛 Goat's wool | | 绵羊毛 Sheep's wool | |
|---|---|---|---|---|
| | 2008 | 2009 | 2008 | 2009 |
| **全 国 National** | **97.84** | **94.03** | **99.45** | **76.71** |
| 北 京 Beijing | 100.00 | 66.67 | | |
| 天 津 Tianjin | | | | |
| 河 北 Hebei | 82.16 | 121.57 | 100.39 | 104.91 |
| 山 西 Shanxi | 112.96 | 113.53 | 115.08 | 97.32 |
| 内蒙古 Inner Mongolia | 98.87 | 111.50 | 95.05 | 85.97 |
| 辽 宁 Liaoning | 87.81 | 102.59 | 128.39 | |
| 吉 林 Jilin | 102.35 | 74.17 | 86.28 | 99.82 |
| 黑龙江 Heilongjiang | | 100.56 | 88.58 | 76.66 |
| 上 海 Shanghai | | | | |
| 江 苏 Jiangsu | | 100.00 | 100.00 | 100.00 |
| 浙 江 Zhejiang | | | 210.77 | |
| 安 徽 Anhui | | | | |
| 福 建 Fujian | | | | |
| 江 西 Jiangxi | | | | |
| 山 东 Shandong | 115.38 | 105.30 | 100.31 | |
| 河 南 Henan | | | 100.00 | |
| 湖 北 Hubei | | | | |
| 湖 南 Hunan | | | | |
| 广 东 Guangdong | | | | |
| 广 西 Guangxi | | | | |
| 海 南 Hainan | | | | |
| 重 庆 Chongqing | | | | |
| 四 川 Sichuan | | | 100.00 | 99.41 |
| 贵 州 Guizhou | | | | |
| 云 南 Yunnan | | | | |
| 陕 西 Shaanxi | 105.91 | 100.87 | 115.83 | 95.77 |
| 甘 肃 Gansu | 102.78 | 75.70 | 94.50 | 71.50 |
| 青 海 Qinghai | 95.73 | 33.33 | 112.19 | 68.51 |
| 宁 夏 Ningxia | 115.33 | 124.22 | 114.75 | 90.61 |
| 新 疆 Xinjiang | 58.48 | | 94.14 | 86.43 |

2-18续表8 continued 8

| 地区 | Region | 山羊绒 Cashmere 2008 | 山羊绒 Cashmere 2009 | 绵羊绒 Sheep's down 2008 | 绵羊绒 Sheep's down 2009 |
|---|---|---|---|---|---|
| **全国** | **National** | **88.02** | **86.04** | **126.73** | **100.53** |
| 北京 | Beijing | 71.43 | 80.00 | | |
| 天津 | Tianjin | | | | |
| 河北 | Hebei | 94.26 | 125.00 | | |
| 山西 | Shanxi | 95.82 | 100.00 | | |
| 内蒙古 | Inner Mongolia | 80.42 | 86.62 | | 101.22 |
| 辽宁 | Liaoning | 92.83 | 91.66 | | |
| 吉林 | Jilin | 80.00 | 104.02 | | |
| 黑龙江 | Heilongjiang | | | | |
| 上海 | Shanghai | | | | |
| 江苏 | Jiangsu | | 100.00 | | |
| 浙江 | Zhejiang | | | | |
| 安徽 | Anhui | | | | |
| 福建 | Fujian | | | | |
| 江西 | Jiangxi | | | | |
| 山东 | Shandong | | 99.80 | | |
| 河南 | Henan | | | | |
| 湖北 | Hubei | | | | |
| 湖南 | Hunan | | | | |
| 广东 | Guangdong | | | | |
| 广西 | Guangxi | | | | |
| 海南 | Hainan | | | | |
| 重庆 | Chongqing | | | | |
| 四川 | Sichuan | | 100.00 | | 100.00 |
| 贵州 | Guizhou | | | | |
| 云南 | Yunnan | | | | |
| 陕西 | Shaanxi | 115.09 | 89.54 | | |
| 甘肃 | Gansu | 107.01 | 74.72 | | |
| 青海 | Qinghai | 80.96 | 86.57 | 110.04 | |
| 宁夏 | Ningxia | 87.97 | 74.69 | | |
| 新疆 | Xinjiang | 91.19 | 94.90 | 145.95 | |

# 2-19 各地区渔业产品生产价格分类指数
# Producer Price Indices of Fishery Products by Region and Category

(上年=100) (the preceding year=100)

| 地 区 | Region | 渔业产品 Fishery products | | 海水产品 Seawater aquatic products | | 内陆水域水产品 Aquatic products in inland water areas | |
|---|---|---|---|---|---|---|---|
| | | 2008 | 2009 | 2008 | 2009 | 2008 | 2009 |
| **全 国** | **National** | **111.24** | **99.01** | **106.96** | **98.43** | **113.40** | **101.34** |
| 北 京 | Beijing | 111.74 | 96.32 | | | 111.74 | 96.32 |
| 天 津 | Tianjin | 118.74 | 106.48 | 108.93 | 133.33 | 120.53 | 105.91 |
| 河 北 | Hebei | 102.36 | 103.77 | 94.55 | 108.62 | 117.64 | 94.29 |
| 山 西 | Shanxi | 158.68 | 77.61 | | | 158.68 | 77.61 |
| 内蒙古 | Inner Mongolia | 111.11 | 99.03 | | | 111.11 | 99.03 |
| 辽 宁 | Liaoning | 102.41 | 119.99 | 102.55 | 121.96 | 102.14 | 116.17 |
| 吉 林 | Jilin | 106.33 | 95.27 | | 105.71 | 106.33 | 95.26 |
| 黑龙江 | Heilongjiang | 127.98 | 75.86 | | | 127.98 | 75.86 |
| 上 海 | Shanghai | 116.04 | 100.97 | 118.69 | 88.28 | 114.93 | 107.70 |
| 江 苏 | Jiangsu | 108.42 | 104.80 | 109.01 | 102.96 | 107.44 | 105.68 |
| 浙 江 | Zhejiang | 113.33 | 102.45 | 109.62 | 102.20 | 118.92 | 102.82 |
| 安 徽 | Anhui | 107.29 | 106.02 | | | 107.29 | 106.02 |
| 福 建 | Fujian | 108.97 | 97.11 | 109.91 | 96.51 | 105.71 | 99.46 |
| 江 西 | Jiangxi | 110.82 | 100.12 | | | 110.82 | 100.12 |
| 山 东 | Shandong | 111.91 | 100.00 | 109.92 | 100.48 | 120.77 | 97.84 |
| 河 南 | Henan | 121.05 | 103.17 | | | 121.05 | 103.17 |
| 湖 北 | Hubei | 111.27 | 105.15 | | | 111.27 | 105.15 |
| 湖 南 | Hunan | 116.49 | 105.00 | | | 116.49 | 105.00 |
| 广 东 | Guangdong | 115.89 | 94.24 | 107.83 | 100.36 | 118.85 | 92.03 |
| 广 西 | Guangxi | 118.36 | 96.89 | 112.03 | 104.84 | 120.28 | 94.49 |
| 海 南 | Hainan | 109.17 | 104.15 | 109.11 | 103.90 | 109.65 | 106.11 |
| 重 庆 | Chongqing | 110.41 | 104.74 | | | 110.41 | 104.74 |
| 四 川 | Sichuan | 115.10 | 103.84 | | | 115.10 | 103.84 |
| 贵 州 | Guizhou | 115.08 | 103.79 | | | 115.08 | 103.79 |
| 云 南 | Yunnan | 111.43 | 98.10 | | | 111.43 | 98.10 |
| 陕 西 | Shaanxi | 120.04 | 98.41 | | | 120.04 | 98.41 |
| 甘 肃 | Gansu | 113.82 | 108.17 | | | 113.82 | 108.17 |
| 青 海 | Qinghai | | | | | | |
| 宁 夏 | Ningxia | 103.70 | 104.94 | | | 103.70 | 104.94 |
| 新 疆 | Xinjiang | 128.09 | 104.31 | | | 128.09 | 104.31 |

2-19续表1 continued 1

| 地区 Region | 海水产品 Seawater aquatic products | | 海水产品 Seawater aquatic products 鱼类 Seawater fish | |
|---|---|---|---|---|
| | 2008 | 2009 | 2008 | 2009 |
| **全 国 National** | **106.96** | **98.43** | **109.40** | **99.94** |
| 北 京 Beijing | | | | |
| 天 津 Tianjin | 108.93 | 133.33 | | |
| 河 北 Hebei | 94.55 | 108.62 | | |
| 山 西 Shanxi | | | | |
| 内 蒙 古 Inner Mongolia | | | | |
| 辽 宁 Liaoning | 102.55 | 121.96 | 103.36 | |
| 吉 林 Jilin | | 105.71 | | |
| 黑 龙 江 Heilongjiang | | | | |
| 上 海 Shanghai | 118.69 | 88.28 | 128.62 | 87.22 |
| 江 苏 Jiangsu | 109.01 | 102.96 | 105.99 | 103.09 |
| 浙 江 Zhejiang | 109.62 | 102.20 | 113.28 | |
| 安 徽 Anhui | | | | |
| 福 建 Fujian | 109.91 | 96.51 | 110.21 | 99.50 |
| 江 西 Jiangxi | | | | |
| 山 东 Shandong | 109.92 | 100.48 | 104.67 | 99.39 |
| 河 南 Henan | | | | |
| 湖 北 Hubei | | | | |
| 湖 南 Hunan | | | | |
| 广 东 Guangdong | 107.83 | 100.36 | 111.55 | 100.59 |
| 广 西 Guangxi | 112.03 | 104.84 | 117.14 | 101.25 |
| 海 南 Hainan | 109.11 | 103.90 | 109.25 | 104.39 |
| 重 庆 Chongqing | | | | |
| 四 川 Sichuan | | | | |
| 贵 州 Guizhou | | | | |
| 云 南 Yunnan | | | | |
| 陕 西 Shaanxi | | | | |
| 甘 肃 Gansu | | | | |
| 青 海 Qinghai | | | | |
| 宁 夏 Ningxia | | | | |
| 新 疆 Xinjiang | | | | |

2-19续表2 continued 2

| 地　区 Region | 海水产品 Seawater aquatic products | | | |
|---|---|---|---|---|
| | 贝类 Seawater shellfish | | 藻类 Seaweeds | |
| | 2008 | 2009 | 2008 | 2009 |
| **全　国 National** | **97.45** | **95.04** | **131.56** | **85.88** |
| 北　京 Beijing | | | | |
| 天　津 Tianjin | | | | |
| 河　北 Hebei | 81.01 | 107.48 | | |
| 山　西 Shanxi | | | | |
| 内蒙古 Inner Mongolia | | | | |
| 辽　宁 Liaoning | 107.92 | 105.39 | | |
| 吉　林 Jilin | | | | 105.71 |
| 黑龙江 Heilongjiang | | | | |
| 上　海 Shanghai | | | | |
| 江　苏 Jiangsu | 112.58 | 97.73 | 100.00 | 96.82 |
| 浙　江 Zhejiang | 112.92 | 103.24 | | 100.00 |
| 安　徽 Anhui | | | | |
| 福　建 Fujian | 104.41 | 90.79 | 125.97 | 76.98 |
| 江　西 Jiangxi | | | | |
| 山　东 Shandong | 111.84 | 99.83 | | 91.19 |
| 河　南 Henan | | | | |
| 湖　北 Hubei | | | | |
| 湖　南 Hunan | | | | |
| 广　东 Guangdong | 100.22 | 104.75 | | |
| 广　西 Guangxi | 111.46 | 106.48 | | |
| 海　南 Hainan | 105.62 | | 122.18 | 125.87 |
| 重　庆 Chongqing | | | | |
| 四　川 Sichuan | | | | |
| 贵　州 Guizhou | | | | |
| 云　南 Yunnan | | | | |
| 陕　西 Shaanxi | | | | |
| 甘　肃 Gansu | | | | |
| 青　海 Qinghai | | | | |
| 宁　夏 Ningxia | | | | |
| 新　疆 Xinjiang | | | | |

2-19续表3 continued 3

| 地 区 | Region | 海水产品 Seawater aquatic products | | | |
|---|---|---|---|---|---|
| | | 大黄鱼 Large yellow croaker | | 带鱼 Hairtail | |
| | | 2008 | 2009 | 2008 | 2009 |
| **全 国** | **National** | **109.45** | **78.97** | **109.58** | **104.01** |
| 北 京 | Beijing | | | | |
| 天 津 | Tianjin | | | | |
| 河 北 | Hebei | | | | |
| 山 西 | Shanxi | | | | |
| 内蒙古 | Inner Mongolia | | | | |
| 辽 宁 | Liaoning | 110.38 | 104.45 | 101.82 | 102.13 |
| 吉 林 | Jilin | | | | |
| 黑龙江 | Heilongjiang | | | | |
| 上 海 | Shanghai | | | | |
| 江 苏 | Jiangsu | 105.62 | 104.77 | 107.31 | 97.25 |
| 浙 江 | Zhejiang | | | | |
| 安 徽 | Anhui | | | | |
| 福 建 | Fujian | 110.91 | 94.99 | 112.25 | 100.58 |
| 江 西 | Jiangxi | | | | |
| 山 东 | Shandong | 105.09 | 102.68 | 108.10 | 102.42 |
| 河 南 | Henan | | | | |
| 湖 北 | Hubei | | | | |
| 湖 南 | Hunan | | | | |
| 广 东 | Guangdong | | | 117.03 | 107.21 |
| 广 西 | Guangxi | | | | |
| 海 南 | Hainan | 109.09 | 112.45 | 104.41 | 103.67 |
| 重 庆 | Chongqing | | | | |
| 四 川 | Sichuan | | | | |
| 贵 州 | Guizhou | | | | |
| 云 南 | Yunnan | | | | |
| 陕 西 | Shaanxi | | | | |
| 甘 肃 | Gansu | | | | |
| 青 海 | Qinghai | | | | |
| 宁 夏 | Ningxia | | | | |
| 新 疆 | Xinjiang | | | | |

2-19续表4 continued 4

| 地　　区 | Region | 海水产品 Seawater aquatic Products | | | | | |
|---|---|---|---|---|---|---|---|
| | | 对虾 Prawn | | 毛虾 Shrimp | | 梭子蟹 Swimming crab | |
| | | 2008 | 2009 | 2008 | 2009 | 2008 | 2009 |
| **全　　国** | **National** | **106.93** | **101.20** | **109.03** | **98.20** | **112.75** | **108.16** |
| 北　　京 | Beijing | | | | | | |
| 天　　津 | Tianjin | | | | | 108.93 | 133.33 |
| 河　　北 | Hebei | 118.46 | 110.62 | | | | |
| 山　　西 | Shanxi | | | | | | |
| 内 蒙 古 | Inner Mongolia | | | | | | |
| 辽　　宁 | Liaoning | 104.91 | | 112.70 | | 102.61 | 100.60 |
| 吉　　林 | Jilin | | | | | | |
| 黑 龙 江 | Heilongjiang | | | | | | |
| 上　　海 | Shanghai | 114.44 | 126.64 | 96.86 | 89.39 | 116.93 | 92.38 |
| 江　　苏 | Jiangsu | 104.36 | 101.74 | 113.48 | 100.00 | 112.76 | 102.50 |
| 浙　　江 | Zhejiang | 119.64 | 102.95 | | | | |
| 安　　徽 | Anhui | | | | | | |
| 福　　建 | Fujian | 107.52 | 105.75 | 118.36 | 99.13 | 114.61 | 94.11 |
| 江　　西 | Jiangxi | | | | | | |
| 山　　东 | Shandong | 116.03 | 101.71 | 109.12 | 98.67 | 110.78 | 114.66 |
| 河　　南 | Henan | | | | | | |
| 湖　　北 | Hubei | | | | | | |
| 湖　　南 | Hunan | | | | | | |
| 广　　东 | Guangdong | 95.61 | 91.79 | 122.64 | 106.30 | 111.41 | 107.93 |
| 广　　西 | Guangxi | 106.11 | 99.63 | | | | |
| 海　　南 | Hainan | 109.30 | 100.42 | | | 114.15 | 115.38 |
| 重　　庆 | Chongqing | | | | | | |
| 四　　川 | Sichuan | | | | | | |
| 贵　　州 | Guizhou | | | | | | |
| 云　　南 | Yunnan | | | | | | |
| 陕　　西 | Shaanxi | | | | | | |
| 甘　　肃 | Gansu | | | | | | |
| 青　　海 | Qinghai | | | | | | |
| 宁　　夏 | Ningxia | | | | | | |
| 新　　疆 | Xinjiang | | | | | | |

2-19续表5 continued 5

| 地区 | Region | 内陆水域水产品 Aquatic products in inland water areas | | 淡水产品 Aquatic products in inland water areas: 淡水鱼类 Freshwater fish | | 淡水虾蟹类 Freshwater shrimps and crabs | |
|---|---|---|---|---|---|---|---|
| | | 2008 | 2009 | 2008 | 2009 | 2008 | 2009 |
| **全　国** | **National** | **113.40** | **101.34** | **114.63** | **101.29** | **110.51** | **102.18** |
| 北　京 | Beijing | 111.74 | 96.32 | 114.23 | 95.53 | | |
| 天　津 | Tianjin | 120.53 | 105.91 | 124.51 | 108.88 | 107.76 | 100.17 |
| 河　北 | Hebei | 117.64 | 94.29 | 117.64 | 94.29 | | |
| 山　西 | Shanxi | 158.68 | 77.61 | 158.68 | 77.61 | | |
| 内蒙古 | Inner Mongolia | 111.11 | 99.03 | 111.11 | 99.03 | | |
| 辽　宁 | Liaoning | 102.14 | 116.17 | 102.14 | 116.17 | | |
| 吉　林 | Jilin | 106.33 | 95.26 | 106.33 | 92.80 | | 95.53 |
| 黑龙江 | Heilongjiang | 127.98 | 75.86 | 127.98 | 75.86 | | |
| 上　海 | Shanghai | 114.93 | 107.70 | 112.02 | 107.73 | 117.95 | 107.68 |
| 江　苏 | Jiangsu | 107.44 | 105.68 | 109.46 | 100.13 | 104.27 | 110.75 |
| 浙　江 | Zhejiang | 118.92 | 102.82 | 119.18 | 105.47 | 119.96 | 97.19 |
| 安　徽 | Anhui | 107.29 | 106.02 | 108.28 | 106.49 | 102.43 | 104.07 |
| 福　建 | Fujian | 105.71 | 99.46 | 106.87 | 99.34 | | |
| 江　西 | Jiangxi | 110.82 | 100.12 | 111.54 | 99.73 | 99.35 | 104.38 |
| 山　东 | Shandong | 120.77 | 97.84 | 120.77 | 97.84 | | |
| 河　南 | Henan | 121.05 | 103.17 | 121.05 | 103.17 | | |
| 湖　北 | Hubei | 111.27 | 105.15 | 111.22 | 105.14 | 112.86 | 105.47 |
| 湖　南 | Hunan | 116.49 | 105.00 | 116.95 | 106.07 | 93.63 | 103.48 |
| 广　东 | Guangdong | 118.85 | 92.03 | 119.57 | 91.40 | 107.43 | 100.77 |
| 广　西 | Guangxi | 120.28 | 94.49 | 120.28 | 94.49 | | |
| 海　南 | Hainan | 109.65 | 106.11 | 110.14 | 106.53 | 106.79 | 105.20 |
| 重　庆 | Chongqing | 110.41 | 104.74 | 110.41 | 104.74 | | |
| 四　川 | Sichuan | 115.10 | 103.84 | 115.11 | 104.20 | 113.57 | 103.51 |
| 贵　州 | Guizhou | 115.08 | 103.79 | 115.08 | 103.79 | | |
| 云　南 | Yunnan | 111.43 | 98.10 | 111.43 | 98.10 | | |
| 陕　西 | Shaanxi | 120.04 | 98.41 | 120.04 | 98.41 | | |
| 甘　肃 | Gansu | 113.82 | 108.17 | 113.82 | 108.17 | | |
| 青　海 | Qinghai | | | | | | |
| 宁　夏 | Ningxia | 103.70 | 104.94 | 103.70 | 104.94 | | |
| 新　疆 | Xinjiang | 128.09 | 104.31 | 128.09 | 104.31 | | |

2-19续表6 continued 6

| 地 区 | Region | 淡水鱼类 Freshwater fish | | | |
|---|---|---|---|---|---|
| | | 青鱼 Black carp | | 草鱼 Grass carp | |
| | | 2008 | 2009 | 2008 | 2009 |
| **全 国** | **National** | **110.72** | **100.28** | **115.43** | **103.40** |
| 北 京 | Beijing | 100.00 | 96.61 | 116.18 | 102.21 |
| 天 津 | Tianjin | | | 118.68 | 109.86 |
| 河 北 | Hebei | | | 125.33 | 100.21 |
| 山 西 | Shanxi | | | | |
| 内蒙古 | Inner Mongolia | | | 118.80 | 102.28 |
| 辽 宁 | Liaoning | | | 102.03 | 112.68 |
| 吉 林 | Jilin | | | 102.15 | 92.18 |
| 黑龙江 | Heilongjiang | | 125.00 | | |
| 上 海 | Shanghai | 111.32 | 85.15 | 113.13 | 115.57 |
| 江 苏 | Jiangsu | 99.88 | 97.96 | 110.03 | 100.99 |
| 浙 江 | Zhejiang | 111.69 | 108.30 | 136.89 | 101.62 |
| 安 徽 | Anhui | 100.33 | 107.36 | 112.65 | 104.79 |
| 福 建 | Fujian | 125.00 | 103.33 | 107.45 | 100.34 |
| 江 西 | Jiangxi | | 102.15 | 113.55 | 100.94 |
| 山 东 | Shandong | 103.45 | 107.69 | 143.83 | 95.68 |
| 河 南 | Henan | | | 103.45 | 107.64 |
| 湖 北 | Hubei | 117.21 | 96.13 | 113.43 | 106.26 |
| 湖 南 | Hunan | 115.87 | 115.44 | 116.75 | 106.83 |
| 广 东 | Guangdong | | | 117.59 | 96.69 |
| 广 西 | Guangxi | | | 116.39 | 98.25 |
| 海 南 | Hainan | 101.24 | | 104.95 | 101.07 |
| 重 庆 | Chongqing | 100.00 | | 111.07 | 101.94 |
| 四 川 | Sichuan | 107.07 | 97.59 | 116.95 | 103.64 |
| 贵 州 | Guizhou | | | 106.30 | 94.27 |
| 云 南 | Yunnan | | | 109.28 | 93.73 |
| 陕 西 | Shaanxi | | | 124.47 | 101.95 |
| 甘 肃 | Gansu | | | | |
| 青 海 | Qinghai | | | | |
| 宁 夏 | Ningxia | | | 90.00 | 110.35 |
| 新 疆 | Xinjiang | | | 122.22 | 98.44 |

2-19续表7 continued 7

| 地 区 | Region | 淡水鱼类 Freshwater fish | | | |
|---|---|---|---|---|---|
| | | 鲤鱼 Carp | | 鲢鱼 Silver carp | |
| | | 2008 | 2009 | 2008 | 2009 |
| **全 国** | **National** | **116.04** | **99.37** | **114.16** | **102.93** |
| 北 京 | Beijing | 127.44 | 89.16 | 114.75 | 81.23 |
| 天 津 | Tianjin | 126.09 | 125.59 | 114.23 | 106.67 |
| 河 北 | Hebei | 118.62 | 90.97 | 111.59 | 96.93 |
| 山 西 | Shanxi | 126.08 | | 96.80 | |
| 内蒙古 | Inner Mongolia | 111.11 | 99.41 | 110.33 | 99.29 |
| 辽 宁 | Liaoning | 101.95 | 104.20 | 102.25 | 119.65 |
| 吉 林 | Jilin | 110.78 | 91.71 | 104.56 | 94.49 |
| 黑龙江 | Heilongjiang | 128.73 | 57.06 | 125.00 | 150.00 |
| 上 海 | Shanghai | | 94.52 | 117.30 | 103.83 |
| 江 苏 | Jiangsu | 109.78 | 98.87 | 113.29 | 97.79 |
| 浙 江 | Zhejiang | 106.88 | 99.17 | 121.32 | 107.58 |
| 安 徽 | Anhui | 104.94 | 117.52 | 111.60 | 102.29 |
| 福 建 | Fujian | 111.31 | 104.84 | 112.84 | 102.29 |
| 江 西 | Jiangxi | 110.65 | 98.26 | 110.15 | 95.17 |
| 山 东 | Shandong | 117.57 | 95.46 | 106.13 | 102.38 |
| 河 南 | Henan | 120.08 | 99.03 | 122.11 | 107.74 |
| 湖 北 | Hubei | 114.82 | 103.74 | 113.79 | 106.07 |
| 湖 南 | Hunan | 114.85 | 103.93 | 116.09 | 103.86 |
| 广 东 | Guangdong | 118.90 | 91.62 | 111.34 | 94.59 |
| 广 西 | Guangxi | 120.37 | 99.00 | 122.06 | 90.31 |
| 海 南 | Hainan | 105.68 | 96.94 | 107.39 | 108.26 |
| 重 庆 | Chongqing | 117.90 | 105.45 | 109.71 | 107.98 |
| 四 川 | Sichuan | 110.67 | 105.88 | 121.09 | 102.89 |
| 贵 州 | Guizhou | 115.42 | 103.94 | 106.67 | 100.00 |
| 云 南 | Yunnan | 111.93 | 106.22 | 123.92 | 95.24 |
| 陕 西 | Shaanxi | 121.25 | 96.60 | 113.92 | 102.62 |
| 甘 肃 | Gansu | 114.83 | 109.68 | | |
| 青 海 | Qinghai | | | | |
| 宁 夏 | Ningxia | 109.89 | 104.94 | 113.81 | 94.43 |
| 新 疆 | Xinjiang | 132.37 | | 126.06 | 105.17 |

2-19续表8 continued 8

| 地区 | Region | 淡水鱼类 Freshwater fish | | | | | |
|---|---|---|---|---|---|---|---|
| | | 鲫鱼 Crucian carp | | 罗非鱼 Tilapia | | 鲶鱼 Oriental sheatfish | |
| | | 2008 | 2009 | 2008 | 2009 | 2008 | 2009 |
| **全国** | **National** | **111.59** | **102.50** | **114.61** | **95.32** | **102.32** | **102.27** |
| 北京 | Beijing | 100.00 | 100.00 | 108.16 | 105.31 | | |
| 天津 | Tianjin | 131.88 | 98.68 | | | | |
| 河北 | Hebei | 120.28 | 93.40 | 83.02 | | | |
| 山西 | Shanxi | | | 162.22 | 77.61 | | |
| 内蒙古 | Inner Mongolia | 97.00 | 92.68 | 116.67 | 93.89 | | |
| 辽宁 | Liaoning | | | | | | 97.66 |
| 吉林 | Jilin | 107.35 | 94.59 | | | 90.66 | |
| 黑龙江 | Heilongjiang | | | | | | |
| 上海 | Shanghai | 119.51 | 108.09 | 107.63 | | | |
| 江苏 | Jiangsu | 106.62 | 102.90 | 102.48 | 100.00 | 100.00 | 100.00 |
| 浙江 | Zhejiang | 115.25 | 110.92 | | | | |
| 安徽 | Anhui | 106.24 | 104.27 | | | 100.56 | 108.01 |
| 福建 | Fujian | 112.38 | 59.86 | 115.15 | 98.52 | 111.11 | 120.00 |
| 江西 | Jiangxi | | 116.04 | | | | 123.08 |
| 山东 | Shandong | 117.23 | 100.50 | | | 109.09 | |
| 河南 | Henan | | | | | | |
| 湖北 | Hubei | 107.24 | 105.37 | | | 94.68 | 96.93 |
| 湖南 | Hunan | 118.34 | 101.19 | | | 102.57 | 100.00 |
| 广东 | Guangdong | 121.03 | 96.78 | 125.15 | 85.80 | | |
| 广西 | Guangxi | | 96.92 | 115.57 | 106.23 | 131.60 | 99.52 |
| 海南 | Hainan | 106.85 | 108.18 | 108.39 | 107.36 | | |
| 重庆 | Chongqing | 107.97 | 103.95 | 105.13 | 101.85 | 100.39 | 105.88 |
| 四川 | Sichuan | 110.57 | 106.41 | | | 100.00 | 100.34 |
| 贵州 | Guizhou | | | | | | |
| 云南 | Yunnan | 112.54 | 95.00 | 100.00 | | | |
| 陕西 | Shaanxi | | | | | 126.49 | |
| 甘肃 | Gansu | | | | | | |
| 青海 | Qinghai | | | | | | |
| 宁夏 | Ningxia | 100.00 | | | | | |
| 新疆 | Xinjiang | 118.34 | | 105.25 | | | |

# 3

## 农产品集贸市场价格

## Prices of Agricultural Products at the Rural Market Fairs

# 3-1 全国农产品集贸市场年度价格及走势
## Annual RMF Prices of Agricultural Products

| 品　种 | Categories | 2000 | 2005 | 2006 | 2007 | 2008 | 2009 |
|---|---|---|---|---|---|---|---|
| 一、价格 | Price | | | | | | |
| (元/公斤) | (yuan/ kg) | | | | | | |
| 籼　稻 | Long grained nonglutinous rice | 1.01 | 1.50 | 1.51 | 1.69 | 1.90 | 1.93 |
| 优质籼稻 | High quality long grained nonglutinous rice | 1.18 | 1.72 | 1.75 | 1.92 | 2.13 | 2.16 |
| 粳　稻 | Round- grained rice | 1.27 | 1.78 | 1.83 | 1.94 | 2.02 | 2.15 |
| 小　麦 | Wheat | 1.02 | 1.51 | 1.47 | 1.60 | 1.77 | 1.92 |
| 玉　米 | Corn | 0.88 | 1.30 | 1.36 | 1.57 | 1.72 | 1.74 |
| 大　豆 | Soybeans | 2.53 | 3.59 | 3.48 | 4.09 | 5.51 | 4.84 |
| 籼　米 | Polished long-grained nonglutinous rice | | 2.51 | 2.55 | 2.78 | 3.10 | 3.18 |
| 优质籼米 | High quality polished long-grained nonglutinous rice | | 2.95 | 3.03 | 3.29 | 3.64 | 3.78 |
| 粳　米 | Polished round-grained rice | | 2.94 | 3.06 | 3.23 | 3.38 | 3.63 |
| 面　粉 | Wheat flour | | 2.36 | 2.36 | 2.58 | 2.75 | 2.88 |
| 二、价格变动 | Index | | | | | | |
| (上年=100) | (preceding year=100) | | | | | | |
| 籼　稻 | Long grained-nonglutinous rice | 82.44 | 99.48 | 100.50 | 111.25 | 112.13 | 101.99 |
| 优质籼稻 | High quality long-grained nonglutinous rice | | 99.61 | 101.77 | 109.29 | 110.76 | 101.53 |
| 粳　稻 | Round-grained rice | 91.39 | 103.80 | 102.92 | 104.82 | 104.45 | 106.46 |
| 小　麦 | Wheat | 82.02 | 99.55 | 97.73 | 108.68 | 110.88 | 108.67 |
| 玉　米 | Corn | 81.99 | 93.30 | 104.56 | 115.61 | 109.62 | 100.73 |
| 大　豆 | Soybeans | 93.23 | 92.61 | 97.00 | 117.16 | 134.78 | 87.87 |
| 籼　米 | Polished long-grained nonglutinous rice | | 101.00 | 101.77 | 109.16 | 111.20 | 102.83 |
| 优质籼米 | High quality polished long-grained nonglutinous rice | | 102.66 | 102.83 | 108.80 | 110.37 | 103.96 |
| 粳　米 | Polished round-grained rice | | 103.46 | 104.24 | 105.62 | 104.56 | 107.51 |
| 面　粉 | Wheat flour | | 100.20 | 100.22 | 109.02 | 106.60 | 104.99 |

注：RMF为抽中的农村集贸市场。
NOTE: RMF refers to the selected Rural Market Faires.

3-1续表1 continued 1

| 品　种 | Categories | 2000 | 2005 | 2006 | 2007 | 2008 | 2009 |
|---|---|---|---|---|---|---|---|
| 一、价格 | Price | | | | | | |
| (元/公斤) | (yuan/ kg) | | | | | | |
| 棉花(籽棉) | Cotton (unginned cotton) | 3.33 | 5.09 | 5.53 | 6.23 | 5.39 | 5.55 |
| 花生仁 | Peanut kernel | | 6.59 | 6.84 | 8.40 | 10.06 | 7.83 |
| 油菜籽 | Rapeseeds | | 2.67 | 2.65 | 3.66 | 4.77 | 4.08 |
| 花生油 | Peanut oil | 8.49 | 10.80 | 10.81 | 13.56 | 18.36 | 14.77 |
| 菜籽油 | Rape oil | 6.73 | 7.43 | 7.20 | 9.77 | 13.89 | 11.02 |
| 豆　油 | Soybean oil | 6.37 | 6.93 | 6.79 | 8.81 | 11.86 | 8.73 |
| 烤　烟 | Flue-cured tobacco | | 12.19 | 12.20 | 13.24 | 14.12 | 15.16 |
| 大白菜 | Chinese cabbage | | 1.19 | 1.31 | 1.38 | 1.41 | 1.63 |
| 黄　瓜 | Cucumber | | 2.31 | 2.53 | 2.48 | 2.52 | 3.36 |
| 西红柿 | Tomato | | 2.39 | 2.73 | 2.82 | 2.95 | 3.57 |
| 菜　椒 | Green bell | | 2.88 | 3.12 | 3.60 | 3.68 | 4.43 |
| 四季豆 | Kidney Beans | | 3.10 | 3.38 | 3.60 | 3.80 | 4.76 |
| 红富士苹果 | Hongfushi Apple | | 3.49 | 4.72 | 4.64 | 5.05 | 5.78 |
| 香　蕉 | Banana | | 3.29 | 3.62 | 3.56 | 4.03 | 4.32 |
| 橙　子 | Orange | | 3.27 | 4.15 | 4.18 | 4.40 | 4.30 |
| 二、价格变动 | Index | | | | | | |
| (上年=100) | (preceding year=100) | | | | | | |
| 棉花(籽棉) | Cotton (unginned cotton) | | 91.02 | 108.47 | 116.03 | 86.44 | 102.95 |
| 花生仁 | Peanut kernel | | 97.66 | 103.78 | 121.64 | 119.86 | 77.84 |
| 油菜籽 | Rapeseeds | | 93.57 | 99.17 | 136.09 | 130.40 | 85.64 |
| 花生油 | Peanut oil | | 96.86 | 100.16 | 125.43 | 135.37 | 80.44 |
| 菜籽油 | Rape oil | | 92.90 | 96.87 | 135.80 | 142.20 | 79.32 |
| 豆　油 | Soybean oil | | 89.78 | 98.10 | 129.73 | 134.58 | 73.63 |
| 烤　烟 | Flue-cured tobacco | | 121.01 | 100.06 | 108.17 | 106.58 | 107.42 |
| 大白菜 | Chinese cabbage | | 119.40 | 109.74 | 112.05 | 102.42 | 115.37 |
| 黄　瓜 | Cucumber | | 113.82 | 109.64 | 113.85 | 101.27 | 133.69 |
| 西红柿 | Tomato | | 109.75 | 113.82 | 111.55 | 104.58 | 121.01 |
| 菜　椒 | Green bell | | 110.84 | 108.32 | 121.03 | 102.16 | 120.40 |
| 四季豆 | Kidney Beans | | 110.78 | 108.92 | 118.39 | 105.29 | 125.53 |
| 红富士苹果 | Hongfushi Apple | | 100.52 | 135.21 | 106.64 | 108.76 | 114.43 |
| 香　蕉 | Banana | | 94.16 | 110.04 | 101.02 | 113.23 | 107.27 |
| 橙　子 | Orange | | 92.02 | 126.93 | 97.74 | 105.47 | 97.61 |

3-1续表2 continued 2

| 品　种 | Categories | 2000 | 2005 | 2006 | 2007 | 2008 | 2009 |
|---|---|---|---|---|---|---|---|
| 一、价格 | Price | | | | | | |
| (元/公斤) | (yuan/ kg) | | | | | | |
| 草　鱼 | Grass carp | 7.25 | 9.43 | 9.17 | 9.60 | 11.68 | 12.28 |
| 鲤　鱼 | Carp | 7.73 | 8.67172 | 8.22 | 9.10 | 11.06 | 10.49 |
| 鲢　鱼 | Silver carp | | 7.36 | 7.12 | 7.50 | 9.21 | 8.91 |
| 带　鱼 | Hairtail | | 10.50 | 10.66 | 11.09 | 12.61 | 13.19 |
| 活　猪 | Hog | 5.51 | 8.05 | 7.21 | 11.46 | 14.77 | 11.28 |
| 仔　猪 | Piglet | 7.16 | 12.35 | 8.93 | 16.84 | 26.42 | 16.62 |
| 猪　肉 | Pork | 9.68 | 13.39 | 12.30 | 18.93 | 23.53 | 18.56 |
| 牛　肉 | Beef | 12.53 | 17.35 | 18.16 | 22.08 | 30.99 | 32.05 |
| 羊　肉 | Mutton | 14.55 | 18.17 | 19.15 | 24.26 | 32.36 | 33.28 |
| 活　鸡 | Live chicken | | 10.46 | 9.93 | 12.68 | 13.89 | 13.08 |
| 鸡　蛋 | Eggs | 4.98 | 6.61 | 6.26 | 7.80 | 8.01 | 7.81 |
| 二、价格变动 | Index | | | | | | |
| (上年=100) | (preceding year=100) | | | | | | |
| 草　鱼 | Grass carp | | 103.60 | 97.23 | 104.77 | 121.60 | 105.19 |
| 鲤　鱼 | Carp | | 97.44 | 94.82 | 110.53 | 121.60 | 94.79 |
| 鲢　鱼 | Silver carp | | 104.71 | 96.79 | 105.17 | 122.77 | 96.74 |
| 带　鱼 | Hairtail | | 103.67 | 101.55 | 104.40 | 113.74 | 104.62 |
| 活　猪 | Hog | | 95.36 | 89.67 | 160.19 | 128.91 | 76.34 |
| 仔　猪 | Piglet | | 101.68 | 72.35 | 188.49 | 156.92 | 62.92 |
| 猪　肉 | Pork | | 95.85 | 91.88 | 153.89 | 124.28 | 78.89 |
| 牛　肉 | Beef | | 107.06 | 104.65 | 121.61 | 140.31 | 103.45 |
| 羊　肉 | Mutton | | 107.04 | 105.39 | 126.66 | 133.39 | 102.86 |
| 活　鸡 | Live chicken | | 103.65 | 94.95 | 128.24 | 109.54 | 94.16 |
| 鸡　蛋 | Eggs | | 103.26 | 94.76 | 124.59 | 102.66 | 97.53 |

# 3-2 全国农产品集贸市场季度价格及走势
# Quarterly RMF Prices of Agricultural Products

(第一季度) (1st quarter)

| 品种 | Categories | 2000 | 2005 | 2006 | 2007 | 2008 | 2009 |
|---|---|---|---|---|---|---|---|
| 一、价格 | Price | | | | | | |
| (元/公斤) | (yuan/ kg) | | | | | | |
| 籼稻 | Long-grained nonglutinous rice | 1.06 | 1.56 | 1.48 | 1.61 | 1.80 | 1.90 |
| 优质籼稻 | High quality long-grained nonglutinous rice | 1.22 | 1.77 | 1.70 | 1.84 | 2.04 | 2.13 |
| 粳稻 | Round-grained rice | 1.31 | 1.76 | 1.81 | 1.89 | 1.92 | 2.06 |
| 小麦 | Wheat | 1.09 | 1.57 | 1.46 | 1.58 | 1.72 | 1.89 |
| 玉米 | Corn | 0.85 | 1.31 | 1.28 | 1.49 | 1.70 | 1.59 |
| 大豆 | Soybeans | 2.43 | 3.72 | 3.48 | 3.57 | 5.27 | 4.86 |
| 籼米 | Polished long-grained nonglutinous rice | | 2.55 | 2.51 | 2.71 | 2.98 | 3.15 |
| 优质籼米 | High quality polished long-grained nonglutinous rice | | 2.99 | 2.96 | 3.21 | 3.51 | 3.72 |
| 粳米 | Polished round-grained rice | | 2.93 | 3.02 | 3.20 | 3.31 | 3.45 |
| 面粉 | Wheat flour | | 2.40 | 2.35 | 2.52 | 2.74 | 2.83 |
| 棉花 | Cotton (unginned cotton) | 2.96 | 4.77 | 5.59 | 5.67 | 6.31 | 4.98 |
| 花生仁 | Peanut kernel | | 6.68 | 6.58 | 7.42 | 10.27 | 7.62 |
| 油菜籽 | Rapeseeds | | 2.85 | 2.62 | 2.96 | 4.66 | 4.43 |
| 花生油 | Peanut oil | 8.70 | 11.07 | 10.62 | 12.10 | 18.31 | 14.83 |
| 菜籽油 | Rape oil | 7.31 | 7.75 | 7.12 | 8.65 | 13.77 | 11.41 |
| 豆油 | Soybean oil | 6.80 | 7.19 | 6.71 | 7.92 | 12.79 | 8.87 |
| 烤烟 | Flue-cured tobacco | | 11.70 | 12.42 | 12.52 | 13.01 | 14.58 |
| 活猪 | Hog | 5.48 | 8.77 | 7.26 | 8.97 | 16.14 | 12.48 |
| 仔猪 | Piglet | 6.60 | 13.53 | 9.64 | 11.32 | 28.11 | 18.38 |
| 猪肉 | Pork | 9.48 | 14.23 | 12.34 | 14.88 | 25.73 | 20.33 |
| 牛肉 | Beef | 12.32 | 17.36 | 18.15 | 19.77 | 29.87 | 32.38 |
| 羊肉 | Mutton | 14.72 | 18.65 | 19.24 | 21.86 | 31.84 | 33.20 |
| 活鸡 | Live chicken | | 10.83 | 9.50 | 11.75 | 14.09 | 13.42 |
| 鸡蛋 | Eggs | 4.96 | 6.71 | 5.94 | 7.37 | 7.92 | 7.59 |
| 草鱼 | Grass carp | 6.93 | 9.56 | 9.17 | 9.33 | 11.00 | 12.07 |
| 鲤鱼 | Carp | 7.31 | 8.99 | 8.19 | 8.45 | 10.46 | 10.51 |
| 鲢鱼 | Silver carp | | 7.35 | 7.16 | 7.14 | 8.79 | 9.05 |
| 带鱼 | Hairtail | | 10.44 | 10.69 | 10.86 | 12.13 | 12.97 |
| 大白菜 | Chinese cabbage | | 0.89 | 1.28 | 1.01 | 1.34 | 1.26 |
| 黄瓜 | Cucumber | | 3.21 | 3.69 | 3.52 | 4.29 | 4.62 |
| 西红柿 | Tomato | | 2.73 | 3.74 | 3.36 | 4.16 | 4.21 |
| 菜椒 | Green bell | | 3.53 | 4.45 | 4.15 | 5.74 | 6.40 |
| 四季豆 | Kidney Beans | | 3.90 | 4.42 | 4.56 | 5.98 | 6.37 |
| 红富士苹果 | Hongfushi Apple | | 3.29 | 4.07 | 4.34 | 5.19 | 4.86 |
| 香蕉 | Banana | | 3.31 | 3.63 | 3.81 | 4.02 | 3.96 |
| 橙子 | Orange | | 3.22 | 3.75 | 4.18 | 4.23 | 3.83 |

3-2续表 continued 1

| 品 种 Categories | | 2000 | 2005 | 2006 | 2007 | 2008 | 2009 |
|---|---|---|---|---|---|---|---|
| 二、价格变动 | Index | | | | | | |
| (上季度=100) | (preceding quarter=100) | | | | | | |
| 籼 稻 | Long-grained nonglutinous rice | 98.32 | 100.88 | 95.30 | 108.79 | 111.96 | 105.19 |
| 优质籼稻 | High quality long-grained nonglutinous rice | | 100.88 | 96.54 | 108.09 | 110.73 | 104.27 |
| 粳 稻 | Round-grained rice | 103.06 | 100.70 | 102.70 | 104.16 | 102.00 | 106.96 |
| 小 麦 | Wheat | 96.34 | 100.20 | 93.13 | 107.89 | 109.26 | 109.56 |
| 玉 米 | Corn | 89.59 | 95.28 | 97.68 | 116.13 | 114.01 | 93.92 |
| 大 豆 | Soybeans | 95.28 | 97.29 | 93.67 | 102.39 | 147.83 | 92.15 |
| 籼 米 | Polished long-grained nonglutinous rice | | 100.84 | 98.56 | 107.82 | 110.11 | 105.73 |
| 优质籼米 | High quality polished long-grained nonglutinous rice | | 101.75 | 99.06 | 108.24 | 109.49 | 105.90 |
| 粳 米 | Polished round-grained rice | | 100.30 | 103.18 | 106.01 | 103.33 | 104.17 |
| 面 粉 | Wheat flour | | 99.54 | 97.98 | 107.36 | 108.50 | 103.38 |
| 棉 花 | Cotton (unginned cotton) | | 100.08 | 117.14 | 101.31 | 111.39 | 78.83 |
| 花生仁 | Peanut kernel | | 98.55 | 98.46 | 112.80 | 138.45 | 74.16 |
| 油菜籽 | Rapeseeds | | 98.94 | 92.11 | 112.69 | 157.57 | 95.13 |
| 花生油 | Peanut oil | | 99.51 | 95.95 | 113.90 | 151.36 | 80.97 |
| 菜籽油 | Rape oil | | 99.40 | 91.87 | 121.41 | 159.26 | 82.85 |
| 豆 油 | Soybean oil | | 97.57 | 93.21 | 118.04 | 161.53 | 69.39 |
| 烤 烟 | Flue-cured tobacco | | 105.86 | 106.16 | 100.81 | 103.96 | 112.00 |
| 活 猪 | Hog | | 97.50 | 82.76 | 123.57 | 180.02 | 77.31 |
| 仔 猪 | Piglet | | 97.62 | 71.28 | 117.44 | 248.26 | 65.40 |
| 猪 肉 | Pork | | 96.83 | 86.71 | 120.58 | 172.93 | 79.01 |
| 牛 肉 | Beef | | 104.78 | 104.56 | 108.91 | 151.11 | 108.39 |
| 羊 肉 | Mutton | | 108.01 | 103.16 | 113.59 | 145.68 | 104.27 |
| 活 鸡 | Live chicken | | 102.08 | 87.70 | 123.73 | 119.90 | 95.24 |
| 鸡 蛋 | Eggs | | 99.21 | 88.59 | 124.00 | 107.43 | 95.86 |
| 草 鱼 | Grass carp | | 104.30 | 95.95 | 101.72 | 117.97 | 109.67 |
| 鲤 鱼 | Carp | | 103.68 | 91.19 | 103.15 | 123.82 | 100.45 |
| 鲢 鱼 | Silver carp | | 104.35 | 97.49 | 99.74 | 123.01 | 103.02 |
| 带 鱼 | Hairtail | | 101.42 | 102.43 | 101.53 | 111.73 | 106.95 |
| 大白菜 | Chinese cabbage | | 117.38 | 144.02 | 79.35 | 132.03 | 94.15 |
| 黄 瓜 | Cucumber | | 157.18 | 115.19 | 95.45 | 121.63 | 107.73 |
| 西红柿 | Tomato | | 130.75 | 137.11 | 89.75 | 123.96 | 101.20 |
| 菜 椒 | Green bell | | 146.64 | 126.28 | 93.23 | 138.22 | 111.49 |
| 四季豆 | Kidney Beans | | 150.05 | 113.31 | 103.34 | 130.94 | 106.57 |
| 红富士苹果 | Hongfushi Apple | | 101.95 | 123.63 | 106.60 | 119.68 | 93.74 |
| 香 蕉 | Banana | | 103.70 | 109.54 | 105.06 | 105.56 | 98.43 |
| 橙 子 | Orange | | 94.23 | 116.62 | 111.36 | 101.42 | 90.42 |

# 3-3 全国农产品集贸市场季度价格及走势
## Quarterly RMF Prices of Agricultural Products

(第二季度) (2nd quarter)

| 品　种 | Categories | 2000 | 2005 | 2006 | 2007 | 2008 | 2009 |
|---|---|---|---|---|---|---|---|
| 一、价格 | Price | | | | | | |
| (元/公斤) | (yuan/ kg) | | | | | | |
| 籼　稻 | Long-grained nonglutinous rice | 1.01 | 1.53 | 1.50 | 1.63 | 1.88 | 1.95 |
| 优质籼稻 | High quality long-grained nonglutinous rice | 1.19 | 1.75 | 1.74 | 1.86 | 2.11 | 2.18 |
| 粳　稻 | Round-grained rice | 1.23 | 1.80 | 1.82 | 1.90 | 1.99 | 2.16 |
| 小　麦 | Wheat | 1.01 | 1.54 | 1.46 | 1.55 | 1.73 | 1.91 |
| 玉　米 | Corn | 0.84 | 1.32 | 1.35 | 1.54 | 1.77 | 1.69 |
| 大　豆 | Soybeans | 2.61 | 3.64 | 3.48 | 3.65 | 5.97 | 4.79 |
| 籼　米 | Polished long-grained nonglutinous rice | | 2.54 | 2.52 | 2.73 | 3.10 | 3.17 |
| 优质籼米 | High quality polished long-grained nonglutinous rice | | 2.97 | 2.99 | 3.23 | 3.63 | 3.78 |
| 粳　米 | Polished round-grained rice | | 2.93 | 3.02 | 3.18 | 3.35 | 3.59 |
| 面　粉 | Wheat flour | | 2.37 | 2.34 | 2.52 | 2.74 | 2.87 |
| 棉· 花 | Cotton (unginned cotton) | 3.37 | 4.89 | 5.59 | 5.73 | 6.34 | 5.42 |
| 花 生 仁 | Peanut kernel | | 6.59 | 6.71 | 7.78 | 10.72 | 7.45 |
| 油 菜 籽 | Rapeseeds | | 2.73 | 2.61 | 3.14 | 4.99 | 4.09 |
| 花 生 油 | Peanut oil | 8.53 | 10.78 | 10.60 | 12.82 | 19.39 | 14.48 |
| 菜 籽 油 | Rape oil | 6.80 | 7.56 | 6.97 | 8.97 | 15.01 | 11.02 |
| 豆　油 | Soybean oil | 6.55 | 6.98 | 6.62 | 8.20 | 13.07 | 8.63 |
| 烤　烟 | Flue-cured tobacco | | 11.88 | 11.95 | 12.75 | 13.49 | 15.19 |
| 活　猪 | Hog | 5.27 | 8.28 | 6.34 | 9.97 | 15.76 | 9.80 |
| 仔　猪 | Piglet | 7.08 | 13.53 | 8.04 | 13.77 | 31.10 | 15.25 |
| 猪　肉 | Pork | 9.22 | 13.60 | 11.09 | 16.24 | 24.89 | 16.69 |
| 牛　肉 | Beef | 12.51 | 17.18 | 17.79 | 20.45 | 30.91 | 31.46 |
| 羊　肉 | Mutton | 14.45 | 17.92 | 18.57 | 22.41 | 32.36 | 32.75 |
| 活　鸡 | Live chicken | | 10.74 | 9.36 | 12.08 | 14.07 | 12.98 |
| 鸡　蛋 | Eggs | 4.82 | 6.53 | 5.66 | 7.60 | 7.91 | 7.68 |
| 草　鱼 | Grass carp | 7.35 | 9.57 | 9.04 | 9.55 | 12.73 | 12.45 |
| 鲤　鱼 | Carp | 8.06 | 8.75 | 8.05 | 8.95 | 11.95 | 10.70 |
| 鲢　鱼 | Silver carp | | 7.44 | 7.09 | 7.39 | 9.71 | 8.93 |
| 带　鱼 | Hairtail | | 10.44 | 10.53 | 10.97 | 12.62 | 13.15 |
| 大 白 菜 | Chinese cabbage | | 1.27 | 1.43 | 1.42 | 1.54 | 1.86 |
| 黄　瓜 | Cucumber | | 1.95 | 2.17 | 2.25 | 2.45 | 2.81 |
| 西 红 柿 | Tomato | | 2.30 | 2.71 | 2.67 | 3.24 | 3.43 |
| 菜　椒 | Green bell | | 2.98 | 3.28 | 3.54 | 3.90 | 4.31 |
| 四 季 豆 | Kidney Beans | | 3.02 | 3.38 | 3.57 | 4.19 | 4.55 |
| 红富士苹果 | Hongfushi Apple | | 3.31 | 5.23 | 4.57 | 5.55 | 6.06 |
| 香　蕉 | Banana | | 3.14 | 3.99 | 3.45 | 4.16 | 4.85 |
| 橙　子 | Orange | | 3.24 | 4.35 | 4.16 | 4.49 | 4.34 |

3-3续表 continued 1

| 品种 | Categories | 2000 | 2005 | 2006 | 2007 | 2008 | 2009 |
|---|---|---|---|---|---|---|---|
| 二、价格变动 | Index | | | | | | |
| (上季度=100) | (preceding quarter=100) | | | | | | |
| 籼稻 | Long-grained nonglutinous rice | 95.27 | 98.51 | 98.11 | 108.45 | 115.44 | 103.54 |
| 优质籼稻 | High quality long-grained nonglutinous rice | 97.28 | 99.30 | 99.16 | 107.22 | 113.08 | 103.34 |
| 粳稻 | Round-grained rice | 93.88 | 102.15 | 101.07 | 104.21 | 105.02 | 108.59 |
| 小麦 | Wheat | 93.25 | 97.96 | 94.91 | 106.66 | 111.26 | 110.36 |
| 玉米 | Corn | 99.61 | 100.48 | 102.22 | 114.32 | 114.68 | 95.44 |
| 大豆 | Soybeans | 107.69 | 97.82 | 95.73 | 104.72 | 163.72 | 80.19 |
| 籼米 | Polished long-grained nonglutinous rice | | 99.52 | 99.50 | 108.29 | 113.31 | 102.44 |
| 优质籼米 | High quality polished long-grained nonglutinous rice | | 99.10 | 100.73 | 108.12 | 112.44 | 104.05 |
| 粳米 | Polished round-grained rice | | 100.13 | 102.95 | 105.50 | 105.38 | 107.10 |
| 面粉 | Wheat flour | | 98.93 | 98.70 | 107.68 | 108.74 | 104.67 |
| 棉花 | Cotton (unginned cotton) | 113.84 | 102.46 | 114.19 | 102.54 | 110.64 | 85.59 |
| 花生仁 | Peanut kernel | | 98.71 | 101.69 | 116.05 | 137.73 | 69.49 |
| 油菜籽 | Rapeseeds | | 95.72 | 95.58 | 120.44 | 158.86 | 82.07 |
| 花生油 | Peanut oil | 98.05 | 97.35 | 98.36 | 120.95 | 151.28 | 74.67 |
| 菜籽油 | Rape oil | 92.98 | 97.53 | 92.20 | 128.73 | 167.30 | 73.37 |
| 豆油 | Soybean oil | 96.42 | 97.08 | 94.82 | 123.75 | 159.50 | 66.00 |
| 烤烟 | Flue-cured tobacco | | 101.54 | 100.58 | 106.74 | 105.83 | 112.56 |
| 活猪 | Hog | 96.17 | 94.39 | 76.57 | 157.26 | 158.14 | 62.17 |
| 仔猪 | Piglet | 107.33 | 100.05 | 59.45 | 171.21 | 225.85 | 49.04 |
| 猪肉 | Pork | 97.33 | 95.56 | 81.53 | 146.50 | 153.22 | 67.06 |
| 牛肉 | Beef | 101.54 | 98.94 | 103.57 | 114.95 | 151.16 | 101.78 |
| 羊肉 | Mutton | 98.14 | 96.08 | 103.65 | 120.65 | 144.39 | 101.21 |
| 活鸡 | Live chicken | | 99.23 | 87.13 | 129.08 | 116.46 | 92.22 |
| 鸡蛋 | Eggs | 97.11 | 97.37 | 86.70 | 134.28 | 104.09 | 96.99 |
| 草鱼 | Grass carp | 106.06 | 100.16 | 94.43 | 105.69 | 133.28 | 97.78 |
| 鲤鱼 | Carp | 110.21 | 97.42 | 91.98 | 111.13 | 133.61 | 89.54 |
| 鲢鱼 | Silver carp | | 101.32 | 95.17 | 104.25 | 131.48 | 91.98 |
| 带鱼 | Hairtail | | 100.00 | 100.89 | 104.12 | 115.05 | 104.20 |
| 大白菜 | Chinese cabbage | | 143.56 | 112.16 | 99.77 | 108.08 | 121.33 |
| 黄瓜 | Cucumber | | 60.78 | 111.47 | 103.57 | 108.94 | 114.87 |
| 西红柿 | Tomato | | 84.34 | 117.53 | 98.70 | 121.45 | 105.74 |
| 菜椒 | Green bell | | 84.61 | 109.77 | 107.96 | 110.39 | 110.53 |
| 四季豆 | Kidney Beans | | 77.37 | 112.15 | 105.52 | 117.28 | 108.66 |
| 红富士苹果 | Hongfushi Apple | | 100.64 | 158.06 | 87.25 | 121.50 | 109.21 |
| 香蕉 | Banana | | 94.76 | 127.09 | 86.58 | 120.47 | 116.51 |
| 橙子 | Orange | | 100.89 | 134.14 | 95.68 | 107.94 | 96.60 |

# 3-4 全国农产品集贸市场季度价格及走势
# Quarterly RMF Prices of Agricultural Products

(第三季度) (3rd quarter)

| 品种 | Categories | 2000 | 2005 | 2006 | 2007 | 2008 | 2009 |
|---|---|---|---|---|---|---|---|
| 一、价格 | Price | | | | | | |
| (元/公斤) | (yuan/ kg) | | | | | | |
| 籼稻 | Long-grained nonglutinous rice | 0.96 | 1.47 | 1.51 | 1.69 | 1.93 | 1.95 |
| 优质籼稻 | High quality long-grained nonglutinous rice | 1.13 | 1.67 | 1.75 | 1.93 | 2.17 | 2.17 |
| 粳稻 | Round-grained rice | 1.28 | 1.79 | 1.84 | 1.96 | 2.08 | 2.20 |
| 小麦 | Wheat | 0.96 | 1.47 | 1.46 | 1.59 | 1.77 | 1.92 |
| 玉米 | Corn | 0.89 | 1.31 | 1.42 | 1.64 | 1.80 | 1.84 |
| 大豆 | Soybeans | 2.60 | 3.54 | 3.48 | 3.85 | 6.09 | 4.84 |
| 籼米 | Polished long-grained nonglutinous rice | | 2.47 | 2.55 | 2.81 | 3.17 | 3.19 |
| 优质籼米 | High quality polished long-grained nonglutinous rice | | 2.90 | 3.04 | 3.32 | 3.71 | 3.80 |
| 粳米 | Polished round-grained rice | | 2.93 | 3.06 | 3.24 | 3.45 | 3.72 |
| 面粉 | Wheat flour | | 2.34 | 2.35 | 2.60 | 2.76 | 2.89 |
| 棉花 | Cotton (unginned cotton) | 3.43 | 5.17 | 5.57 | 5.93 | 6.30 | 5.59 |
| 花生仁 | Peanut kernel | | 6.57 | 6.98 | 8.34 | 10.68 | 7.64 |
| 油菜籽 | Rapeseeds | | 2.52 | 2.60 | 3.61 | 5.09 | 3.86 |
| 花生油 | Peanut oil | 8.46 | 10.71 | 10.74 | 13.88 | 18.86 | 14.47 |
| 菜籽油 | Rape oil | 6.43 | 7.24 | 7.04 | 10.13 | 14.43 | 10.80 |
| 豆油 | Soybean oil | 6.18 | 6.85 | 6.60 | 9.02 | 11.99 | 8.63 |
| 烤烟 | Flue-cured tobacco | | 12.50 | 12.13 | 13.15 | 14.10 | 15.53 |
| 活猪 | Hog | 5.51 | 7.92 | 7.05 | 13.26 | 14.40 | 11.15 |
| 仔猪 | Piglet | 7.43 | 12.48 | 8.18 | 20.27 | 27.21 | 16.40 |
| 猪肉 | Pork | 9.76 | 13.28 | 12.05 | 22.10 | 23.17 | 18.20 |
| 牛肉 | Beef | 12.59 | 17.27 | 18.04 | 22.89 | 31.29 | 31.84 |
| 羊肉 | Mutton | 14.52 | 17.83 | 18.85 | 25.03 | 32.49 | 33.24 |
| 活鸡 | Live chicken | | 10.61 | 9.98 | 13.57 | 13.79 | 12.96 |
| 鸡蛋 | Eggs | 5.06 | 6.78 | 6.36 | 8.15 | 8.31 | 7.98 |
| 草鱼 | Grass carp | 7.43 | 9.40 | 9.23 | 10.25 | 13.08 | 12.44 |
| 鲤鱼 | Carp | 7.97 | 8.60 | 8.35 | 9.61 | 12.05 | 10.52 |
| 鲢鱼 | Silver carp | | 7.40 | 7.11 | 8.08 | 9.91 | 8.89 |
| 带鱼 | Hairtail | | 10.62 | 10.70 | 11.40 | 12.88 | 13.27 |
| 大白菜 | Chinese cabbage | | 1.47 | 1.49 | 1.85 | 1.73 | 1.85 |
| 黄瓜 | Cucumber | | 1.61 | 1.74 | 2.12 | 1.96 | 2.31 |
| 西红柿 | Tomato | | 1.92 | 1.85 | 2.56 | 2.13 | 2.85 |
| 菜椒 | Green bell | | 2.08 | 2.03 | 2.74 | 2.37 | 2.94 |
| 四季豆 | Kidney Beans | | 2.41 | 2.60 | 3.07 | 3.03 | 3.42 |
| 红富士苹果 | Hongfushi Apple | | 3.78 | 5.30 | 4.91 | 5.60 | 6.68 |
| 香蕉 | Banana | | 3.26 | 3.44 | 3.15 | 3.88 | 4.65 |
| 橙子 | Orange | | 3.30 | 4.39 | 4.34 | 4.49 | 4.65 |

3-4续表 continued 1

| 品　种 | Categories | 2000 | 2005 | 2006 | 2007 | 2008 | 2009 |
|---|---|---|---|---|---|---|---|
| 二、价格变动 | Index | | | | | | |
| (上季度=100) | (preceding quarter=100) | | | | | | |
| 籼　稻 | Long-grained nonglutinous rice | 95.36 | 95.67 | 103.17 | 111.94 | 114.04 | 100.89 |
| 优质籼稻 | High quality long-grained nonglutinous rice | 94.96 | 95.51 | 104.70 | 109.93 | 112.60 | 100.18 |
| 粳　稻 | Round-grained rice | 104.08 | 99.07 | 103.25 | 106.19 | 106.32 | 105.88 |
| 小　麦 | Wheat | 95.07 | 95.57 | 99.37 | 109.01 | 111.53 | 108.24 |
| 玉　米 | Corn | 105.53 | 99.65 | 107.82 | 115.60 | 110.03 | 101.83 |
| 大　豆 | Soybeans | 99.49 | 97.34 | 98.13 | 110.67 | 158.25 | 79.48 |
| 籼　米 | Polished long-grained nonglutinous rice | | 97.41 | 103.09 | 110.46 | 112.68 | 100.73 |
| 优质籼米 | High quality polished long-grained nonglutinous rice | | 97.90 | 104.63 | 109.44 | 111.77 | 102.21 |
| 粳　米 | Polished round-grained rice | | 99.91 | 104.68 | 105.82 | 106.50 | 107.73 |
| 面　粉 | Wheat flour | | 98.52 | 100.39 | 111.03 | 106.02 | 104.77 |
| 棉　花 | Cotton (unginned cotton) | 101.69 | 105.76 | 107.68 | 106.48 | 106.16 | 88.84 |
| 花生仁 | Peanut kernel | | 99.64 | 106.21 | 119.54 | 128.03 | 71.52 |
| 油菜籽 | Rapeseeds | | 92.44 | 103.21 | 138.64 | 141.16 | 75.78 |
| 花生油 | Peanut oil | 99.26 | 99.42 | 100.20 | 129.32 | 135.86 | 76.74 |
| 菜籽油 | Rape oil | 94.61 | 95.71 | 97.22 | 144.03 | 142.42 | 74.80 |
| 豆　油 | Soybean oil | 94.25 | 98.06 | 96.33 | 136.64 | 132.93 | 71.98 |
| 烤　烟 | Flue-cured tobacco | | 105.21 | 97.10 | 108.34 | 107.22 | 110.19 |
| 活　猪 | Hog | 104.55 | 95.68 | 89.05 | 188.09 | 108.54 | 77.45 |
| 仔　猪 | Piglet | 104.94 | 92.23 | 65.57 | 247.67 | 134.27 | 60.27 |
| 猪　肉 | Pork | 105.82 | 97.65 | 90.77 | 183.35 | 104.81 | 78.57 |
| 牛　肉 | Beef | 100.61 | 100.55 | 104.43 | 126.92 | 136.67 | 101.77 |
| 羊　肉 | Mutton | 100.53 | 99.49 | 105.74 | 132.77 | 129.81 | 102.32 |
| 活　鸡 | Live chicken | | 98.77 | 94.05 | 136.01 | 101.61 | 93.97 |
| 鸡　蛋 | Eggs | 104.91 | 103.82 | 93.74 | 128.26 | 101.92 | 96.02 |
| 草　鱼 | Grass carp | 101.04 | 98.20 | 98.17 | 111.07 | 127.59 | 95.14 |
| 鲤　鱼 | Carp | 98.88 | 98.26 | 97.04 | 115.17 | 125.39 | 87.25 |
| 鲢　鱼 | Silver carp | | 99.44 | 96.05 | 113.60 | 122.63 | 89.79 |
| 带　鱼 | Hairtail | | 101.75 | 100.77 | 106.51 | 112.94 | 103.05 |
| 大白菜 | Chinese cabbage | | 115.32 | 101.36 | 124.24 | 93.72 | 107.09 |
| 黄　瓜 | Cucumber | | 82.71 | 108.18 | 121.79 | 92.43 | 117.88 |
| 西红柿 | Tomato | | 83.45 | 96.54 | 138.03 | 83.36 | 133.71 |
| 菜　椒 | Green bell | | 69.57 | 97.56 | 135.07 | 86.69 | 124.12 |
| 四季豆 | Kidney Beans | | 79.90 | 107.95 | 118.04 | 98.63 | 112.82 |
| 红富士苹果 | Hongfushi Apple | | 114.02 | 140.48 | 92.62 | 113.98 | 119.35 |
| 香　蕉 | Banana | | 103.78 | 105.61 | 91.42 | 123.29 | 119.98 |
| 橙　子 | Orange | | 101.59 | 133.30 | 98.90 | 103.30 | 103.61 |

# 3-5 全国农产品集贸市场季度价格及走势
## Quarterly RMF Prices of Agricultural Products

(第四季度) (4th quarter)

| 品 种 | Categories | 2000 | 2005 | 2006 | 2007 | 2008 | 2009 |
|---|---|---|---|---|---|---|---|
| 一、价格 | Price | | | | | | |
| (元/公斤) | (yuan/ kg) | | | | | | |
| 籼 稻 | Long-grained nonglutinous rice | 1.00 | 1.46 | 1.54 | 1.73 | 1.90 | 1.95 |
| 优质籼稻 | High quality long-grained nonglutinous rice | 1.18 | 1.67 | 1.79 | 1.96 | 2.13 | 2.18 |
| 粳 稻 | Round-grained rice | 1.28 | 1.77 | 1.86 | 1.95 | 2.04 | 2.18 |
| 小 麦 | Wheat | 1.03 | 1.46 | 1.52 | 1.67 | 1.80 | 1.98 |
| 玉 米 | Corn | 0.93 | 1.27 | 1.41 | 1.64 | 1.68 | 1.83 |
| 大 豆 | Soybeans | 2.46 | 3.47 | 3.50 | 4.48 | 5.31 | 4.88 |
| 籼 米 | Polished long-grained nonglutinous rice | | 2.47 | 2.62 | 2.88 | 3.14 | 3.22 |
| 优质籼米 | High quality polished long-grained nonglutinous rice | | 2.92 | 3.13 | 3.42 | 3.69 | 3.83 |
| 粳 米 | Polished round-grained rice | | 2.96 | 3.14 | 3.30 | 3.40 | 3.77 |
| 面 粉 | Wheat flour | | 2.33 | 2.42 | 2.66 | 2.75 | 2.95 |
| 棉 花 | Cotton (unginned cotton) | 3.56 | 5.54 | 5.36 | 6.27 | 5.32 | 6.19 |
| 花生仁 | Peanut kernel | | 6.53 | 7.11 | 9.19 | 9.30 | 8.63 |
| 油菜籽 | Rapeseeds | | 2.59 | 2.76 | 3.94 | 4.56 | 3.96 |
| 花生油 | Peanut oil | 8.26 | 10.63 | 11.30 | 15.46 | 16.88 | 15.30 |
| 菜籽油 | Rape oil | 6.36 | 7.16 | 7.65 | 11.33 | 12.36 | 10.86 |
| 豆 油 | Soybean oil | 5.94 | 6.67 | 7.25 | 10.13 | 9.61 | 8.81 |
| 烤 烟 | Flue-cured tobacco | | 12.70 | 12.30 | 13.32 | 14.16 | 15.36 |
| 活 猪 | Hog | 5.77 | 7.22 | 8.21 | 13.89 | 12.60 | 11.68 |
| 仔 猪 | Piglet | 7.52 | 9.85 | 9.86 | 21.99 | 19.26 | 16.46 |
| 猪 肉 | Pork | 10.24 | 12.44 | 13.72 | 22.49 | 20.32 | 19.02 |
| 牛 肉 | Beef | 12.71 | 17.60 | 18.66 | 25.22 | 31.86 | 32.53 |
| 羊 肉 | Mutton | 14.53 | 18.29 | 19.94 | 27.74 | 32.74 | 33.94 |
| 活 鸡 | Live chicken | | 9.66 | 10.89 | 13.54 | 13.54 | 12.95 |
| 鸡 蛋 | Eggs | 5.09 | 6.41 | 7.07 | 8.11 | 7.95 | 8.01 |
| 草 鱼 | Grass carp | 7.28 | 9.19 | 9.24 | 10.09 | 12.12 | 12.17 |
| 鲤 鱼 | Carp | 7.57 | 8.35 | 8.30 | 9.44 | 10.80 | 10.21 |
| 鲢 鱼 | Silver carp | | 7.24 | 7.13 | 7.93 | 9.17 | 8.75 |
| 带 鱼 | Hairtail | | 10.49 | 10.72 | 11.35 | 12.79 | 13.38 |
| 大白菜 | Chinese cabbage | | 1.14 | 1.04 | 1.41 | 1.30 | 1.53 |
| 黄 瓜 | Cucumber | | 2.46 | 2.51 | 3.29 | 3.08 | 3.71 |
| 西红柿 | Tomato | | 2.62 | 2.60 | 3.29 | 2.99 | 3.79 |
| 菜 椒 | Green bell | | 2.95 | 2.74 | 3.98 | 3.49 | 4.05 |
| 四季豆 | Kidney Beans | | 3.09 | 3.12 | 4.27 | 4.17 | 4.73 |
| 红富士苹果 | Hongfushi Apple | | 3.59 | 4.28 | 4.70 | 4.96 | 5.52 |
| 香 蕉 | Banana | | 3.45 | 3.43 | 3.47 | 4.02 | 3.84 |
| 橙 子 | Orange | | 3.32 | 4.11 | 4.17 | 4.19 | 4.37 |

3-5续表 continued 1

| 品　种 | Categories | 2000 | 2005 | 2006 | 2007 | 2008 | 2009 |
|---|---|---|---|---|---|---|---|
| 二、价格变动 | Index | | | | | | |
| (上季度=100) | (preceding quarter=100) | | | | | | |
| 籼　稻 | Long-grained nonglutinous rice | 103.86 | 99.43 | 105.87 | 112.13 | 109.90 | 102.36 |
| 优质籼稻 | High quality long-grained nonglutinous rice | 104.44 | 99.73 | 107.10 | 109.68 | 108.78 | 102.12 |
| 粳　稻 | Round-grained rice | 99.97 | 99.37 | 104.71 | 104.96 | 104.71 | 106.94 |
| 小　麦 | Wheat | 106.46 | 99.55 | 103.99 | 109.59 | 108.28 | 109.55 |
| 玉　米 | Corn | 104.39 | 96.79 | 110.72 | 116.32 | 102.79 | 108.38 |
| 大　豆 | Soybeans | 94.64 | 97.94 | 100.77 | 128.07 | 118.70 | 91.83 |
| 籼　米 | Polished long-grained nonglutinous rice | | 99.96 | 106.11 | 110.02 | 108.79 | 102.59 |
| 优质籼米 | High quality polished long-grained nonglutinous rice | | 100.60 | 107.04 | 109.35 | 107.88 | 103.77 |
| 粳　米 | Polished round-grained rice | | 100.99 | 106.15 | 105.17 | 103.06 | 110.96 |
| 面　粉 | Wheat flour | | 99.80 | 103.89 | 109.98 | 103.35 | 107.13 |
| 棉　花 | Cotton (unginned cotton) | 103.80 | 107.06 | 96.69 | 116.99 | 84.97 | 116.19 |
| 花 生 仁 | Peanut kernel | | 99.33 | 108.89 | 129.24 | 101.27 | 92.76 |
| 油 菜 籽 | Rapeseeds | | 102.63 | 106.79 | 142.50 | 115.95 | 86.77 |
| 花 生 油 | Peanut oil | 97.61 | 99.23 | 106.31 | 136.77 | 109.22 | 90.63 |
| 菜 籽 油 | Rape oil | 98.89 | 98.90 | 106.87 | 148.07 | 109.10 | 87.89 |
| 豆　油 | Soybean oil | 96.25 | 97.44 | 108.62 | 139.71 | 94.83 | 91.71 |
| 烤　烟 | Flue-cured tobacco | | 101.64 | 96.88 | 108.26 | 106.29 | 108.47 |
| 活　猪 | Hog | 104.77 | 91.14 | 113.78 | 169.08 | 90.74 | 92.68 |
| 仔　猪 | Piglet | 101.17 | 78.92 | 100.13 | 222.94 | 87.59 | 85.46 |
| 猪　肉 | Pork | 104.94 | 93.69 | 110.29 | 163.92 | 90.31 | 93.60 |
| 牛　肉 | Beef | 100.93 | 101.87 | 106.02 | 135.18 | 126.35 | 102.08 |
| 羊　肉 | Mutton | 100.05 | 102.58 | 109.05 | 139.08 | 118.06 | 103.66 |
| 活　鸡 | Live chicken | | 91.06 | 112.74 | 124.29 | 100.03 | 95.61 |
| 鸡　蛋 | Eggs | 100.69 | 94.47 | 110.43 | 114.62 | 98.01 | 100.82 |
| 草　鱼 | Grass carp | 97.99 | 97.76 | 100.52 | 109.28 | 120.04 | 100.47 |
| 鲤　鱼 | Carp | 94.99 | 97.06 | 99.42 | 113.79 | 114.33 | 94.59 |
| 鲢　鱼 | Silver carp | | 97.83 | 98.50 | 111.11 | 115.70 | 95.46 |
| 带　鱼 | Hairtail | | 98.78 | 102.13 | 105.90 | 112.68 | 104.66 |
| 大 白 菜 | Chinese cabbage | | 77.73 | 91.17 | 135.63 | 92.26 | 117.70 |
| 黄　瓜 | Cucumber | | 152.90 | 101.92 | 130.90 | 93.70 | 120.30 |
| 西 红 柿 | Tomato | | 136.54 | 99.00 | 126.48 | 91.14 | 126.70 |
| 菜　椒 | Green bell | | 142.03 | 92.94 | 145.40 | 87.67 | 115.88 |
| 四 季 豆 | Kidney Beans | | 128.41 | 101.00 | 136.79 | 97.43 | 113.45 |
| 红富士苹果 | Hongfushi Apple | | 95.15 | 119.23 | 109.69 | 105.62 | 111.21 |
| 香　蕉 | Banana | | 105.99 | 99.22 | 101.42 | 115.65 | 95.48 |
| 橙　子 | Orange | | 100.88 | 123.57 | 101.44 | 100.48 | 104.49 |

# 3-6 全国农产品集贸市场月度价格及走势
# Monthly RMF Prices of Agricultural Products

(1月份) (Jan.)

| 品　种 | Categories | 2000 | 2005 | 2006 | 2007 | 2008 | 2009 |
|---|---|---|---|---|---|---|---|
| 一、价格 | Price | | | | | | |
| (元/公斤) | (yuan/ kg) | | | | | | |
| 籼　稻 | Long-grained nonglutinous rice | 1.10 | 1.55 | 1.48 | 1.60 | 1.79 | 1.88 |
| 优质籼稻 | High quality long-grained nonglutinous rice | 1.21 | 1.75 | 1.70 | 1.84 | 2.01 | 2.11 |
| 粳　稻 | Round-grained rice | 1.32 | 1.75 | 1.81 | 1.88 | 1.91 | 2.02 |
| 小　麦 | Wheat | 1.12 | 1.56 | 1.46 | 1.59 | 1.72 | 1.85 |
| 玉　米 | Corn | 0.85 | 1.31 | 1.27 | 1.48 | 1.71 | 1.58 |
| 大　豆 | Soybeans | 2.37 | 3.74 | 3.48 | 3.56 | 4.98 | 4.91 |
| 籼　米 | Polished long-grained nonglutinous rice | | 2.53 | 2.51 | 2.70 | 2.96 | 3.14 |
| 优质籼米 | High quality polished long-grained nonglutinous rice | | 2.96 | 2.96 | 3.20 | 3.49 | 3.68 |
| 粳　米 | Polished round-grained rice | | 2.89 | 3.02 | 3.21 | 3.31 | 3.41 |
| 面　粉 | Wheat flour | | 2.39 | 2.35 | 2.52 | 2.73 | 2.78 |
| 棉　花 | Cotton (unginned cotton) | 2.89 | 4.66 | 5.61 | 5.60 | 6.29 | 4.84 |
| 花生仁 | Peanut kernel | | 6.69 | 6.61 | 7.33 | 10.07 | 7.81 |
| 油菜籽 | Rapeseeds | | 2.85 | 2.60 | 2.92 | 4.30 | 4.38 |
| 花生油 | Peanut oil | 8.70 | 11.04 | 10.62 | 12.00 | 17.60 | 15.22 |
| 菜籽油 | Rape oil | 7.34 | 7.74 | 7.14 | 8.63 | 12.80 | 11.55 |
| 豆　油 | Soybean oil | 6.80 | 7.20 | 6.74 | 7.86 | 11.66 | 9.14 |
| 烤　烟 | Flue-cured tobacco | | 11.33 | 12.69 | 12.46 | 12.91 | 14.59 |
| 活　猪 | Hog | 5.51 | 8.80 | 7.50 | 9.14 | 15.87 | 13.33 |
| 仔　猪 | Piglet | 6.37 | 13.29 | 9.59 | 11.23 | 25.93 | 18.49 |
| 猪　肉 | Pork | 9.30 | 14.33 | 12.67 | 14.98 | 25.35 | 21.32 |
| 牛　肉 | Beef | 11.37 | 16.95 | 18.31 | 19.30 | 28.64 | 32.89 |
| 羊　肉 | Mutton | 14.20 | 18.40 | 19.48 | 21.52 | 30.72 | 33.64 |
| 活　鸡 | Live chicken | | 10.51 | 9.66 | 11.45 | 14.05 | 13.72 |
| 鸡　蛋 | Eggs | 4.57 | 6.78 | 6.20 | 7.27 | 8.00 | 7.74 |
| 草　鱼 | Grass carp | 6.96 | 9.31 | 9.33 | 9.24 | 10.59 | 12.03 |
| 鲤　鱼 | Carp | 7.23 | 8.80 | 8.37 | 8.34 | 10.04 | 10.70 |
| 鲢　鱼 | Silver carp | | 7.12 | 7.27 | 7.09 | 8.51 | 9.11 |
| 带　鱼 | Hairtail | | 10.24 | 10.95 | 10.85 | 11.81 | 12.99 |
| 大白菜 | Chinese cabbage | | 0.72 | 1.30 | 0.98 | 1.23 | 1.17 |
| 黄　瓜 | Cucumber | | 2.65 | 4.19 | 3.25 | 3.88 | 4.73 |
| 西红柿 | Tomato | | 2.49 | 4.01 | 3.12 | 3.84 | 4.33 |
| 菜　椒 | Green bell | | 3.11 | 4.63 | 3.51 | 4.83 | 7.04 |
| 四季豆 | Kidney Beans | | 3.42 | 4.38 | 4.00 | 4.89 | 6.51 |
| 红富士苹果 | Hongfushi Apple | | 3.24 | 3.95 | 4.23 | 5.04 | 4.85 |
| 香　蕉 | Banana | | 3.24 | 3.57 | 3.54 | 3.86 | 4.02 |
| 橙　子 | Orange | | 3.14 | 3.68 | 4.03 | 4.06 | 3.83 |

3-6续表 continued 1

| 品　种 | Categories | 2000 | 2005 | 2006 | 2007 | 2008 | 2009 |
|---|---|---|---|---|---|---|---|
| 二、价格变动 | Index | | | | | | |
| (上月=100) | (preceding month=100) | | | | | | |
| 籼　稻 | Long-grained nonglutinous rice | 103.62 | 101.06 | 95.22 | 108.31 | 111.85 | 104.75 |
| 优质籼稻 | High quality long-grained nonglutinous rice | | 100.21 | 97.51 | 107.92 | 109.36 | 105.12 |
| 粳　稻 | Round-grained rice | 104.26 | 100.66 | 103.42 | 103.98 | 101.68 | 105.50 |
| 小　麦 | Wheat | 101.34 | 100.23 | 93.72 | 108.54 | 108.64 | 107.07 |
| 玉　米 | Corn | 91.12 | 98.17 | 97.14 | 115.95 | 115.91 | 92.44 |
| 大　豆 | Soybeans | 92.43 | 99.31 | 93.04 | 102.32 | 139.82 | 98.66 |
| 籼　米 | Polished long-grained nonglutinous rice | | 100.91 | 99.14 | 107.70 | 109.60 | 106.14 |
| 优质籼米 | High quality polished long-grained nonglutinous rice | | 100.86 | 100.10 | 108.00 | 109.19 | 105.61 |
| 粳　米 | Polished round-grained rice | | 100.26 | 104.38 | 106.34 | 102.93 | 103.11 |
| 面　粉 | Wheat flour | | 99.33 | 98.55 | 106.90 | 108.65 | 101.68 |
| 棉　花 | Cotton (unginned cotton) | | 99.92 | 120.30 | 99.95 | 112.27 | 76.99 |
| 花 生 仁 | Peanut kernel | | 99.48 | 98.86 | 110.85 | 137.44 | 77.54 |
| 油 菜 籽 | Rapeseeds | | 99.13 | 91.20 | 112.34 | 147.29 | 102.01 |
| 花 生 油 | Peanut oil | | 99.50 | 96.21 | 112.99 | 146.68 | 86.48 |
| 菜 籽 油 | Rape oil | | 100.27 | 92.32 | 120.85 | 148.25 | 90.30 |
| 豆　油 | Soybean oil | | 98.56 | 93.63 | 116.71 | 148.33 | 78.32 |
| 烤　烟 | Flue-cured tobacco | | 98.63 | 111.95 | 98.19 | 103.67 | 112.99 |
| 活　猪 | Hog | | 99.62 | 85.20 | 121.92 | 173.55 | 84.01 |
| 仔　猪 | Piglet | | 98.56 | 72.16 | 117.13 | 230.86 | 71.30 |
| 猪　肉 | Pork | | 99.57 | 88.39 | 118.27 | 169.19 | 84.09 |
| 牛　肉 | Beef | | 102.48 | 108.01 | 105.38 | 148.43 | 114.84 |
| 羊　肉 | Mutton | | 104.99 | 105.86 | 110.47 | 142.80 | 109.50 |
| 活　鸡 | Live chicken | | 100.32 | 91.92 | 118.51 | 122.73 | 97.69 |
| 鸡　蛋 | Eggs | | 100.58 | 91.48 | 117.32 | 110.05 | 96.70 |
| 草　鱼 | Grass carp | | 102.71 | 100.22 | 99.02 | 114.66 | 113.58 |
| 鲤　鱼 | Carp | | 101.86 | 95.14 | 99.57 | 120.51 | 106.50 |
| 鲢　鱼 | Silver carp | | 102.25 | 102.11 | 97.49 | 120.14 | 107.02 |
| 带　鱼 | Hairtail | | 100.41 | 106.91 | 99.08 | 108.83 | 109.99 |
| 大 白 菜 | Chinese cabbage | | 111.15 | 181.90 | 75.35 | 125.63 | 95.12 |
| 黄　瓜 | Cucumber | | 111.99 | 158.38 | 77.60 | 119.44 | 121.88 |
| 西 红 柿 | Tomato | | 115.70 | 161.01 | 77.87 | 122.86 | 112.78 |
| 菜　椒 | Green bell | | 116.45 | 148.85 | 75.93 | 137.28 | 145.90 |
| 四 季 豆 | Kidney Beans | | 112.92 | 127.92 | 91.39 | 122.09 | 133.32 |
| 红富士苹果 | Hongfushi Apple | | 102.15 | 121.84 | 107.17 | 119.18 | 96.14 |
| 香　蕉 | Banana | | 101.28 | 110.27 | 99.01 | 109.03 | 104.17 |
| 橙　子 | Orange | | 96.10 | 117.28 | 109.54 | 100.63 | 94.38 |

# 3-7 全国农产品集贸市场月度价格及走势
# Monthly RMF Prices of Agricultural Products

(2月份) (Feb.)

| 品 种 | Categories | 2000 | 2005 | 2006 | 2007 | 2008 | 2009 |
|---|---|---|---|---|---|---|---|
| 一、价格 | Price | | | | | | |
| (元/公斤) | (yuan/ kg) | | | | | | |
| 籼 稻 | Long-grained nonglutinous rice | 1.08 | 1.55 | 1.47 | 1.61 | 1.80 | 1.90 |
| 优质籼稻 | High quality long-grained nonglutinous rice | 1.23 | 1.77 | 1.69 | 1.84 | 2.04 | 2.12 |
| 粳 稻 | Round-grained rice | 1.31 | 1.76 | 1.81 | 1.89 | 1.92 | 2.06 |
| 小 麦 | Wheat | 1.09 | 1.57 | 1.45 | 1.57 | 1.71 | 1.90 |
| 玉 米 | Corn | 0.85 | 1.31 | 1.28 | 1.49 | 1.69 | 1.58 |
| 大 豆 | Soybeans | 2.44 | 3.71 | 3.49 | 3.57 | 5.11 | 4.84 |
| 籼 米 | Polished long-grained nonglutinous rice | | 2.55 | 2.51 | 2.71 | 2.98 | 3.15 |
| 优质籼米 | High quality polished long-grained nonglutinous rice | | 3.00 | 2.96 | 3.22 | 3.51 | 3.72 |
| 粳 米 | Polished round-grained rice | | 2.93 | 3.01 | 3.21 | 3.31 | 3.43 |
| 面 粉 | Wheat flour | | 2.41 | 2.34 | 2.53 | 2.74 | 2.83 |
| 棉 花 | Cotton (unginned cotton) | 2.99 | 4.75 | 5.59 | 5.67 | 6.36 | 4.95 |
| 花生仁 | Peanut kernel | | 6.71 | 6.58 | 7.45 | 10.24 | 7.66 |
| 油菜籽 | Rapeseeds | | 2.84 | 2.62 | 2.96 | 4.65 | 4.52 |
| 花生油 | Peanut oil | 8.64 | 11.11 | 10.59 | 12.15 | 17.94 | 14.77 |
| 菜籽油 | Rape oil | 7.32 | 7.79 | 7.12 | 8.67 | 13.18 | 11.46 |
| 豆 油 | Soybean oil | 6.79 | 7.22 | 6.68 | 7.97 | 12.14 | 8.87 |
| 烤 烟 | Flue-cured tobacco | | 11.87 | 12.54 | 12.71 | 13.12 | 14.41 |
| 活 猪 | Hog | 5.46 | 8.80 | 7.29 | 9.01 | 16.12 | 12.46 |
| 仔 猪 | Piglet | 6.43 | 13.39 | 9.79 | 11.34 | 26.98 | 18.52 |
| 猪 肉 | Pork | 9.66 | 14.33 | 12.41 | 15.13 | 25.94 | 20.39 |
| 牛 肉 | Beef | 12.84 | 17.76 | 18.21 | 20.14 | 30.40 | 32.34 |
| 羊 肉 | Mutton | 15.08 | 19.16 | 19.18 | 22.07 | 32.34 | 33.18 |
| 活 鸡 | Live chicken | | 11.03 | 9.46 | 12.13 | 14.15 | 13.25 |
| 鸡 蛋 | Eggs | 5.32 | 6.86 | 5.87 | 7.61 | 8.01 | 7.50 |
| 草 鱼 | Grass carp | 6.92 | 9.78 | 9.23 | 9.49 | 11.19 | 12.02 |
| 鲤 鱼 | Carp | 7.29 | 9.23 | 8.18 | 8.62 | 10.66 | 10.34 |
| 鲢 鱼 | Silver carp | | 7.46 | 7.13 | 7.29 | 8.92 | 9.05 |
| 带 鱼 | Hairtail | | 10.77 | 10.60 | 11.01 | 12.22 | 12.93 |
| 大白菜 | Chinese cabbage | | 0.98 | 1.27 | 0.99 | 1.46 | 1.16 |
| 黄 瓜 | Cucumber | | 3.71 | 3.59 | 3.77 | 4.73 | 4.61 |
| 西红柿 | Tomato | | 2.99 | 3.57 | 3.61 | 4.46 | 4.14 |
| 菜 椒 | Green bell | | 3.81 | 4.33 | 4.35 | 6.32 | 6.17 |
| 四季豆 | Kidney Beans | | 4.14 | 4.35 | 4.94 | 6.36 | 6.28 |
| 红富士苹果 | Hongfushi Apple | | 3.34 | 4.07 | 4.38 | 5.27 | 4.85 |
| 香 蕉 | Banana | | 3.40 | 3.58 | 3.90 | 4.14 | 3.91 |
| 橙 子 | Orange | | 3.26 | 3.75 | 4.24 | 4.29 | 3.82 |

3-7续表 continued 1

| 品　种 | Categories | 2000 | 2005 | 2006 | 2007 | 2008 | 2009 |
|---|---|---|---|---|---|---|---|
| 二、价格变动 | Index | | | | | | |
| (上月=100) | (preceding month=100) | | | | | | |
| 籼　稻 | Long-grained nonglutinous rice | 98.18 | 99.97 | 94.85 | 109.64 | 111.38 | 105.62 |
| 优质籼稻 | High quality long-grained nonglutinous rice | 101.65 | 101.53 | 95.50 | 108.88 | 110.83 | 103.85 |
| 粳　稻 | Round-grained rice | 99.24 | 100.79 | 102.62 | 104.35 | 101.77 | 107.22 |
| 小　麦 | Wheat | 97.32 | 100.79 | 92.44 | 108.13 | 109.00 | 110.60 |
| 玉　米 | Corn | 100.00 | 100.22 | 97.56 | 116.62 | 112.93 | 93.66 |
| 大　豆 | Soybeans | 102.95 | 99.15 | 94.01 | 102.30 | 143.39 | 94.71 |
| 籼　米 | Polished long-grained nonglutinous rice | | 100.75 | 98.36 | 108.23 | 109.76 | 105.77 |
| 优质籼米 | High quality polished long-grained nonglutinous rice | | 101.51 | 98.72 | 108.86 | 108.99 | 105.79 |
| 粳　米 | Polished round-grained rice | | 101.19 | 102.93 | 106.53 | 102.95 | 103.71 |
| 面　粉 | Wheat flour | | 100.81 | 97.28 | 107.85 | 108.27 | 103.50 |
| 棉　花 | Cotton (unginned cotton) | 103.42 | 101.97 | 117.67 | 101.40 | 112.19 | 77.75 |
| 花生仁 | Peanut kernel | | 100.28 | 98.05 | 113.27 | 137.45 | 74.85 |
| 油菜籽 | Rapeseeds | | 99.84 | 92.02 | 113.05 | 157.31 | 97.13 |
| 花生油 | Peanut oil | 99.31 | 100.63 | 95.33 | 114.75 | 147.66 | 82.33 |
| 菜籽油 | Rape oil | 99.73 | 100.65 | 91.48 | 121.77 | 151.99 | 86.95 |
| 豆　油 | Soybean oil | 99.85 | 100.37 | 92.44 | 119.39 | 152.26 | 73.07 |
| 烤　烟 | Flue-cured tobacco | | 104.74 | 105.63 | 101.38 | 103.21 | 109.87 |
| 活　猪 | Hog | 99.09 | 99.94 | 82.82 | 123.71 | 178.85 | 77.27 |
| 仔　猪 | Piglet | 100.94 | 100.73 | 73.16 | 115.75 | 237.98 | 68.64 |
| 猪　肉 | Pork | 103.87 | 99.97 | 86.58 | 121.98 | 171.40 | 78.59 |
| 牛　肉 | Beef | 112.93 | 104.76 | 102.56 | 110.60 | 150.89 | 106.41 |
| 羊　肉 | Mutton | 106.20 | 104.15 | 100.11 | 115.05 | 146.55 | 102.60 |
| 活　鸡 | Live chicken | | 104.96 | 85.79 | 128.20 | 116.67 | 93.65 |
| 鸡　蛋 | Eggs | 116.41 | 101.22 | 85.54 | 129.80 | 105.17 | 93.64 |
| 草　鱼 | Grass carp | 99.43 | 105.05 | 94.41 | 102.77 | 117.93 | 107.39 |
| 鲤　鱼 | Carp | 100.83 | 104.85 | 88.62 | 105.44 | 123.61 | 97.00 |
| 鲢　鱼 | Silver carp | | 104.85 | 95.58 | 102.19 | 122.43 | 101.36 |
| 带　鱼 | Hairtail | | 105.09 | 98.50 | 103.82 | 111.03 | 105.82 |
| 大白菜 | Chinese cabbage | | 137.31 | 128.72 | 77.75 | 148.12 | 79.73 |
| 黄　瓜 | Cucumber | | 140.21 | 96.82 | 104.98 | 125.45 | 97.39 |
| 西红柿 | Tomato | | 120.18 | 119.23 | 101.17 | 123.50 | 92.72 |
| 菜　椒 | Green bell | | 122.46 | 113.69 | 100.47 | 145.36 | 97.51 |
| 四季豆 | Kidney Beans | | 120.84 | 105.12 | 113.67 | 128.73 | 98.70 |
| 红富士苹果 | Hongfushi Apple | | 103.08 | 121.88 | 107.59 | 120.46 | 92.03 |
| 香　蕉 | Banana | | 105.03 | 105.11 | 109.09 | 106.06 | 94.53 |
| 橙　子 | Orange | | 103.86 | 115.14 | 112.90 | 101.31 | 88.94 |

# 3-8 全国农产品集贸市场月度价格及走势
# Monthly RMF Prices of Agricultural Products

(3月份) (Mar.)

| 品种 | Categories | 2000 | 2005 | 2006 | 2007 | 2008 | 2009 |
|---|---|---|---|---|---|---|---|
| 一、价格 | Price | | | | | | |
| (元/公斤) | (yuan/ kg) | | | | | | |
| 籼稻 | Long-grained nonglutinous rice | 0.99 | 1.56 | 1.50 | 1.62 | 1.83 | 1.92 |
| 优质籼稻 | High quality long-grained nonglutinous rice | 1.23 | 1.78 | 1.72 | 1.85 | 2.07 | 2.15 |
| 粳稻 | Round-grained rice | 1.29 | 1.78 | 1.82 | 1.89 | 1.94 | 2.10 |
| 小麦 | Wheat | 1.05 | 1.57 | 1.46 | 1.57 | 1.73 | 1.92 |
| 玉米 | Corn | 0.84 | 1.32 | 1.30 | 1.50 | 1.70 | 1.62 |
| 大豆 | Soybeans | 2.47 | 3.71 | 3.49 | 3.58 | 5.73 | 4.83 |
| 籼米 | Polished long-grained nonglutinous rice | | 2.57 | 2.52 | 2.71 | 3.01 | 3.17 |
| 优质籼米 | High quality polished long-grained nonglutinous rice | | 3.02 | 2.97 | 3.21 | 3.54 | 3.76 |
| 粳米 | Polished round-grained rice | | 2.95 | 3.02 | 3.18 | 3.31 | 3.50 |
| 面粉 | Wheat flour | | 2.39 | 2.35 | 2.52 | 2.74 | 2.87 |
| 棉花 | Cotton (unginned cotton) | 3.00 | 4.91 | 5.58 | 5.72 | 6.28 | 5.14 |
| 花生仁 | Peanut kernel | | 6.65 | 6.55 | 7.48 | 10.51 | 7.38 |
| 油菜籽 | Rapeseeds | | 2.86 | 2.66 | 3.00 | 5.03 | 4.39 |
| 花生油 | Peanut oil | 8.75 | 11.06 | 10.66 | 12.15 | 19.40 | 14.49 |
| 菜籽油 | Rape oil | 7.28 | 7.74 | 7.10 | 8.64 | 15.34 | 11.22 |
| 豆油 | Soybean oil | 6.80 | 7.17 | 6.70 | 7.91 | 14.56 | 8.62 |
| 烤烟 | Flue-cured tobacco | | 11.89 | 12.03 | 12.39 | 13.01 | 14.73 |
| 活猪 | Hog | 5.47 | 8.71 | 6.99 | 8.75 | 16.44 | 11.66 |
| 仔猪 | Piglet | 6.99 | 13.90 | 9.54 | 11.40 | 31.41 | 18.14 |
| 猪肉 | Pork | 9.47 | 14.03 | 11.95 | 14.52 | 25.91 | 19.29 |
| 牛肉 | Beef | 12.76 | 17.37 | 17.94 | 19.87 | 30.59 | 31.91 |
| 羊肉 | Mutton | 14.88 | 18.39 | 19.06 | 21.99 | 32.46 | 32.78 |
| 活鸡 | Live chicken | | 10.95 | 9.37 | 11.67 | 14.06 | 13.28 |
| 鸡蛋 | Eggs | 5.00 | 6.49 | 5.76 | 7.22 | 7.74 | 7.53 |
| 草鱼 | Grass carp | 6.92 | 9.58 | 8.94 | 9.25 | 11.22 | 12.15 |
| 鲤鱼 | Carp | 7.42 | 8.93 | 8.03 | 8.40 | 10.69 | 10.50 |
| 鲢鱼 | Silver carp | | 7.46 | 7.09 | 7.06 | 8.93 | 9.00 |
| 带鱼 | Hairtail | | 10.31 | 10.53 | 10.71 | 12.36 | 13.00 |
| 大白菜 | Chinese cabbage | | 0.95 | 1.25 | 1.07 | 1.31 | 1.43 |
| 黄瓜 | Cucumber | | 3.26 | 3.29 | 3.55 | 4.25 | 4.51 |
| 西红柿 | Tomato | | 2.71 | 3.65 | 3.34 | 4.20 | 4.18 |
| 菜椒 | Green bell | | 3.66 | 4.40 | 4.59 | 6.07 | 5.99 |
| 四季豆 | Kidney Beans | | 4.13 | 4.52 | 4.75 | 6.68 | 6.31 |
| 红富士苹果 | Hongfushi Apple | | 3.29 | 4.19 | 4.40 | 5.25 | 4.89 |
| 香蕉 | Banana | | 3.29 | 3.73 | 3.99 | 4.07 | 3.95 |
| 橙子 | Orange | | 3.25 | 3.82 | 4.26 | 4.36 | 3.84 |

3-8续表 continued 1

| 品　种 | Categories | 2000 | 2005 | 2006 | 2007 | 2008 | 2009 |
|---|---|---|---|---|---|---|---|
| 二、价格变动 | Index | | | | | | |
| (上月=100) | (preceding month=100) | | | | | | |
| 籼　稻 | Long-grained nonglutinous rice | 91.67 | 100.56 | 95.82 | 108.42 | 112.64 | 105.18 |
| 优质籼稻 | High quality long-grained nonglutinous rice | 100.00 | 100.28 | 96.62 | 107.48 | 112.00 | 103.85 |
| 粳　稻 | Round-grained rice | 98.47 | 100.86 | 102.08 | 104.15 | 102.55 | 108.13 |
| 小　麦 | Wheat | 96.33 | 99.83 | 93.23 | 107.00 | 110.15 | 111.02 |
| 玉　米 | Corn | 98.82 | 100.35 | 98.33 | 115.82 | 113.23 | 95.67 |
| 大　豆 | Soybeans | 101.23 | 100.12 | 93.96 | 102.56 | 160.25 | 84.22 |
| 籼　米 | Polished long-grained nonglutinous rice | | 100.70 | 98.17 | 107.54 | 110.96 | 105.29 |
| 优质籼米 | High quality polished long-grained nonglutinous rice | | 100.67 | 98.39 | 107.87 | 110.30 | 106.29 |
| 粳　米 | Polished round-grained rice | | 100.88 | 102.24 | 105.17 | 104.11 | 105.67 |
| 面　粉 | Wheat flour | | 99.41 | 98.13 | 107.33 | 108.58 | 104.96 |
| 棉　花 | Cotton (unginned cotton) | 100.40 | 103.35 | 113.61 | 102.59 | 109.75 | 81.77 |
| 花生仁 | Peanut kernel | | 99.15 | 98.46 | 114.28 | 140.43 | 70.25 |
| 油菜籽 | Rapeseeds | | 100.48 | 93.11 | 112.67 | 167.83 | 87.38 |
| 花生油 | Peanut oil | 101.27 | 99.58 | 96.33 | 113.98 | 159.70 | 74.72 |
| 菜籽油 | Rape oil | 99.45 | 99.35 | 91.82 | 121.62 | 177.56 | 73.12 |
| 豆　油 | Soybean oil | 100.15 | 99.19 | 93.57 | 118.03 | 183.99 | 59.17 |
| 烤　烟 | Flue-cured tobacco | | 100.17 | 101.18 | 103.00 | 105.04 | 113.17 |
| 活　猪 | Hog | 100.18 | 98.98 | 80.24 | 125.18 | 187.98 | 70.89 |
| 仔　猪 | Piglet | 108.71 | 103.83 | 68.62 | 119.48 | 275.66 | 57.74 |
| 猪　肉 | Pork | 98.03 | 97.93 | 85.13 | 121.56 | 178.38 | 74.44 |
| 牛　肉 | Beef | 99.38 | 97.82 | 103.24 | 110.78 | 153.93 | 104.33 |
| 羊　肉 | Mutton | 98.67 | 96.00 | 103.65 | 115.32 | 147.64 | 100.99 |
| 活　鸡 | Live chicken | | 99.26 | 85.56 | 124.59 | 120.49 | 94.41 |
| 鸡　蛋 | Eggs | 93.98 | 94.63 | 88.78 | 125.29 | 107.18 | 97.30 |
| 草　鱼 | Grass carp | 100.00 | 97.92 | 93.37 | 103.46 | 121.33 | 108.25 |
| 鲤　鱼 | Carp | 101.78 | 96.81 | 89.94 | 104.56 | 127.32 | 98.21 |
| 鲢　鱼 | Silver carp | | 99.98 | 95.00 | 99.57 | 126.48 | 100.86 |
| 带　鱼 | Hairtail | | 95.78 | 102.09 | 101.79 | 115.39 | 105.16 |
| 大白菜 | Chinese cabbage | | 96.90 | 131.34 | 85.12 | 123.07 | 109.28 |
| 黄　瓜 | Cucumber | | 87.89 | 101.03 | 107.77 | 119.57 | 106.31 |
| 西红柿 | Tomato | | 90.38 | 134.89 | 91.65 | 125.48 | 99.60 |
| 菜　椒 | Green bell | | 96.12 | 120.20 | 104.29 | 132.19 | 98.69 |
| 四季豆 | Kidney Beans | | 99.89 | 109.41 | 104.97 | 140.69 | 94.50 |
| 红富士苹果 | Hongfushi Apple | | 98.59 | 127.17 | 105.11 | 119.37 | 93.16 |
| 香　蕉 | Banana | | 96.68 | 113.40 | 106.98 | 102.00 | 96.96 |
| 橙　子 | Orange | | 99.77 | 117.46 | 111.60 | 102.26 | 88.20 |

# 3-9　全国农产品集贸市场月度价格及走势
# Monthly RMF Prices of Agricultural Products

(4月份) (Apr.)

| 品　种 | Categories | 2000 | 2005 | 2006 | 2007 | 2008 | 2009 |
|---|---|---|---|---|---|---|---|
| 一、价格 | Price | | | | | | |
| (元/公斤) | (yuan/ kg) | | | | | | |
| 籼　稻 | Long-grained nonglutinous rice | 1.02 | 1.56 | 1.50 | 1.59 | 1.84 | 1.93 |
| 优质籼稻 | High quality long-grained nonglutinous rice | 1.16 | 1.77 | 1.73 | 1.84 | 2.04 | 2.16 |
| 粳　稻 | Round-grained rice | 1.22 | 1.81 | 1.82 | 1.88 | 1.91 | 2.14 |
| 小　麦 | Wheat | 1.04 | 1.58 | 1.46 | 1.56 | 1.73 | 1.91 |
| 玉　米 | Corn | 0.82 | 1.33 | 1.31 | 1.51 | 1.73 | 1.66 |
| 大　豆 | Soybeans | 2.57 | 3.67 | 3.47 | 3.61 | 5.86 | 4.78 |
| 籼　米 | Polished long-grained nonglutinous rice | | 2.56 | 2.52 | 2.70 | 3.03 | 3.16 |
| 优质籼米 | High quality polished long-grained nonglutinous rice | | 2.99 | 2.98 | 3.20 | 3.57 | 3.76 |
| 粳　米 | Polished round-grained rice | | 2.93 | 3.02 | 3.16 | 3.28 | 3.52 |
| 面　粉 | Wheat flour | | 2.39 | 2.34 | 2.50 | 2.74 | 2.87 |
| 棉　花 | Cotton (unginned cotton) | 3.28 | 4.75 | 5.61 | 5.82 | 6.35 | 5.32 |
| 花生仁 | Peanut kernel | | 6.64 | 6.58 | 7.61 | 10.67 | 7.36 |
| 油菜籽 | Rapeseeds | | 2.85 | 2.67 | 3.00 | 4.94 | 4.31 |
| 花生油 | Peanut oil | 8.59 | 10.85 | 10.59 | 12.48 | 19.48 | 14.52 |
| 菜籽油 | Rape oil | 6.94 | 7.77 | 7.01 | 8.60 | 15.30 | 11.14 |
| 豆　油 | Soybean oil | 6.60 | 7.06 | 6.64 | 8.00 | 13.39 | 8.48 |
| 烤　烟 | Flue-cured tobacco | | 11.60 | 11.67 | 12.49 | 13.29 | 14.93 |
| 活　猪 | Hog | 5.38 | 8.48 | 6.53 | 8.83 | 16.33 | 10.47 |
| 仔　猪 | Piglet | 7.00 | 13.66 | 8.71 | 11.78 | 32.17 | 16.65 |
| 猪　肉 | Pork | 9.22 | 13.76 | 11.36 | 14.47 | 25.63 | 17.69 |
| 牛　肉 | Beef | 12.58 | 17.08 | 17.85 | 19.85 | 30.84 | 31.53 |
| 羊　肉 | Mutton | 14.55 | 17.91 | 18.63 | 21.79 | 32.37 | 32.55 |
| 活　鸡 | Live chicken | | 10.70 | 9.39 | 11.53 | 14.05 | 13.08 |
| 鸡　蛋 | Eggs | 4.87 | 6.28 | 5.63 | 7.28 | 7.72 | 7.63 |
| 草　鱼 | Grass carp | 7.19 | 9.59 | 8.99 | 9.25 | 12.28 | 12.30 |
| 鲤　鱼 | Carp | 7.76 | 8.78 | 7.92 | 8.54 | 11.52 | 10.54 |
| 鲢　鱼 | Silver carp | | 7.36 | 7.08 | 7.17 | 9.45 | 8.89 |
| 带　鱼 | Hairtail | | 10.33 | 10.55 | 10.74 | 12.51 | 13.02 |
| 大白菜 | Chinese cabbage | | 1.19 | 1.57 | 1.37 | 1.57 | 1.94 |
| 黄　瓜 | Cucumber | | 2.66 | 2.82 | 2.81 | 3.35 | 3.54 |
| 西红柿 | Tomato | | 2.85 | 3.35 | 3.25 | 4.07 | 4.10 |
| 菜　椒 | Green bell | | 3.95 | 4.21 | 4.50 | 5.19 | 5.45 |
| 四季豆 | Kidney Beans | | 3.86 | 4.20 | 4.46 | 5.48 | 5.62 |
| 红富士苹果 | Hongfushi Apple | | 3.23 | 4.60 | 4.42 | 5.43 | 5.26 |
| 香　蕉 | Banana | | 3.22 | 3.96 | 3.69 | 4.28 | 4.37 |
| 橙　子 | Orange | | 3.23 | 4.15 | 4.25 | 4.41 | 4.10 |

3-9续表

continued 1

| 品种 | Categories | 2000 | 2005 | 2006 | 2007 | 2008 | 2009 |
|---|---|---|---|---|---|---|---|
| 二、价格变动 | Index | | | | | | |
| (上月=100) | (preceding month=100) | | | | | | |
| 籼稻 | Long-grained nonglutinous rice | 103.03 | 100.10 | 95.94 | 106.00 | 115.97 | 104.98 |
| 优质籼稻 | High quality long-grained nonglutinous rice | 94.31 | 99.49 | 97.66 | 106.40 | 111.28 | 105.86 |
| 粳稻 | Round-grained rice | 94.57 | 101.63 | 100.66 | 103.58 | 101.31 | 111.98 |
| 小麦 | Wheat | 99.05 | 100.40 | 92.77 | 106.33 | 111.56 | 110.27 |
| 玉米 | Corn | 97.62 | 100.93 | 98.49 | 115.05 | 114.75 | 96.20 |
| 大豆 | Soybeans | 104.05 | 98.93 | 94.47 | 104.02 | 162.37 | 81.53 |
| 籼米 | Polished long-grained nonglutinous rice | | 99.79 | 98.36 | 107.09 | 112.50 | 104.29 |
| 优质籼米 | High quality polished long-grained nonglutinous rice | | 99.01 | 99.74 | 107.14 | 111.63 | 105.46 |
| 粳米 | Polished round-grained rice | | 99.22 | 102.94 | 104.79 | 103.87 | 107.12 |
| 面粉 | Wheat flour | | 99.66 | 98.26 | 106.68 | 109.40 | 104.84 |
| 棉花 | Cotton (unginned cotton) | 109.09 | 96.63 | 118.19 | 103.71 | 109.13 | 83.88 |
| 花生仁 | Peanut kernel | | 99.91 | 99.10 | 115.65 | 140.17 | 68.95 |
| 油菜籽 | Rapeseeds | | 99.76 | 93.79 | 112.25 | 164.86 | 87.12 |
| 花生油 | Peanut oil | 98.17 | 98.09 | 97.55 | 117.94 | 156.08 | 74.53 |
| 菜籽油 | Rape oil | 95.33 | 100.38 | 90.21 | 122.69 | 178.06 | 72.76 |
| 豆油 | Soybean oil | 97.06 | 98.54 | 94.11 | 120.42 | 167.33 | 63.33 |
| 烤烟 | Flue-cured tobacco | | 97.60 | 100.58 | 107.04 | 106.36 | 112.35 |
| 活猪 | Hog | 98.35 | 97.40 | 76.96 | 135.35 | 184.85 | 64.11 |
| 仔猪 | Piglet | 100.14 | 98.25 | 63.76 | 135.31 | 273.07 | 51.76 |
| 猪肉 | Pork | 97.36 | 98.08 | 82.54 | 127.34 | 177.20 | 69.02 |
| 牛肉 | Beef | 98.59 | 98.34 | 104.47 | 111.23 | 155.35 | 102.25 |
| 羊肉 | Mutton | 97.78 | 97.39 | 104.00 | 116.93 | 148.57 | 100.56 |
| 活鸡 | Live chicken | | 97.72 | 87.83 | 122.72 | 121.84 | 93.09 |
| 鸡蛋 | Eggs | 97.40 | 96.75 | 89.71 | 129.24 | 106.08 | 98.82 |
| 草鱼 | Grass carp | 103.90 | 100.12 | 93.71 | 102.95 | 132.74 | 100.18 |
| 鲤鱼 | Carp | 104.58 | 98.36 | 90.11 | 107.86 | 134.87 | 91.48 |
| 鲢鱼 | Silver carp | | 98.66 | 96.22 | 101.29 | 131.74 | 94.04 |
| 带鱼 | Hairtail | | 100.18 | 102.08 | 101.85 | 116.52 | 104.02 |
| 大白菜 | Chinese cabbage | | 124.77 | 132.13 | 87.33 | 113.91 | 124.27 |
| 黄瓜 | Cucumber | | 81.68 | 105.76 | 99.60 | 119.32 | 105.79 |
| 西红柿 | Tomato | | 105.25 | 117.63 | 97.16 | 125.13 | 100.79 |
| 菜椒 | Green bell | | 108.01 | 106.42 | 107.05 | 115.23 | 104.95 |
| 四季豆 | Kidney Beans | | 93.32 | 108.97 | 106.12 | 122.92 | 102.46 |
| 红富士苹果 | Hongfushi Apple | | 98.15 | 142.25 | 96.12 | 122.82 | 96.99 |
| 香蕉 | Banana | | 97.89 | 122.78 | 93.34 | 116.01 | 102.07 |
| 橙子 | Orange | | 99.33 | 128.39 | 102.50 | 103.67 | 93.17 |

# 3-10 全国农产品集贸市场月度价格及走势
# Monthly RMF Prices of Agricultural Products

(5月份) (May)

| 品 种 | Categories | 2000 | 2005 | 2006 | 2007 | 2008 | 2009 |
|---|---|---|---|---|---|---|---|
| 一、价格 | Price | | | | | | |
| (元/公斤) | (yuan/ kg) | | | | | | |
| 籼 稻 | Long-grained nonglutinous rice | 1.00 | 1.55 | 1.50 | 1.64 | 1.89 | 1.95 |
| 优质籼稻 | High quality long-grained nonglutinous rice | 1.19 | 1.76 | 1.73 | 1.86 | 2.13 | 2.18 |
| 粳 稻 | Round-grained rice | 1.23 | 1.80 | 1.82 | 1.90 | 2.02 | 2.17 |
| 小 麦 | Wheat | 1.00 | 1.55 | 1.46 | 1.56 | 1.73 | 1.91 |
| 玉 米 | Corn | 0.84 | 1.32 | 1.35 | 1.53 | 1.77 | 1.68 |
| 大 豆 | Soybeans | 2.63 | 3.64 | 3.48 | 3.63 | 5.99 | 4.78 |
| 籼 米 | Polished long-grained nonglutinous rice | | 2.54 | 2.52 | 2.73 | 3.11 | 3.17 |
| 优质籼米 | High quality polished long-grained nonglutinous rice | | 2.96 | 2.97 | 3.22 | 3.64 | 3.77 |
| 粳 米 | Polished round-grained rice | | 2.93 | 3.01 | 3.17 | 3.37 | 3.61 |
| 面 粉 | Wheat flour | | 2.38 | 2.34 | 2.52 | 2.74 | 2.87 |
| 棉 花 | Cotton (unginned cotton) | 3.40 | 4.91 | 5.57 | 5.67 | 6.32 | 5.49 |
| 花生仁 | Peanut kernel | | 6.58 | 6.69 | 7.77 | 10.73 | 7.47 |
| 油菜籽 | Rapeseeds | | 2.78 | 2.60 | 3.05 | 4.94 | 4.08 |
| 花生油 | Peanut oil | 8.53 | 10.75 | 10.57 | 12.75 | 19.34 | 14.43 |
| 菜籽油 | Rape oil | 6.83 | 7.54 | 6.96 | 8.76 | 14.87 | 11.00 |
| 豆 油 | Soybean oil | 6.54 | 6.96 | 6.61 | 8.09 | 12.96 | 8.64 |
| 烤 烟 | Flue-cured tobacco | | 11.95 | 11.97 | 12.72 | 13.37 | 14.93 |
| 活 猪 | Hog | 5.27 | 8.27 | 6.23 | 10.07 | 15.67 | 9.44 |
| 仔 猪 | Piglet | 7.04 | 13.66 | 7.87 | 13.91 | 30.95 | 14.68 |
| 猪 肉 | Pork | 9.20 | 13.58 | 10.95 | 16.37 | 24.75 | 16.16 |
| 牛 肉 | Beef | 12.57 | 17.19 | 17.77 | 20.44 | 30.79 | 31.46 |
| 羊 肉 | Mutton | 14.52 | 17.97 | 18.55 | 22.36 | 32.35 | 32.78 |
| 活 鸡 | Live chicken | | 10.78 | 9.34 | 12.07 | 14.11 | 12.99 |
| 鸡 蛋 | Eggs | 4.85 | 6.62 | 5.62 | 7.70 | 7.97 | 7.75 |
| 草 鱼 | Grass carp | 7.40 | 9.61 | 9.02 | 9.50 | 12.78 | 12.46 |
| 鲤 鱼 | Carp | 8.22 | 8.76 | 7.97 | 8.86 | 12.06 | 10.73 |
| 鲢 鱼 | Silver carp | | 7.51 | 7.07 | 7.30 | 9.70 | 8.93 |
| 带 鱼 | Hairtail | | 10.37 | 10.51 | 11.00 | 12.63 | 13.15 |
| 大白菜 | Chinese cabbage | | 1.31 | 1.41 | 1.36 | 1.51 | 1.93 |
| 黄 瓜 | Cucumber | | 1.89 | 2.10 | 2.21 | 2.25 | 2.88 |
| 西红柿 | Tomato | | 2.42 | 2.75 | 2.66 | 3.33 | 3.54 |
| 菜 椒 | Green bell | | 2.97 | 3.28 | 3.44 | 3.78 | 4.33 |
| 四季豆 | Kidney Beans | | 3.24 | 3.45 | 3.57 | 4.17 | 4.87 |
| 红富士苹果 | Hongfushi Apple | | 3.27 | 5.33 | 4.53 | 5.49 | 6.05 |
| 香 蕉 | Banana | | 3.14 | 4.09 | 3.53 | 4.19 | 5.12 |
| 橙 子 | Orange | | 3.23 | 4.42 | 4.12 | 4.50 | 4.39 |

3-10续表 continued 1

| 品种 | Categories | 2000 | 2005 | 2006 | 2007 | 2008 | 2009 |
|---|---|---|---|---|---|---|---|
| 二、价格变动 | Index | | | | | | |
| (上月=100) | (preceding month=100) | | | | | | |
| 籼稻 | Long-grained nonglutinous rice | 98.04 | 98.96 | 97.22 | 108.89 | 115.56 | 103.05 |
| 优质籼稻 | High quality long-grained nonglutinous rice | 102.59 | 99.60 | 98.49 | 107.11 | 114.44 | 102.45 |
| 粳稻 | Round-grained rice | 100.82 | 99.60 | 101.20 | 104.30 | 106.13 | 107.41 |
| 小麦 | Wheat | 96.15 | 98.36 | 94.41 | 106.76 | 110.96 | 110.36 |
| 玉米 | Corn | 102.44 | 99.10 | 102.20 | 113.38 | 116.23 | 94.83 |
| 大豆 | Soybeans | 102.33 | 99.09 | 95.75 | 104.07 | 165.09 | 79.80 |
| 籼米 | Polished long-grained nonglutinous rice | | 99.03 | 99.30 | 108.28 | 114.13 | 101.72 |
| 优质籼米 | High quality polished long-grained nonglutinous rice | | 99.08 | 100.34 | 108.42 | 113.04 | 103.51 |
| 粳米 | Polished round-grained rice | | 100.00 | 102.83 | 105.30 | 106.00 | 107.13 |
| 面粉 | Wheat flour | | 99.69 | 98.39 | 107.51 | 109.05 | 104.60 |
| 棉花 | Cotton (unginned cotton) | 103.75 | 103.44 | 113.37 | 101.95 | 111.45 | 86.77 |
| 花生仁 | Peanut kernel | | 99.00 | 101.77 | 116.07 | 138.07 | 69.63 |
| 油菜籽 | Rapeseeds | | 97.45 | 93.53 | 117.29 | 162.13 | 82.57 |
| 花生油 | Peanut oil | 99.30 | 99.09 | 98.29 | 120.62 | 151.71 | 74.59 |
| 菜籽油 | Rape oil | 98.41 | 97.04 | 92.31 | 125.98 | 169.63 | 73.96 |
| 豆油 | Soybean oil | 99.09 | 98.55 | 95.00 | 122.38 | 160.17 | 66.71 |
| 烤烟 | Flue-cured tobacco | | 102.95 | 100.23 | 106.25 | 105.10 | 111.65 |
| 活猪 | Hog | 97.96 | 97.47 | 75.37 | 161.55 | 155.64 | 60.23 |
| 仔猪 | Piglet | 100.57 | 100.01 | 57.62 | 176.72 | 222.56 | 47.43 |
| 猪肉 | Pork | 99.78 | 98.70 | 80.63 | 149.44 | 151.24 | 65.27 |
| 牛肉 | Beef | 99.92 | 100.63 | 103.35 | 115.02 | 150.65 | 102.19 |
| 羊肉 | Mutton | 99.79 | 100.31 | 103.26 | 120.51 | 144.68 | 101.32 |
| 活鸡 | Live chicken | | 100.79 | 86.67 | 129.23 | 116.82 | 92.09 |
| 鸡蛋 | Eggs | 99.59 | 105.39 | 84.97 | 136.97 | 103.49 | 97.19 |
| 草鱼 | Grass carp | 102.92 | 100.20 | 93.85 | 105.40 | 134.48 | 97.52 |
| 鲤鱼 | Carp | 105.93 | 99.75 | 91.00 | 111.15 | 136.04 | 88.97 |
| 鲢鱼 | Silver carp | | 102.03 | 94.10 | 103.33 | 132.77 | 92.14 |
| 带鱼 | Hairtail | | 100.40 | 101.33 | 104.64 | 114.83 | 104.15 |
| 大白菜 | Chinese cabbage | | 110.14 | 107.62 | 96.12 | 111.38 | 127.53 |
| 黄瓜 | Cucumber | | 70.80 | 111.62 | 104.79 | 101.82 | 128.36 |
| 西红柿 | Tomato | | 85.13 | 113.54 | 96.49 | 125.31 | 106.31 |
| 菜椒 | Green bell | | 75.04 | 110.39 | 104.90 | 110.07 | 114.63 |
| 四季豆 | Kidney Beans | | 83.92 | 106.46 | 103.53 | 116.90 | 116.85 |
| 红富士苹果 | Hongfushi Apple | | 101.24 | 162.88 | 85.03 | 121.21 | 110.22 |
| 香蕉 | Banana | | 97.50 | 130.17 | 86.29 | 118.61 | 122.36 |
| 橙子 | Orange | | 99.97 | 137.05 | 93.15 | 109.21 | 97.53 |

# 3-11 全国农产品集贸市场月度价格及走势
# Monthly RMF Prices of Agricultural Products

(6月份) (June)

| 品种 | Categories | 2000 | 2005 | 2006 | 2007 | 2008 | 2009 |
|---|---|---|---|---|---|---|---|
| 一、价格 | Price | | | | | | |
| (元/公斤) | (yuan/ kg) | | | | | | |
| 籼稻 | Long-grained nonglutinous rice | 1.00 | 1.49 | 1.51 | 1.66 | 1.91 | 1.96 |
| 优质籼稻 | High quality long-grained nonglutinous rice | 1.22 | 1.73 | 1.75 | 1.90 | 2.15 | 2.19 |
| 粳稻 | Round-grained rice | 1.23 | 1.80 | 1.82 | 1.91 | 2.05 | 2.19 |
| 小麦 | Wheat | 1.00 | 1.48 | 1.45 | 1.55 | 1.72 | 1.90 |
| 玉米 | Corn | 0.87 | 1.31 | 1.39 | 1.59 | 1.80 | 1.72 |
| 大豆 | Soybeans | 2.64 | 3.60 | 3.50 | 3.71 | 6.07 | 4.81 |
| 籼米 | Polished long-grained nonglutinous rice | | 2.51 | 2.53 | 2.77 | 3.14 | 3.18 |
| 优质籼米 | High quality polished long-grained nonglutinous rice | | 2.94 | 3.00 | 3.27 | 3.68 | 3.80 |
| 粳米 | Polished round-grained rice | | 2.93 | 3.02 | 3.21 | 3.41 | 3.65 |
| 面粉 | Wheat flour | | 2.35 | 2.34 | 2.54 | 2.74 | 2.87 |
| 棉花 | Cotton (unginned cotton) | 3.44 | 5.02 | 5.58 | 5.69 | 6.34 | 5.46 |
| 花生仁 | Peanut kernel | | 6.56 | 6.84 | 7.97 | 10.76 | 7.52 |
| 油菜籽 | Rapeseeds | | 2.55 | 2.55 | 3.37 | 5.07 | 3.89 |
| 花生油 | Peanut oil | 8.46 | 10.73 | 10.64 | 13.22 | 19.36 | 14.49 |
| 菜籽油 | Rape oil | 6.63 | 7.38 | 6.95 | 9.56 | 14.87 | 10.91 |
| 豆油 | Soybean oil | 6.52 | 6.94 | 6.61 | 8.50 | 12.87 | 8.76 |
| 烤烟 | Flue-cured tobacco | | 12.08 | 12.19 | 13.04 | 13.82 | 15.71 |
| 活猪 | Hog | 5.16 | 8.08 | 6.26 | 11.00 | 15.29 | 9.49 |
| 仔猪 | Piglet | 7.20 | 13.28 | 7.56 | 15.63 | 30.20 | 14.43 |
| 猪肉 | Pork | 9.25 | 13.45 | 10.95 | 17.90 | 24.28 | 16.23 |
| 牛肉 | Beef | 12.39 | 17.26 | 17.76 | 21.07 | 31.12 | 31.40 |
| 羊肉 | Mutton | 14.27 | 17.87 | 18.53 | 23.08 | 32.36 | 32.92 |
| 活鸡 | Live chicken | | 10.76 | 9.35 | 12.65 | 14.07 | 12.87 |
| 鸡蛋 | Eggs | 4.74 | 6.70 | 5.73 | 7.83 | 8.05 | 7.65 |
| 草鱼 | Grass carp | 7.47 | 9.52 | 9.11 | 9.91 | 13.14 | 12.59 |
| 鲤鱼 | Carp | 8.20 | 8.71 | 8.26 | 9.44 | 12.29 | 10.85 |
| 鲢鱼 | Silver carp | | 7.46 | 7.11 | 7.68 | 9.99 | 8.98 |
| 带鱼 | Hairtail | | 10.62 | 10.54 | 11.16 | 12.71 | 13.27 |
| 大白菜 | Chinese cabbage | | 1.31 | 1.29 | 1.54 | 1.54 | 1.72 |
| 黄瓜 | Cucumber | | 1.30 | 1.59 | 1.74 | 1.76 | 2.02 |
| 西红柿 | Tomato | | 1.64 | 2.02 | 2.10 | 2.33 | 2.65 |
| 菜椒 | Green bell | | 2.03 | 2.34 | 2.67 | 2.74 | 3.16 |
| 四季豆 | Kidney Beans | | 1.95 | 2.50 | 2.68 | 2.90 | 3.15 |
| 红富士苹果 | Hongfushi Apple | | 3.43 | 5.78 | 4.75 | 5.73 | 6.86 |
| 香蕉 | Banana | | 3.05 | 3.92 | 3.14 | 4.01 | 5.05 |
| 橙子 | Orange | | 3.27 | 4.48 | 4.12 | 4.58 | 4.53 |

3-11续表 continued 1

| 品　种 | Categories | 2000 | 2005 | 2006 | 2007 | 2008 | 2009 |
|---|---|---|---|---|---|---|---|
| 二、价格变动 | Index | | | | | | |
| (上月=100) | (preceding month=100) | | | | | | |
| 籼　稻 | Long-grained nonglutinous rice | 100.00 | 96.20 | 101.32 | 110.46 | 114.81 | 102.62 |
| 优质籼稻 | High quality long-grained nonglutinous rice | 102.52 | 98.14 | 101.38 | 108.13 | 113.49 | 101.83 |
| 粳　稻 | Round-grained rice | 100.00 | 99.83 | 101.35 | 104.75 | 107.56 | 106.61 |
| 小　麦 | Wheat | 100.00 | 95.49 | 97.72 | 106.88 | 111.27 | 110.44 |
| 玉　米 | Corn | 103.57 | 99.55 | 106.03 | 114.54 | 113.14 | 95.33 |
| 大　豆 | Soybeans | 100.38 | 99.06 | 96.99 | 106.07 | 163.71 | 79.27 |
| 籼　米 | Polished long-grained nonglutinous rice | | 99.01 | 100.85 | 109.50 | 113.28 | 101.36 |
| 优质籼米 | High quality polished long-grained nonglutinous rice | | 99.28 | 102.13 | 108.81 | 112.64 | 103.23 |
| 粳　米 | Polished round-grained rice | | 99.84 | 103.08 | 106.42 | 106.25 | 107.04 |
| 面　粉 | Wheat flour | | 98.80 | 99.46 | 108.87 | 107.79 | 104.56 |
| 棉　花 | Cotton (unginned cotton) | 101.24 | 102.31 | 111.20 | 101.94 | 111.38 | 86.13 |
| 花 生 仁 | Peanut kernel | | 99.80 | 104.23 | 116.42 | 135.05 | 69.90 |
| 油 菜 籽 | Rapeseeds | | 91.98 | 99.79 | 132.23 | 150.56 | 76.66 |
| 花 生 油 | Peanut oil | 99.18 | 99.75 | 99.23 | 124.26 | 146.36 | 74.88 |
| 菜 籽 油 | Rape oil | 97.07 | 97.98 | 94.17 | 137.55 | 155.48 | 73.39 |
| 豆　油 | Soybean oil | 99.69 | 99.68 | 95.36 | 128.45 | 151.48 | 68.07 |
| 烤　烟 | Flue-cured tobacco | | 101.14 | 100.92 | 106.92 | 106.02 | 113.65 |
| 活　猪 | Hog | 97.91 | 97.79 | 77.39 | 175.83 | 138.98 | 62.09 |
| 仔　猪 | Piglet | 102.27 | 97.28 | 56.88 | 206.84 | 193.18 | 47.77 |
| 猪　肉 | Pork | 100.54 | 99.04 | 81.40 | 163.44 | 135.66 | 66.81 |
| 牛　肉 | Beef | 98.57 | 100.39 | 102.92 | 118.61 | 147.69 | 100.91 |
| 羊　肉 | Mutton | 98.28 | 99.47 | 103.69 | 124.55 | 140.17 | 101.75 |
| 活　鸡 | Live chicken | | 99.76 | 86.91 | 135.32 | 111.23 | 91.48 |
| 鸡　蛋 | Eggs | 97.73 | 101.24 | 85.58 | 136.58 | 102.85 | 95.03 |
| 草　鱼 | Grass carp | 100.95 | 99.09 | 95.74 | 108.69 | 132.64 | 95.79 |
| 鲤　鱼 | Carp | 99.76 | 99.43 | 94.85 | 114.23 | 130.20 | 88.28 |
| 鲢　鱼 | Silver carp | | 99.36 | 95.23 | 108.11 | 130.00 | 89.88 |
| 带　鱼 | Hairtail | | 102.37 | 99.31 | 105.87 | 113.85 | 104.42 |
| 大 白 菜 | Chinese cabbage | | 99.98 | 98.56 | 118.89 | 99.95 | 112.24 |
| 黄　瓜 | Cucumber | | 68.74 | 122.98 | 108.99 | 101.21 | 114.92 |
| 西 红 柿 | Tomato | | 67.48 | 123.26 | 104.28 | 110.90 | 113.58 |
| 菜　椒 | Green bell | | 68.41 | 115.37 | 113.87 | 102.62 | 115.46 |
| 四 季 豆 | Kidney Beans | | 60.35 | 127.86 | 107.25 | 108.42 | 108.60 |
| 红富士苹果 | Hongfushi Apple | | 104.88 | 168.36 | 82.25 | 120.54 | 119.82 |
| 香　蕉 | Banana | | 97.20 | 128.48 | 80.06 | 127.81 | 125.81 |
| 橙　子 | Orange | | 101.44 | 136.92 | 91.88 | 111.06 | 99.00 |

# 3-12 全国农产品集贸市场月度价格及走势
# Monthly RMF Prices of Agricultural Products

(7月份) (July)

| 品种 | Categories | 2000 | 2005 | 2006 | 2007 | 2008 | 2009 |
|---|---|---|---|---|---|---|---|
| 一、价格 | Price | | | | | | |
| (元/公斤) | (yuan/ kg) | | | | | | |
| 籼稻 | Long-grained nonglutinous rice | 0.95 | 1.48 | 1.51 | 1.68 | 1.92 | 1.95 |
| 优质籼稻 | High quality long-grained nonglutinous rice | 1.11 | 1.68 | 1.75 | 1.91 | 2.17 | 2.18 |
| 粳稻 | Round-grained rice | 1.27 | 1.79 | 1.83 | 1.93 | 2.06 | 2.22 |
| 小麦 | Wheat | 0.94 | 1.46 | 1.47 | 1.55 | 1.75 | 1.91 |
| 玉米 | Corn | 0.88 | 1.31 | 1.42 | 1.62 | 1.81 | 1.78 |
| 大豆 | Soybeans | 2.65 | 3.56 | 3.48 | 3.75 | 6.11 | 4.81 |
| 籼米 | Polished long-grained nonglutinous rice | | 2.48 | 2.54 | 2.77 | 3.15 | 3.20 |
| 优质籼米 | High quality polished long-grained nonglutinous rice | | 2.90 | 3.02 | 3.28 | 3.70 | 3.80 |
| 粳米 | Polished round-grained rice | | 2.92 | 3.04 | 3.21 | 3.44 | 3.68 |
| 面粉 | Wheat flour | | 2.34 | 2.33 | 2.58 | 2.76 | 2.88 |
| 棉花 | Cotton (unginned cotton) | 3.45 | 5.14 | 5.60 | 5.86 | 6.43 | 5.58 |
| 花生仁 | Peanut kernel | | 6.54 | 6.94 | 8.10 | 10.81 | 7.55 |
| 油菜籽 | Rapeseeds | | 2.50 | 2.58 | 3.50 | 5.18 | 3.89 |
| 花生油 | Peanut oil | 8.51 | 10.72 | 10.63 | 13.50 | 19.21 | 14.61 |
| 菜籽油 | Rape oil | 6.60 | 7.30 | 6.96 | 9.79 | 14.86 | 10.90 |
| 豆油 | Soybean oil | 6.21 | 6.91 | 6.57 | 8.67 | 12.77 | 8.66 |
| 烤烟 | Flue-cured tobacco | | 12.43 | 12.22 | 13.09 | 14.03 | 15.64 |
| 活猪 | Hog | 5.38 | 7.97 | 6.52 | 12.82 | 14.87 | 10.17 |
| 仔猪 | Piglet | 7.32 | 12.79 | 7.47 | 18.46 | 29.14 | 15.21 |
| 猪肉 | Pork | 9.48 | 13.33 | 11.25 | 21.30 | 23.76 | 16.96 |
| 牛肉 | Beef | 12.30 | 17.15 | 17.85 | 21.99 | 31.01 | 31.46 |
| 羊肉 | Mutton | 14.45 | 17.75 | 18.71 | 24.06 | 32.34 | 32.93 |
| 活鸡 | Live chicken | | 10.57 | 9.45 | 13.20 | 13.78 | 12.73 |
| 鸡蛋 | Eggs | 4.71 | 6.61 | 5.73 | 7.75 | 8.00 | 7.48 |
| 草鱼 | Grass carp | 7.60 | 9.42 | 9.17 | 10.15 | 13.27 | 12.53 |
| 鲤鱼 | Carp | 8.28 | 8.67 | 8.29 | 9.62 | 12.52 | 10.66 |
| 鲢鱼 | Silver carp | | 7.43 | 7.08 | 8.04 | 10.26 | 8.90 |
| 带鱼 | Hairtail | | 10.57 | 10.66 | 11.33 | 12.82 | 13.24 |
| 大白菜 | Chinese cabbage | | 1.50 | 1.29 | 1.70 | 1.72 | 1.71 |
| 黄瓜 | Cucumber | | 1.49 | 1.37 | 1.85 | 1.74 | 2.01 |
| 西红柿 | Tomato | | 1.74 | 1.58 | 2.29 | 2.04 | 2.49 |
| 菜椒 | Green bell | | 1.98 | 1.88 | 2.62 | 2.36 | 2.80 |
| 四季豆 | Kidney Beans | | 2.25 | 2.22 | 2.84 | 2.79 | 3.04 |
| 红富士苹果 | Hongfushi Apple | | 3.71 | 5.85 | 5.02 | 5.80 | 7.28 |
| 香蕉 | Banana | | 3.07 | 3.53 | 2.98 | 3.76 | 4.88 |
| 橙子 | Orange | | 3.30 | 4.44 | 4.08 | 4.64 | 4.57 |

3-12续表 continued 1

| 品　种 | Categories | 2000 | 2005 | 2006 | 2007 | 2008 | 2009 |
|---|---|---|---|---|---|---|---|
| 二、价格变动 | Index | | | | | | |
| (上月=100) | (preceding month=100) | | | | | | |
| 籼　稻 | Long-grained nonglutinous rice | 95.00 | 99.44 | 102.19 | 111.03 | 114.20 | 101.91 |
| 优质籼稻 | High quality long-grained nonglutinous rice | 90.98 | 97.43 | 104.01 | 109.26 | 113.26 | 100.55 |
| 粳　稻 | Round-grained rice | 103.25 | 99.50 | 102.48 | 105.22 | 107.03 | 107.58 |
| 小　麦 | Wheat | 94.00 | 98.84 | 100.43 | 105.52 | 112.82 | 109.04 |
| 玉　米 | Corn | 101.15 | 99.97 | 108.12 | 114.27 | 111.79 | 98.38 |
| 大　豆 | Soybeans | 100.38 | 98.73 | 97.66 | 107.96 | 162.81 | 78.80 |
| 籼　米 | Polished long-grained nonglutinous rice | | 98.75 | 102.43 | 109.22 | 113.60 | 101.41 |
| 优质籼米 | High quality polished long-grained nonglutinous rice | | 98.70 | 103.91 | 108.84 | 112.71 | 102.55 |
| 粳　米 | Polished round-grained rice | | 99.62 | 104.18 | 105.72 | 107.14 | 106.83 |
| 面　粉 | Wheat flour | | 99.57 | 99.57 | 110.60 | 106.95 | 104.43 |
| 棉　花 | Cotton (unginned cotton) | 100.26 | 102.34 | 108.89 | 104.69 | 109.70 | 86.85 |
| 花生仁 | Peanut kernel | | 99.64 | 106.15 | 116.64 | 133.50 | 69.84 |
| 油菜籽 | Rapeseeds | | 97.87 | 103.16 | 135.68 | 148.14 | 75.01 |
| 花生油 | Peanut oil | 100.59 | 99.95 | 99.19 | 126.98 | 142.24 | 76.09 |
| 菜籽油 | Rape oil | 99.55 | 98.93 | 95.31 | 140.58 | 151.88 | 73.30 |
| 豆　油 | Soybean oil | 95.25 | 99.61 | 95.15 | 131.85 | 147.36 | 67.84 |
| 烤　烟 | Flue-cured tobacco | | 102.87 | 98.29 | 107.18 | 107.14 | 111.51 |
| 活　猪 | Hog | 104.26 | 98.64 | 81.76 | 196.61 | 116.01 | 68.42 |
| 仔　猪 | Piglet | 101.67 | 96.27 | 58.41 | 247.06 | 157.91 | 52.17 |
| 猪　肉 | Pork | 102.49 | 99.08 | 84.42 | 189.22 | 111.58 | 71.39 |
| 牛　肉 | Beef | 99.27 | 99.38 | 104.06 | 123.21 | 141.00 | 101.47 |
| 羊　肉 | Mutton | 101.26 | 99.29 | 105.42 | 128.60 | 134.39 | 101.85 |
| 活　鸡 | Live chicken | | 98.25 | 89.46 | 139.63 | 104.43 | 92.36 |
| 鸡　蛋 | Eggs | 99.37 | 98.70 | 86.73 | 135.12 | 103.23 | 93.56 |
| 草　鱼 | Grass carp | 101.74 | 98.93 | 97.32 | 110.79 | 130.69 | 94.45 |
| 鲤　鱼 | Carp | 100.98 | 99.50 | 95.61 | 116.06 | 130.14 | 85.10 |
| 鲢　鱼 | Silver carp | | 99.63 | 95.20 | 113.64 | 127.58 | 86.77 |
| 带　鱼 | Hairtail | | 99.59 | 100.79 | 106.32 | 113.12 | 103.29 |
| 大白菜 | Chinese cabbage | | 114.26 | 85.94 | 131.86 | 101.16 | 99.78 |
| 黄　瓜 | Cucumber | | 114.83 | 91.91 | 135.18 | 94.11 | 115.23 |
| 西红柿 | Tomato | | 106.31 | 91.02 | 144.56 | 89.05 | 122.33 |
| 菜　椒 | Green bell | | 97.56 | 94.76 | 139.38 | 90.16 | 118.76 |
| 四季豆 | Kidney Beans | | 115.06 | 98.94 | 127.76 | 98.24 | 109.01 |
| 红富士苹果 | Hongfushi Apple | | 108.03 | 157.92 | 85.69 | 115.66 | 125.53 |
| 香　蕉 | Banana | | 100.60 | 114.77 | 84.58 | 125.96 | 130.02 |
| 橙　子 | Orange | | 100.80 | 134.65 | 91.87 | 113.74 | 98.41 |

# 3-13 全国农产品集贸市场月度价格及走势
# Monthly RMF Prices of Agricultural Products

(8月份) (Aug.)

| 品　种 | Categories | 2000 | 2005 | 2006 | 2007 | 2008 | 2009 |
|---|---|---|---|---|---|---|---|
| 一、价格 | Price | | | | | | |
| (元/公斤) | (yuan/ kg) | | | | | | |
| 籼　稻 | Long-grained nonglutinous rice | 0.97 | 1.46 | 1.51 | 1.69 | 1.93 | 1.95 |
| 优质籼稻 | High quality long-grained nonglutinous rice | 1.15 | 1.67 | 1.75 | 1.93 | 2.16 | 2.17 |
| 粳　稻 | Round-grained rice | 1.30 | 1.78 | 1.84 | 1.97 | 2.08 | 2.19 |
| 小　麦 | Wheat | 0.98 | 1.47 | 1.46 | 1.59 | 1.78 | 1.92 |
| 玉　米 | Corn | 0.89 | 1.31 | 1.42 | 1.64 | 1.81 | 1.84 |
| 大　豆 | Soybeans | 2.64 | 3.56 | 3.48 | 3.86 | 6.09 | 4.85 |
| 籼　米 | Polished long-grained nonglutinous rice | | 2.46 | 2.55 | 2.82 | 3.18 | 3.19 |
| 优质籼米 | High quality polished long-grained nonglutinous rice | | 2.89 | 3.03 | 3.33 | 3.72 | 3.79 |
| 粳　米 | Polished round-grained rice | | 2.93 | 3.07 | 3.26 | 3.46 | 3.73 |
| 面　粉 | Wheat flour | | 2.34 | 2.35 | 2.62 | 2.76 | 2.88 |
| 棉　花 | Cotton (unginned cotton) | 3.50 | 5.10 | 5.56 | 6.00 | 6.40 | 5.58 |
| 花生仁 | Peanut kernel | | 6.58 | 7.01 | 8.41 | 10.73 | 7.59 |
| 油菜籽 | Rapeseeds | | 2.52 | 2.60 | 3.58 | 5.11 | 3.82 |
| 花生油 | Peanut oil | 8.48 | 10.76 | 10.75 | 13.96 | 18.88 | 14.31 |
| 菜籽油 | Rape oil | 6.36 | 7.22 | 7.03 | 10.23 | 14.49 | 10.80 |
| 豆　油 | Soybean oil | 6.23 | 6.85 | 6.58 | 9.17 | 11.83 | 8.63 |
| 烤　烟 | Flue-cured tobacco | | 12.55 | 12.05 | 13.45 | 14.45 | 15.89 |
| 活　猪 | Hog | 5.57 | 7.92 | 7.08 | 13.71 | 14.53 | 11.47 |
| 仔　猪 | Piglet | 7.43 | 12.50 | 8.18 | 21.32 | 27.67 | 16.80 |
| 猪　肉 | Pork | 9.82 | 13.28 | 12.12 | 23.08 | 23.32 | 18.58 |
| 牛　肉 | Beef | 12.66 | 17.22 | 18.05 | 23.22 | 31.14 | 32.04 |
| 羊　肉 | Mutton | 14.58 | 17.88 | 18.79 | 25.20 | 32.41 | 33.31 |
| 活　鸡 | Live chicken | | 10.70 | 10.02 | 13.77 | 13.68 | 13.01 |
| 鸡　蛋 | Eggs | 5.17 | 6.77 | 6.40 | 8.27 | 8.26 | 8.07 |
| 草　鱼 | Grass carp | 7.34 | 9.39 | 9.23 | 10.34 | 13.10 | 12.47 |
| 鲤　鱼 | Carp | 7.89 | 8.55 | 8.36 | 9.70 | 11.98 | 10.57 |
| 鲢　鱼 | Silver carp | | 7.35 | 7.16 | 8.17 | 9.82 | 8.93 |
| 带　鱼 | Hairtail | | 10.66 | 10.67 | 11.55 | 12.88 | 13.33 |
| 大白菜 | Chinese cabbage | | 1.49 | 1.50 | 2.03 | 1.75 | 1.87 |
| 黄　瓜 | Cucumber | | 1.64 | 1.70 | 2.30 | 1.96 | 2.26 |
| 西红柿 | Tomato | | 1.94 | 1.75 | 2.67 | 2.07 | 2.89 |
| 菜　椒 | Green bell | | 2.03 | 1.95 | 2.70 | 2.31 | 2.79 |
| 四季豆 | Kidney Beans | | 2.42 | 2.54 | 3.11 | 3.07 | 3.32 |
| 红富士苹果 | Hongfushi Apple | | 3.83 | 5.28 | 4.96 | 5.59 | 6.70 |
| 香　蕉 | Banana | | 3.20 | 3.41 | 3.14 | 3.85 | 4.74 |
| 橙　子 | Orange | | 3.25 | 4.36 | 4.55 | 4.47 | 4.68 |

3-13续表 continued 1

| 品　种 | Categories | 2000 | 2005 | 2006 | 2007 | 2008 | 2009 |
|---|---|---|---|---|---|---|---|
| 二、价格变动 | Index | | | | | | |
| (上月=100) | (preceding month=100) | | | | | | |
| 籼　稻 | Long-grained nonglutinous rice | 102.11 | 98.83 | 102.98 | 112.53 | 114.06 | 100.75 |
| 优质籼稻 | High quality long-grained nonglutinous rice | 103.60 | 99.02 | 104.66 | 110.36 | 112.35 | 100.22 |
| 粳　稻 | Round-grained rice | 102.36 | 99.41 | 103.45 | 107.04 | 105.84 | 104.93 |
| 小　麦 | Wheat | 104.26 | 100.64 | 99.16 | 109.07 | 111.98 | 107.41 |
| 玉　米 | Corn | 101.14 | 100.28 | 108.24 | 115.06 | 110.29 | 102.08 |
| 大　豆 | Soybeans | 99.62 | 100.04 | 97.76 | 110.99 | 157.69 | 79.63 |
| 籼　米 | Polished long-grained nonglutinous rice | | 99.14 | 103.56 | 110.74 | 112.70 | 100.36 |
| 优质籼米 | High quality polished long-grained nonglutinous rice | | 99.69 | 104.74 | 109.73 | 111.75 | 102.00 |
| 粳　米 | Polished round-grained rice | | 100.33 | 104.87 | 106.35 | 106.10 | 107.61 |
| 面　粉 | Wheat flour | | 99.96 | 100.43 | 111.57 | 105.38 | 104.41 |
| 棉　花 | Cotton (unginned cotton) | 101.39 | 99.28 | 109.02 | 107.82 | 106.66 | 87.21 |
| 花生仁 | Peanut kernel | | 100.68 | 106.45 | 119.95 | 127.56 | 70.73 |
| 油菜籽 | Rapeseeds | | 100.73 | 103.22 | 137.62 | 142.96 | 74.73 |
| 花生油 | Peanut oil | 99.65 | 100.38 | 99.90 | 129.84 | 135.26 | 75.81 |
| 菜籽油 | Rape oil | 96.36 | 98.88 | 97.28 | 145.63 | 141.60 | 74.55 |
| 豆　油 | Soybean oil | 100.32 | 99.22 | 96.03 | 139.26 | 129.01 | 72.95 |
| 烤　烟 | Flue-cured tobacco | | 100.96 | 96.04 | 111.56 | 107.46 | 109.99 |
| 活　猪 | Hog | 103.53 | 99.29 | 89.36 | 193.79 | 105.98 | 78.96 |
| 仔　猪 | Piglet | 101.50 | 97.71 | 65.45 | 260.68 | 129.78 | 60.72 |
| 猪　肉 | Pork | 103.59 | 99.63 | 91.29 | 190.33 | 101.05 | 79.67 |
| 牛　肉 | Beef | 102.93 | 100.42 | 104.82 | 128.59 | 134.13 | 102.89 |
| 羊　肉 | Mutton | 100.90 | 100.74 | 105.08 | 134.16 | 128.59 | 102.78 |
| 活　鸡 | Live chicken | | 101.23 | 93.65 | 137.46 | 99.35 | 95.13 |
| 鸡　蛋 | Eggs | 109.77 | 102.37 | 94.53 | 129.25 | 99.87 | 97.71 |
| 草　鱼 | Grass carp | 96.58 | 99.74 | 98.31 | 112.02 | 126.61 | 95.18 |
| 鲤　鱼 | Carp | 95.29 | 98.58 | 97.87 | 116.00 | 123.47 | 88.21 |
| 鲢　鱼 | Silver carp | | 98.92 | 97.38 | 114.05 | 120.28 | 90.91 |
| 带　鱼 | Hairtail | | 100.83 | 100.09 | 108.26 | 111.47 | 103.52 |
| 大白菜 | Chinese cabbage | | 99.48 | 100.80 | 135.31 | 86.20 | 106.90 |
| 黄　瓜 | Cucumber | | 110.03 | 103.58 | 135.41 | 85.53 | 114.88 |
| 西红柿 | Tomato | | 111.72 | 90.06 | 152.32 | 77.75 | 139.60 |
| 菜　椒 | Green bell | | 102.59 | 96.05 | 138.22 | 85.54 | 121.14 |
| 四季豆 | Kidney Beans | | 107.66 | 104.94 | 122.31 | 99.01 | 108.03 |
| 红富士苹果 | Hongfushi Apple | | 103.33 | 137.81 | 93.91 | 112.74 | 119.90 |
| 香　蕉 | Banana | | 104.16 | 106.65 | 92.04 | 122.71 | 122.98 |
| 橙　子 | Orange | | 98.41 | 134.16 | 104.52 | 98.12 | 104.73 |

# 3-14 全国农产品集贸市场月度价格及走势
# Monthly RMF Prices of Agricultural Products

(9月份) (Sep.)

| 品 种 | Categories | 2000 | 2005 | 2006 | 2007 | 2008 | 2009 |
|---|---|---|---|---|---|---|---|
| 一、价格 | Price | | | | | | |
| (元/公斤) | (yuan/ kg) | | | | | | |
| 籼　稻 | Long-grained nonglutinous rice | 0.96 | 1.46 | 1.52 | 1.71 | 1.94 | 1.94 |
| 优质籼稻 | High quality long-grained nonglutinous rice | 1.13 | 1.67 | 1.76 | 1.94 | 2.18 | 2.17 |
| 粳　稻 | Round-grained rice | 1.26 | 1.79 | 1.86 | 1.97 | 2.10 | 2.20 |
| 小　麦 | Wheat | 0.97 | 1.47 | 1.45 | 1.63 | 1.79 | 1.94 |
| 玉　米 | Corn | 0.90 | 1.32 | 1.41 | 1.66 | 1.79 | 1.88 |
| 大　豆 | Soybeans | 2.51 | 3.51 | 3.47 | 3.92 | 6.06 | 4.85 |
| 籼　米 | Polished long-grained nonglutinous rice | | 2.47 | 2.55 | 2.85 | 3.18 | 3.19 |
| 优质籼米 | High quality polished long-grained nonglutinous rice | | 2.91 | 3.06 | 3.36 | 3.73 | 3.80 |
| 粳　米 | Polished round-grained rice | | 2.94 | 3.09 | 3.25 | 3.46 | 3.76 |
| 面　粉 | Wheat flour | | 2.33 | 2.36 | 2.61 | 2.76 | 2.92 |
| 棉　花 | Cotton (unginned cotton) | 3.34 | 5.28 | 5.55 | 5.94 | 6.07 | 5.62 |
| 花生仁 | Peanut kernel | | 6.59 | 6.99 | 8.52 | 10.51 | 7.78 |
| 油菜籽 | Rapeseeds | | 2.54 | 2.63 | 3.74 | 4.97 | 3.86 |
| 花生油 | Peanut oil | 8.40 | 10.66 | 10.82 | 14.19 | 18.50 | 14.49 |
| 菜籽油 | Rape oil | 6.34 | 7.18 | 7.12 | 10.38 | 13.95 | 10.69 |
| 豆　油 | Soybean oil | 6.09 | 6.78 | 6.64 | 9.21 | 11.36 | 8.59 |
| 烤　烟 | Flue-cured tobacco | | 12.51 | 12.13 | 12.90 | 13.81 | 15.06 |
| 活　猪 | Hog | 5.58 | 7.87 | 7.56 | 13.26 | 13.79 | 11.80 |
| 仔　猪 | Piglet | 7.54 | 12.16 | 8.90 | 21.03 | 24.83 | 17.20 |
| 猪　肉 | Pork | 9.98 | 13.23 | 12.79 | 21.94 | 22.42 | 19.06 |
| 牛　肉 | Beef | 12.81 | 17.44 | 18.21 | 23.48 | 31.72 | 32.03 |
| 羊　肉 | Mutton | 14.54 | 17.86 | 19.06 | 25.82 | 32.72 | 33.48 |
| 活　鸡 | Live chicken | | 10.57 | 10.47 | 13.75 | 13.91 | 13.14 |
| 鸡　蛋 | Eggs | 5.29 | 6.96 | 6.95 | 8.44 | 8.67 | 8.38 |
| 草　鱼 | Grass carp | 7.35 | 9.39 | 9.28 | 10.25 | 12.86 | 12.32 |
| 鲤　鱼 | Carp | 7.74 | 8.59 | 8.39 | 9.51 | 11.66 | 10.33 |
| 鲢　鱼 | Silver carp | | 7.42 | 7.09 | 8.02 | 9.63 | 8.85 |
| 带　鱼 | Hairtail | | 10.63 | 10.78 | 11.32 | 12.93 | 13.24 |
| 大白菜 | Chinese cabbage | | 1.41 | 1.67 | 1.81 | 1.72 | 1.97 |
| 黄　瓜 | Cucumber | | 1.71 | 2.17 | 2.22 | 2.18 | 2.68 |
| 西红柿 | Tomato | | 2.08 | 2.23 | 2.73 | 2.29 | 3.18 |
| 菜　椒 | Green bell | | 2.21 | 2.25 | 2.89 | 2.45 | 3.23 |
| 四季豆 | Kidney Beans | | 2.56 | 3.04 | 3.26 | 3.22 | 3.88 |
| 红富士苹果 | Hongfushi Apple | | 3.79 | 4.78 | 4.76 | 5.41 | 6.07 |
| 香　蕉 | Banana | | 3.50 | 3.38 | 3.31 | 4.02 | 4.33 |
| 橙　子 | Orange | | 3.34 | 4.38 | 4.40 | 4.35 | 4.70 |

3-14续表 continued 1

| 品　种 | Categories | 2000 | 2005 | 2006 | 2007 | 2008 | 2009 |
|---|---|---|---|---|---|---|---|
| 二、价格变动 | Index | | | | | | |
| (上月=100) | (preceding month=100) | | | | | | |
| 籼　稻 | Long-grained nonglutinous rice | 98.97 | 99.60 | 104.35 | 112.26 | 113.87 | 100.01 |
| 优质籼稻 | High quality long-grained nonglutinous rice | 98.26 | 100.17 | 105.42 | 110.18 | 112.19 | 99.78 |
| 粳　稻 | Round-grained rice | 96.92 | 100.62 | 103.82 | 106.31 | 106.10 | 105.16 |
| 小　麦 | Wheat | 98.98 | 99.62 | 98.53 | 112.50 | 109.87 | 108.29 |
| 玉　米 | Corn | 101.12 | 100.29 | 107.09 | 117.47 | 108.04 | 105.06 |
| 大　豆 | Soybeans | 95.08 | 98.49 | 98.99 | 113.06 | 154.44 | 80.00 |
| 籼　米 | Polished long-grained nonglutinous rice | | 100.60 | 103.29 | 111.42 | 111.78 | 100.42 |
| 优质籼米 | High quality polished long-grained nonglutinous rice | | 100.57 | 105.23 | 109.75 | 110.86 | 102.09 |
| 粳　米 | Polished round-grained rice | | 100.54 | 104.99 | 105.38 | 106.28 | 108.74 |
| 面　粉 | Wheat flour | | 99.63 | 101.17 | 110.92 | 105.73 | 105.46 |
| 棉　花 | Cotton (unginned cotton) | 95.45 | 103.47 | 105.19 | 106.94 | 102.17 | 92.68 |
| 花生仁 | Peanut kernel | | 100.06 | 106.02 | 122.02 | 123.30 | 74.07 |
| 油菜籽 | Rapeseeds | | 101.02 | 103.23 | 142.55 | 132.90 | 77.66 |
| 花生油 | Peanut oil | 99.06 | 99.09 | 101.51 | 131.10 | 130.36 | 78.36 |
| 菜籽油 | Rape oil | 99.69 | 99.47 | 99.12 | 145.82 | 134.31 | 76.66 |
| 豆　油 | Soybean oil | 97.75 | 98.98 | 97.85 | 138.80 | 123.26 | 75.62 |
| 烤　烟 | Flue-cured tobacco | | 99.69 | 97.00 | 106.31 | 107.06 | 109.07 |
| 活　猪 | Hog | 100.18 | 99.36 | 96.11 | 175.41 | 103.95 | 85.61 |
| 仔　猪 | Piglet | 101.48 | 97.30 | 73.23 | 236.22 | 118.07 | 69.26 |
| 猪　肉 | Pork | 101.63 | 99.63 | 96.63 | 171.57 | 102.20 | 85.03 |
| 牛　肉 | Beef | 101.18 | 101.26 | 104.41 | 128.90 | 135.13 | 100.97 |
| 羊　肉 | Mutton | 99.73 | 99.89 | 106.71 | 135.49 | 126.73 | 102.31 |
| 活　鸡 | Live chicken | | 98.83 | 99.05 | 131.36 | 101.16 | 94.43 |
| 鸡　蛋 | Eggs | 102.32 | 102.86 | 99.84 | 121.42 | 102.72 | 96.67 |
| 草　鱼 | Grass carp | 100.14 | 99.93 | 98.90 | 110.40 | 125.52 | 95.81 |
| 鲤　鱼 | Carp | 98.10 | 100.48 | 97.66 | 113.44 | 122.53 | 88.58 |
| 鲢　鱼 | Silver carp | | 100.87 | 95.59 | 113.11 | 120.08 | 91.86 |
| 带　鱼 | Hairtail | | 99.72 | 101.41 | 104.98 | 114.26 | 102.34 |
| 大白菜 | Chinese cabbage | | 94.54 | 118.35 | 108.39 | 95.19 | 114.57 |
| 黄　瓜 | Cucumber | | 104.33 | 126.76 | 102.68 | 98.16 | 122.68 |
| 西红柿 | Tomato | | 107.14 | 107.20 | 122.20 | 84.08 | 138.49 |
| 菜　椒 | Green bell | | 109.03 | 101.45 | 128.74 | 84.64 | 132.09 |
| 四季豆 | Kidney Beans | | 105.87 | 118.69 | 107.37 | 98.59 | 120.70 |
| 红富士苹果 | Hongfushi Apple | | 98.97 | 126.10 | 99.70 | 113.48 | 112.17 |
| 香　蕉 | Banana | | 109.42 | 96.60 | 97.93 | 121.44 | 107.73 |
| 橙　子 | Orange | | 102.75 | 131.12 | 100.45 | 98.98 | 108.00 |

# 3-15 全国农产品集贸市场月度价格及走势
# Monthly RMF Prices of Agricultural Products

(10月份) (Oct.)

| 品 种 | Categories | 2000 | 2005 | 2006 | 2007 | 2008 | 2009 |
|---|---|---|---|---|---|---|---|
| 一、价格 | Price | | | | | | |
| (元/公斤) | (yuan/ kg) | | | | | | |
| 籼 稻 | Long-grained nonglutinous rice | 0.98 | 1.45 | 1.52 | 1.71 | 1.92 | 1.94 |
| 优质籼稻 | High quality long-grained nonglutinous rice | 1.16 | 1.66 | 1.76 | 1.94 | 2.16 | 2.17 |
| 粳 稻 | Round-grained rice | 1.29 | 1.77 | 1.85 | 1.97 | 2.07 | 2.17 |
| 小 麦 | Wheat | 1.00 | 1.45 | 1.47 | 1.64 | 1.79 | 1.95 |
| 玉 米 | Corn | 0.90 | 1.29 | 1.38 | 1.64 | 1.76 | 1.82 |
| 大 豆 | Soybeans | 2.47 | 3.48 | 3.47 | 4.07 | 5.67 | 4.81 |
| 籼 米 | Polished long-grained nonglutinous rice | | 2.47 | 2.59 | 2.85 | 3.16 | 3.20 |
| 优质籼米 | High quality polished long-grained nonglutinous rice | | 2.92 | 3.09 | 3.40 | 3.70 | 3.80 |
| 粳 米 | Polished round-grained rice | | 2.95 | 3.10 | 3.28 | 3.45 | 3.74 |
| 面 粉 | Wheat flour | | 2.33 | 2.35 | 2.61 | 2.76 | 2.92 |
| 棉 花 | Cotton (unginned cotton) | 3.50 | 5.51 | 5.34 | 6.18 | 5.97 | 5.88 |
| 花生仁 | Peanut kernel | | 6.53 | 6.97 | 8.67 | 10.09 | 8.01 |
| 油菜籽 | Rapeseeds | | 2.57 | 2.66 | 3.85 | 4.77 | 3.88 |
| 花生油 | Peanut oil | 8.32 | 10.61 | 10.91 | 14.51 | 18.04 | 14.69 |
| 菜籽油 | Rape oil | 6.63 | 7.17 | 7.19 | 10.53 | 13.15 | 10.67 |
| 豆 油 | Soybean oil | 6.01 | 6.70 | 6.69 | 9.35 | 10.30 | 8.57 |
| 烤 烟 | Flue-cured tobacco | | 12.64 | 12.18 | 12.87 | 13.78 | 15.06 |
| 活 猪 | Hog | 5.65 | 7.31 | 7.68 | 12.92 | 12.64 | 11.52 |
| 仔 猪 | Piglet | 7.44 | 10.55 | 9.16 | 20.57 | 21.01 | 16.71 |
| 猪 肉 | Pork | 10.16 | 12.72 | 13.06 | 21.15 | 20.70 | 18.81 |
| 牛 肉 | Beef | 12.77 | 17.49 | 18.39 | 24.09 | 31.63 | 32.16 |
| 羊 肉 | Mutton | 14.37 | 18.06 | 19.28 | 26.46 | 32.87 | 33.43 |
| 活 鸡 | Live chicken | | 10.44 | 10.62 | 13.52 | 13.74 | 12.97 |
| 鸡 蛋 | Eggs | 5.09 | 6.66 | 6.82 | 8.25 | 8.28 | 8.09 |
| 草 鱼 | Grass carp | 7.31 | 9.29 | 9.21 | 10.13 | 12.43 | 12.19 |
| 鲤 鱼 | Carp | 7.65 | 8.47 | 8.30 | 9.44 | 11.19 | 10.22 |
| 鲢 鱼 | Silver carp | | 7.35 | 7.13 | 7.88 | 9.39 | 8.75 |
| 带 鱼 | Hairtail | | 10.52 | 10.70 | 11.31 | 12.81 | 13.20 |
| 大白菜 | Chinese cabbage | | 1.27 | 1.10 | 1.58 | 1.54 | 1.58 |
| 黄 瓜 | Cucumber | | 2.19 | 1.94 | 3.02 | 2.57 | 2.73 |
| 西红柿 | Tomato | | 2.39 | 2.24 | 3.18 | 2.74 | 3.25 |
| 菜 椒 | Green bell | | 2.50 | 2.36 | 3.34 | 2.79 | 3.43 |
| 四季豆 | Kidney Beans | | 2.78 | 2.62 | 3.81 | 3.53 | 3.83 |
| 红富士苹果 | Hongfushi Apple | | 3.56 | 4.39 | 4.62 | 5.21 | 5.59 |
| 香 蕉 | Banana | | 3.48 | 3.44 | 3.39 | 3.97 | 4.06 |
| 橙 子 | Orange | | 3.28 | 4.19 | 4.32 | 4.35 | 4.59 |

3-15续表 continued 1

| 品　种 | Categories | 2000 | 2005 | 2006 | 2007 | 2008 | 2009 |
|---|---|---|---|---|---|---|---|
| 二、价格变动 | Index | | | | | | |
| (上月=100) | (preceding month=100) | | | | | | |
| 籼　稻 | Long-grained nonglutinous rice | 102.33 | 99.61 | 104.64 | 112.52 | 112.30 | 100.96 |
| 优质籼稻 | High quality long-grained nonglutinous rice | 102.68 | 99.39 | 106.27 | 109.88 | 111.23 | 100.44 |
| 粳　稻 | Round-grained rice | 102.59 | 99.00 | 104.31 | 106.46 | 105.37 | 104.53 |
| 小　麦 | Wheat | 103.01 | 98.99 | 101.33 | 111.45 | 109.21 | 108.97 |
| 玉　米 | Corn | 99.92 | 97.87 | 106.62 | 119.29 | 107.36 | 103.05 |
| 大　豆 | Soybeans | 98.31 | 99.27 | 99.70 | 117.33 | 139.15 | 84.83 |
| 籼　米 | Polished long-grained nonglutinous rice | | 99.90 | 104.65 | 110.35 | 110.68 | 101.31 |
| 优质籼米 | High quality polished long-grained nonglutinous rice | | 100.34 | 105.87 | 109.80 | 108.89 | 102.91 |
| 粳　米 | Polished round-grained rice | | 100.25 | 105.00 | 106.05 | 105.06 | 108.39 |
| 面　粉 | Wheat flour | | 100.11 | 100.83 | 111.04 | 105.51 | 106.15 |
| 棉　花 | Cotton (unginned cotton) | 104.82 | 104.28 | 97.06 | 115.60 | 96.65 | 98.42 |
| 花 生 仁 | Peanut kernel | | 99.16 | 106.60 | 124.46 | 116.39 | 79.37 |
| 油 菜 籽 | Rapeseeds | | 100.94 | 103.56 | 144.84 | 123.91 | 81.38 |
| 花 生 油 | Peanut oil | 99.10 | 99.54 | 102.79 | 133.00 | 124.31 | 81.42 |
| 菜 籽 油 | Rape oil | 104.57 | 99.75 | 100.36 | 146.40 | 124.89 | 81.17 |
| 豆　油 | Soybean oil | 98.73 | 98.69 | 99.98 | 139.65 | 110.21 | 83.16 |
| 烤　烟 | Flue-cured tobacco | | 101.07 | 96.37 | 105.60 | 107.11 | 109.28 |
| 活　猪 | Hog | 101.21 | 92.94 | 105.03 | 168.29 | 97.81 | 91.12 |
| 仔　猪 | Piglet | 98.65 | 86.80 | 86.79 | 224.61 | 102.15 | 79.54 |
| 猪　肉 | Pork | 101.83 | 96.10 | 102.67 | 161.96 | 97.91 | 90.85 |
| 牛　肉 | Beef | 99.66 | 100.25 | 105.19 | 130.95 | 131.32 | 101.67 |
| 羊　肉 | Mutton | 98.86 | 101.11 | 106.76 | 137.26 | 124.22 | 101.72 |
| 活　鸡 | Live chicken | | 98.79 | 101.72 | 127.30 | 101.62 | 94.41 |
| 鸡　蛋 | Eggs | 96.16 | 95.71 | 102.40 | 120.85 | 100.44 | 97.71 |
| 草　鱼 | Grass carp | 99.52 | 98.95 | 99.15 | 109.98 | 122.74 | 98.03 |
| 鲤　鱼 | Carp | 98.79 | 98.59 | 97.99 | 113.78 | 118.51 | 91.40 |
| 鲢　鱼 | Silver carp | | 99.06 | 96.99 | 110.61 | 119.05 | 93.22 |
| 带　鱼 | Hairtail | | 98.98 | 101.69 | 105.73 | 113.24 | 103.03 |
| 大 白 菜 | Chinese cabbage | | 90.14 | 86.64 | 143.81 | 97.05 | 102.94 |
| 黄　瓜 | Cucumber | | 127.96 | 88.91 | 155.29 | 85.07 | 106.40 |
| 西 红 柿 | Tomato | | 114.78 | 93.55 | 142.26 | 86.10 | 118.86 |
| 菜　椒 | Green bell | | 112.72 | 94.37 | 141.57 | 83.76 | 122.85 |
| 四 季 豆 | Kidney Beans | | 108.47 | 94.35 | 145.36 | 92.60 | 108.42 |
| 红富士苹果 | Hongfushi Apple | | 93.94 | 123.22 | 105.20 | 112.78 | 107.45 |
| 香　蕉 | Banana | | 99.44 | 98.84 | 98.39 | 117.11 | 102.30 |
| 橙　子 | Orange | | 98.14 | 127.81 | 103.24 | 100.76 | 105.41 |

# 3-16 全国农产品集贸市场价格及走势
# Monthly RMF Prices of Agricultural Products

(11月份) (Nov.)

| 品　种 | Categories | 2000 | 2005 | 2006 | 2007 | 2008 | 2009 |
|---|---|---|---|---|---|---|---|
| 一、价格 | Price | | | | | | |
| (元/公斤) | (yuan/ kg) | | | | | | |
| 籼　稻 | Long-grained nonglutinous rice | 1.00 | 1.45 | 1.53 | 1.72 | 1.90 | 1.94 |
| 优质籼稻 | High quality long-grained nonglutinous rice | 1.19 | 1.66 | 1.78 | 1.95 | 2.14 | 2.18 |
| 粳　稻 | Round-grained rice | 1.26 | 1.76 | 1.84 | 1.95 | 2.05 | 2.16 |
| 小　麦 | Wheat | 1.02 | 1.46 | 1.52 | 1.66 | 1.80 | 1.97 |
| 玉　米 | Corn | 0.92 | 1.26 | 1.39 | 1.62 | 1.69 | 1.81 |
| 大　豆 | Soybeans | 2.46 | 3.46 | 3.46 | 4.53 | 5.28 | 4.87 |
| 籼　米 | Polished long-grained nonglutinous rice | | 2.46 | 2.60 | 2.87 | 3.14 | 3.21 |
| 优质籼米 | High quality polished long-grained nonglutinous rice | | 2.91 | 3.10 | 3.41 | 3.68 | 3.82 |
| 粳　米 | Polished round-grained rice | | 2.95 | 3.11 | 3.31 | 3.39 | 3.75 |
| 面　粉 | Wheat flour | | 2.33 | 2.42 | 2.66 | 2.74 | 2.94 |
| 棉　花 | Cotton (unginned cotton) | 3.57 | 5.48 | 5.34 | 6.30 | 5.08 | 6.25 |
| 花生仁 | Peanut kernel | | 6.53 | 7.08 | 9.24 | 9.35 | 8.64 |
| 油菜籽 | Rapeseeds | | 2.58 | 2.68 | 3.93 | 4.52 | 3.92 |
| 花生油 | Peanut oil | 8.16 | 10.64 | 11.15 | 15.62 | 16.63 | 15.39 |
| 菜籽油 | Rape oil | 6.24 | 7.16 | 7.44 | 11.39 | 12.21 | 10.72 |
| 豆　油 | Soybean oil | 5.94 | 6.65 | 7.21 | 10.32 | 9.45 | 8.70 |
| 烤　烟 | Flue-cured tobacco | | 12.62 | 12.15 | 13.35 | 14.28 | 15.13 |
| 活　猪 | Hog | 5.79 | 7.09 | 8.10 | 13.78 | 12.03 | 11.45 |
| 仔　猪 | Piglet | 7.56 | 9.57 | 9.71 | 21.61 | 18.38 | 16.33 |
| 猪　肉 | Pork | 10.35 | 12.27 | 13.53 | 22.37 | 19.41 | 18.78 |
| 牛　肉 | Beef | 12.62 | 17.54 | 18.59 | 25.04 | 31.73 | 32.48 |
| 羊　肉 | Mutton | 14.63 | 18.18 | 19.77 | 27.64 | 32.45 | 33.97 |
| 活　鸡 | Live chicken | | 9.37 | 10.75 | 13.49 | 13.55 | 12.91 |
| 鸡　蛋 | Eggs | 5.09 | 6.34 | 6.98 | 8.09 | 7.85 | 7.94 |
| 草　鱼 | Grass carp | 7.25 | 9.12 | 9.18 | 9.94 | 12.11 | 12.15 |
| 鲤　鱼 | Carp | 7.50 | 8.30 | 8.28 | 9.40 | 10.71 | 10.16 |
| 鲢　鱼 | Silver carp | | 7.21 | 7.11 | 7.87 | 9.05 | 8.75 |
| 带　鱼 | Hairtail | | 10.48 | 10.65 | 11.38 | 12.76 | 13.33 |
| 大白菜 | Chinese cabbage | | 1.04 | 0.98 | 1.39 | 1.23 | 1.50 |
| 黄　瓜 | Cucumber | | 2.48 | 2.34 | 3.33 | 3.08 | 3.82 |
| 西红柿 | Tomato | | 2.55 | 2.48 | 3.25 | 3.00 | 3.74 |
| 菜　椒 | Green bell | | 3.03 | 2.63 | 4.15 | 3.34 | 3.96 |
| 四季豆 | Kidney Beans | | 3.02 | 3.12 | 4.49 | 4.15 | 4.84 |
| 红富士苹果 | Hongfushi Apple | | 3.56 | 4.20 | 4.69 | 4.90 | 5.47 |
| 香　蕉 | Banana | | 3.46 | 3.38 | 3.45 | 4.11 | 3.80 |
| 橙　子 | Orange | | 3.32 | 4.17 | 4.21 | 4.29 | 4.32 |

3-16续表 continued 1

| 品 种 | Categories | 2000 | 2005 | 2006 | 2007 | 2008 | 2009 |
|---|---|---|---|---|---|---|---|
| 二、价格变动 | Index | | | | | | |
| (上月=100) | (preceding month=100) | | | | | | |
| 籼 稻 | Long-grained nonglutinous rice | 102.11 | 100.21 | 105.19 | 112.78 | 110.17 | 102.28 |
| 优质籼稻 | High quality long-grained nonglutinous rice | 102.74 | 100.17 | 106.96 | 109.84 | 109.28 | 101.96 |
| 粳 稻 | Round-grained rice | 97.83 | 99.54 | 104.58 | 105.59 | 105.28 | 105.47 |
| 小 麦 | Wheat | 101.82 | 100.78 | 103.61 | 109.45 | 108.42 | 109.58 |
| 玉 米 | Corn | 102.64 | 97.91 | 110.35 | 116.12 | 104.38 | 106.91 |
| 大 豆 | Soybeans | 99.60 | 99.43 | 99.87 | 131.01 | 116.52 | 92.29 |
| 籼 米 | Polished long-grained nonglutinous rice | | 99.63 | 105.80 | 110.32 | 109.31 | 102.19 |
| 优质籼米 | High quality polished long-grained nonglutinous rice | | 99.54 | 106.65 | 110.00 | 107.88 | 103.90 |
| 粳 米 | Polished round-grained rice | | 100.15 | 105.31 | 106.42 | 102.46 | 110.66 |
| 面 粉 | Wheat flour | | 99.98 | 103.58 | 110.13 | 102.99 | 107.47 |
| 棉 花 | Cotton (unginned cotton) | 102.14 | 99.56 | 97.46 | 117.88 | 80.63 | 123.08 |
| 花生仁 | Peanut kernel | | 100.01 | 108.30 | 130.56 | 101.21 | 92.36 |
| 油菜籽 | Rapeseeds | | 100.63 | 103.57 | 146.70 | 115.22 | 86.76 |
| 花生油 | Peanut oil | 97.99 | 100.29 | 104.79 | 140.05 | 106.48 | 92.50 |
| 菜籽油 | Rape oil | 94.17 | 99.88 | 103.93 | 153.08 | 107.25 | 87.77 |
| 豆 油 | Soybean oil | 98.73 | 99.35 | 108.36 | 143.19 | 91.55 | 92.11 |
| 烤 烟 | Flue-cured tobacco | | 99.79 | 96.27 | 109.90 | 106.94 | 106.00 |
| 活 猪 | Hog | 102.60 | 96.94 | 114.31 | 170.09 | 87.30 | 95.20 |
| 仔 猪 | Piglet | 101.57 | 90.73 | 101.46 | 222.44 | 85.05 | 88.84 |
| 猪 肉 | Pork | 101.86 | 96.51 | 110.22 | 165.37 | 86.77 | 96.76 |
| 牛 肉 | Beef | 98.82 | 100.28 | 106.00 | 134.72 | 126.71 | 102.37 |
| 羊 肉 | Mutton | 101.79 | 100.67 | 108.78 | 139.78 | 117.42 | 104.67 |
| 活 鸡 | Live chicken | | 89.69 | 114.79 | 125.43 | 100.45 | 95.26 |
| 鸡 蛋 | Eggs | 100.04 | 95.20 | 110.08 | 115.90 | 96.94 | 101.22 |
| 草 鱼 | Grass carp | 99.14 | 98.20 | 100.69 | 108.25 | 121.83 | 100.30 |
| 鲤 鱼 | Carp | 98.11 | 97.99 | 99.83 | 113.51 | 113.92 | 94.88 |
| 鲢 鱼 | Silver carp | | 98.16 | 98.55 | 110.75 | 114.97 | 96.64 |
| 带 鱼 | Hairtail | | 99.55 | 101.61 | 106.90 | 112.16 | 104.43 |
| 大白菜 | Chinese cabbage | | 81.73 | 94.07 | 142.80 | 88.24 | 121.54 |
| 黄 瓜 | Cucumber | | 113.54 | 94.19 | 142.59 | 92.33 | 123.99 |
| 西红柿 | Tomato | | 106.58 | 97.27 | 131.30 | 92.18 | 124.76 |
| 菜 椒 | Green bell | | 121.24 | 86.75 | 158.08 | 80.38 | 118.77 |
| 四季豆 | Kidney Beans | | 108.62 | 103.52 | 143.61 | 92.53 | 116.50 |
| 红富士苹果 | Hongfushi Apple | | 100.07 | 117.94 | 111.55 | 104.61 | 111.56 |
| 香 蕉 | Banana | | 99.28 | 97.71 | 102.05 | 119.15 | 92.56 |
| 橙 子 | Orange | | 101.45 | 125.54 | 100.82 | 102.02 | 100.76 |

# 3-17 全国农产品集贸市场月度价格及走势
# Monthly RMF Prices of Agricultural Products

(12月份) (Dec.)

| 品 种 | Categories | 2000 | 2005 | 2006 | 2007 | 2008 | 2009 |
|---|---|---|---|---|---|---|---|
| 二、价格变动 | Price | | | | | | |
| (上月=100) | (yuan/ kg) | | | | | | |
| 籼 稻 | Long-grained nonglutinous rice | 1.01 | 1.47 | 1.58 | 1.76 | 1.89 | 1.96 |
| 优质籼稻 | High quality long-grained nonglutinous rice | 1.19 | 1.69 | 1.82 | 1.99 | 2.11 | 2.19 |
| 粳 稻 | Round-grained rice | 1.27 | 1.79 | 1.88 | 1.93 | 2.00 | 2.22 |
| 小 麦 | Wheat | 1.06 | 1.47 | 1.57 | 1.70 | 1.82 | 2.00 |
| 玉 米 | Corn | 0.97 | 1.26 | 1.46 | 1.66 | 1.60 | 1.86 |
| 大 豆 | Soybeans | 2.46 | 3.46 | 3.56 | 4.83 | 5.00 | 4.96 |
| 籼 米 | Polished long-grained nonglutinous rice | | 2.48 | 2.67 | 2.92 | 3.11 | 3.24 |
| 优质籼米 | High quality polished long-grained nonglutinous rice | | 2.93 | 3.19 | 3.45 | 3.69 | 3.85 |
| 粳 米 | Polished round-grained rice | | 2.97 | 3.21 | 3.31 | 3.36 | 3.83 |
| 面 粉 | Wheat flour | | 2.33 | 2.50 | 2.72 | 2.76 | 2.98 |
| 棉 花 | Cotton (unginned cotton) | 3.60 | 5.63 | 5.38 | 6.32 | 4.92 | 6.43 |
| 花生仁 | Peanut kernel | | 6.51 | 7.28 | 9.65 | 8.47 | 9.24 |
| 油菜籽 | Rapeseeds | | 2.61 | 2.95 | 4.03 | 4.40 | 4.07 |
| 花生油 | Peanut oil | 8.30 | 10.64 | 11.84 | 16.24 | 15.98 | 15.83 |
| 菜籽油 | Rape oil | 6.21 | 7.15 | 8.31 | 12.06 | 11.70 | 11.18 |
| 豆 油 | Soybean oil | 5.89 | 6.67 | 7.85 | 10.72 | 9.06 | 9.15 |
| 烤 烟 | Flue-cured tobacco | | 12.84 | 12.58 | 13.74 | 14.42 | 15.88 |
| 活 猪 | Hog | 5.88 | 7.25 | 8.85 | 14.95 | 13.13 | 12.06 |
| 仔 猪 | Piglet | 7.56 | 9.42 | 10.71 | 23.78 | 18.38 | 16.33 |
| 猪 肉 | Pork | 10.21 | 12.34 | 14.59 | 23.97 | 20.83 | 19.46 |
| 牛 肉 | Beef | 12.74 | 17.77 | 18.99 | 26.53 | 32.23 | 32.94 |
| 羊 肉 | Mutton | 14.58 | 18.63 | 20.78 | 29.11 | 32.91 | 34.43 |
| 活 鸡 | Live chicken | | 9.18 | 11.30 | 13.61 | 13.34 | 12.97 |
| 鸡 蛋 | Eggs | 5.10 | 6.21 | 7.42 | 7.98 | 7.71 | 8.00 |
| 草 鱼 | Grass carp | 7.28 | 9.16 | 9.32 | 10.21 | 11.81 | 12.19 |
| 鲤 鱼 | Carp | 7.56 | 8.28 | 8.32 | 9.49 | 10.49 | 10.25 |
| 鲢 鱼 | Silver carp | | 7.16 | 7.16 | 8.02 | 9.07 | 8.77 |
| 带 鱼 | Hairtail | | 10.48 | 10.80 | 11.35 | 12.79 | 13.62 |
| 大白菜 | Chinese cabbage | | 1.11 | 1.04 | 1.25 | 1.13 | 1.51 |
| 黄 瓜 | Cucumber | | 2.72 | 3.25 | 3.51 | 3.59 | 4.57 |
| 西红柿 | Tomato | | 2.93 | 3.08 | 3.42 | 3.25 | 4.38 |
| 菜 椒 | Green bell | | 3.32 | 3.24 | 4.46 | 4.35 | 4.75 |
| 四季豆 | Kidney Beans | | 3.49 | 3.63 | 4.53 | 4.82 | 5.51 |
| 红富士苹果 | Hongfushi Apple | | 3.65 | 4.26 | 4.79 | 4.78 | 5.49 |
| 香 蕉 | Banana | | 3.42 | 3.46 | 3.59 | 3.98 | 3.65 |
| 橙 子 | Orange | | 3.38 | 3.97 | 3.97 | 3.92 | 4.21 |

3-17续表 continued 1

| 品　种 | Categories | 2001 | 2005 | 2006 | 2007 | 2008 | 2009 |
|---|---|---|---|---|---|---|---|
| 二、价格变动 | Index | | | | | | |
| (上月=100) | (preceding month=100) | | | | | | |
| 籼　稻 | Long-grained nonglutinous rice | 100.26 | 101.04 | 107.74 | 111.13 | 107.29 | 103.87 |
| 优质籼稻 | High quality long-grained nonglutinous rice | 99.68 | 101.33 | 108.06 | 109.33 | 105.89 | 103.99 |
| 粳　稻 | Round-grained rice | 100.58 | 101.36 | 105.22 | 102.86 | 103.48 | 110.93 |
| 小　麦 | Wheat | 104.23 | 100.24 | 107.00 | 107.97 | 107.23 | 110.09 |
| 玉　米 | Corn | 104.55 | 100.04 | 115.28 | 113.70 | 96.70 | 115.81 |
| 大　豆 | Soybeans | 99.95 | 100.11 | 102.74 | 135.69 | 103.50 | 99.28 |
| 籼　米 | Polished long-grained nonglutinous rice | | 100.59 | 107.89 | 109.42 | 106.44 | 104.29 |
| 优质籼米 | High quality polished long-grained nonglutinous rice | | 100.90 | 108.59 | 108.27 | 106.88 | 104.50 |
| 粳　米 | Polished round-grained rice | | 100.50 | 108.13 | 103.09 | 101.67 | 113.91 |
| 面　粉 | Wheat flour | | 99.91 | 107.26 | 108.83 | 101.64 | 107.76 |
| 棉　花 | Cotton (unginned cotton) | 100.79 | 102.72 | 95.58 | 117.49 | 77.88 | 130.63 |
| 花 生 仁 | Peanut kernel | | 99.67 | 111.76 | 132.54 | 87.75 | 109.15 |
| 油 菜 籽 | Rapeseeds | | 100.96 | 113.16 | 136.59 | 109.05 | 92.64 |
| 花 生 油 | Peanut oil | 101.78 | 99.92 | 111.34 | 137.14 | 98.37 | 99.09 |
| 菜 籽 油 | Rape oil | 99.52 | 99.84 | 116.32 | 145.02 | 97.06 | 95.56 |
| 豆　油 | Soybean oil | 99.15 | 100.33 | 117.56 | 136.56 | 84.58 | 101.00 |
| 烤　烟 | Flue-cured tobacco | | 101.74 | 97.98 | 109.26 | 104.90 | 110.16 |
| 活　猪 | Hog | 101.43 | 102.34 | 122.08 | 168.85 | 87.79 | 91.88 |
| 仔　猪 | Piglet | 100.04 | 98.40 | 113.70 | 221.98 | 77.31 | 88.84 |
| 猪　肉 | Pork | 98.65 | 100.54 | 118.20 | 164.34 | 86.91 | 93.40 |
| 牛　肉 | Beef | 100.98 | 101.32 | 106.85 | 139.72 | 121.50 | 102.19 |
| 羊　肉 | Mutton | 99.68 | 102.50 | 111.52 | 140.11 | 113.06 | 104.61 |
| 活　鸡 | Live chicken | | 97.97 | 123.18 | 120.38 | 98.03 | 97.21 |
| 鸡　蛋 | Eggs | 100.21 | 97.88 | 119.42 | 107.67 | 96.58 | 103.77 |
| 草　鱼 | Grass carp | 100.34 | 100.41 | 101.75 | 109.61 | 115.63 | 103.21 |
| 鲤　鱼 | Carp | 100.82 | 99.82 | 100.47 | 114.08 | 110.56 | 97.70 |
| 鲢　鱼 | Silver carp | | 99.32 | 100.00 | 111.97 | 113.10 | 96.61 |
| 带　鱼 | Hairtail | | 100.03 | 103.09 | 105.10 | 112.65 | 106.51 |
| 大 白 菜 | Chinese cabbage | | 106.91 | 93.65 | 120.24 | 90.69 | 133.52 |
| 黄　瓜 | Cucumber | | 109.72 | 119.40 | 107.91 | 102.41 | 127.06 |
| 西 红 柿 | Tomato | | 115.21 | 104.93 | 111.15 | 94.84 | 135.09 |
| 菜　椒 | Green bell | | 109.69 | 97.51 | 137.89 | 97.38 | 109.19 |
| 四 季 豆 | Kidney Beans | | 115.51 | 104.12 | 124.74 | 106.36 | 114.50 |
| 红富士苹果 | Hongfushi Apple | | 102.54 | 116.59 | 112.47 | 99.72 | 114.94 |
| 香　蕉 | Banana | | 98.95 | 101.12 | 103.83 | 110.93 | 91.70 |
| 橙　子 | Orange | | 101.58 | 117.51 | 100.20 | 98.56 | 107.54 |

# 3-18 全国农产品集贸市场月度价格走势(2009年1月)
## Monthly RMF Prices of Agricultural Products(Jan.2009)

| 品种 | Categories | 价格(元/公斤) Price (yuan/ kg) | 价格走势 Increase rate: 本月比上月上涨 Increase rate over the last month (%) | 本月比上年同月上涨 Increase rate over the same month of the preceding year (%) | 1-1月比上年同期上涨 Jan.-Jan.increase rate over the same periodof the preceding year (%) |
|---|---|---|---|---|---|
| 籼稻 | Long-grained nonglutinous rice | 1.88 | -0.54 | 4.75 | 4.75 |
| 优质籼稻 | High quality long-grained nonglutinous rice | 2.11 | 0.17 | 5.12 | 5.12 |
| 粳稻 | Round-grained rice | 2.02 | 0.85 | 5.50 | 5.50 |
| 小麦 | Wheat | 1.85 | 1.59 | 7.07 | 7.07 |
| 玉米 | Corn | 1.58 | -1.34 | -7.56 | -7.56 |
| 大豆 | Soybeans | 4.91 | -1.77 | -1.34 | -1.34 |
| 籼米 | Polished long-grained nonglutinous rice | 3.14 | 1.00 | 6.14 | 6.14 |
| 优质籼米 | High quality polished long-grained nonglutinous rice | 3.68 | -0.02 | 5.61 | 5.61 |
| 粳米 | Polished round-grained rice | 3.41 | 1.40 | 3.11 | 3.11 |
| 面粉 | Wheat flour | 2.78 | 0.56 | 1.68 | 1.68 |
| 棉花(籽棉) | Cotton (unginned cotton) | 4.84 | -1.63 | -23.01 | -23.01 |
| 花生仁 | Peanut kernel | 7.81 | -7.75 | -22.46 | -22.46 |
| 油菜籽 | Rapeseeds | 4.38 | -0.32 | 2.01 | 2.01 |
| 花生油 | Peanut oil | 15.22 | -4.73 | -13.52 | -13.52 |
| 菜籽油 | Rape oil | 11.55 | -1.27 | -9.70 | -9.70 |
| 豆油 | Soybean oil | 9.14 | 0.80 | -21.68 | -21.68 |
| 烤烟 | Flue-cured tobacco | 14.59 | 1.20 | 12.99 | 12.99 |
| 活猪 | Hog | 13.33 | 1.57 | -15.99 | -15.99 |
| 仔猪 | Piglet | 18.49 | 0.57 | -28.70 | -28.70 |
| 猪肉 | Pork | 21.32 | 2.33 | -15.91 | -15.91 |
| 牛肉 | Beef | 32.89 | 2.06 | 14.84 | 14.84 |
| 羊肉 | Mutton | 33.64 | 2.21 | 9.50 | 9.50 |
| 活鸡 | Live chicken | 13.72 | 2.86 | -2.31 | -2.31 |
| 鸡蛋 | Eggs | 7.74 | 0.35 | -3.30 | -3.30 |
| 草鱼 | Grass carp | 12.03 | 1.89 | 13.58 | 13.58 |
| 鲤鱼 | Carp | 10.70 | 1.94 | 6.50 | 6.50 |
| 鲢鱼 | Silver carp | 9.11 | 0.41 | 7.02 | 7.02 |
| 带鱼 | Hairtail | 12.99 | 1.54 | 9.99 | 9.99 |
| 大白菜 | Chinese cabbage | 1.17 | 3.65 | -4.88 | -4.88 |
| 黄瓜 | Cucumber | 4.73 | 31.74 | 21.88 | 21.88 |
| 西红柿 | Tomato | 4.33 | 33.33 | 12.78 | 12.78 |
| 菜椒 | Green bell | 7.04 | 61.93 | 45.90 | 45.90 |
| 四季豆 | Kidney Beans | 6.51 | 35.28 | 33.32 | 33.32 |
| 红富士苹果 | Hongfushi Apple | 4.85 | 1.43 | -3.86 | -3.86 |
| 香蕉 | Banana | 4.02 | 0.90 | 4.17 | 4.17 |
| 橙子 | Orange | 3.83 | -2.27 | -5.62 | -5.62 |

# 3-19 全国农产品集贸市场月度价格走势(2009年2月)
# Monthly RMF Prices of Agricultural Products(Feb.2009)

| 品　种 | Categories | 价格(元/公斤) Price (yuan/ kg) | 价格走势 Increase rate 本月比上月上涨 Increase rate over the last month (%) | 本月比上年同月上涨 Increase rate over the same month of the preceding year (%) | 1-2月比上年同期上涨 Jan.-Feb.increase rate over the same periodof the preceding year (%) |
|---|---|---|---|---|---|
| 籼稻 | Long-grained nonglutinous rice | 1.90 | 1.23 | 5.62 | 5.19 |
| 优质籼稻 | High quality long-grained nonglutinous rice | 2.12 | 0.44 | 3.85 | 4.48 |
| 粳稻 | Round-grained rice | 2.06 | 2.09 | 7.22 | 6.36 |
| 小麦 | Wheat | 1.90 | 2.62 | 10.60 | 8.83 |
| 玉米 | Corn | 1.58 | -0.06 | -6.34 | -6.96 |
| 大豆 | Soybeans | 4.84 | -1.40 | -5.29 | -3.34 |
| 籼米 | Polished long-grained nonglutinous rice | 3.15 | 0.26 | 5.77 | 5.96 |
| 优质籼米 | High quality polished long-grained nonglutinous rice | 3.72 | 0.89 | 5.79 | 5.70 |
| 粳米 | Polished round-grained rice | 3.43 | 0.56 | 3.71 | 3.41 |
| 面粉 | Wheat flour | 2.83 | 1.86 | 3.50 | 2.59 |
| 棉花(籽棉) | Cotton (unginned cotton) | 4.95 | 2.09 | -22.25 | -22.63 |
| 花生仁 | Peanut kernel | 7.66 | -1.88 | -25.15 | -23.81 |
| 油菜籽 | Rapeseeds | 4.52 | 3.09 | -2.87 | -0.52 |
| 花生油 | Peanut oil | 14.77 | -2.94 | -17.67 | -15.62 |
| 菜籽油 | Rape oil | 11.46 | -0.80 | -13.05 | -11.40 |
| 豆油 | Soybean oil | 8.87 | -2.90 | -26.93 | -24.35 |
| 烤烟 | Flue-cured tobacco | 14.41 | -1.22 | 9.87 | 11.41 |
| 活猪 | Hog | 12.46 | -6.57 | -22.73 | -19.39 |
| 仔猪 | Piglet | 18.52 | 0.16 | -31.36 | -30.06 |
| 猪肉 | Pork | 20.39 | -4.38 | -21.41 | -18.69 |
| 牛肉 | Beef | 32.34 | -1.67 | 6.41 | 10.50 |
| 羊肉 | Mutton | 33.18 | -1.37 | 2.60 | 5.96 |
| 活鸡 | Live chicken | 13.25 | -3.41 | -6.35 | -4.34 |
| 鸡蛋 | Eggs | 7.50 | -3.09 | -6.36 | -4.83 |
| 草鱼 | Grass carp | 12.02 | -0.11 | 7.39 | 10.40 |
| 鲤鱼 | Carp | 10.34 | -3.38 | -3.00 | 1.61 |
| 鲢鱼 | Silver carp | 9.05 | -0.70 | 1.36 | 4.12 |
| 带鱼 | Hairtail | 12.93 | -0.42 | 5.82 | 7.87 |
| 大白菜 | Chinese cabbage | 1.16 | -0.91 | -20.27 | -13.22 |
| 黄瓜 | Cucumber | 4.61 | -2.68 | -2.61 | 8.43 |
| 西红柿 | Tomato | 4.14 | -4.44 | -7.28 | 2.00 |
| 菜椒 | Green bell | 6.17 | -12.42 | -2.49 | 18.45 |
| 四季豆 | Kidney Beans | 6.28 | -3.58 | -1.30 | 13.73 |
| 红富士苹果 | Hongfushi Apple | 4.85 | 0.17 | -7.97 | -5.96 |
| 香蕉 | Banana | 3.91 | -2.62 | -5.47 | -0.82 |
| 橙子 | Orange | 3.82 | -0.30 | -11.06 | -8.42 |

# 3-20 全国农产品集贸市场月度价格走势(2009年3月)
# Monthly RMF Prices of Agricultural Products(Mar.2009)

| 品种 Categories | | 价格(元/公斤) Price (yuan/ kg) | 价格走势 Increase rate | | |
|---|---|---|---|---|---|
| | | | 本月比上月上涨 Increase rate over the last month (%) | 本月比上年同月上涨 Increase rate over the same month of the preceding year (%) | 1-3月比上年同期上涨 Jan.-Mar.increase rate over the same periodof the preceding year (%) |
| 籼稻 | Long-grained nonglutinous rice | 1.92 | 1.17 | 5.18 | 5.19 |
| 优质籼稻 | High quality long-grained nonglutinous rice | 2.15 | 1.21 | 3.85 | 4.27 |
| 粳稻 | Round-grained rice | 2.10 | 1.76 | 8.13 | 6.96 |
| 小麦 | Wheat | 1.92 | 1.08 | 11.02 | 9.56 |
| 玉米 | Corn | 1.62 | 2.87 | -4.33 | -6.08 |
| 大豆 | Soybeans | 4.83 | -0.30 | -15.78 | -7.85 |
| 籼米 | Polished long-grained nonglutinous rice | 3.17 | 0.50 | 5.29 | 5.73 |
| 优质籼米 | High quality polished long-grained nonglutinous rice | 3.76 | 1.08 | 6.29 | 5.90 |
| 粳米 | Polished round-grained rice | 3.50 | 1.92 | 5.67 | 4.17 |
| 面粉 | Wheat flour | 2.87 | 1.49 | 4.96 | 3.38 |
| 棉花(籽棉) | Cotton (unginned cotton) | 5.14 | 3.88 | -18.23 | -21.17 |
| 花生仁 | Peanut kernel | 7.38 | -3.68 | -29.75 | -25.84 |
| 油菜籽 | Rapeseeds | 4.39 | -2.76 | -12.62 | -4.87 |
| 花生油 | Peanut oil | 14.49 | -1.89 | -25.28 | -19.03 |
| 菜籽油 | Rape oil | 11.22 | -2.16 | -26.88 | -17.15 |
| 豆油 | Soybean oil | 8.62 | -2.87 | -40.83 | -30.61 |
| 烤烟 | Flue-cured tobacco | 14.73 | 2.20 | 13.17 | 12.00 |
| 活猪 | Hog | 11.66 | -6.42 | -29.11 | -22.69 |
| 仔猪 | Piglet | 18.14 | -2.05 | -42.26 | -34.60 |
| 猪肉 | Pork | 19.29 | -5.40 | -25.56 | -20.99 |
| 牛肉 | Beef | 31.91 | -1.35 | 4.33 | 8.39 |
| 羊肉 | Mutton | 32.78 | -1.21 | 0.99 | 4.27 |
| 活鸡 | Live chicken | 13.28 | 0.16 | -5.59 | -4.76 |
| 鸡蛋 | Eggs | 7.53 | 0.39 | -2.70 | -4.14 |
| 草鱼 | Grass carp | 12.15 | 1.10 | 8.25 | 9.67 |
| 鲤鱼 | Carp | 10.50 | 1.61 | -1.79 | 0.45 |
| 鲢鱼 | Silver carp | 9.00 | -0.47 | 0.86 | 3.02 |
| 带鱼 | Hairtail | 13.00 | 0.53 | 5.16 | 6.95 |
| 大白菜 | Chinese cabbage | 1.43 | 23.26 | 9.28 | -5.85 |
| 黄瓜 | Cucumber | 4.51 | -2.05 | 6.31 | 7.73 |
| 西红柿 | Tomato | 4.18 | 1.09 | -0.40 | 1.20 |
| 菜椒 | Green bell | 5.99 | -2.90 | -1.31 | 11.49 |
| 四季豆 | Kidney Beans | 6.31 | 0.46 | -5.50 | 6.57 |
| 红富士苹果 | Hongfushi Apple | 4.89 | 0.81 | -6.84 | -6.26 |
| 香蕉 | Banana | 3.95 | 0.92 | -3.04 | -1.57 |
| 橙子 | Orange | 3.84 | 0.71 | -11.80 | -9.58 |

# 3-21 全国农产品集贸市场月度价格走势(2009年4月)
# Monthly RMF Prices of Agricultural Products(Apr.2009)

| 品种 Categories | | 价格(元/公斤) Price (yuan/ kg) | 价格走势 Increase rate | | |
|---|---|---|---|---|---|
| | | | 本月比上月上涨 Increase rate over the last month (%) | 本月比上年同月上涨 Increase rate over the same month of the preceding year (%) | 1-4月比上年同期上涨 Jan.-Apr.increase rate over the same periodof the preceding year (%) |
| 籼稻 | Long-grained nonglutinous rice | 1.93 | 0.69 | 4.98 | 5.14 |
| 优质籼稻 | High quality long-grained nonglutinous rice | 2.16 | 0.82 | 5.86 | 4.66 |
| 粳稻 | Round-grained rice | 2.14 | 1.95 | 11.98 | 8.20 |
| 小麦 | Wheat | 1.91 | -0.13 | 10.27 | 9.74 |
| 玉米 | Corn | 1.66 | 2.33 | -3.80 | -5.50 |
| 大豆 | Soybeans | 4.78 | -1.05 | -18.47 | -10.72 |
| 籼米 | Polished long-grained nonglutinous rice | 3.16 | -0.03 | 4.29 | 5.37 |
| 优质籼米 | High quality polished long-grained nonglutinous rice | 3.76 | 0.12 | 5.46 | 5.79 |
| 粳米 | Polished round-grained rice | 3.52 | 0.67 | 7.12 | 4.90 |
| 面粉 | Wheat flour | 2.87 | -0.17 | 4.84 | 3.75 |
| 棉花(籽棉) | Cotton (unginned cotton) | 5.32 | 3.65 | -16.12 | -19.90 |
| 花生仁 | Peanut kernel | 7.36 | -0.31 | -31.05 | -27.18 |
| 油菜籽 | Rapeseeds | 4.31 | -1.95 | -12.88 | -6.97 |
| 花生油 | Peanut oil | 14.52 | 0.20 | -25.47 | -20.71 |
| 菜籽油 | Rape oil | 11.14 | -0.71 | -27.24 | -19.88 |
| 豆油 | Soybean oil | 8.48 | -1.59 | -36.67 | -32.17 |
| 烤烟 | Flue-cured tobacco | 14.93 | 1.36 | 12.35 | 12.09 |
| 活猪 | Hog | 10.47 | -10.17 | -35.89 | -26.01 |
| 仔猪 | Piglet | 16.65 | -8.20 | -48.24 | -38.37 |
| 猪肉 | Pork | 17.69 | -8.26 | -30.98 | -23.48 |
| 牛肉 | Beef | 31.53 | -1.17 | 2.25 | 6.82 |
| 羊肉 | Mutton | 32.55 | -0.70 | 0.56 | 3.33 |
| 活鸡 | Live chicken | 13.08 | -1.49 | -6.91 | -5.29 |
| 鸡蛋 | Eggs | 7.63 | 1.35 | -1.18 | -3.41 |
| 草鱼 | Grass carp | 12.30 | 1.23 | 0.18 | 7.10 |
| 鲤鱼 | Carp | 10.54 | 0.31 | -8.52 | -1.96 |
| 鲢鱼 | Silver carp | 8.89 | -1.29 | -5.96 | 0.65 |
| 带鱼 | Hairtail | 13.02 | 0.12 | 4.02 | 6.20 |
| 大白菜 | Chinese cabbage | 1.94 | 35.57 | 24.27 | 2.61 |
| 黄瓜 | Cucumber | 3.54 | -21.54 | 5.79 | 7.33 |
| 西红柿 | Tomato | 4.10 | -1.82 | 0.79 | 1.10 |
| 菜椒 | Green bell | 5.45 | -9.01 | 4.95 | 9.97 |
| 四季豆 | Kidney Beans | 5.62 | -10.99 | 2.46 | 5.61 |
| 红富士苹果 | Hongfushi Apple | 5.26 | 7.55 | -3.01 | -5.42 |
| 香蕉 | Banana | 4.37 | 10.69 | 2.07 | -0.62 |
| 橙子 | Orange | 4.10 | 6.79 | -6.83 | -8.87 |

# 3-22 全国农产品集贸市场月度价格走势(2009年5月)
## Monthly RMF Prices of Agricultural Products (May 2009)

| 品 种 | Categories | 价格(元/公斤) Price (yuan/ kg) | 价格走势 Increase rate 本月比上月上涨 Increase rate over the last month (%) | 本月比上年同月上涨 Increase rate over the same month of the preceding year (%) | 1-5月比上年同期上涨 Jan.-May.increase rate over the same periodof the preceding year (%) |
|---|---|---|---|---|---|
| 籼稻 | Long-grained nonglutinous rice | 1.95 | 0.77 | 3.05 | 4.70 |
| 优质籼稻 | High quality long-grained nonglutinous rice | 2.18 | 0.64 | 2.45 | 4.21 |
| 粳稻 | Round-grained rice | 2.17 | 1.33 | 7.41 | 8.04 |
| 小麦 | Wheat | 1.91 | 0.05 | 10.36 | 9.87 |
| 玉米 | Corn | 1.68 | 1.19 | -5.17 | -5.43 |
| 大豆 | Soybeans | 4.78 | 0.01 | -20.20 | -12.77 |
| 籼米 | Polished long-grained nonglutinous rice | 3.17 | 0.04 | 1.72 | 4.62 |
| 优质籼米 | High quality polished long-grained nonglutinous rice | 3.77 | 0.25 | 3.51 | 5.32 |
| 粳米 | Polished round-grained rice | 3.61 | 2.45 | 7.13 | 5.36 |
| 面粉 | Wheat flour | 2.87 | 0.04 | 4.60 | 3.92 |
| 棉花(籽棉) | Cotton (unginned cotton) | 5.49 | 3.05 | -13.23 | -18.57 |
| 花生仁 | Peanut kernel | 7.47 | 1.50 | -30.37 | -27.84 |
| 油菜籽 | Rapeseeds | 4.08 | -5.35 | -17.43 | -9.13 |
| 花生油 | Peanut oil | 14.43 | -0.66 | -25.41 | -21.68 |
| 菜籽油 | Rape oil | 11.00 | -1.25 | -26.04 | -21.16 |
| 豆油 | Soybean oil | 8.64 | 1.95 | -33.29 | -32.40 |
| 烤烟 | Flue-cured tobacco | 14.93 |  | 11.65 | 12.00 |
| 活猪 | Hog | 9.44 | -9.88 | -39.77 | -28.69 |
| 仔猪 | Piglet | 14.68 | -11.83 | -52.57 | -41.35 |
| 猪肉 | Pork | 16.16 | -8.68 | -34.73 | -25.66 |
| 牛肉 | Beef | 31.46 | -0.24 | 2.19 | 5.88 |
| 羊肉 | Mutton | 32.78 | 0.70 | 1.32 | 2.93 |
| 活鸡 | Live chicken | 12.99 | -0.66 | -7.91 | -5.82 |
| 鸡蛋 | Eggs | 7.75 | 1.52 | -2.81 | -3.29 |
| 草鱼 | Grass carp | 12.46 | 1.32 | -2.48 | 4.99 |
| 鲤鱼 | Carp | 10.73 | 1.82 | -11.03 | -3.95 |
| 鲢鱼 | Silver carp | 8.93 | 0.52 | -7.86 | -1.16 |
| 带鱼 | Hairtail | 13.15 | 1.03 | 4.15 | 5.78 |
| 大白菜 | Chinese cabbage | 1.93 | -0.93 | 27.53 | 7.93 |
| 黄瓜 | Cucumber | 2.88 | -18.60 | 28.36 | 9.89 |
| 西红柿 | Tomato | 3.54 | -13.80 | 6.31 | 1.97 |
| 菜椒 | Green bell | 4.33 | -20.43 | 14.63 | 10.65 |
| 四季豆 | Kidney Beans | 4.87 | -13.26 | 16.85 | 7.31 |
| 红富士苹果 | Hongfushi Apple | 6.05 | 15.01 | 10.22 | -2.18 |
| 香蕉 | Banana | 5.12 | 17.12 | 22.36 | 4.07 |
| 橙子 | Orange | 4.39 | 6.95 | -2.47 | -7.54 |

# 3-23 全国农产品集贸市场月度价格走势(2009年6月)
# Monthly RMF Prices of Agricultural Products(June 2009)

| 品　种 | Categories | 价格(元/公斤) Price (yuan/ kg) | 价格走势 Increase rate 本月比上月上涨 Increase rate over the last month (%) | 本月比上年同月上涨 Increase rate over the same month of the preceding year (%) | 1-6月比上年同期上涨 Jan.-Jun.increase rate over the same periodof the preceding year (%) |
|---|---|---|---|---|---|
| 籼稻 | Long-grained nonglutinous rice | 1.96 | 0.62 | 2.62 | 4.34 |
| 优质籼稻 | High quality long-grained nonglutinous rice | 2.19 | 0.53 | 1.83 | 3.80 |
| 粳稻 | Round-grained rice | 2.19 | 1.01 | 6.61 | 7.79 |
| 小麦 | Wheat | 1.90 | -0.71 | 10.44 | 9.96 |
| 玉米 | Corn | 1.72 | 2.10 | -4.67 | -5.30 |
| 大豆 | Soybeans | 4.81 | 0.74 | -20.73 | -14.20 |
| 籼米 | Polished long-grained nonglutinous rice | 3.18 | 0.56 | 1.36 | 4.06 |
| 优质籼米 | High quality polished long-grained nonglutinous rice | 3.80 | 0.78 | 3.23 | 4.96 |
| 粳米 | Polished round-grained rice | 3.65 | 1.29 | 7.04 | 5.64 |
| 面粉 | Wheat flour | 2.87 | -0.08 | 4.56 | 4.03 |
| 棉花(籽棉) | Cotton (unginned cotton) | 5.46 | -0.47 | -13.87 | -17.78 |
| 花生仁 | Peanut kernel | 7.52 | 0.68 | -30.10 | -28.22 |
| 油菜籽 | Rapeseeds | 3.89 | -4.62 | -23.34 | -11.62 |
| 花生油 | Peanut oil | 14.49 | 0.46 | -25.12 | -22.27 |
| 菜籽油 | Rape oil | 10.91 | -0.76 | -26.61 | -22.10 |
| 豆油 | Soybean oil | 8.76 | 1.35 | -31.93 | -32.32 |
| 烤烟 | Flue-cured tobacco | 15.71 | 5.22 | 13.65 | 12.29 |
| 活猪 | Hog | 9.49 | 0.60 | -37.91 | -30.17 |
| 仔猪 | Piglet | 14.43 | -1.74 | -52.23 | -43.20 |
| 猪肉 | Pork | 16.23 | 0.42 | -33.19 | -26.87 |
| 牛肉 | Beef | 31.40 | 0.20 | 0.91 | 5.03 |
| 羊肉 | Mutton | 32.92 | 0.44 | 1.75 | 2.73 |
| 活鸡 | Live chicken | 12.87 | -0.92 | -8.52 | -6.27 |
| 鸡蛋 | Eggs | 7.65 | -1.20 | -4.97 | -3.57 |
| 草鱼 | Grass carp | 12.59 | 1.00 | -4.21 | 3.29 |
| 鲤鱼 | Carp | 10.85 | 1.14 | -11.72 | -5.37 |
| 鲢鱼 | Silver carp | 8.98 | 0.48 | -10.12 | -2.77 |
| 带鱼 | Hairtail | 13.27 | 0.91 | 4.42 | 5.55 |
| 大白菜 | Chinese cabbage | 1.72 | -10.56 | 12.24 | 8.69 |
| 黄瓜 | Cucumber | 2.02 | -29.89 | 14.92 | 10.33 |
| 西红柿 | Tomato | 2.65 | -25.12 | 13.58 | 3.19 |
| 菜椒 | Green bell | 3.16 | -27.11 | 15.46 | 11.10 |
| 四季豆 | Kidney Beans | 3.15 | -35.28 | 8.60 | 7.43 |
| 红富士苹果 | Hongfushi Apple | 6.86 | 13.38 | 19.82 | 1.74 |
| 香蕉 | Banana | 5.05 | -1.38 | 25.81 | 7.62 |
| 橙子 | Orange | 4.53 | 3.19 | -1.00 | -6.39 |

# 3-24 全国农产品集贸市场月度价格走势(2009年7月)
# Monthly RMF Prices of Agricultural Products (July 2009)

| 品种 | Categories | 价格(元/公斤) Price (yuan/ kg) | 价格走势 Increase rate 本月比上月上涨 Increase rate over the last month (%) | 本月比上年同月上涨 Increase rate over the same month of the preceding year (%) | 1-7月比上年同期上涨 Jan.-Jul.increase rate over the same periodof the preceding year (%) |
|---|---|---|---|---|---|
| 籼稻 | Long-grained nonglutinous rice | 1.95 | -0.42 | 1.91 | 3.98 |
| 优质籼稻 | High quality long-grained nonglutinous rice | 2.18 | -0.47 | 0.55 | 3.31 |
| 粳稻 | Round-grained rice | 2.22 | 1.47 | 7.58 | 7.76 |
| 小麦 | Wheat | 1.91 | 0.40 | 9.04 | 9.83 |
| 玉米 | Corn | 1.78 | 3.70 | -1.62 | -4.76 |
| 大豆 | Soybeans | 4.81 | 0.02 | -21.20 | -15.27 |
| 籼米 | Polished long-grained nonglutinous rice | 3.20 | 0.37 | 1.41 | 3.67 |
| 优质籼米 | High quality polished long-grained nonglutinous rice | 3.80 | -0.14 | 2.55 | 4.61 |
| 粳米 | Polished round-grained rice | 3.68 | 0.65 | 6.83 | 5.82 |
| 面粉 | Wheat flour | 2.88 | 0.36 | 4.43 | 4.08 |
| 棉花(籽棉) | Cotton (unginned cotton) | 5.58 | 2.21 | -13.15 | -17.11 |
| 花生仁 | Peanut kernel | 7.55 | 0.42 | -30.16 | -28.51 |
| 油菜籽 | Rapeseeds | 3.89 | -0.05 | -24.99 | -13.66 |
| 花生油 | Peanut oil | 14.61 | 0.84 | -23.91 | -22.51 |
| 菜籽油 | Rape oil | 10.90 | -0.16 | -26.70 | -22.77 |
| 豆油 | Soybean oil | 8.66 | -1.10 | -32.16 | -32.30 |
| 烤烟 | Flue-cured tobacco | 15.64 | -0.42 | 11.51 | 12.17 |
| 活猪 | Hog | 10.17 | 7.18 | -31.58 | -30.36 |
| 仔猪 | Piglet | 15.21 | 5.41 | -47.83 | -43.85 |
| 猪肉 | Pork | 16.96 | 4.55 | -28.61 | -27.10 |
| 牛肉 | Beef | 31.46 | 0.21 | 1.47 | 4.51 |
| 羊肉 | Mutton | 32.93 | 0.03 | 1.85 | 2.60 |
| 活鸡 | Live chicken | 12.73 | -1.09 | -7.64 | -6.46 |
| 鸡蛋 | Eggs | 7.48 | -2.20 | -6.44 | -3.99 |
| 草鱼 | Grass carp | 12.53 | -0.41 | -5.55 | 1.90 |
| 鲤鱼 | Carp | 10.66 | -1.79 | -14.90 | -6.86 |
| 鲢鱼 | Silver carp | 8.90 | -0.82 | -13.23 | -4.41 |
| 带鱼 | Hairtail | 13.24 | -0.24 | 3.29 | 5.21 |
| 大白菜 | Chinese cabbage | 1.71 | -0.58 | -0.22 | 7.21 |
| 黄瓜 | Cucumber | 2.01 | -0.77 | 15.23 | 10.72 |
| 西红柿 | Tomato | 2.49 | -5.90 | 22.33 | 4.79 |
| 菜椒 | Green bell | 2.80 | -11.37 | 18.76 | 11.68 |
| 四季豆 | Kidney Beans | 3.04 | -3.52 | 9.01 | 7.56 |
| 红富士苹果 | Hongfushi Apple | 7.28 | 6.11 | 25.53 | 5.37 |
| 香蕉 | Banana | 4.88 | -3.29 | 30.02 | 10.59 |
| 橙子 | Orange | 4.57 | 0.90 | -1.59 | -5.67 |

# 3-25 全国农产品集贸市场月度价格走势(2009年8月)
## Monthly RMF Prices of Agricultural Products(Aug.2009)

| 品 种 | Categories | 价格(元/公斤) Price (yuan/ kg) | 价格走势 Increase rate 本月比上月上涨 Increase rate over the last month (%) | 本月比上年同月上涨 Increase rate over the same month of the preceding year (%) | 1-8月比上年同期上涨 Jan.-Aug.increase rate over the same periodof the preceding year (%) |
|---|---|---|---|---|---|
| 籼 稻 | Long-grained nonglutinous rice | 1.95 | -0.32 | 0.75 | 3.57 |
| 优质籼稻 | High quality long-grained nonglutinous rice | 2.17 | -0.50 | 0.22 | 2.92 |
| 粳 稻 | Round-grained rice | 2.19 | -1.54 | 4.93 | 7.39 |
| 小 麦 | Wheat | 1.92 | 0.42 | 7.41 | 9.52 |
| 玉 米 | Corn | 1.84 | 3.48 | 2.08 | -3.88 |
| 大 豆 | Soybeans | 4.85 | 0.76 | -20.37 | -15.95 |
| 籼 米 | Polished long-grained nonglutinous rice | 3.19 | -0.22 | 0.36 | 3.24 |
| 优质籼米 | High quality polished long-grained nonglutinous rice | 3.79 | -0.11 | 2.00 | 4.27 |
| 粳 米 | Polished round-grained rice | 3.73 | 1.36 | 7.61 | 6.05 |
| 面 粉 | Wheat flour | 2.88 | 0.19 | 4.41 | 4.12 |
| 棉花(籽棉) | Cotton (unginned cotton) | 5.58 | -0.06 | -12.79 | -16.57 |
| 花生仁 | Peanut kernel | 7.59 | 0.47 | -29.27 | -28.60 |
| 油菜籽 | Rapeseeds | 3.82 | -1.71 | -25.27 | -15.17 |
| 花生油 | Peanut oil | 14.31 | -2.07 | -24.19 | -22.72 |
| 菜籽油 | Rape oil | 10.80 | -0.87 | -25.45 | -23.11 |
| 豆 油 | Soybean oil | 8.63 | -0.43 | -27.05 | -31.69 |
| 烤 烟 | Flue-cured tobacco | 15.89 | 1.60 | 9.99 | 11.88 |
| 活 猪 | Hog | 11.47 | 12.78 | -21.04 | -29.27 |
| 仔 猪 | Piglet | 16.80 | 10.49 | -39.28 | -43.31 |
| 猪 肉 | Pork | 18.58 | 9.51 | -20.33 | -26.31 |
| 牛 肉 | Beef | 32.04 | 1.83 | 2.89 | 4.31 |
| 羊 肉 | Mutton | 33.31 | 1.15 | 2.78 | 2.63 |
| 活 鸡 | Live chicken | 13.01 | 2.23 | -4.87 | -6.26 |
| 鸡 蛋 | Eggs | 8.07 | 7.82 | -2.29 | -3.77 |
| 草 鱼 | Grass carp | 12.47 | -0.54 | 4.82 | 1.00 |
| 鲤 鱼 | Carp | 10.57 | -0.82 | -11.79 | -7.51 |
| 鲢 鱼 | Silver carp | 8.93 | 0.32 | -9.09 | -5.01 |
| 带 鱼 | Hairtail | 13.33 | 0.69 | 3.52 | 5.00 |
| 大白菜 | Chinese cabbage | 1.87 | 9.30 | 6.90 | 7.17 |
| 黄 瓜 | Cucumber | 2.26 | 12.54 | 14.88 | 11.06 |
| 西红柿 | Tomato | 2.89 | 16.07 | 39.60 | 7.53 |
| 菜 椒 | Green bell | 2.79 | 0.20 | 21.14 | 12.33 |
| 四季豆 | Kidney Beans | 3.32 | 9.18 | 8.03 | 7.60 |
| 红富士苹果 | Hongfushi Apple | 6.70 | -8.00 | 19.90 | 7.23 |
| 香 蕉 | Banana | 4.74 | -2.95 | 22.98 | 12.08 |
| 橙 子 | Orange | 4.68 | 2.41 | 4.73 | -4.35 |

# 3-26 全国农产品集贸市场月度价格走势(2009年9月)
# Monthly RMF Prices of Agricultural Products(Sep.2009)

| 品 种 | Categories | 价格(元/公斤) Price (yuan/ kg) | 价格走势 Increase rate 本月比上月上涨 Increase rate over the last month (%) | 本月比上年同月上涨 Increase rate over the same month of the preceding year (%) | 1-9月比上年同期上涨 Jan.-Sep.increase rate over the same periodof the preceding year (%) |
|---|---|---|---|---|---|
| 籼稻 | Long-grained nonglutinous rice | 1.94 | -0.23 | 0.01 | 3.16 |
| 优质籼稻 | High quality long-grained nonglutinous rice | 2.17 | 0.15 | -0.22 | 2.55 |
| 粳稻 | Round-grained rice | 2.20 | 0.77 | 5.16 | 7.13 |
| 小麦 | Wheat | 1.94 | 1.00 | 8.29 | 9.38 |
| 玉米 | Corn | 1.88 | 2.12 | 5.06 | -2.86 |
| 大豆 | Soybeans | 4.85 | -0.03 | -20.00 | -16.42 |
| 籼米 | Polished long-grained nonglutinous rice | 3.19 | 0.18 | 0.42 | 2.91 |
| 优质籼米 | High quality polished long-grained nonglutinous rice | 3.80 | 0.34 | 2.09 | 4.02 |
| 粳米 | Polished round-grained rice | 3.76 | 0.95 | 8.74 | 6.35 |
| 面粉 | Wheat flour | 2.92 | 1.12 | 5.46 | 4.27 |
| 棉花(籽棉) | Cotton (unginned cotton) | 5.62 | 0.81 | -7.32 | -15.58 |
| 花生仁 | Peanut kernel | 7.78 | 2.62 | -25.93 | -28.31 |
| 油菜籽 | Rapeseeds | 3.86 | 1.11 | -22.34 | -15.98 |
| 花生油 | Peanut oil | 14.49 | 1.27 | -21.64 | -22.60 |
| 菜籽油 | Rape oil | 10.69 | -1.01 | -23.34 | -23.13 |
| 豆油 | Soybean oil | 8.59 | -0.44 | -24.38 | -30.96 |
| 烤烟 | Flue-cured tobacco | 15.06 | -5.22 | 9.07 | 11.56 |
| 活猪 | Hog | 11.80 | 2.86 | -14.39 | -27.80 |
| 仔猪 | Piglet | 17.20 | 2.36 | -30.74 | -42.11 |
| 猪肉 | Pork | 19.06 | 2.62 | -14.97 | -25.16 |
| 牛肉 | Beef | 32.03 | -0.03 | 0.97 | 3.92 |
| 羊肉 | Mutton | 33.48 | 0.49 | 2.31 | 2.59 |
| 活鸡 | Live chicken | 13.14 | 0.96 | -5.57 | -6.19 |
| 鸡蛋 | Eggs | 8.38 | 3.85 | -3.33 | -3.72 |
| 草鱼 | Grass carp | 12.32 | -1.15 | -4.19 | 0.40 |
| 鲤鱼 | Carp | 10.33 | -2.29 | -11.42 | -7.95 |
| 鲢鱼 | Silver carp | 8.85 | -0.94 | -8.14 | -5.37 |
| 带鱼 | Hairtail | 13.24 | -0.71 | 2.34 | 4.69 |
| 大白菜 | Chinese cabbage | 1.97 | 5.24 | 14.57 | 8.09 |
| 黄瓜 | Cucumber | 2.68 | 18.67 | 22.68 | 12.03 |
| 西红柿 | Tomato | 3.18 | 9.76 | 38.49 | 10.01 |
| 菜椒 | Green bell | 3.23 | 15.73 | 32.09 | 13.67 |
| 四季豆 | Kidney Beans | 3.88 | 16.94 | 20.70 | 8.67 |
| 红富士苹果 | Hongfushi Apple | 6.07 | -9.46 | 12.17 | 7.77 |
| 香蕉 | Banana | 4.33 | -8.57 | 7.73 | 11.59 |
| 橙子 | Orange | 4.70 | 0.40 | 8.00 | -3.00 |

# 3-27 全国农产品集贸市场月度价格走势(2009年10月)
# Monthly RMF Prices of Agricultural Products(Oct.2009)

| 品 种 | Categories | 价格 (元/公斤) Price (yuan/ kg) | 价格走势 Increase rate 本月比上月上涨 Increase rate over the last month (%) | 本月比上年同月上涨 Increase rate over the same month of the preceding year (%) | 1-10月比上年同期上涨 Jan.-Oct.increase rate over the same periodof the preceding year (%) |
|---|---|---|---|---|---|
| 籼稻 | Long-grained nonglutinous rice | 1.94 | -0.32 | 0.96 | 2.93 |
| 优质籼稻 | High quality long-grained nonglutinous rice | 2.17 | -0.28 | 0.44 | 2.34 |
| 粳稻 | Round-grained rice | 2.17 | -1.66 | 4.53 | 6.86 |
| 小麦 | Wheat | 1.95 | 0.87 | 8.97 | 9.34 |
| 玉米 | Corn | 1.82 | -3.55 | 3.05 | -2.27 |
| 大豆 | Soybeans | 4.81 | -0.88 | -15.17 | -16.30 |
| 籼米 | Polished long-grained nonglutinous rice | 3.20 | 0.13 | 1.31 | 2.75 |
| 优质籼米 | High quality polished long-grained nonglutinous rice | 3.80 | 0.01 | 2.91 | 3.91 |
| 粳米 | Polished round-grained rice | 3.74 | -0.58 | 8.39 | 6.56 |
| 面粉 | Wheat flour | 2.92 | 0.33 | 6.15 | 4.46 |
| 棉花(籽棉) | Cotton (unginned cotton) | 5.88 | 4.48 | -1.58 | -14.25 |
| 花生仁 | Peanut kernel | 8.01 | 2.87 | -20.63 | -27.57 |
| 油菜籽 | Rapeseeds | 3.88 | 0.51 | -18.62 | -16.23 |
| 花生油 | Peanut oil | 14.69 | 1.32 | -18.58 | -22.22 |
| 菜籽油 | Rape oil | 10.67 | -0.16 | -18.83 | -22.74 |
| 豆油 | Soybean oil | 8.57 | -0.24 | -16.84 | -29.78 |
| 烤烟 | Flue-cured tobacco | 15.06 | -0.01 | 9.28 | 11.33 |
| 活猪 | Hog | 11.52 | 2.41 | -8.88 | -26.22 |
| 仔猪 | Piglet | 16.71 | -2.80 | -20.46 | -40.48 |
| 猪肉 | Pork | 18.81 | -1.33 | -9.15 | -23.79 |
| 牛肉 | Beef | 32.16 | 0.41 | 1.67 | 3.69 |
| 羊肉 | Mutton | 33.43 | -0.14 | 1.72 | 2.50 |
| 活鸡 | Live chicken | 12.97 | -1.26 | -5.59 | -6.13 |
| 鸡蛋 | Eggs | 8.09 | -3.44 | -2.29 | -3.57 |
| 草鱼 | Grass carp | 12.19 | -1.11 | -1.97 | 0.16 |
| 鲤鱼 | Carp | 10.22 | -0.99 | -8.60 | -8.01 |
| 鲢鱼 | Silver carp | 8.75 | -1.11 | -6.78 | -5.51 |
| 带鱼 | Hairtail | 13.20 | -0.27 | 3.03 | 4.52 |
| 大白菜 | Chinese cabbage | 1.58 | -19.79 | 2.94 | 7.57 |
| 黄瓜 | Cucumber | 2.73 | 2.02 | 6.40 | 11.53 |
| 西红柿 | Tomato | 3.25 | 2.48 | 18.86 | 10.79 |
| 菜椒 | Green bell | 3.43 | 6.12 | 22.85 | 14.33 |
| 四季豆 | Kidney Beans | 3.83 | -1.51 | 8.42 | 8.65 |
| 红富士苹果 | Hongfushi Apple | 5.59 | -7.79 | 7.45 | 7.74 |
| 香蕉 | Banana | 4.06 | -6.39 | 2.30 | 10.68 |
| 橙子 | Orange | 4.59 | -2.33 | 5.41 | -2.17 |

# 3-28 全国农产品集贸市场月度价格走势(2009年11月)
# Monthly RMF Prices of Agricultural Products (Nov.2009)

| 品　种 | Categories | 价格(元/公斤) Price (yuan/ kg) | 价格走势 Increase rate 本月比上月上涨 Increase rate over the last month (%) | 本月比上年同月上涨 Increase rate over the same month of the preceding year (%) | 1-11月比上年同期上涨 Jan.-Nov.increase rate over the same periodof the preceding year (%) |
|---|---|---|---|---|---|
| 籼　稻 | Long-grained nonglutinous rice | 1.94 | 0.34 | 2.28 | 2.87 |
| 优质籼稻 | High quality long-grained nonglutinous rice | 2.18 | 0.52 | 1.96 | 2.30 |
| 粳　稻 | Round-grained rice | 2.16 | -0.21 | 5.47 | 6.73 |
| 小　麦 | Wheat | 1.97 | 1.02 | 9.58 | 9.36 |
| 玉　米 | Corn | 1.81 | -0.50 | 6.91 | -1.46 |
| 大　豆 | Soybeans | 4.87 | 1.31 | -7.71 | -15.58 |
| 籼　米 | Polished long-grained nonglutinous rice | 3.21 | 0.32 | 2.19 | 2.70 |
| 优质籼米 | High quality polished long-grained nonglutinous rice | 3.82 | 0.48 | 3.90 | 3.91 |
| 粳　米 | Polished round-grained rice | 3.75 | 0.35 | 10.66 | 6.94 |
| 面　粉 | Wheat flour | 2.94 | 0.66 | 7.47 | 4.73 |
| 棉花(籽棉) | Cotton (unginned cotton) | 6.25 | 6.35 | 23.08 | -11.46 |
| 花 生 仁 | Peanut kernel | 8.64 | 7.86 | -7.64 | -25.94 |
| 油 菜 籽 | Rapeseeds | 3.92 | 1.07 | -13.24 | -15.98 |
| 花 生 油 | Peanut oil | 15.39 | 4.78 | -7.50 | -21.02 |
| 菜 籽 油 | Rape oil | 10.72 | 0.43 | -12.23 | -21.91 |
| 豆　油 | Soybean oil | 8.70 | 1.59 | -7.89 | -28.23 |
| 烤　烟 | Flue-cured tobacco | 15.13 | 0.47 | 6.00 | 10.82 |
| 活　猪 | Hog | 11.45 | -0.57 | -4.80 | -24.64 |
| 仔　猪 | Piglet | 16.33 | -2.32 | -11.16 | -38.68 |
| 猪　肉 | Pork | 18.78 | -0.15 | -3.24 | -22.27 |
| 牛　肉 | Beef | 32.48 | 1.01 | 2.37 | 3.57 |
| 羊　肉 | Mutton | 33.97 | 1.60 | 4.67 | 2.70 |
| 活　鸡 | Live chicken | 12.91 | -0.53 | -4.74 | -6.01 |
| 鸡　蛋 | Eggs | 7.94 | -1.86 | 1.22 | -3.15 |
| 草　鱼 | Grass carp | 12.15 | -0.31 | 0.30 | 0.17 |
| 鲤　鱼 | Carp | 10.16 | -0.62 | -5.12 | -7.76 |
| 鲢　鱼 | Silver carp | 8.75 | -0.02 | -3.36 | -5.32 |
| 带　鱼 | Hairtail | 13.33 | 0.97 | 4.43 | 4.51 |
| 大 白 菜 | Chinese cabbage | 1.50 | -5.39 | 21.54 | 8.61 |
| 黄　瓜 | Cucumber | 3.82 | 39.70 | 23.99 | 12.73 |
| 西 红 柿 | Tomato | 3.74 | 14.94 | 24.76 | 12.01 |
| 菜　椒 | Green bell | 3.96 | 15.45 | 18.77 | 14.68 |
| 四 季 豆 | Kidney Beans | 4.84 | 26.43 | 16.50 | 9.34 |
| 红富士苹果 | Hongfushi Apple | 5.47 | -2.19 | 11.56 | 8.06 |
| 香　蕉 | Banana | 3.80 | -6.29 | -7.44 | 8.99 |
| 橙　子 | Orange | 4.32 | -5.82 | 0.76 | -1.91 |

# 3-29 全国农产品集贸市场月度价格走势(2009年12月)
# Monthly RMF Prices of Agricultural Products(Dec.2009)

| 品 种 | Categories | 价格(元/公斤) Price (yuan/ kg) | 价格走势 Increase rate 本月比上月上涨 Increase rate over the last month (%) | 本月比上年同月上涨 Increase rate over the same month of the preceding year (%) | 1-12月比上年同期上涨 Jan.-Dec.increase rate over the same periodof the preceding year (%) |
|---|---|---|---|---|---|
| 籼稻 | Long-grained nonglutinous rice | 1.96 | 0.85 | 3.87 | 2.96 |
| 优质籼稻 | High quality long-grained nonglutinous rice | 2.19 | 0.70 | 3.99 | 2.44 |
| 粳稻 | Round-grained rice | 2.22 | 2.69 | 10.93 | 7.08 |
| 小麦 | Wheat | 2.00 | 1.48 | 10.09 | 9.42 |
| 玉米 | Corn | 1.86 | 2.69 | 15.81 | -0.14 |
| 大豆 | Soybeans | 4.96 | 1.92 | -0.72 | -14.49 |
| 籼米 | Polished long-grained nonglutinous rice | 3.24 | 1.10 | 4.29 | 2.83 |
| 优质籼米 | High quality polished long-grained nonglutinous rice | 3.85 | 0.76 | 4.50 | 3.96 |
| 粳米 | Polished round-grained rice | 3.83 | 2.09 | 13.91 | 7.51 |
| 面粉 | Wheat flour | 2.98 | 1.18 | 7.76 | 4.99 |
| 棉花(籽棉) | Cotton (unginned cotton) | 6.43 | 2.93 | 30.63 | -8.61 |
| 花生仁 | Peanut kernel | 9.24 | 6.99 | 9.15 | -23.53 |
| 油菜籽 | Rapeseeds | 4.07 | 3.79 | -7.36 | -15.33 |
| 花生油 | Peanut oil | 15.83 | 2.88 | -0.91 | -19.56 |
| 菜籽油 | Rape oil | 11.18 | 4.31 | -4.44 | -20.68 |
| 豆油 | Soybean oil | 9.15 | 5.15 | 1.00 | -26.37 |
| 烤烟 | Flue-cured tobacco | 15.88 | 4.94 | 10.16 | 10.76 |
| 活猪 | Hog | 12.06 | 5.31 | -8.12 | -23.42 |
| 仔猪 | Piglet | 16.33 | 0.03 | -11.16 | -37.08 |
| 猪肉 | Pork | 19.46 | 3.60 | -6.60 | -21.11 |
| 牛肉 | Beef | 32.94 | 1.39 | 2.19 | 3.45 |
| 羊肉 | Mutton | 34.43 | 1.37 | 4.61 | 2.86 |
| 活鸡 | Live chicken | 12.97 | 0.49 | -2.79 | -5.75 |
| 鸡蛋 | Eggs | 8.00 | 0.76 | 3.77 | -2.59 |
| 草鱼 | Grass carp | 12.19 | 0.32 | 3.21 | 0.41 |
| 鲤鱼 | Carp | 10.25 | 0.90 | -2.30 | -7.34 |
| 鲢鱼 | Silver carp | 8.77 | 0.20 | -3.39 | -5.16 |
| 带鱼 | Hairtail | 13.62 | 2.22 | 6.51 | 4.68 |
| 大白菜 | Chinese cabbage | 1.51 | 1.16 | 33.52 | 10.21 |
| 黄瓜 | Cucumber | 4.57 | 19.64 | 27.06 | 14.19 |
| 西红柿 | Tomato | 4.38 | 17.21 | 35.09 | 14.00 |
| 菜椒 | Green bell | 4.75 | 19.79 | 9.19 | 14.17 |
| 四季豆 | Kidney Beans | 5.51 | 14.00 | 14.50 | 9.82 |
| 红富士苹果 | Hongfushi Apple | 5.49 | 0.38 | 14.94 | 8.57 |
| 香蕉 | Banana | 3.65 | -3.91 | -8.30 | 7.57 |
| 橙子 | Orange | 4.21 | -2.56 | 7.54 | -1.20 |

# 3-30 2009年各地区农产品集贸市场价格
# Annual RMF Prices of Agricultural Products by Region(2009)

单位：元/公斤 Unit: yuan/ kg

| 地区 | Region | 粮食 Grain | | | | | |
|---|---|---|---|---|---|---|---|
| | | 籼稻 Long-grained nonglutinous rice | 优质籼稻 High quality long-grained nonglutinous rice | 粳稻 Round-grained rice | 小麦 Wheat | 玉米 Corn | 大豆 Soybeans |
| 北京 | Beijing | | | | | | 5.12 |
| 天津 | Tianjin | | | 2.42 | 1.86 | 1.61 | 4.80 |
| 河北 | Hebei | | | | 1.89 | 1.54 | 4.70 |
| 山西 | Shanxi | | | | 1.95 | 1.49 | 5.35 |
| 内蒙古 | Inner Mongolia | | | | 1.89 | 1.50 | 4.89 |
| 辽宁 | Liaoning | | | 2.05 | 2.13 | 1.50 | 4.24 |
| 吉林 | Jilin | | | 2.31 | | 1.41 | 4.44 |
| 黑龙江 | Heilongjiang | | | 2.36 | | 1.37 | 3.64 |
| 上海 | Shanghai | | | | | | 6.85 |
| 江苏 | Jiangsu | 1.88 | 1.99 | 2.00 | 1.73 | 1.75 | 4.18 |
| 浙江 | Zhejiang | 2.13 | 2.40 | 2.41 | 2.07 | 2.33 | 5.80 |
| 安徽 | Anhui | 1.88 | 1.94 | 2.00 | 1.73 | 1.65 | 4.30 |
| 福建 | Fujian | 2.02 | 2.27 | 2.31 | 2.31 | 1.91 | 5.43 |
| 江西 | Jiangxi | 1.79 | 1.95 | | | | 5.16 |
| 山东 | Shandong | | | 2.21 | 1.88 | 1.61 | 4.44 |
| 河南 | Henan | | | | 1.82 | 1.52 | 4.39 |
| 湖北 | Hubei | 1.85 | 1.97 | 1.97 | 1.68 | 1.65 | 4.49 |
| 湖南 | Hunan | 1.83 | 2.02 | 1.98 | | 1.71 | 5.24 |
| 广东 | Guangdong | 2.05 | 1.97 | 1.98 | 3.78 | | 5.71 |
| 广西 | Guangxi | 2.29 | 2.67 | 2.38 | 3.30 | 1.93 | 6.05 |
| 海南 | Hainan | 2.00 | 2.43 | | | | 6.29 |
| 重庆 | Chongqing | 1.77 | 2.34 | 2.78 | 1.60 | 1.61 | 5.38 |
| 四川 | Sichuan | 1.81 | 2.09 | 2.18 | 1.76 | 1.76 | 4.92 |
| 贵州 | Guizhou | 1.77 | 2.13 | 1.91 | 1.65 | 1.67 | 5.18 |
| 云南 | Yunnan | 1.78 | 2.54 | 2.04 | 1.96 | 1.93 | 5.74 |
| 陕西 | Shaanxi | | | | 1.71 | 1.38 | 4.75 |
| 甘肃 | Gansu | | | | 1.87 | 1.44 | 4.32 |
| 青海 | Qinghai | | | | | | |
| 宁夏 | Ningxia | | | 2.35 | 2.11 | 1.50 | 4.53 |
| 新疆 | Xinjiang | | | | 2.12 | 1.55 | 3.93 |

3-30 续表1 continued 1

| 地区 | Region | 粮食 Grain 籼米 Polished Longgrain nonglutinous rice | 优质籼米 High quality Polished long-grained nonglutinous rice | 粳米 Polished round-grained rice | 面粉 Wheat flour | 油料 Oil-bearing crops 花生仁 Peanut kernel | 油菜籽 Rapeseeds |
|---|---|---|---|---|---|---|---|
| 北京 | Beijing | | | 3.60 | 2.78 | 8.13 | |
| 天津 | Tianjin | 3.48 | 3.73 | 3.62 | 2.51 | 6.71 | |
| 河北 | Hebei | 2.94 | 3.28 | 3.58 | 2.43 | 7.19 | 4.20 |
| 山西 | Shanxi | | | 4.10 | 2.50 | 7.84 | |
| 内蒙古 | Inner Mongolia | | | 3.53 | 2.57 | 7.95 | 3.88 |
| 辽宁 | Liaoning | | | 3.46 | 3.07 | 6.89 | |
| 吉林 | Jilin | | | 3.48 | 3.05 | 7.53 | |
| 黑龙江 | Heilongjiang | | | 3.66 | 2.83 | 7.98 | |
| 上海 | Shanghai | 3.25 | | 3.63 | 3.37 | 8.94 | |
| 江苏 | Jiangsu | 3.01 | 3.15 | 3.22 | 2.63 | 7.56 | 3.83 |
| 浙江 | Zhejiang | 3.03 | 3.25 | 3.24 | 2.78 | 9.20 | 4.06 |
| 安徽 | Anhui | 2.96 | 3.29 | 3.41 | 2.61 | 7.18 | 3.79 |
| 福建 | Fujian | 3.12 | 3.65 | 3.83 | 3.17 | 8.07 | |
| 江西 | Jiangxi | 3.14 | 3.74 | | 3.31 | 7.66 | |
| 山东 | Shandong | | | 3.50 | 2.44 | 6.55 | |
| 河南 | Henan | 3.17 | 3.64 | 3.65 | 2.34 | 6.74 | 4.60 |
| 湖北 | Hubei | 3.21 | 3.66 | 3.59 | 2.98 | 8.04 | 3.61 |
| 湖南 | Hunan | 3.28 | 3.86 | 3.97 | 3.71 | 7.98 | 4.68 |
| 广东 | Guangdong | 4.11 | 4.40 | 4.06 | 3.48 | 8.46 | |
| 广西 | Guangxi | 3.45 | 4.27 | 3.76 | 3.30 | 8.03 | |
| 海南 | Hainan | 3.20 | 4.52 | | 3.98 | 9.08 | |
| 重庆 | Chongqing | 2.98 | 4.23 | 5.11 | 4.00 | 8.27 | 4.02 |
| 四川 | Sichuan | 3.07 | 3.58 | 3.64 | 2.98 | 8.90 | 4.08 |
| 贵州 | Guizhou | 3.03 | 3.73 | 3.37 | 3.10 | 8.65 | 3.80 |
| 云南 | Yunnan | 2.94 | 4.51 | 3.28 | 3.10 | 9.43 | 3.48 |
| 陕西 | Shaanxi | 3.49 | 3.74 | 3.84 | 2.61 | 7.68 | |
| 甘肃 | Gansu | 3.67 | 4.34 | 4.28 | 2.66 | 9.91 | 4.33 |
| 青海 | Qinghai | | 3.92 | 4.46 | 2.86 | 9.75 | |
| 宁夏 | Ningxia | | | 3.58 | 3.15 | 8.25 | |
| 新疆 | Xinjiang | | | 3.84 | 2.71 | 8.19 | 5.45 |

3-30 续表2 continued 2

| 地 区 | Region | 棉 花 (籽棉) Cotton (unginned cotton) | 食用油 Edible oil 花生油 Peanut oil | 菜籽油 Rape oil | 豆油 Soybean oil | 烤 烟 Flue-cured tobacco |
|---|---|---|---|---|---|---|
| 北 京 | Beijing | | | | 8.00 | 20.00 |
| 天 津 | Tianjin | 5.38 | 12.32 | 7.60 | 8.78 | 15.00 |
| 河 北 | Hebei | 5.79 | 14.84 | 9.80 | 8.30 | |
| 山 西 | Shanxi | 6.61 | 9.10 | 12.93 | 7.55 | |
| 内 蒙 古 | Inner Mongolia | | 15.35 | 15.00 | 9.91 | 12.00 |
| 辽 宁 | Liaoning | 4.00 | 23.00 | | 8.02 | |
| 吉 林 | Jilin | | | | 8.33 | |
| 黑 龙 江 | Heilongjiang | | | | 7.85 | 31.67 |
| 上 海 | Shanghai | | 11.76 | 9.77 | 9.68 | |
| 江 苏 | Jiangsu | 5.18 | 15.34 | 9.97 | 8.63 | 17.47 |
| 浙 江 | Zhejiang | 5.10 | 14.67 | 9.59 | 9.93 | |
| 安 徽 | Anhui | 5.36 | 12.73 | 10.88 | 10.22 | 11.20 |
| 福 建 | Fujian | | 13.71 | 10.84 | 9.10 | 14.84 |
| 江 西 | Jiangxi | 5.52 | 15.95 | 12.21 | | |
| 山 东 | Shandong | 5.97 | 13.03 | | 7.79 | |
| 河 南 | Henan | 5.74 | 13.47 | 9.10 | 8.22 | 8.63 |
| 湖 北 | Hubei | 5.05 | 11.01 | 9.30 | 8.99 | |
| 湖 南 | Hunan | 5.31 | 12.77 | 12.32 | 8.75 | 13.20 |
| 广 东 | Guangdong | | 17.80 | 12.09 | 14.92 | 24.75 |
| 广 西 | Guangxi | | 15.94 | 11.86 | 11.35 | 31.13 |
| 海 南 | Hainan | | 20.79 | 10.33 | 10.78 | 14.00 |
| 重 庆 | Chongqing | 4.30 | 17.91 | 12.14 | 5.26 | 7.63 |
| 四 川 | Sichuan | | | 12.86 | | 10.56 |
| 贵 州 | Guizhou | | 20.17 | 12.26 | 12.79 | |
| 云 南 | Yunnan | | 20.00 | 11.60 | 15.00 | 21.87 |
| 陕 西 | Shaanxi | 5.44 | 14.84 | 9.53 | 9.40 | |
| 甘 肃 | Gansu | | 11.03 | 11.03 | 11.63 | 8.00 |
| 青 海 | Qinghai | | | 9.18 | | |
| 宁 夏 | Ningxia | | | | | |
| 新 疆 | Xinjiang | 3.97 | | 11.01 | 8.60 | |

3-30 续表3

| 地　区 | Region | 畜产品 Livestock products | | | | | | |
|---|---|---|---|---|---|---|---|---|
| | | 活猪 Hog | 仔猪 Piglet | 猪肉 Pork | 牛肉 Beef | 羊肉 Mutton | 活鸡 Live chicken | 鸡蛋 Eggs |
| 北　京 | Beijing | | | 21.75 | 28.04 | 33.58 | | 6.71 |
| 天　津 | Tianjin | 11.65 | 15.12 | 17.34 | 28.54 | 34.00 | 9.40 | 6.62 |
| 河　北 | Hebei | 11.20 | 16.28 | 17.48 | 28.85 | 33.38 | 9.48 | 6.66 |
| 山　西 | Shanxi | 10.94 | 21.29 | 17.15 | 27.50 | 31.92 | 8.72 | 6.58 |
| 内蒙古 | Inner Mongolia | 11.32 | 23.62 | 16.87 | 28.32 | 29.35 | 12.52 | 6.97 |
| 辽　宁 | Liaoning | 11.28 | 24.15 | 19.07 | 30.22 | 32.82 | 14.37 | 6.55 |
| 吉　林 | Jilin | 11.18 | 22.89 | 16.98 | 29.65 | 31.92 | 18.25 | 6.59 |
| 黑龙江 | Heilongjiang | 11.01 | 23.02 | 17.57 | 29.17 | 30.66 | 11.31 | 6.43 |
| 上　海 | Shanghai | | | 20.85 | 34.90 | | 12.84 | 7.65 |
| 江　苏 | Jiangsu | 10.72 | 12.47 | 19.32 | 33.27 | 30.24 | 10.80 | 7.10 |
| 浙　江 | Zhejiang | 12.10 | 15.20 | 18.89 | 39.26 | 35.35 | 13.47 | 7.79 |
| 安　徽 | Anhui | 11.95 | 13.60 | 19.63 | 31.87 | 29.60 | 11.02 | 8.17 |
| 福　建 | Fujian | 12.12 | 19.55 | 16.98 | 42.25 | 42.82 | 17.85 | 8.96 |
| 江　西 | Jiangxi | 12.32 | 17.98 | 20.55 | 38.84 | 34.97 | 14.33 | 9.77 |
| 山　东 | Shandong | 11.13 | 11.77 | 17.56 | 31.00 | 35.45 | 9.74 | 6.58 |
| 河　南 | Henan | 11.12 | 15.27 | 18.35 | 31.54 | 33.95 | 9.97 | 6.56 |
| 湖　北 | Hubei | 11.63 | 17.38 | 20.35 | 31.48 | 30.14 | 11.51 | 8.60 |
| 湖　南 | Hunan | 11.52 | 16.20 | 18.51 | 35.24 | 34.26 | 15.53 | 10.31 |
| 广　东 | Guangdong | 12.27 | 13.48 | 21.17 | 36.84 | 32.56 | 16.32 | 8.60 |
| 广　西 | Guangxi | 11.38 | 13.77 | 18.11 | 35.65 | 39.33 | 16.51 | 9.10 |
| 海　南 | Hainan | 11.44 | 16.17 | 23.90 | 37.50 | 48.21 | 15.95 | 10.59 |
| 重　庆 | Chongqing | 11.12 | 14.44 | 18.62 | 30.49 | 30.98 | 21.63 | 10.69 |
| 四　川 | Sichuan | 10.75 | 14.16 | 18.79 | 29.77 | 32.51 | 13.80 | 8.23 |
| 贵　州 | Guizhou | 11.35 | 14.26 | 18.94 | 33.35 | 35.02 | 16.68 | 10.93 |
| 云　南 | Yunnan | 11.23 | 15.86 | 18.54 | 31.15 | 30.78 | 14.32 | 9.09 |
| 陕　西 | Shaanxi | 10.68 | 24.23 | 16.91 | 29.92 | 29.71 | 12.40 | 7.00 |
| 甘　肃 | Gansu | 10.17 | 18.73 | 17.24 | 28.75 | 30.60 | 14.47 | 7.36 |
| 青　海 | Qinghai | 12.23 | 34.63 | 18.25 | 31.25 | 27.50 | 15.63 | 7.89 |
| 宁　夏 | Ningxia | 11.68 | 19.73 | 18.71 | 30.04 | 30.24 | 16.83 | 7.05 |
| 新　疆 | Xinjiang | 9.75 | 15.27 | 18.12 | 30.95 | 35.27 | 13.22 | 6.88 |

3-30 续表4 continued 4

| 地区 Region | 水产品 Aquatic products | | | | 水果 Fruits | | |
|---|---|---|---|---|---|---|---|
| | 草鱼 Grass carp | 鲤鱼 Carp | 鲢鱼 Silver carp | 带鱼 Hairtail | 红富士苹果 Hongfushi Apple | 香蕉 Banana | 橙子 Orange |
| 北京 Beijing | 13.13 | 9.67 | 9.92 | 12.88 | 5.84 | 4.50 | 4.40 |
| 天津 Tianjin | 11.75 | 9.23 | 6.48 | 9.50 | 4.79 | 4.20 | 5.00 |
| 河北 Hebei | 13.25 | 10.21 | 7.12 | 11.96 | 3.86 | 4.12 | 4.03 |
| 山西 Shanxi | 13.12 | 11.70 | 10.13 | 14.12 | 4.51 | 4.75 | 4.34 |
| 内蒙古 Inner Mongolia | 14.84 | 11.12 | 7.76 | 11.03 | 5.02 | 5.00 | 5.60 |
| 辽宁 Liaoning | 12.22 | 10.88 | 6.78 | 12.15 | 5.79 | 5.11 | 6.09 |
| 吉林 Jilin | 11.65 | 10.63 | 8.92 | 11.52 | 6.20 | 5.16 | 7.12 |
| 黑龙江 Heilongjiang | | 10.47 | 7.75 | 10.77 | 6.10 | 5.55 | |
| 上海 Shanghai | 12.38 | | 11.19 | 18.59 | 6.63 | 4.94 | 5.92 |
| 江苏 Jiangsu | 11.73 | 8.55 | 7.44 | 12.82 | 5.47 | 3.94 | 4.27 |
| 浙江 Zhejiang | 12.33 | 9.80 | 8.34 | 19.33 | 7.42 | 4.07 | 7.57 |
| 安徽 Anhui | 10.29 | 9.40 | 6.63 | 13.40 | 4.54 | 3.87 | 4.54 |
| 福建 Fujian | 12.81 | 11.18 | 9.99 | 14.88 | 6.92 | 3.63 | |
| 江西 Jiangxi | 12.48 | 7.72 | 7.08 | 12.38 | 6.57 | 3.96 | |
| 山东 Shandong | 11.13 | 10.37 | 7.06 | 10.65 | 3.74 | 3.71 | 4.87 |
| 河南 Henan | 11.21 | 9.68 | 6.54 | 11.02 | 4.57 | 3.87 | 4.00 |
| 湖北 Hubei | 10.80 | 7.26 | 5.39 | 13.30 | 6.28 | 5.19 | 4.16 |
| 湖南 Hunan | 12.35 | 10.06 | 8.26 | | 7.17 | 4.75 | 4.42 |
| 广东 Guangdong | 12.10 | 8.22 | 7.59 | 22.96 | 7.74 | 3.49 | 4.17 |
| 广西 Guangxi | 11.42 | 10.19 | 6.19 | | 8.02 | 2.91 | 2.88 |
| 海南 Hainan | 7.98 | 8.08 | 9.08 | 21.17 | 7.58 | 2.49 | 4.33 |
| 重庆 Chongqing | 12.91 | 13.47 | 13.42 | 14.85 | 7.71 | 4.54 | 3.21 |
| 四川 Sichuan | 12.91 | 12.42 | 19.49 | 13.34 | 7.06 | 4.98 | 2.47 |
| 贵州 Guizhou | 13.88 | 14.56 | 20.74 | 14.75 | 5.33 | 4.25 | 3.04 |
| 云南 Yunnan | 13.32 | 12.66 | 10.59 | 14.42 | 5.32 | 3.36 | 3.45 |
| 陕西 Shaanxi | 14.55 | 11.69 | 6.35 | 12.48 | 4.30 | 5.06 | |
| 甘肃 Gansu | 16.48 | 13.20 | 10.92 | 15.24 | 5.30 | 4.75 | 4.33 |
| 青海 Qinghai | 17.98 | 13.25 | 10.63 | 14.79 | 7.20 | 5.92 | |
| 宁夏 Ningxia | 14.88 | 11.83 | 7.29 | 12.96 | 4.77 | 4.43 | |
| 新疆 Xinjiang | 13.98 | 12.22 | | | 5.58 | 5.02 | 4.34 |

3-30 续表5 continued 5

| 地区 | Region | 蔬菜 Vegetable | | | | |
|---|---|---|---|---|---|---|
| | | 大白菜 Chinese cabbage | 黄瓜 Cucumber | 西红柿 Tomato | 菜椒 Green bell | 四季豆 Kidney Beans |
| 北京 | Beijing | 1.15 | 3.52 | 3.20 | 4.63 | 5.49 |
| 天津 | Tianjin | 1.25 | 3.51 | 3.29 | 4.62 | 5.09 |
| 河北 | Hebei | 1.09 | 3.31 | 3.21 | 4.49 | 5.83 |
| 山西 | Shanxi | 1.30 | 3.75 | 3.47 | 4.93 | 5.15 |
| 内蒙古 | Inner Mongolia | 1.21 | 3.48 | 3.44 | 4.61 | 4.78 |
| 辽宁 | Liaoning | 1.32 | 3.57 | 3.48 | 5.03 | 5.44 |
| 吉林 | Jilin | 1.51 | 4.05 | 4.31 | 5.36 | 6.31 |
| 黑龙江 | Heilongjiang | 1.16 | 3.89 | 4.22 | 5.11 | |
| 上海 | Shanghai | 2.27 | 4.78 | 4.82 | 6.28 | 7.34 |
| 江苏 | Jiangsu | 1.37 | 3.23 | 3.36 | 3.72 | 4.14 |
| 浙江 | Zhejiang | 1.89 | 5.00 | 5.05 | 5.74 | 7.07 |
| 安徽 | Anhui | 1.65 | 3.15 | 3.54 | 3.39 | 3.84 |
| 福建 | Fujian | 2.20 | 3.55 | 4.00 | 4.68 | 4.47 |
| 江西 | Jiangxi | 2.01 | 2.98 | 3.91 | 4.39 | 4.23 |
| 山东 | Shandong | 1.07 | 2.93 | 2.86 | 4.12 | 5.00 |
| 河南 | Henan | 1.51 | 3.12 | 3.11 | 3.68 | 4.68 |
| 湖北 | Hubei | 1.86 | 3.77 | 4.34 | 4.10 | 5.18 |
| 湖南 | Hunan | 2.06 | 3.15 | 4.17 | 4.32 | 4.90 |
| 广东 | Guangdong | 2.80 | 3.71 | 4.23 | 4.57 | |
| 广西 | Guangxi | 2.24 | 2.84 | 3.17 | 4.39 | 3.16 |
| 海南 | Hainan | 3.17 | 2.31 | 4.15 | 4.51 | 4.75 |
| 重庆 | Chongqing | 1.77 | 3.27 | 3.56 | 4.16 | 4.14 |
| 四川 | Sichuan | 2.05 | 3.33 | 3.87 | 4.30 | 4.16 |
| 贵州 | Guizhou | 1.77 | 2.74 | 3.11 | 3.37 | 3.24 |
| 云南 | Yunnan | 1.68 | 2.90 | 2.72 | 4.09 | 2.56 |
| 陕西 | Shaanxi | 1.24 | 3.20 | 3.25 | 4.16 | 4.04 |
| 甘肃 | Gansu | 1.33 | 3.26 | 3.22 | 5.04 | 4.98 |
| 青海 | Qinghai | 1.91 | 4.94 | 4.58 | 8.29 | 7.88 |
| 宁夏 | Ningxia | 1.52 | 3.62 | 3.21 | 4.23 | 5.64 |
| 新疆 | Xinjiang | 1.19 | 3.20 | 3.01 | 5.29 | 5.47 |

4

# 美国农产品生产价格

The US Prices of Agricultural Products

# 4-1 月度美国农产品生产价格指数
# Index of Prices Received of Agricultural Products by Month

(1990-1992=100)

| | 总指数 All Farm Products | | 种植业产品 All Crops | | 畜牧业产品 Livestock and Products | |
|---|---|---|---|---|---|---|
| | 2008 | 2009 | 2008 | 2009 | 2008 | 2009 |
| 一月 Jan | 144 | 139 | 157 | 161 | 129 | 114 |
| 二月 Feb | 145 | 126 | 162 | 146 | 131 | 109 |
| 三月 Mar | 146 | 126 | 166 | 147 | 129 | 109 |
| 四月 Apr | 145 | 129 | 168 | 151 | 127 | 112 |
| 五月 May | 150 | 130 | 170 | 150 | 134 | 113 |
| 六月 Jun | 158 | 135 | 183 | 161 | 137 | 112 |
| 七月 Jul | 159 | 132 | 182 | 152 | 138 | 112 |
| 八月 Aug | 156 | 127 | 177 | 147 | 137 | 109 |
| 九月 Sep | 154 | 126 | 174 | 143 | 133 | 108 |
| 十月 Oct | 151 | 134 | 168 | 152 | 127 | 110 |
| 十一月 Nov | 141 | 136 | 156 | 154 | 124 | 115 |
| 十二月 Dec | 133 | 136 | 145 | 152 | 120 | 118 |

# 4-2 1月份美国农产品生产价格
# The US Prices Received of Agricultural Products in Jan.

单位：美元 Unit：Dollar

| 种植业产品 | Field Crops | 单位 | Unit | 2008 | 2009 |
|---|---|---|---|---|---|
| 大麦 | Barley, All | 蒲式耳 | Bu | 4.35 | 5.29 |
| 饲料用 | Feed | 蒲式耳 | Bu | 4.89 | 2.96 |
| 制麦芽糖用 | Malting | 蒲式耳 | Bu | 4.09 | 5.60 |
| 食用蚕豆 | Beans, Dry Edible | 英担 | Cwt | 27.40 | 35.50 |
| 鹰嘴豆 | Chickpeas | 英担 | Cwt | 30.70 | 34.40 |
| 玉米 | Corn | 蒲式耳 | Bu | 3.98 | 4.36 |
| 棉花 | Coton, Upland | 磅 | Lb | 0.62 | 0.46 |
| 棉籽 | Cotonseed | 吨 | Ton | 170.00 | 214.00 |
| 亚麻子 | Flaxseed | 蒲式耳 | Bu | 13.50 | 11.00 |
| 干草 | Hay | 吨 | Ton | 126.00 | 136.00 |
| 紫花苜蓿 | Alfalfa | 吨 | Ton | 136.00 | 149.00 |
| 其他 | Other | 吨 | Ton | 111.00 | 110.00 |
| 小扁豆 | Lentils | 英担 | Cwt | 26.00 | 30.50 |
| 燕麦 | Oats | 蒲式耳 | Bu | 2.88 | 2.74 |
| 带壳花生 | Peanuts, In-Shell | 磅 | Lb | 0.22 | 0.24 |
| 食用豌豆 | Peas, Dry Edible | 英担 | Cwt | 14.30 | 13.70 |
| 马铃薯 | Potatoes | 英担 | Cwt | 7.33 | 9.40 |
| 稻谷 | Rice, Rough | 英担 | Cwt | 12.40 | 17.00 |
| 谷类高粱 | Sorghum Grain | 英担 | Cwt | 7.40 | 5.84 |
| 大豆 | Soybeans | 蒲式耳 | Bu | 9.95 | 9.97 |
| 向日葵 | Sunflower | 英担 | Cwt | 19.10 | 21.90 |
| 小麦 | Wheat, All | 蒲式耳 | Bu | 7.96 | 6.21 |
| 冬小麦 | Winter | 蒲式耳 | Bu | 7.75 | 5.73 |
| 硬质小麦 | Durum | 蒲式耳 | Bu | 13.10 | 8.15 |
| 其他春小麦 | Other Spring | 蒲式耳 | Bu | 8.01 | 7.03 |
| 硬红冬小麦 | Hard Red Winter | 蒲式耳 | Bu | 7.56 | 5.89 |
| 软红冬小麦 | Soft Red Winter | 蒲式耳 | Bu | 6.93 | 4.93 |
| 硬红春小麦 | Hard Red Spring | 蒲式耳 | Bu | 8.00 | 7.11 |
| 白小麦 | White | 蒲式耳 | Bu | 8.38 | 5.89 |
| 畜产品 | Livestock | | | | |
| 牛排 | Calves | 英担 | Cwt | 117.00 | 106.00 |
| 牛肉 | Cattle, All Beef | 英担 | Cwt | 87.30 | 80.10 |
| 活猪 | Hogs, All | 英担 | Cwt | 37.20 | 42.80 |
| 山羊 | Lambs | 英担 | Cwt | 97.50 | 101.00 |
| 绵羊 | Sheep | 英担 | Cwt | 31.90 | 31.40 |

注：1蒲式耳小麦、大豆=27.216公斤，1蒲式耳玉米、高粱=25.401公斤，1蒲式耳大麦=21.772公斤，1蒲式耳燕麦=14.515公斤，1英担=45.359公斤，1磅=0.454公斤。

Notes: 1bu wheat&soybean=27.216kg,1bu corn&Sorghum=25.401kg,1bu barley=21.772kg, 1bu oats=14.515kg,1Cwt=45.359kg, 1lb=0.454kg.

# 4-3 2月份美国农产品生产价格
## The US Prices Received of Agricultural Products in Feb.

单位：美元 Unit：Dollar

| 种植业产品 | Field Crops | 单位 | Unit | 2008 | 2009 |
|---|---|---|---|---|---|
| 大麦 | Barley, All | 蒲式耳 | Bu | 4.39 | 4.94 |
| 饲料用 | Feed | 蒲式耳 | Bu | 4.67 | 2.63 |
| 制麦芽糖用 | Malting | 蒲式耳 | Bu | 4.31 | 5.50 |
| 食用蚕豆 | Beans, Dry Edible | 英担 | Cwt | 32.20 | 30.10 |
| 鹰嘴豆 | Chickpeas | 英担 | Cwt | 30.20 | 37.10 |
| 玉米 | Corn | 蒲式耳 | Bu | 4.53 | 3.87 |
| 棉花 | Coton, Upland | 磅 | Lb | 0.62 | 0.42 |
| 棉籽 | Cotonseed | 吨 | Ton | 162.00 | 216.00 |
| 亚麻子 | Flaxseed | 蒲式耳 | Bu | 15.70 | 9.92 |
| 干草 | Hay | 吨 | Ton | 133.00 | 132.00 |
| 紫花苜蓿 | Alfalfa | 吨 | Ton | 138.00 | 143.00 |
| 其他 | Other | 吨 | Ton | 122.00 | 107.00 |
| 小扁豆 | Lentils | 英担 | Cwt | 29.00 | 29.50 |
| 燕麦 | Oats | 蒲式耳 | Bu | 3.20 | 2.76 |
| 带壳花生 | Peanuts, In-Shell | 磅 | Lb | 0.21 | 0.25 |
| 食用豌豆 | Peas, Dry Edible | 英担 | Cwt | 16.40 | 12.20 |
| 马铃薯 | Potatoes | 英担 | Cwt | 7.51 | 8.87 |
| 稻谷 | Rice, Rough | 英担 | Cwt | 12.50 | 15.60 |
| 谷类高粱 | Sorghum Grain | 英担 | Cwt | 8.35 | 5.05 |
| 大豆 | Soybeans | 蒲式耳 | Bu | 11.70 | 9.55 |
| 向日葵 | Sunflower | 英担 | Cwt | 24.20 | 23.00 |
| 小麦 | Wheat, All | 蒲式耳 | Bu | 9.98 | 5.79 |
| 冬小麦 | Winter | 蒲式耳 | Bu | 8.97 | 5.26 |
| 硬质小麦 | Durum | 蒲式耳 | Bu | 13.50 | 7.53 |
| 其他春小麦 | Other Spring | 蒲式耳 | Bu | 11.10 | 6.62 |
| 硬红冬小麦 | Hard Red Winter | 蒲式耳 | Bu | 8.77 | 5.39 |
| 软红冬小麦 | Soft Red Winter | 蒲式耳 | Bu | 8.65 | 4.61 |
| 硬红春小麦 | Hard Red Spring | 蒲式耳 | Bu | 11.20 | 6.74 |
| 白小麦 | White | 蒲式耳 | Bu | 10.10 | 5.26 |
| 畜产品 | Livestock | | | | |
| 牛排 | Calves | 英担 | Cwt | 120.00 | 105.00 |
| 牛肉 | Cattle, All Beef | 英担 | Cwt | 89.00 | 78.80 |
| 活猪 | Hogs, All | 英担 | Cwt | 42.20 | 43.90 |
| 山羊 | Lambs | 英担 | Cwt | 96.80 | 100.00 |
| 绵羊 | Sheep | 英担 | Cwt | 29.90 | 31.90 |

注：1蒲式耳小麦、大豆=27.216公斤，1蒲式耳玉米、高粱=25.401公斤，1蒲式耳大麦=21.772公斤，1蒲式耳燕麦=14.515公斤，1英担=45.359公斤，1磅=0.454公斤。

Notes：1bu wheat&soybean=27.216kg,1bu corn&Sorghum=25.401kg,1bu barley=21.772kg, 1bu oats=14.515kg,1Cwt=45.359kg, 1lb=0.454kg.

# 4-4 3月份美国农产品生产价格

# The US Prices Received of Agricultural Products in Mar.

单位：美元 Unit：Dollar

| 种植业产品 | Field Crops | 单位 | Unit | 2008 | 2009 |
|---|---|---|---|---|---|
| 大麦 | Barley, All | 蒲式耳 | Bu | 4.17 | 4.88 |
| 饲料用 | Feed | 蒲式耳 | Bu | 4.22 | 2.73 |
| 制麦芽糖用 | Malting | 蒲式耳 | Bu | 4.16 | 5.40 |
| 食用蚕豆 | Beans, Dry Edible | 英担 | Cwt | 32.40 | 32.50 |
| 鹰嘴豆 | Chickpeas | 英担 | Cwt | 32.90 | 28.40 |
| 玉米 | Corn | 蒲式耳 | Bu | 4.70 | 3.86 |
| 棉花 | Coton, Upland | 磅 | Lb | 0.61 | 0.41 |
| 棉籽 | Cotonseed | 吨 | Ton | | |
| 亚麻子 | Flaxseed | 蒲式耳 | Bu | 17.60 | 9.29 |
| 干草 | Hay | 吨 | Ton | 139.00 | 129.00 |
| 紫花苜蓿 | Alfalfa | 吨 | Ton | 143.00 | 137.00 |
| 其他 | Other | 吨 | Ton | 128.00 | 109.00 |
| 小扁豆 | Lentils | 英担 | Cwt | 29.50 | 30.80 |
| 燕麦 | Oats | 蒲式耳 | Bu | 3.44 | 2.77 |
| 带壳花生 | Peanuts, In-Shell | 磅 | Lb | 0.21 | 0.25 |
| 食用豌豆 | Peas, Dry Edible | 英担 | Cwt | 17.40 | 11.90 |
| 马铃薯 | Potatoes | 英担 | Cwt | 8.37 | 9.27 |
| 稻谷 | Rice, Rough | 英担 | Cwt | 13.60 | 15.30 |
| 谷类高粱 | Sorghum Grain | 英担 | Cwt | 9.04 | 5.34 |
| 大豆 | Soybeans | 蒲式耳 | Bu | 11.50 | 9.12 |
| 向日葵 | Sunflower | 英担 | Cwt | 26.20 | 22.60 |
| 小麦 | Wheat, All | 蒲式耳 | Bu | 10.60 | 5.70 |
| 冬小麦 | Winter | 蒲式耳 | Bu | 10.00 | 5.26 |
| 硬质小麦 | Durum | 蒲式耳 | Bu | 15.40 | 7.63 |
| 其他春小麦 | Other Spring | 蒲式耳 | Bu | 11.00 | 6.50 |
| 硬红冬小麦 | Hard Red Winter | 蒲式耳 | Bu | 9.97 | 5.36 |
| 软红冬小麦 | Soft Red Winter | 蒲式耳 | Bu | 9.79 | 4.97 |
| 硬红春小麦 | Hard Red Spring | 蒲式耳 | Bu | 11.00 | 6.56 |
| 白小麦 | White | 蒲式耳 | Bu | 10.20 | 5.12 |
| 畜产品 | Livestock | | | | |
| 牛排 | Calves | 英担 | Cwt | 119.00 | 107.00 |
| 牛肉 | Cattle, All Beef | 英担 | Cwt | 87.70 | 79.00 |
| 活猪 | Hogs, All | 英担 | Cwt | 40.20 | 4380.00 |
| 山羊 | Lambs | 英担 | Cwt | 98.00 | 100.00 |
| 绵羊 | Sheep | 英担 | Cwt | 28.30 | 33.10 |

注：1蒲式耳小麦、大豆=27.216公斤，1蒲式耳玉米、高粱=25.401公斤，1蒲式耳大麦=21.772公斤，1蒲式耳燕麦=14.515公斤，1英担=45.359公斤，1磅=0.454公斤。

Notes：1bu wheat&soybean=27.216kg,1bu corn&Sorghum=25.401kg,1bu barley=21.772kg, 1bu oats=14.515kg,1Cwt=45.359kg, 1lb=0.454kg.

# 4-5 4月份美国农产品生产价格

## The US Prices Received of Agricultural Products in Apr.

单位：美元　　Unit：Dollar

| 种植业产品 | Field Crops | 单位 | Unit | 2008 | 2009 |
|---|---|---|---|---|---|
| 大麦 | Barley, All | 蒲式耳 | Bu | 4.54 | 4.76 |
| 饲料用 | Feed | 蒲式耳 | Bu | 4.65 | 2.67 |
| 制麦芽糖用 | Malting | 蒲式耳 | Bu | 4.48 | 5.30 |
| 食用蚕豆 | Beans, Dry Edible | 英担 | Cwt | 34.40 | 31.70 |
| 鹰嘴豆 | Chickpeas | 英担 | Cwt | 31.20 | 32.10 |
| 玉米 | Corn | 蒲式耳 | Bu | 5.15 | 3.85 |
| 棉花 | Coton, Upland | 磅 | Lb | 0.62 | 0.45 |
| 棉籽 | Cotonseed | 吨 | Ton | | |
| 亚麻子 | Flaxseed | 蒲式耳 | Bu | 17.30 | 7.90 |
| 干草 | Hay | 吨 | Ton | 152.00 | 129.00 |
| 紫花苜蓿 | Alfalfa | 吨 | Ton | 157.00 | 133.00 |
| 其他 | Other | 吨 | Ton | 140.00 | 117.00 |
| 小扁豆 | Lentils | 英担 | Cwt | 33.40 | 31.30 |
| 燕麦 | Oats | 蒲式耳 | Bu | 3.48 | 2.37 |
| 带壳花生 | Peanuts, In-Shell | 磅 | Lb | 0.20 | 0.25 |
| 食用豌豆 | Peas, Dry Edible | 英担 | Cwt | 17.50 | 11.40 |
| 马铃薯 | Potatoes | 英担 | Cwt | 8.45 | 9.81 |
| 稻谷 | Rice, Rough | 英担 | Cwt | 14.60 | 15.30 |
| 谷类高粱 | Sorghum Grain | 英担 | Cwt | 9.30 | 5.57 |
| 大豆 | Soybeans | 蒲式耳 | Bu | 12.00 | 9.79 |
| 向日葵 | Sunflower | 英担 | Cwt | 25.00 | 20.10 |
| 小麦 | Wheat, All | 蒲式耳 | Bu | 10.00 | 5.74 |
| 冬小麦 | Winter | 蒲式耳 | Bu | 9.61 | 5.26 |
| 硬质小麦 | Durum | 蒲式耳 | Bu | 13.80 | 7.28 |
| 其他春小麦 | Other Spring | 蒲式耳 | Bu | 10.50 | 6.48 |
| 硬红冬小麦 | Hard Red Winter | 蒲式耳 | Bu | 9.59 | 5.47 |
| 软红冬小麦 | Soft Red Winter | 蒲式耳 | Bu | 7.88 | 4.32 |
| 硬红春小麦 | Hard Red Spring | 蒲式耳 | Bu | 10.50 | 6.57 |
| 白小麦 | White | 蒲式耳 | Bu | 10.10 | 5.10 |
| 畜产品 | Livestock | | | | |
| 牛排 | Calves | 英担 | Cwt | 116.00 | 110.00 |
| 牛肉 | Cattle, All Beef | 英担 | Cwt | 86.60 | 83.50 |
| 活猪 | Hogs, All | 英担 | Cwt | 44.10 | 44.10 |
| 山羊 | Lambs | 英担 | Cwt | 99.40 | 102.00 |
| 绵羊 | Sheep | 英担 | Cwt | 28.80 | 35.00 |

注：1蒲式耳小麦、大豆=27.216公斤，1蒲式耳玉米、高粱=25.401公斤，1蒲式耳大麦=21.772公斤，1蒲式耳燕麦=14.515公斤，1英担=45.359公斤，1磅=0.454公斤。

Notes：1bu wheat&soybean=27.216kg,1bu corn&Sorghum=25.401kg,1bu barley=21.772kg, 1bu oats=14.515kg,1Cwt=45.359kg, 1lb=0.454kg.

# 4-6 5月份美国农产品生产价格
## The US Prices Received of Agricultural Products in May

单位：美元 Unit：Dollar

| 种植业产品 | Field Crops | 单位 | Unit | 2008 | 2009 |
|---|---|---|---|---|---|
| 大麦 | Barley, All | 蒲式耳 | Bu | 4.52 | 4.59 |
| 饲料用 | Feed | 蒲式耳 | Bu | 4.99 | 2.99 |
| 制麦芽糖用 | Malting | 蒲式耳 | Bu | 4.38 | 5.17 |
| 食用蚕豆 | Beans, Dry Edible | 英担 | Cwt | 35.70 | 31.40 |
| 鹰嘴豆 | Chickpeas | 英担 | Cwt | 35.00 | 34.30 |
| 玉米 | Corn | 蒲式耳 | Bu | 5.28 | 3.97 |
| 棉花 | Coton, Upland | 磅 | Lb | 0.61 | 0.46 |
| 棉籽 | Cotonseed | 吨 | Ton | | |
| 亚麻子 | Flaxseed | 蒲式耳 | Bu | 16.80 | 9.03 |
| 干草 | Hay | 吨 | Ton | 166.00 | 131.00 |
| 紫花苜蓿 | Alfalfa | 吨 | Ton | 177.00 | 138.00 |
| 其他 | Other | 吨 | Ton | 134.00 | 113.00 |
| 小扁豆 | Lentils | 英担 | Cwt | 29.70 | 30.10 |
| 燕麦 | Oats | 蒲式耳 | Bu | 3.63 | 2.64 |
| 带壳花生 | Peanuts, In-Shell | 磅 | Lb | 0.20 | 0.25 |
| 食用豌豆 | Peas, Dry Edible | 英担 | Cwt | 15.90 | 12.10 |
| 马铃薯 | Potatoes | 英担 | Cwt | 9.16 | 9.62 |
| 稻谷 | Rice, Rough | 英担 | Cwt | 16.10 | 15.20 |
| 谷类高粱 | Sorghum Grain | 英担 | Cwt | 9.32 | 5.98 |
| 大豆 | Soybeans | 蒲式耳 | Bu | 12.10 | 10.70 |
| 向日葵 | Sunflower | 英担 | Cwt | 27.50 | 21.60 |
| 小麦 | Wheat, All | 蒲式耳 | Bu | 8.87 | 5.84 |
| 冬小麦 | Winter | 蒲式耳 | Bu | 8.17 | 5.52 |
| 硬质小麦 | Durum | 蒲式耳 | Bu | 13.50 | 7.05 |
| 其他春小麦 | Other Spring | 蒲式耳 | Bu | 10.70 | 6.76 |
| 硬红冬小麦 | Hard Red Winter | 蒲式耳 | Bu | 8.03 | 5.76 |
| 软红冬小麦 | Soft Red Winter | 蒲式耳 | Bu | 6.35 | 4.75 |
| 硬红春小麦 | Hard Red Spring | 蒲式耳 | Bu | 10.80 | 6.90 |
| 白小麦 | White | 蒲式耳 | Bu | 10.00 | 5.13 |
| 畜产品 | Livestock | | | | |
| 牛排 | Calves | 英担 | Cwt | 119.00 | 112.00 |
| 牛肉 | Cattle, All Beef | 英担 | Cwt | 91.10 | 83.20 |
| 活猪 | Hogs, All | 英担 | Cwt | 55.30 | 44.50 |
| 山羊 | Lambs | 英担 | Cwt | 100.00 | 101.00 |
| 绵羊 | Sheep | 英担 | Cwt | 27.70 | 31.90 |

注：1蒲式耳小麦、大豆=27.216公斤，1蒲式耳玉米、高粱=25.401公斤，1蒲式耳大麦=21.772公斤，1蒲式耳燕麦=14.515公斤，1英担=45.359公斤，1磅=0.454公斤。

Notes：1bu wheat&soybean=27.216kg,1bu corn&Sorghum=25.401kg,1bu barley=21.772kg, 1bu oats=14.515kg,1Cwt=45.359kg, 1lb=0.454kg.

# 4-7 6月份美国农产品生产价格

## The US Prices Received of Agricultural Products in Jun.

单位：美元 Unit：Dollar

| 种植业产品 | Field Crops | 单位 | Unit | 2008 | 2009 |
|---|---|---|---|---|---|
| 大麦 | Barley, All | 蒲式耳 | Bu | 4.75 | 4.59 |
| 饲料用 | Feed | 蒲式耳 | Bu | 5.53 | 3.15 |
| 制麦芽糖用 | Malting | 蒲式耳 | Bu | 4.50 | 5.28 |
| 食用蚕豆 | Beans, Dry Edible | 英担 | Cwt | 33.00 | 30.10 |
| 鹰嘴豆 | Chickpeas | 英担 | Cwt | 27.50 | 32.50 |
| 玉米 | Corn | 蒲式耳 | Bu | 5.48 | 4.03 |
| 棉花 | Coton, Upland | 磅 | Lb | 0.60 | 0.46 |
| 棉籽 | Cotonseed | 吨 | Ton | | |
| 亚麻子 | Flaxseed | 蒲式耳 | Bu | 18.00 | 9.58 |
| 干草 | Hay | 吨 | Ton | 161.00 | 123.00 |
| 紫花苜蓿 | Alfalfa | 吨 | Ton | 172.00 | 128.00 |
| 其他 | Other | 吨 | Ton | 130.00 | 107.00 |
| 小扁豆 | Lentils | 英担 | Cwt | 30.00 | 31.40 |
| 燕麦 | Oats | 蒲式耳 | Bu | 3.49 | 2.44 |
| 带壳花生 | Peanuts, In-Shell | 磅 | Lb | 0.20 | 0.25 |
| 食用豌豆 | Peas, Dry Edible | 英担 | Cwt | 17.60 | 11.00 |
| 马铃薯 | Potatoes | 英担 | Cwt | 10.78 | 9.48 |
| 稻谷 | Rice, Rough | 英担 | Cwt | 16.80 | 14.70 |
| 谷类高粱 | Sorghum Grain | 英担 | Cwt | 10.10 | 6.30 |
| 大豆 | Soybeans | 蒲式耳 | Bu | 13.20 | 11.40 |
| 向日葵 | Sunflower | 英担 | Cwt | 28.20 | 18.60 |
| 小麦 | Wheat, All | 蒲式耳 | Bu | 7.62 | 5.67 |
| 冬小麦 | Winter | 蒲式耳 | Bu | 7.51 | 5.42 |
| 硬质小麦 | Durum | 蒲式耳 | Bu | 8.41 | 7.20 |
| 其他春小麦 | Other Spring | 蒲式耳 | Bu | 10.10 | 6.66 |
| 硬红冬小麦 | Hard Red Winter | 蒲式耳 | Bu | 7.91 | 5.89 |
| 软红冬小麦 | Soft Red Winter | 蒲式耳 | Bu | 6.07 | 4.69 |
| 硬红春小麦 | Hard Red Spring | 蒲式耳 | Bu | 10.10 | 6.72 |
| 白小麦 | White | 蒲式耳 | Bu | 7.87 | 5.25 |
| 畜产品 | Livestock | | | | |
| 牛排 | Calves | 英担 | Cwt | 118.00 | 110.00 |
| 牛肉 | Cattle, All Beef | 英担 | Cwt | 92.00 | 80.40 |
| 活猪 | Hogs, All | 英担 | Cwt | 53.30 | 43.30 |
| 山羊 | Lambs | 英担 | Cwt | 102.00 | 104.00 |
| 绵羊 | Sheep | 英担 | Cwt | 24.80 | 29.00 |

注：1蒲式耳小麦、大豆=27.216公斤，1蒲式耳玉米、高粱=25.401公斤，1蒲式耳大麦=21.772公斤，1蒲式耳燕麦=14.515公斤，1英担=45.359公斤，1磅=0.454公斤。

Notes：1bu wheat&soybean=27.216kg,1bu corn&Sorghum=25.401kg,1bu barley=21.772kg, 1bu oats=14.515kg,1Cwt=45.359kg, 1lb=0.454kg.

# 4-8 7月份美国农产品生产价格

## The US Prices Received of Agricultural Products in Jul.

单位：美元 Unit：Dollar

| 种植业产品 | Field Crops | 单位 | Unit | 2008 | 2009 |
|---|---|---|---|---|---|
| 大麦 | Barley, All | 蒲式耳 | Bu | 5.11 | 5.12 |
| 饲料用 | Feed | 蒲式耳 | Bu | 4.70 | 2.88 |
| 制麦芽糖用 | Malting | 蒲式耳 | Bu | 5.19 | 5.44 |
| 食用蚕豆 | Beans, Dry Edible | 英担 | Cwt | 36.50 | 32.40 |
| 鹰嘴豆 | Chickpeas | 英担 | Cwt | 34.80 | 36.80 |
| 玉米 | Corn | 蒲式耳 | Bu | 5.24 | 3.60 |
| 棉花 | Coton, Upland | 磅 | Lb | 0.59 | 0.47 |
| 棉籽 | Cotonseed | 吨 | Ton | | |
| 亚麻子 | Flaxseed | 蒲式耳 | Bu | 18.10 | 8.28 |
| 干草 | Hay | 吨 | Ton | 164.00 | 116.00 |
| 紫花苜蓿 | Alfalfa | 吨 | Ton | 177.00 | 120.00 |
| 其他 | Other | 吨 | Ton | 130.00 | 104.00 |
| 小扁豆 | Lentils | 英担 | Cwt | 33.60 | 33.00 |
| 燕麦 | Oats | 蒲式耳 | Bu | 3.46 | 2.03 |
| 带壳花生 | Peanuts, In-Shell | 磅 | Lb | 0.21 | 0.23 |
| 食用豌豆 | Peas, Dry Edible | 英担 | Cwt | 15.90 | 10.70 |
| 马铃薯 | Potatoes | 英担 | Cwt | 12.33 | 9.81 |
| 稻谷 | Rice, Rough | 英担 | Cwt | 17.20 | 14.30 |
| 谷类高粱 | Sorghum Grain | 英担 | Cwt | 9.07 | 5.19 |
| 大豆 | Soybeans | 蒲式耳 | Bu | 13.30 | 10.80 |
| 向日葵 | Sunflower | 英担 | Cwt | 28.30 | 17.70 |
| 小麦 | Wheat, All | 蒲式耳 | Bu | 7.16 | 5.13 |
| 冬小麦 | Winter | 蒲式耳 | Bu | 7.10 | 4.98 |
| 硬质小麦 | Durum | 蒲式耳 | Bu | 11.80 | 7.57 |
| 其他春小麦 | Other Spring | 蒲式耳 | Bu | 9.60 | 5.96 |
| 硬红冬小麦 | Hard Red Winter | 蒲式耳 | Bu | 7.58 | 5.30 |
| 软红冬小麦 | Soft Red Winter | 蒲式耳 | Bu | 6.15 | 4.38 |
| 硬红春小麦 | Hard Red Spring | 蒲式耳 | Bu | 9.75 | 5.99 |
| 白小麦 | White | 蒲式耳 | Bu | 6.89 | 4.95 |
| 畜产品 | Livestock | | | | |
| 牛排 | Calves | 英担 | Cwt | 115.00 | 110.00 |
| 牛肉 | Cattle, All Beef | 英担 | Cwt | 95.10 | 81.10 |
| 活猪 | Hogs, All | 英担 | Cwt | 54.20 | 43.20 |
| 山羊 | Lambs | 英担 | Cwt | 103.00 | 101.00 |
| 绵羊 | Sheep | 英担 | Cwt | 26.90 | 29.50 |

注：1蒲式耳小麦、大豆=27.216公斤，1蒲式耳玉米、高粱=25.401公斤，1蒲式耳大麦=21.772公斤，1蒲式耳燕麦=14.515公斤，1英担=45.359公斤，1磅=0.454公斤。

Notes：1bu wheat&soybean=27.216kg,1bu corn&Sorghum=25.401kg,1bu barley=21.772kg, 1bu oats=14.515kg,1Cwt=45.359kg, 1lb=0.454kg.

# 4-9 8月份美国农产品生产价格

## The US Prices Received of Agricultural Products in Aug.

单位：美元 Unit：Dollar

| 种植业产品 | Field Crops | 单位 | Unit | 2008 | 2009 |
|---|---|---|---|---|---|
| 大麦 | Barley, All | 蒲式耳 | Bu | 5.11 | 5.27 |
| 饲料用 | Feed | 蒲式耳 | Bu | 4.55 | 2.48 |
| 制麦芽糖用 | Malting | 蒲式耳 | Bu | 5.27 | 5.58 |
| 食用蚕豆 | Beans, Dry Edible | 英担 | Cwt | 38.00 | 32.00 |
| 鹰嘴豆 | Chickpeas | 英担 | Cwt | 40.10 | 25.50 |
| 玉米 | Corn | 蒲式耳 | Bu | 5.26 | 3.33 |
| 棉花 | Coton, Upland | 磅 | Lb | 0.59 | 0.48 |
| 棉籽 | Cotonseed | 吨 | Ton | | |
| 亚麻子 | Flaxseed | 蒲式耳 | Bu | 16.50 | 8.14 |
| 干草 | Hay | 吨 | Ton | 165.00 | 109.00 |
| 紫花苜蓿 | Alfalfa | 吨 | Ton | 180.00 | 111.00 |
| 其他 | Other | 吨 | Ton | 126.00 | 101.00 |
| 小扁豆 | Lentils | 英担 | Cwt | 30.90 | 26.90 |
| 燕麦 | Oats | 蒲式耳 | Bu | 3.15 | 1.86 |
| 带壳花生 | Peanuts, In-Shell | 磅 | Lb | 0.19 | 0.23 |
| 食用豌豆 | Peas, Dry Edible | 英担 | Cwt | 15.40 | 9.08 |
| 马铃薯 | Potatoes | 英担 | Cwt | 11.33 | 9.61 |
| 稻谷 | Rice, Rough | 英担 | Cwt | 18.00 | 14.60 |
| 谷类高粱 | Sorghum Grain | 英担 | Cwt | 8.40 | 5.37 |
| 大豆 | Soybeans | 蒲式耳 | Bu | 12.80 | 10.80 |
| 向日葵 | Sunflower | 英担 | Cwt | 27.70 | 20.90 |
| 小麦 | Wheat, All | 蒲式耳 | Bu | 7.64 | 4.83 |
| 冬小麦 | Winter | 蒲式耳 | Bu | 7.31 | 4.67 |
| 硬质小麦 | Durum | 蒲式耳 | Bu | 12.40 | 5.90 |
| 其他春小麦 | Other Spring | 蒲式耳 | Bu | 8.22 | 5.52 |
| 硬红冬小麦 | Hard Red Winter | 蒲式耳 | Bu | 7.61 | 4.82 |
| 软红冬小麦 | Soft Red Winter | 蒲式耳 | Bu | 6.20 | 4.04 |
| 硬红春小麦 | Hard Red Spring | 蒲式耳 | Bu | 8.24 | 5.57 |
| 白小麦 | White | 蒲式耳 | Bu | 7.32 | 4.70 |
| 畜产品 | Livestock | | | | |
| 牛排 | Calves | 英担 | Cwt | 116.00 | 110.00 |
| 牛肉 | Cattle, All Beef | 英担 | Cwt | 96.10 | 80.60 |
| 活猪 | Hogs, All | 英担 | Cwt | 60.60 | 37.40 |
| 山羊 | Lambs | 英担 | Cwt | 99.60 | 97.40 |
| 绵羊 | Sheep | 英担 | Cwt | 26.30 | 31.40 |

注：1蒲式耳小麦、大豆=27.216公斤，1蒲式耳玉米、高粱=25.401公斤，1蒲式耳大麦=21.772公斤，1蒲式耳燕麦=14.515公斤，1英担=45.359公斤，1磅=0.454公斤。

Notes：1bu wheat&soybean=27.216kg,1bu corn&Sorghum=25.401kg,1bu barley=21.772kg, 1bu oats=14.515kg,1Cwt=45.359kg, 1lb=0.454kg.

# 4-10 9月份美国农产品生产价格

# The US Prices Received of Agricultural Products in Sep.

单位：美元 Unit：Dollar

| 种植业产品 | Field Crops | 单位 | Unit | 2008 | 2009 |
|---|---|---|---|---|---|
| 大麦 | Barley, All | 蒲式耳 | Bu | 5.74 | 4.78 |
| 饲料用 | Feed | 蒲式耳 | Bu | 4.50 | 2.14 |
| 制麦芽糖用 | Malting | 蒲式耳 | Bu | 6.07 | 5.32 |
| 食用蚕豆 | Beans, Dry Edible | 英担 | Cwt | 36.80 | 30.40 |
| 鹰嘴豆 | Chickpeas | 英担 | Cwt | 37.90 | 31.30 |
| 玉米 | Corn | 蒲式耳 | Bu | 5.02 | 3.25 |
| 棉花 | Coton, Upland | 磅 | Lb | 0.61 | 0.55 |
| 棉籽 | Cotonseed | 吨 | Ton | 253.00 | 168.00 |
| 亚麻子 | Flaxseed | 蒲式耳 | Bu | 15.60 | 6.79 |
| 干草 | Hay | 吨 | Ton | 161.00 | 107.00 |
| 紫花苜蓿 | Alfalfa | 吨 | Ton | 176.00 | 110.00 |
| 其他 | Other | 吨 | Ton | 122.00 | 100.00 |
| 小扁豆 | Lentils | 英担 | Cwt | 36.30 | 25.20 |
| 燕麦 | Oats | 蒲式耳 | Bu | 3.29 | 1.81 |
| 带壳花生 | Peanuts, In-Shell | 磅 | Lb | 0.21 | 0.23 |
| 食用豌豆 | Peas, Dry Edible | 英担 | Cwt | 15.50 | 8.78 |
| 马铃薯 | Potatoes | 英担 | Cwt | 8.79 | 8.27 |
| 稻谷 | Rice, Rough | 英担 | Cwt | 17.10 | 14.20 |
| 谷类高粱 | Sorghum Grain | 英担 | Cwt | 8.21 | 5.63 |
| 大豆 | Soybeans | 蒲式耳 | Bu | 10.70 | 9.75 |
| 向日葵 | Sunflower | 英担 | Cwt | 28.20 | 13.90 |
| 小麦 | Wheat, All | 蒲式耳 | Bu | 7.43 | 4.48 |
| 冬小麦 | Winter | 蒲式耳 | Bu | 6.99 | 4.20 |
| 硬质小麦 | Durum | 蒲式耳 | Bu | 11.80 | 4.93 |
| 其他春小麦 | Other Spring | 蒲式耳 | Bu | 7.77 | 4.85 |
| 硬红冬小麦 | Hard Red Winter | 蒲式耳 | Bu | 7.32 | 4.33 |
| 软红冬小麦 | Soft Red Winter | 蒲式耳 | Bu | 5.29 | 3.64 |
| 硬红春小麦 | Hard Red Spring | 蒲式耳 | Bu | 7.81 | 4.87 |
| 白小麦 | White | 蒲式耳 | Bu | 6.97 | 4.14 |
| 畜产品 | Livestock | | | | |
| 牛排 | Calves | 英担 | Cwt | 113.00 | 107.00 |
| 牛肉 | Cattle, All Beef | 英担 | Cwt | 94.40 | 80.60 |
| 活猪 | Hogs, All | 英担 | Cwt | 52.70 | 37.70 |
| 山羊 | Lambs | 英担 | Cwt | 99.60 | 98.40 |
| 绵羊 | Sheep | 英担 | Cwt | 23.80 | 29.60 |

注：1蒲式耳小麦、大豆=27.216公斤，1蒲式耳玉米、高粱=25.401公斤，1蒲式耳大麦=21.772公斤,1蒲式耳燕麦=14.515公斤，1英担=45.359公斤，1磅=0.454公斤。

Notes：1bu wheat&soybean=27.216kg,1bu corn&Sorghum=25.401kg,1bu barley=21.772kg, 1bu oats=14.515kg,1Cwt=45.359kg, 1lb=0.454kg.

# 4-11 10月份美国农产品生产价格
## The US Prices Received of Agricultural Products in Oct.

单位：美元 Unit：Dollar

| 种植业产品 | Field Crops | 单位 | Unit | 2008 | 2009 |
|---|---|---|---|---|---|
| 大麦 | Barley, All | 蒲式耳 | Bu | 5.61 | 4.35 |
| 饲料用 | Feed | 蒲式耳 | Bu | 4.14 | 2.33 |
| 制麦芽糖用 | Malting | 蒲式耳 | Bu | 6.28 | 4.94 |
| 食用蚕豆 | Beans, Dry Edible | 英担 | Cwt | 40.00 | 29.90 |
| 鹰嘴豆 | Chickpeas | 英担 | Cwt | 39.10 | 25.30 |
| 玉米 | Corn | 蒲式耳 | Bu | 4.37 | 3.61 |
| 棉花 | Coton, Upland | 磅 | Lb | 0.56 | 0.57 |
| 棉籽 | Cotonseed | 吨 | Ton | 237.00 | 161.00 |
| 亚麻子 | Flaxseed | 蒲式耳 | Bu | 12.60 | 6.78 |
| 干草 | Hay | 吨 | Ton | 157.00 | 106.00 |
| 紫花苜蓿 | Alfalfa | 吨 | Ton | 172.00 | 109.00 |
| 其他 | Other | 吨 | Ton | 122.00 | 98.50 |
| 小扁豆 | Lentils | 英担 | Cwt | 37.80 | 25.70 |
| 燕麦 | Oats | 蒲式耳 | Bu | 3.25 | 2.03 |
| 带壳花生 | Peanuts, In-Shell | 磅 | Lb | 0.21 | 0.24 |
| 食用豌豆 | Peas, Dry Edible | 英担 | Cwt | 13.70 | 8.33 |
| 马铃薯 | Potatoes | 英担 | Cwt | 7.38 | 7.03 |
| 稻谷 | Rice, Rough | 英担 | Cwt | 16.90 | 14.20 |
| 谷类高粱 | Sorghum Grain | 英担 | Cwt | 7.08 | 5.55 |
| 大豆 | Soybeans | 蒲式耳 | Bu | 9.94 | 9.44 |
| 向日葵 | Sunflower | 英担 | Cwt | 25.30 | 16.20 |
| 小麦 | Wheat, All | 蒲式耳 | Bu | 6.67 | 4.47 |
| 冬小麦 | Winter | 蒲式耳 | Bu | 6.05 | 4.26 |
| 硬质小麦 | Durum | 蒲式耳 | Bu | 12.00 | 4.97 |
| 其他春小麦 | Other Spring | 蒲式耳 | Bu | 7.26 | 4.99 |
| 硬红冬小麦 | Hard Red Winter | 蒲式耳 | Bu | 6.23 | 4.28 |
| 软红冬小麦 | Soft Red Winter | 蒲式耳 | Bu | 4.62 | 3.84 |
| 硬红春小麦 | Hard Red Spring | 蒲式耳 | Bu | 7.33 | 5.04 |
| 白小麦 | White | 蒲式耳 | Bu | 6.10 | 4.30 |
| 畜产品 | Livestock | | | | |
| 牛排 | Calves | 英担 | Cwt | 107.00 | 104.00 |
| 牛肉 | Cattle, All Beef | 英担 | Cwt | 87.90 | 79.20 |
| 活猪 | Hogs, All | 英担 | Cwt | 48.60 | 37.80 |
| 山羊 | Lambs | 英担 | Cwt | 97.50 | 97.00 |
| 绵羊 | Sheep | 英担 | Cwt | 21.80 | 30.00 |

注：1蒲式耳小麦、大豆=27.216公斤，1蒲式耳玉米、高粱=25.401公斤，1蒲式耳大麦=21.772公斤，1蒲式耳燕麦=14.515公斤，1英担=45.359公斤，1磅=0.454公斤。

Notes：1bu wheat&soybean=27.216kg,1bu corn&Sorghum=25.401kg,1bu barley=21.772kg,1bu oats=14.515kg,1Cwt=45.359kg, 1lb=0.454kg.

# 4-12 11月份美国农产品生产价格
# The US Prices Received of Agricultural Products in Nov.

单位：美元 Unit：Dollar

| 种植业产品 | Field Crops | 单位 | Unit | 2008 | 2009 |
|---|---|---|---|---|---|
| 大麦 | Barley, All | 蒲式耳 | Bu | 5.41 | 4.53 |
| 饲料用 | Feed | 蒲式耳 | Bu | 3.32 | 2.51 |
| 制麦芽糖用 | Malting | 蒲式耳 | Bu | 5.60 | 4.95 |
| 食用蚕豆 | Beans, Dry Edible | 英担 | Cwt | 34.50 | 30.10 |
| 鹰嘴豆 | Chickpeas | 英担 | Cwt | 35.40 | 28.00 |
| 玉米 | Corn | 蒲式耳 | Bu | 4.26 | 3.65 |
| 棉花 | Coton, Upland | 磅 | Lb | 0.53 | 0.59 |
| 棉籽 | Cotonseed | 吨 | Ton | 223.00 | 159.00 |
| 亚麻子 | Flaxseed | 蒲式耳 | Bu | 13.00 | 8.15 |
| 干草 | Hay | 吨 | Ton | 147.00 | 107.00 |
| 紫花苜蓿 | Alfalfa | 吨 | Ton | 163.00 | 110.00 |
| 其他 | Other | 吨 | Ton | 116.00 | 99.10 |
| 小扁豆 | Lentils | 英担 | Cwt | 38.10 | 25.90 |
| 燕麦 | Oats | 蒲式耳 | Bu | 2.99 | 2.02 |
| 带壳花生 | Peanuts, In-Shell | 磅 | Lb | 0.20 | 0.22 |
| 食用豌豆 | Peas, Dry Edible | 英担 | Cwt | 13.00 | 8.62 |
| 马铃薯 | Potatoes | 英担 | Cwt | 8.91 | 7.09 |
| 稻谷 | Rice, Rough | 英担 | Cwt | 17.70 | 13.80 |
| 谷类高粱 | Sorghum Grain | 英担 | Cwt | 6.57 | 5.67 |
| 大豆 | Soybeans | 蒲式耳 | Bu | 9.38 | 9.53 |
| 向日葵 | Sunflower | 英担 | Cwt | 23.60 | 14.10 |
| 小麦 | Wheat, All | 蒲式耳 | Bu | 6.28 | 4.79 |
| 冬小麦 | Winter | 蒲式耳 | Bu | 5.64 | 4.60 |
| 硬质小麦 | Durum | 蒲式耳 | Bu | 8.68 | 4.62 |
| 其他春小麦 | Other Spring | 蒲式耳 | Bu | 7.12 | 5.19 |
| 硬红冬小麦 | Hard Red Winter | 蒲式耳 | Bu | 5.72 | 4.68 |
| 软红冬小麦 | Soft Red Winter | 蒲式耳 | Bu | 4.18 | 4.21 |
| 硬红春小麦 | Hard Red Spring | 蒲式耳 | Bu | 7.19 | 5.24 |
| 白小麦 | White | 蒲式耳 | Bu | 5.96 | 4.39 |
| 畜产品 | Livestock | | | | |
| 牛排 | Calves | 英担 | Cwt | 106.00 | 105.00 |
| 牛肉 | Cattle, All Beef | 英担 | Cwt | 84.90 | 79.60 |
| 活猪 | Hogs, All | 英担 | Cwt | 40.80 | 40.20 |
| 山羊 | Lambs | 英担 | Cwt | 99.60 | 98.00 |
| 绵羊 | Sheep | 英担 | Cwt | 27.00 | 36.80 |

注：1蒲式耳小麦、大豆=27.216公斤，1蒲式耳玉米、高粱=25.401公斤，1蒲式耳大麦=21.772公斤，1蒲式耳燕麦=14.515公斤，1英担=45.359公斤，1磅=0.454公斤。

Notes：1bu wheat&soybean=27.216kg,1bu corn&Sorghum=25.401kg,1bu barley=21.772kg, 1bu oats=14.515kg,1Cwt=45.359kg, 1lb=0.454kg.

# 4-13 12月份美国农产品生产价格

## The US Prices Received of Agricultural Products in Dec.

单位：美元　　Unit: Dollar

| 种植业产品 | Field Crops | 单位 | Unit | 2008 | 2009 |
|---|---|---|---|---|---|
| 大麦 | Barley, All | 蒲式耳 | Bu | 5.37 | 4.54 |
| 饲料用 | Feed | 蒲式耳 | Bu | 3.04 | 2.63 |
| 制麦芽糖用 | Malting | 蒲式耳 | Bu | 5.83 | 4.84 |
| 食用蚕豆 | Beans, Dry Edible | 英担 | Cwt | 34.50 | 31.20 |
| 鹰嘴豆 | Chickpeas | 英担 | Cwt | 35.50 | 26.00 |
| 玉米 | Corn | 蒲式耳 | Bu | 4.10 | 3.59 |
| 棉花 | Coton, Upland | 磅 | Lb | 0.52 | 0.63 |
| 棉籽 | Cotonseed | 吨 | Ton | 220.00 | 164.00 |
| 亚麻子 | Flaxseed | 蒲式耳 | Bu | 11.20 | 8.41 |
| 干草 | Hay | 吨 | Ton | 141.00 | 107.00 |
| 紫花苜蓿 | Alfalfa | 吨 | Ton | 155.00 | 110.00 |
| 其他 | Other | 吨 | Ton | 113.00 | 98.90 |
| 小扁豆 | Lentils | 英担 | Cwt | 34.30 | 27.20 |
| 燕麦 | Oats | 蒲式耳 | Bu | 3.10 | 2.23 |
| 带壳花生 | Peanuts, In-Shell | 磅 | Lb | 0.22 | 0.22 |
| 食用豌豆 | Peas, Dry Edible | 英担 | Cwt | 12.90 | 9.10 |
| 马铃薯 | Potatoes | 英担 | Cwt | 9.62 | 7.39 |
| 稻谷 | Rice, Rough | 英担 | Cwt | 17.50 | 14.40 |
| 谷类高粱 | Sorghum Grain | 英担 | Cwt | 5.13 | 5.71 |
| 大豆 | Soybeans | 蒲式耳 | Bu | 9.24 | 9.80 |
| 向日葵 | Sunflower | 英担 | Cwt | 22.30 | 14.70 |
| 小麦 | Wheat, All | 蒲式耳 | Bu | 5.97 | 4.85 |
| 冬小麦 | Winter | 蒲式耳 | Bu | 5.41 | 4.68 |
| 硬质小麦 | Durum | 蒲式耳 | Bu | 8.35 | 4.98 |
| 其他春小麦 | Other Spring | 蒲式耳 | Bu | 6.90 | 5.14 |
| 硬红冬小麦 | Hard Red Winter | 蒲式耳 | Bu | 5.49 | 4.68 |
| 软红冬小麦 | Soft Red Winter | 蒲式耳 | Bu | 4.64 | 4.50 |
| 硬红春小麦 | Hard Red Spring | 蒲式耳 | Bu | 6.97 | 5.17 |
| 白小麦 | White | 蒲式耳 | Bu | 5.43 | 4.74 |
| 畜产品 | Livestock | | | | |
| 牛排 | Calves | 英担 | Cwt | 100.00 | 105.00 |
| 牛肉 | Cattle, All Beef | 英担 | Cwt | 79.80 | 78.60 |
| 活猪 | Hogs, All | 英担 | Cwt | 41.90 | 45.00 |
| 山羊 | Lambs | 英担 | Cwt | 100.00 | 98.10 |
| 绵羊 | Sheep | 英担 | Cwt | 31.70 | 45.20 |

注：1蒲式耳小麦、大豆=27.216公斤，1蒲式耳玉米、高粱=25.401公斤，1蒲式耳大麦=21.772公斤，1蒲式耳燕麦=14.515公斤，1英担=45.359公斤，1磅=0.454公斤。

Notes: 1bu wheat&soybean=27.216kg,1bu corn&Sorghum=25.401kg,1bu barley=21.772kg,1bu oats=14.515kg,1Cwt=45.359kg, 1lb=0.454kg.

# 附录　全国农产品价格调查方案

# Appendix　Programmes for the Survey of the Prices of Agricultural Products

# 农产品生产价格调查与指数编报方案

**1.调查目的**

农产品生产价格是指农产品生产者第一手(直接)出售其产品时实际获得的单位产品价格。开展农产品生产价格调查是为了全面收集农产品生产价格资料，客观反映全国农产品生产价格水平和结构变动情况，满足农业与国民经济核算需要，为各级政府制定农业保护与农产品流通政策提供决策依据，向社会各界提供优质的农产品价格信息服务。

**2.调查对象**

抽选的农业生产经营单位。

**3.调查方式**

农产品生产价格调查采取抽样调查和重点调查相结合的调查方法。抽样调查将有农产品出售的农业生产经营单位列为调查对象，采取随机抽样的调查方法；对一些区域性比较强的农产品则采取在主产区主观选样的方法选择农业生产经营单位作为调查对象

**4.调查内容**

农产品生产价格调查的内容为被调查单位生产并出售的主要农产品，被调查单位在辅助调查员的指导下将在报告期出售的农产品的名称、出售数量、价格、金额即时记入农产品生产价格调查台帐（台帐表式附后)。

在充分征求部门、地方意见的基础上，根据新的行业分类标准，总队制定了《农产品参考目录》，各地必须执行全国统一的分类标准和代码。

**5.调查周期和数据上报**

农产品生产价格调查周期为季度，执行日历年度。

《农产品生产价格基层表》数据由县调查队(统计局)根据住户台帐或住户日记帐数据整理、录入、计算、审核并于季度最后月的25日前从网上上报所在省(区、市)调查总队。季报表数据应包括农业生产经营单位在报告期出售的农产品的名称、产品代码、计量单位、出售数量、金额、价格以及相应的基期价格。基期价格由县队直接从相应的基期报表中过录。

《农产品生产价格指数表》综合定期报表由各省(区、市)调查总队上报国家统计局农村司，时间为季(年)度最后月的25日前。

**6.农产品生产价格的汇总方法**

(1)调查单位每种农产品的平均价格(加权算术平均法)

某调查单位在报告期某产品出售金额之和除以报告期该产品出售数量之和。公式为:

$$p_i=\frac{\sum_{j=1}^{n}p_{ij}q_{ij}}{\sum_{j=1}^{n}q_{ij}}$$

式中，$p_i$ 为第 $i$ 个代表品的平均价格，$p_{ij}$ 为第 $i$ 个代表品第 $j$ 次的出售价格，$q_{ij}$ 为第 $i$ 个代表品第 $j$ 次的出售数量。

(2)全国及省(区、市)产品平均价格(加权算术平均法)

全部被调查单位报告期某产品出售金额之和除以报告期该产品出售数量之和。公式为:

$$P_i=\frac{\sum_{j=1}^{n}p_{ij}q_{ij}}{\sum_{j=1}^{n}q_{ij}}$$

式中，$P_i$ 为第 $i$ 个代表品的平均价格，$p_{ij}$ 为第 $i$ 个代表品第 $j$ 个调查单位的出售价格，$q_{ij}$ 为第 $i$ 个代表品第 $j$ 调查单位的出售数量。

**7.农产品代表产品的确定**

(1)代表产品选择的原则和要求

①农、林、牧、渔四大类、各中类以及90%以上的小类均选有代表品，以使价格指数能较好地反映各类别价格变动情况。

②选择对国计民生影响大的产品，一般生产量和销售量大的产品对国计民生影响较大。

③选择稳定性强的产品，因为代表品一经确定，就要连续观察几年。

④选择具有发展前景的新产品作为代表品。

⑤具有地方特色的产品，虽然在全国比重不大，但具有地方特色，也应选为代表品。一些季节性强的产品从全年看比重不大，但在某些季节是当地的主要产品，也要考虑进来，以确保全年和各季度平均价格及指数的代表性。

代表品一般稳定五年。在五年期间，若产品结构调整较快，以致影响代表性时，可提前进行修订。

(2)国家代表产品的选择

编制农产品生产价格指数是以代表产品(类别)的价格变动来反映全部农产品的价格变化趋势和变动幅度。确定科学、合理的代表品对于编制农产品生产价格指数具有重要意义。如果代表产品过少，会造成代表品不足、价格指数不准确；代表品过多，工作量过大，造成不必要的浪费。根据上述原则，在充分征求部门和地方意见的基础上，国家统计局制订了全国农产品生产价格调查的代表类别和代表产品。即《农产品参考目录》中用“*”所列示的农、林、牧、渔 4 个大类、14 个中类、 30 个小类、180 种代表品。上述代表产品代表的各类别销售额占当年全国农产品销售额的 70%以上，具有足够的代表性。

(3)地方代表产品的选择

各省、自治区、直辖市执行全国统一的分类标准和代码，并根据国家下发的《农产品参考目录》，结合本地实际确定代表产品，包括目录中没有但在当地比较重要的产品。对于各地自行增加的代表品要报农村司审定，取得统一编码。

**8.农产品代表品权数的计算**

权数是衡量每种产品重要性的指标。由于每种产品在农业经济中的地位和作用不同，其价格变动对全部农产品价格变动的影响也有所不同。所以在计算价格指数时，要科学、合理地确定权数。

(1)权数确定的原则和要求

①只计算代表类别和代表产品的权数(如国家只给农产品参考目录中带※号的类别和产品分配权数)，其他产品不分配权数。

②采用 2005—2007 三年的资料平均计算权数，权数一般五年更换一次。在五年期间，若出现产品更新换代快，以致影响权数代表性的情况时，应及时进行合理修正。

③重点做好大类、中类权数和重要品种权数的审核。对生产量和销售量不大、资料又难以收集的商品，在计算其权数时，可先确定该商品所在类的类值，并确定该类别主要商品的权数，用分摊法将剩余的权数按其比例(重要程度的次序)分配给余下的商品。

④由于农产品生产与出售季节性比较强，为客观、准确地反映农业生产价格变动趋势和变动幅度，要对季度、季度累计和全年分别计算权数。

(2)权数的种类与资料来源

①商品(销售)权数：用于计算农产品生产价格指数

农产品商品(销售)权数主要利用农产品销售额进行计算，各种代表产品的商品(销售)权数合计为1000。权数资料来源于农村住户和农场的农产品出售金额资料，也可根据农村住户调查季报和帐页资料进行加工整理，或利用农产品产量与商品率资料推算。

②产值权数：用于缩减农业发展速度。

各种代表产品的产值权数合计为 1000。产值权数资料取自农林牧渔业产值统计，或通过重点调查、部门资料进行推算。

**9.农产品生产价格指数的计算方法与步骤**

农业生产价格指数是反映一定时期内，农产品生产者出售的农产品价格水平变动趋势及幅度的相对数。生产资料购买价格指数是反映农业生产者购买生产资料价格水平变动趋势及幅度的相对数。

(1)计算每个调查单位每个代表品的价格指数

$$k_{ij} = \frac{P_{ij1}}{P_{ij0}}$$

式中，$k_{ij}$ 为第 $j$ 个调查单位第 $i$ 个代表产品的个体指数，$P_{ij1}$ 为第 $j$ 个调查单位第 $i$ 个代表产品的报告期平均价格，$P_{ij0}$ 为第 $j$ 个调查单位第 $i$ 个代表产品的基期平均价格。

(2)计算代表品的价格指数 $K_i$

$$K_i = \sqrt[n]{k_1 \times k_2 \times \cdots\cdots \times k_n}$$

式中，$k1, k2, \ldots kn$ 分别为第 $i$ 个代表产品在第 1 到第 $n$ 个调查单位中的个体指数。

(3)计算小类价格指数

$$K = \frac{\sum K_i W_i}{\sum W_i}$$

其中：$K$为该小类指数，$K_i$为该小类下第$i$个代表品价格指数，$W_i$为第$i$个代表品的产值权数或销售额权数。

(4)计算中类价格指数

$$K=\frac{\sum K_iW_i}{\sum W_i}$$

其中：$K$为中类价格指数，$K_i$为该中类下第$i$个小类价格指数，$W_i$为第$i$个小类的产值权数或销售额权数。

大类及总指数的计算，同中类价格指数计算方法。

(5)季度累计价格指数的计算方法，与分季指数计算方法相同。

(6)国家和省级价格指数的计算方法一致。

**10.有关问题说明**

(1)农产品生产价格是农业生产经营单位第一次出售其产品时所获得的价格，因此，所调查的代表品是由被调查单位生产且出售的农产品，外购再出售的农产品不作为调查内容。

(2)如果抽中的调查单位在调查时没有任何销售活动，该记录的各项观测值均为零，在季报时仍应保留该样本，同时上报空记录的个数，并说明情况。如确定该调查户或单位在半年内都不可能有销售活动，则应以样本附近或相似特征的调查对象替换。

(3)县队在数据录入、审核时，如果发现某调查单位某些代表产品报告期与基期价格变动幅度较大，应查询该调查单位出售的该代表品在品种、品质、销售条件等方面是否发生了改变，如果是由于上述非价格变动因素引起的，则应该剔除非价格变动因素，使报告期与基期代表品同质可比；如果新的产品已成为市场主流，则一般应调整基期价格。调整的方法可以相邻农户或地域的同质产品价格代替，如果缺乏相邻农户或地域的同质产品价格，也可以为空。

# Programme for the Survey of the Producer Prices of Agricultural Products and for the Calculation of the Price Indices

**I. The Purpose of the Survey**

The producer prices of agricultural products refer to the actual prices per unit of agricultural products at which the producers of the agricultural products directly sell them. The purpose of conducting the survey of producer prices of agricultural products is to comprehensively collect the data on the producer prices of agricultural products, objectively reflect the situations of the level and structural changes of the producer prices of agricultural products, meet the needs of conducting the agricultural accounts and national accounts, provide the government at different levels with the base data for making the policies of protecting agriculture and circulation of agricultural products and provide the various social circles with the high quality information on the prices of agricultural products.

**II. The Respondents of the Survey**

The respondents of the survey are the units engaged in the agricultural production and management.

**III. The Procedures of the Survey**

The method of sample survey combined with the method of key-unit survey is used in the survey of producer prices of agricultural products. In the sample survey, the units engaged in the agricultural production and management are listed as the respondents of the survey and the method of random sample survey is used. For the agricultural products, which grow mainly in certain areas, the respondents of the survey are selected in the major producing areas with the subjective sampling method.

**IV. The Contents of the Survey**

The contents of the survey of producer prices of agricultural products include the data on the main agricultural products produced and sold by the respondents of the survey. Under the guidance of the auxiliary enumerators, the respondents of the survey should timely keep records on the names, quantities, prices and amount of the agricultural products sold in the reporting period in the accounts of the survey of producer prices of agricultural products or the household journals.

After soliciting the opinions of various departments and regions, the Department of Rural Survey, National Bureau of Statistics of China (DRS/NBS) has worked out the Reference Catalogue of Agricultural Products in accordance with the new Standard Classification of Economic Sectors. The national unified standard classification and their codes should be implemented in different regions.

**V. The Cycle of the Survey and the Data Reporting to the Higher Authorities**

The cycle of the survey of producer prices of agricultural products is a quarter. The calendar year is implemented.

The data in the Questionnaires of the Grassroots Units on the Producer Prices of Agricultural Products are processed, made entries, calculated and checked by the county survey organizations (bureaus of statistics) in accordance with the household accounts or journals. They are finally reported to the provincial survey organizations by means of internets. The quarterly data should include the names, codes, calculation units, quantity sold, amount and prices of the agricultural products sold by the units engaged in the agricultural production and management in the reporting period as well as the concerned prices in the base period. The prices in the base period are directly copied by the county survey organizations from the corresponding questionnaires of the grassroots units.

The periodic tabulated tables on the producer prices of agricultural products and their indices are reported by the provincial survey organizations directly to DRS/NBS before 25th in the last month of the quarter.

**VI. The method of tabulating the data on the producer prices of agricultural products**

1. The average price of a certain agricultural product in a unit surveyed equals to the sum of money obtained by the unit in selling the agricultural product

in the reporting period divided by the total quantity of the agricultural product sold in the same period. (This is the method of weighted arithmetic average). The formula for the calculation is given below:

$$p_i = \frac{\sum_{j=1}^{n} p_{ij} q_{ij}}{\sum_{j=1}^{n} q_{ij}}$$

where $p_i$ stands for the average price of the ith representative product; $p_{ij}$ stands for the selling price of the ith representative product at the jth time and $q_{ij}$ stands for the quantity of the ith representative product. sold at the jth time.

2. The average price of a certain agricultural product in a certain province (autonomous region or municipality) and in the whole country equals to the sum of money obtained in selling the agricultural product in the reporting period in all the units surveyed divided by the total quantity of the agricultural product sold in the same period. (This is the method of weighted arithmetic average). The formula for the calculation is given below:

$$P_i = \frac{\sum_{j=1}^{n} p_{ij} q_{ij}}{\sum_{j=1}^{n} q_{ij}}$$

where $p_i$ stands for the average price of the ith representative product; $p_{ij}$ stands for the selling price of the ith representative product of the jth unit and $q_{ij}$ stands for the quantity of the ith representative product sold by the jth unit.

**VII. The Determination of the Representative Agricultural Products**

1. The principles and requirements for the selection of representative products:

(1) The representative products should be selected from the four major divisions, namely farming, forestry, animal husbandry and fishery, and from the various divisions and more than 90% of the groups, so that the price indices can better reflect the changes of the prices in different categories.

(2) The products which have great importance to the national economy and people's livelihood should be selected. The products, which have large yields and sales, are generally the products important to the national economy and people's livelihood.

(3) We should select the products steadily produced, because they should be surveyed continuously for several years after they are selected.

(4) The new products, which have good prospect for the future development, should be selected.

(5) The products, which have local characteristics, should be selected though their proportion to the total output in the whole country is not large. The products only produced in certain seasons should be selected too, because though not large in the proportion to the annual output, they are main products in certain seasons in the localities. The annual and quarterly average prices and their indices can be representative only when they are included.

The representative products should not changed generally in the period of five years after they are selected. However, if the structure of the products is readjusted quite quickly in the period of five years so that the products formerly selected are no longer representative, the list of representative products can be revised ahead of time.

2. The selection of the representative products of the whole country

The purpose of the calculation of the indices of the producer prices of agricultural products is to reflect the change trend and change extent of the prices of all agricultural products with the data on the changes of the prices of representative products in different categories. The determination of representative products in a scientific and reasonable way is of great significance to the calculation of the indices of the producer prices of agricultural products. If the representative products are too few in number, it will result in the insufficiency of the representative products and the inaccuracy of the price indices. But if the representative products are too many in number, it will result in the too heavy workload and unnecessary waste. In accordance with the above-mentioned principles, after fully soliciting the opinions of the concerned departments and regions, NBS has worked out the representative categories and the representative products in the national survey of the producer prices of agricultural products. They include the four major divisions, namely farming, forestry, animal husbandry and fishery,14 divisions, 30 groups and 180 representative products, indicated with the symbol * in the Reference Catalogue of Agricultural Products. The sales of the various categories of the representative products account for more than 70% of the total sales of agricultural products in the whole country in the year. Therfore the categories and agricultural products selected are sufficiently representative.

3. The selection of the representative products in different regions

The provincial survey organizations determine the representative products in the regions in accordance with the Reference Catalogue of Agricultural Products, in the light of the local actual conditions while implementing the national unified classifications and codes, including those relatively important products in the regions, though they are not included in the national Catalogue. The representative products supplemented by the regions should be reported to NBS for examination, so as to have the unified codes.

**VIII. The calculation of the weights of the representative agricultural products**

Weights are the indicators measuring the importance of different products. Because each product is different in its role in the agricultural economy, the influence of its price change over the price change of all agricultural products is different too. Therefore, we should determine the weights in a scientific and reasonable way in the calculation of price indices.

1. The principles and requirements in determining the weights

(1) Only the weights of the representative categories and the representative products are calculated. NBS only distributes the weights of the categories and products indicated with the symbol * in the Reference Catalogue of Agricultural Products. As for the other products, no weights are distributed.

(2) The weights are calculated as averages of the data of the three years 2005-2007. The weights are generally changed once in every five years. If the old products are quickly renewed or upgraded by the new ones in the five years so that the formerly determined weights are no longer representative, the weights should be timely revised in a reasonable way.

(3) Attention should be mainly paid to the examination of the weights of the major divisions and divisions as well as the weights of important products. As for the commodity, which is not large in its yield and sales and is difficult to collect the data, we can firstly determine the weight of the category, to which the commodity belongs, secondly determine the weights of the main commodities in that category and finally distribute the remainder of the weight of the category to the other commodities in that category in a proportional way, namely in the order of their importance.

(4) Because the agricultural products are generally produced and sold in different seasons, we should calculate the weights for the quarter, for the accumulative data from the beginning of the year to the quarter and for the whole year respectively, so as to objectively and accurately reflect the change trend and change extent of the producer prices of agricultural products.

2. Types of weights and data sources

(1) Weights of sales of the commodities. They are used to calculate the indices of the producer prices of agricultural products.

The weights of sales of the commodities are calculated mainly on the basis of the data on the sales of agricultural products. The sum of the weights of sales of the various representative agricultural products equals to 100. The data sources for the calculation are the data on the sales of agricultural products of the rural households and farms. We can also process the data on the basis of the quarterly report of the survey of rural households and the concerned accounts or estimate on the basis of the data on the yields of agricultural products and their commodity rate.

(2) Weights of output value. They are used to deflate the agricultural growth rate.

The sum of the weights of the output values of various representative products equals to 100. The data sources for the calculation of weights of output value are the statistical data on the output value of farming, forestry, animal husbandry and fishery. We can also estimate on the basis of the data of key-unit survey or the data from the concerned departments.

**IX. The Formulars and Steps for the Calculation of the Indices of the Producer Prices of Agricultural Products**

The indices of the producer prices of agricultural products are relative numbers, which reflect the trends and extents of the changes of the producer prices of agricultural products sold by the producers in a certain period.

1. The calculation of the price index of each product in each unit surveyed

$$k_{ij} = \frac{P_{ij1}}{P_{ij0}}$$

where $K_{ij}$ stands for the individual price index of

the ith representative product in the jth unit surveyed; $P_{ij1}$ stands for the average price of the ith representative product in the jth unit surveyed in the reporting period and $P_{ij0}$ stands for the average price of the ith representative product in the jth unit surveyed in the base period.

2. The calculation of the price index of the representative product $K_i$

$$K_i = \sqrt[n]{k_1 \times k_2 \times \cdots \cdots \times k_n}$$

where $K_1$, $K_2$ , ... $K_n$ stands respectively for the individual price index of the ith representative product in the first, the second ...the nth unit surveyed.

3. The calculation of the price index of the group

$$K = \frac{\sum K_i W_i}{\sum W_t}$$

Where K stands for the price index of the group, $K_i$ stands for the price index of the ith representative product in the group and $W_i$ stands for the weight of output value or the weight of sales of the ith representative product.

4. The calculation of the price index of the division

$$K = \frac{\sum K_i W_i}{\sum W_i}$$

where K stands for the price index of the division, $K_i$ stands for the price index of the ith group in the division and $W_i$ stands for the weight of output value or the weight of sales of the ith group.

The calculation of the price index of the division and the calculation of the overall price index are similar as that of the division.

5. The method for the calculation of the price index in the period from the beginning of the year to the end of the quarter is similar to the calculation of the quarterly price index.

6. The method for the calculation of the national price index is similar to the calculation of the provincial price index.

**X. The Treatment of Some Problems**

1. The producer prices of agricultural products are the prices at which the units engaged in the agricultural production and management sell the products for the first time. Therefore the representative product surveyed refers to the agricultural product produced and sold by the unit surveyed. The agricultural product purchased from other units and resold should not be included in the survey.

2. If the selected unit in the sample survey has no activities of sales, the observed value on sales is zero, the data of the sample unit should be still included in the quarterly report and the situations should be reported to the higher authorities. If the selected household or unit in the sample survey will definitely have no activities of sales in the future half year, the household or unit should be replaced by the household or unit in the nearby areas or other respondent, which has the similar characteristics.

3. In the course of making data-entries and examination and verifying data, if the statisticians in the county survey organizations find that the change extents of the prices of certain representative products in a certain unit surveyed between the reporting period and the base period are relatively large, they should inquire if there is any change in the variety, quality or selling condition of the representative product. If the change is caused by non-price factors, the non-price factors should be removed, so as to make the representative product in the reporting period comparable with that in the base period. If the new product represents the main trend in the market, its price in the base period should be readjusted. In the readjustment, the price of the product of the same quality in the neighboring agricultural household or the neighboring area can take its place. If no price of the product of the same quality in the neighboring agricultural household or the neighboring area can be found, the data in the base period can be blank.

# 农产品集贸市场价格调查方案

**1.调查目的**

农产品集贸市场价格是指全国农产品主产区集贸市场主要农产品的成交价格。开展农产品集贸市场价格调查旨在收集农产品集贸市场价格资料，准确把握全国大宗农产品在主产区的价格走势，为提高我国农产品主产区的区域优势和市场竞争力服务。

**2.调查内容**

农产品集贸市场价格调查内容包括农牧渔业36种主要产品的集贸市场价格(调查品种见《农产品集贸价格调查表》)。

**3.调查对象**

农产品集贸市场价格调查的统计范围为全国选中的农产品主产县。

**4.调查周期与数据上报**

(1)农产品集贸市场价格调查周期为月报。

(2)采价时间为每月20日左右，即每月19—21日内任一工作日。

(3)数据上报时间：价格资料由各省(区、市)调查总队每月25日前上报国家统计局农村司。

**5.采价办法**

(1)各省(区、市)对调查品种要统一口径，不得随意变换。所有调查品种的采价范围都是指一般普通商品、中等规格。经过加工，带有品牌包装的商品不在调查之列；经过分拣后加入精美包装作为礼品出售的农产品也不在调查之内。

(2)对于固定采价集市上没有的品种(如稻谷、活猪和籽棉等)，为了保证调查数据的完整性，可采取以下几种办法：(1)可到其他有出售的市场取得价格；(2)仅在调查日当天无出售的产品，可根据上一日的情况采价；(3)原粮和籽棉可用市场上的大米和皮棉按当地的折算比率取得或到大米和籽棉加工点取得；(4)活猪价格可到农户或屠宰场取得；(5)当地不生产、也不从外地调入的产品价格就空缺。

(3)对同一品种不同等级价格的采价不好把握时，可用交易量较大的三个以上摊位价格的简单平均价作为该产品的价格。对同一品种、同一摊位、同一等级成交价格不一致时，用交易量较大的成交价作为该摊位、该产品的价格。

(4)食用油：采普通散装油价格。

(5)猪、牛、羊肉如市场上出售的是带骨肉，采价时需按当地比率折成去骨价。

(6)水产品：淡水鱼要求是采活鱼价格；带鱼可采死鱼价(包括每条规格在0.5-1公斤重的冷冻带鱼段)。

(7)蔬菜：采新鲜蔬菜价格。

(8)水果：采新鲜水果价格。

**6.填报说明**

(1)农产品集贸市场价格调查表由省(区、市)调查总队报送。

(2)产品代码与计量单位：产品代码按M405表规定填报；单价单位为元/公斤(如采价时为“元/斤”应换算为元/公斤)。

(3)价格数据保留两位小数。

(4)如部分产品缺项，单价项应空缺(不要补“0”)。

(5)各省(区、市)调查总队对农产品集贸市场价格调查数据不作汇总处理，通过统计系统内网直接上报以调查县为单位的集贸市场价格原始数据。

(6)严格数据审核。当月单价与上月或上年同月相比增减幅度较大时应进行认真核实、确认，并随《农产品集贸市场价格调查上报表》报送文字说明。

(7)开展农产品市场价格专题分析，有关农副产品价格的重大信息与研究报告，及时报送文字材料。

(8)年度价格走势分析与调查数据质量评估报告随12月价格报表一同报送。

**7.指标解释**

(1)籼稻：水稻的一种，茎秆较高较软，叶子黄绿色，稻穗上的籽粒较稀，稻粒长而细。

(2)优质籼稻：经过杂交育种改良后的籼稻。

(3)粳稻：水稻的一种，茎秆较矮，叶子较窄，深绿色，稻粒短而粗。

(4)玉米：一年生草本植物，茎高二、三米，叶子长而大，子实比黄豆稍大。

(5)籼米：籼稻碾出的米，黏性小。

(6)优质籼米：优质籼稻碾出的米。

(7)粳米：粳稻碾出的米，黏性较大。

(8)面粉：小麦磨成的粉，调查规格品是普通标准粉。

(9)籽棉：是指棉农从棉枝上摘下的、未经轧花加工除籽的棉花。籽棉经过加工后去掉棉籽的棉花叫皮棉。籽棉加工成皮棉的比例一般是 10：3，即10公斤籽棉可加工成3公斤皮棉。

(10)花生仁：去壳的生花生。

(11)活猪：待宰的肥猪(也称毛猪，一般在65公斤以上)。

(12)仔猪：待育肥的普通小猪(一般指10公斤以下刚断奶的猪)。

(13)草鱼：身体圆筒形，微绿色，生活在淡水中，吃水草。

(14)鲤鱼：身体侧扁，背部苍黑色，腹部黄白色，嘴边有须一对，淡水鱼。

(15)鲢鱼：身体侧扁，鳞细，背部青黑色，腹部白色，淡水鱼。

(16)菜椒：也称柿子椒。

(17)四季豆：部分地区也称扁豆。

(18)中等：产品规格栏的“中等”有两种含义。原粮的“中等”是指国家规定的中准级，其他品种的“中等”是指市场实际交易数量较多的质量等级。

# Programme for the Survey of the Prices of Agricultural Products at the Rural Market Fairs

**I. The Purpose of the Survey**

The prices of agricultural products at the rural market fairs refer to the unit prices of main agricultural products, which have been stricken bargains at the rural market fairs in major producing areas in China. The purpose of conducting the survey of the prices of agricultural products at the rural market fairs is to collect the data on the prices of agricultural products at the rural market fairs, accurately keep abreast of the change trend of the prices of the staple agricultural products in the major producing areas in the whole country and serve for the purpose of improving the regional superiority and competitive power at the market of the major producing areas of agricultural products in China and their competitive power at the market.

**II. The contents of the survey**

The contents of the survey of the prices of agricultural products at the rural market fairs include prices of 36 main agricultural products of farming, forestry, animal husbandry and the fishery at the rural market fairs (As for the variety surveyed, see the questionnaires used in the survey of the prices of agricultural products at the rural market fairs).

**III. Respondents of the survey**

The statistical coverage of the survey of the prices of agricultural products at the rural market fairs includes the major producing counties of agricultural products selected in the sample survey in the whole country.

**IV. Cycle of the Survey and Data Reporting**

1. The cycle of the survey of the prices of agricultural products at the rural market fairs is a month.

2. The date for collecting the price data is about the 20th of every month, namely any working day in the period 19-21st.

3. The date for reporting data: The price data are reported by the provincial survey organizations to the Department of Rural Survey before the 25th of every month.

**V. Methods for Collecting the Data on Prices**

1. The provincial survey organizations should pay attention that the specifications of the varieties surveyed should be unified in different time and should not be changed at will. All the varieties listed for collecting their prices refer to the ordinary commodities with medium standard. Those commodities, which have been processed and packaged with brands, are not to be surveyed. The agricultural products, which have been picked out, beautifully packaged and sold as gifts, are also not to be surveyed.

2. For the varieties (such as paddy, live pig and un-ginned cotton, etc.) not sold at the specified rural market fairs for collecting price data, the following methods can be adopted so as to ensure the complete data coverage: (1) The price data can be collected from the other market fairs, at which these varieties are sold; (2) For the varieties, which are not sold only on the day for the survey, the data on their prices on the preceding day can be collected; (3) The data on the prices of the un-husked rice and un-ginned cotton can be converted on the basis of the data on the prices of husked rice and ginned cotton at the market with the local conversion rate or can be collected from the spots where the un-husked rice or un-ginned cotton are processed into husked rice or ginned cotton; (4) The data on the price of live pig can be collected from the rural households or slaughter house; (5) For the products neither produced in the locality nor transported from other places, their price data can be blank.

3. When it is not easy to make decision for collecting the price data of the same variety with different grades, the simple average of the prices of more than three vendor's stands which have relatively bigger sales volumes can be taken as the price of that variety. When the prices at which the bargains are stricken are not the same for the same grade, same variety at the same vendor's stand, the price at which the bargain is stricken with the biggest sales volume can be taken as the price of that variety at that vendor's stand.

4. For edible vegetable oil, the price in bulk and

in ordinary grade can be collected.

5. For pork, beef and mutton, if they are sold with bones, their prices without bones can be estimated with the local conversion rate.

6. For aquatic products, the prices of live fish should be taken for the freshwater fish while the price of dead fish can be taken for the hairtail, including the frozen hairtail segments with the weight of 0.5-1 kg for each hairtail.

7. For vegetable, the prices of fresh vegetable should be collected.

8. For fruits, the prices of fresh fruits should be collected.

**VI. Instructions**

1. The questionnaires for the survey of the prices of agricultural products at the rural market fairs should be reported by the provincial survey organizations.

2. Codes of products and units of calculation: The codes of products should be filled out in accordance with the stipulations for Table M405. The unit for calculation of the unit price is yuan / kg.

3. Two decimals are required to be kept in price data.

4. If the data of parts of products are unavailable, the item on unit price should be blank.

5. The provincial survey organizations should not tabulate the survey data on the prices of agricultural products at the rural market fairs, but should directly report the original data on the prices of agricultural products at the rural market fairs in every county by the means of the internet.

6. The data should be strictly examined and verified. When the unit price of the month increases or decreases by a quite big margin as compared with the previous month or the same month in the previous year, it should be seriously checked and confirmed.

7. The annual analysis report on the change trend of prices and appraisal report on the quality of survey data should be reported along with the price questionnaires of December.

**VII. Explanatory Notes on Indicators**

1. Long-grained non-glutinous rice: a kind of paddy rice with quite tall and soft stem and its leaves are yellowish-green. The grains are sparsely grown in the ears of rice. The grains of rice are long and thin.

2. High quality long-grained non-glutinous rice: The improved non-glutinous rice after crossbreeding.

3. Round-grained rice: a kind of paddy rice. Its stalk is comparatively low. Its leaves are comparatively narrow and deep green. The grains of rice are short and wide.

4. Maize: an annual herb. Its stalk is 2-3 meter tall. Its leaves are long and large. Its grains are a little larger than soybeans.

5. Polished long-grained non-glutinous rice: rice husked from the long-grained non-glutinous rice. It has little stickiness.

6. High quality polished long-grained non-glutinous rice: rice husked from the high quality long-grained non-glutinous rice.

7. Polished round-grained rice: rice husked from the round-grained rice. It has comparatively high stickiness.

8. Wheat flour: powder husked from wheat. The specification for the survey is the ordinary standard flour.

9. Un-ginned cotton: refers to the cotton picked down by the cotton farmers from the cotton branches and un-ginned. When the un-ginned cotton is ginned and the seeds are removed, it is called ginned cotton. 10 kg of un-ginned cotton can be generally processed into 3 kg of ginned cotton.

10. Peanut kernel: refers to the shelled peanut.

11. Live pig: refers to the grown pig to be slaughtered. Its weight is generally greater than 65 kg.

12. Piglet: refers to the ordinary young pig to be fattened up. It generally refers to the newly weaned pig. Its weight is generally less than 10 kg.

13. Grass carp: Its body is shaped like a cylinder and is greenish. It lives in freshwater and takes waterweeds as its food.

14. Carp: Its body is squad shaped. Its back is black and its belly is yellowish white. It has a pair of beard near its mouth. It is a kind of freshwater fish.

15. Silver carp: Its body is squad shaped. It has thin scales. Its back is greenish black and its belly is white. It is a kind of freshwater fish.

16. Sweet-bell: It is called Shizijiao or Caijiao in Chinese.

17. Kidney bean: It is called Sijidou or Biandou in different regions in Chinese.

18. Medium grade: There are two meanings . The medium grade of raw grain refers to the middle grade stipulated by the government. The medium grade of other products refers to the quality grade at which the bargain of a large quantity of products stricken.

# 农产品参考目录
# Reference Catalogue of Agricultural Products

| 农产品类别与品名 | Agricultural Products | 生产价格代表产品 Representative Products for Producer Price of Agricultural Products | 计量单位 Unit |
|---|---|---|---|
| 一、农业产品 | I. Farming products | * | |
| 1.谷物及其他作物 | 1.Cereal and other crops | * | |
| 1.1谷物(原粮) | 1.1.Cereal (unprocessed food grains) | * | 公斤 Kg |
| 1.1.1小 麦 | 1.1.1.Wheat | * | 公斤 Kg |
| 硬粒小麦 | Hard-grained wheat | * | 公斤 Kg |
| 软粒小麦 | Soft-grained wheat | * | 公斤 Kg |
| 混合小麦 | Mixed wheat | * | 公斤 Kg |
| 其他小麦 | Other wheat | * | 公斤 Kg |
| 1.1.2 稻 谷 | 1.1.2.Paddy | * | 公斤 Kg |
| 早籼稻 | Early long grained nonglutinous rice | * | 公斤 Kg |
| 晚籼稻 | Late long grained nonglutinous rice | * | 公斤 Kg |
| 粳稻 | Round- grained rice | * | 公斤 Kg |
| 其他稻谷 | Other paddy | * | 公斤 Kg |
| 1.1.3玉 米 | 1.1.3.Maize (corn) | * | 公斤 Kg |
| 黄玉米 | Yellow maize | * | 公斤 Kg |
| 白玉米 | White maize | * | 公斤 Kg |
| 混合玉米 | Mixed maize | * | 公斤 Kg |
| 其他玉米 | Other maize | | 公斤 Kg |
| 1.1.4杂 粮 | 1.1.4.Coarse cereals | * | 公斤 Kg |
| 谷子 | Millet | * | 公斤 Kg |
| 高粱 | Chinese sorghum | * | 公斤 Kg |
| 大麦 | Barley | * | 公斤 Kg |
| 荞麦 | Buckwheat | * | 公斤 Kg |
| 元麦 | Hull-less Barley | * | 公斤 Kg |
| 青稞 | Highland barley | * | 公斤 Kg |
| 莜麦 | Naked oats | * | 公斤 Kg |
| 燕麦 | Oats | * | 公斤 Kg |
| 其他杂粮 | Other coarse cereals | | 公斤 Kg |
| 1.1.5谷物副产品 | 1.1.5.By-products of cereals | | 公斤 Kg |
| 小麦秸 | Wheat straw | | 公斤 Kg |
| 稻草 | Rice straw | | 公斤 Kg |
| 玉米杆 | Corn stover | | 公斤 Kg |
| 大麦杆 | Barley straw | | 公斤 Kg |
| 谷子杆 | Millet stalk | | 公斤 Kg |
| 高粱杆 | Chinese sorghum stalk | | 公斤 Kg |
| 1.2薯 类 | 1.2. Potato | * | 公斤 Kg |
| 红薯 | Sweet potato | * | 公斤 Kg |
| 马铃薯 | White Potato | * | 公斤 Kg |
| 其他薯类 | Other potatoes | | 公斤 Kg |
| 薯藤 | Potato vines | | 公斤 Kg |

续表1 Continued 1

| 农产品类别与品名 | Agricultural Products | 生产价格代表产品 Representative Products for Producer Price of Agricultural Products | 计量单位 Unit |
|---|---|---|---|
| 1.3油 料 | 1.3.Oil-bearing Crops | * | 公斤 Kg |
| 花生 | Peanut | * | 公斤 Kg |
| 油菜籽 | Rapeseeds | * | 公斤 Kg |
| 芝麻 | Sesame | * | 公斤 Kg |
| 向日葵 | Sunflower | * | 公斤 Kg |
| 胡麻籽 | Flaxseeds | | 公斤 Kg |
| 苏籽 | Perillaseeds | | 公斤 Kg |
| 其他油料作物 | Other oil-bearing crops | | 公斤 Kg |
| 花生蔓 | Peanut vine | | 公斤 Kg |
| 油菜籽杆 | Rapeseed stalk | | 公斤 Kg |
| 芝麻杆 | Sesame stalk | | 公斤 Kg |
| 向日葵杆 | Sunflower stalk | | 公斤 Kg |
| 胡麻籽杆 | Flaxseed stalk | | 公斤 Kg |
| 1.4豆 类 | 1.4.Beans | * | 公斤 Kg |
| 大豆 | Soybeans | * | 公斤 Kg |
| 绿豆 | Mung beans | * | 公斤 Kg |
| 红小豆 | Red beans | * | 公斤 Kg |
| 蚕豆 | Broad beans | * | 公斤 Kg |
| 豌豆 | Peas | * | 公斤 Kg |
| 芸豆 | Kidney beans | * | 公斤 Kg |
| 其他杂豆 | Other beans | | 公斤 Kg |
| 豆秸 | Beanstalk | | 公斤 Kg |
| 1.5棉 花(籽棉) | 1.5.Cotton (unginned cotton) | * | 公斤 Kg |
| 细绒棉 | Thin-staple cotton | * | 公斤 Kg |
| 长绒棉 | Long-staple cotton | * | 公斤 Kg |
| 棉籽 | Cottonseeds | | 公斤 Kg |
| 棉花杆 | Cotton stalk | | 公斤 Kg |
| 1.6麻 类 | 1.6.Fiber crops | * | 公斤 Kg |
| 黄红麻 | Jute and blueish dogbane | * | 公斤 Kg |
| 亚麻 | Flax | * | 公斤 Kg |
| 苎麻 | Ramie | * | 公斤 Kg |
| 线麻 | Hamp | | 公斤 Kg |
| 苘麻 | Abutilon fibre | | 公斤 Kg |
| 剑麻 | Steel hemp | | 公斤 Kg |
| 其他麻类 | Other fiber crops | | 公斤 Kg |
| 麻杆 | Stalks of fiber crops | | 公斤 Kg |
| 1.7糖 类 | 1.7.Sugar crops | * | 公斤 Kg |
| 甘蔗 | Sugarcane | * | 公斤 Kg |
| 甜菜 | Beet | * | 公斤 Kg |
| 其他糖料 | Other sugar crops | | 公斤 Kg |
| 蔗尾 | Top of sugarcane | | 公斤 Kg |
| 甜叶菜 | Beet leaves | | 公斤 Kg |

续表2 Continued 2

| 农产品类别与品名 | Agricultural Products | 生产价格代表产品 Representative Products for Producer Price of Agricultural Products | 计量单位 Unit |
|---|---|---|---|
| 1.8烟 草 | 1.8.Tobacco | * | 公斤 Kg |
| 烤烟叶 | Flue-cured tobacco | * | 公斤 Kg |
| 晒烟叶 | Sun-cured tobacco | * | 公斤 Kg |
| 白肋烟 | Whiteerib tobacco | | 公斤 Kg |
| 香料烟 | Perfume tobacco | | 公斤 Kg |
| 其他烟叶 | Other tobacco | | 公斤 Kg |
| 烟杆 | Tobacco stalk | | 公斤 Kg |
| 1.9其他农作物 | 1.9.Other agricultural crops | | 公斤 Kg |
| 青饲料 | Greenfeed | | 公斤 Kg |
| 牧草 | Herbage | | 公斤 Kg |
| 绿肥 | Green manure | | 公斤 Kg |
| 桑叶 | Mulberry leaves | | 公斤 Kg |
| 席草 | Lepironia articulata. | | 公斤 Kg |
| 蓖麻籽 | Castor beans | | 公斤 Kg |
| 除虫菊 | Pyrethrum | | 公斤 Kg |
| 薄荷油 | Peppermint oil | | 公斤 Kg |
| 莲子 | Lotus seed | | 公斤 Kg |
| 菖蒲 | Calamus | | 公斤 Kg |
| 苇子 | Reed | | 公斤 Kg |
| 菱角 | Water caltrop | | 公斤 Kg |
| 红黑瓜子 | Red and black melon seed | | 公斤 Kg |
| 龙须草 | Agrimony | | 公斤 Kg |
| 木薯 | Tapioca | | 公斤 Kg |
| 糜子 | Mizi | | 公斤 Kg |
| 黍子 | Millet | | 公斤 Kg |
| 蕉芋 | Canna edulis Ker | | 公斤 Kg |
| 野生植物的采集 | Gathering of wild plants | | 公斤 Kg |
| 未列明的其他农作物 | Other agricultural crops | | 公斤 Kg |
| 2.蔬菜、园艺作物 | 2.Vegetable and Horticulture | * | |
| 2.1蔬菜 | 2.1. Vegetable | * | |
| 2.1.1叶菜类 | 2.1.1. Leaf vegetable | * | 公斤 Kg |
| 菠菜 | Spinach | * | 公斤 Kg |
| 芹菜 | Celery | * | 公斤 Kg |
| 大白菜 | Chinese cabbage | * | 公斤 Kg |
| 元白菜 | Cabbage | * | 公斤 Kg |
| 甘蓝 | Wild cabbage | * | 公斤 Kg |
| 花椰菜 | Cauliflower | * | 公斤 Kg |
| 莴笋 | Asparagus lattuce | * | 公斤 Kg |
| 油菜 | Rape | * | 公斤 Kg |
| 其他叶菜 | Other leaf vegetable | | 公斤 Kg |
| 2.1.2瓜菜类 | 2.1.2. Gourd vegetable | * | 公斤 Kg |
| 黄瓜 | Cucumber | * | 公斤 Kg |

续表3 Continued 3

| 农产品类别与品名 | Agricultural Products | 生产价格代表产品 Representative Products for Producer Price of Agricultural Products | 计量单位 Unit |
|---|---|---|---|
| 冬瓜 | White gourd | * | 公斤 Kg |
| 西葫芦 | Summer squash | * | 公斤 Kg |
| 苦瓜 | Balsam pear | * | 公斤 Kg |
| 丝瓜 | Towed gourd | * | 公斤 Kg |
| 南瓜 | Pumpkin | * | 公斤 Kg |
| 打瓜 | Citrullus lanatus | | 公斤 Kg |
| 瓠子 | Bottle gourd | | 公斤 Kg |
| 其他瓜菜 | Other gourd vegetable | | 公斤 Kg |
| 2.1.3块根、块茎菜类 | 2.1.3 Root and tuber vegetable | * | 公斤 Kg |
| 萝卜 | Radish | * | 公斤 Kg |
| 胡萝卜 | Carrot | * | 公斤 Kg |
| 生姜 | Ginger | * | 公斤 Kg |
| 芋头 | Eddo | | 公斤 Kg |
| 苔干 | Tribute vegetable | | 公斤 Kg |
| 百合(根) | Lily (root) | | 公斤 Kg |
| 芋艿 | Taro | | 公斤 Kg |
| 山药 | Chinese yam | | 公斤 Kg |
| 其他块根、块茎菜 | Other root and tuber vegetable | | 公斤 Kg |
| 2.1.4茄果菜类 | 2.1.4. Eggplant, tomato and chili, etc. | * | 公斤 Kg |
| 茄子 | Eggplant | * | 公斤 Kg |
| 西红柿 | Tomato | * | 公斤 Kg |
| 辣椒 | Chili | * | 公斤 Kg |
| 青椒 | Sweetbell | * | 公斤 Kg |
| 其他茄果菜类 | Others | | 公斤 Kg |
| 2.1.5葱蒜类 | 2.1.5 Onion and Garlic | * | 公斤 Kg |
| 大葱 | Scallion | * | 公斤 Kg |
| 蒜苔 | Garlic stalk | * | 公斤 Kg |
| 蒜头 | Garlic head | * | 公斤 Kg |
| 洋葱 | Onion | | 公斤 Kg |
| 蒜苗 | Garlic bolt | | 公斤 Kg |
| 小葱 | Shallot | | 公斤 Kg |
| 韭菜 | Fragrant-flowered garlic | | 公斤 Kg |
| 其他葱蒜类 | Others | | 公斤 Kg |
| 2.1.6菜用豆类 | 2.1.6. Garden beans | * | 公斤 Kg |
| 四季豆 | Kidney beans | * | 公斤 Kg |
| 豇豆 | Cowpeas | * | 公斤 Kg |
| 其他菜用豆 | Other garden beans | | 公斤 Kg |
| 2.1.7水生菜类 | 2.1.7.Water vegetable | * | 公斤 Kg |
| 莲藕 | Lotus root | * | 公斤 Kg |
| 茭白 | Wild ruice stem | * | 公斤 Kg |
| 荸荠 | Water chestnut | | 公斤 Kg |
| 其他水生菜 | Other water vegetable | | 公斤 Kg |

续表4 Continued 4

| 农产品类别与品名 | Agricultural Products | 生产价格代表产品 Representative Products for Producer Price of Agricultural Products | 计量单位 Unit |
|---|---|---|---|
| 2.1.8食用菌(干鲜混合) | 2.1.8. Mushroom | * | 公斤 Kg |
| 香菇(干品) | Mushroom (dried) | * | 公斤 Kg |
| 蘑菇(鲜品) | Mushroom (fresh) | * | 公斤 Kg |
| 黑木耳(干品) | Black edible fungus (dried) | * | 公斤 Kg |
| 白木耳(干品) | Tremella (dried) | * | 公斤 Kg |
| 金针菇(鲜品) | Golden mushroom | | 公斤 Kg |
| 猴头菌(干品) | Bearded tooth(dried) | | 公斤 Kg |
| 平菇(鲜品) | Oyster mushroom | | 公斤 Kg |
| 花菇(干品) | Black forest mushroom | | 公斤 Kg |
| 其他食用菌 | Other edible mushrooms | | 公斤 Kg |
| 2.1.9其他蔬菜 | 2.1.9. Other vegetable | | 公斤 Kg |
| 椿芽 | Chinese cedrela sprouts | | 公斤 Kg |
| 黄花菜 | Other vegetable | | 公斤 Kg |
| 空心菜 | Mater convolvulus | | 公斤 Kg |
| 荷兰豆 | Snow pea | | 公斤 Kg |
| 芥菜 | Mustard | | 公斤 Kg |
| 莜麦菜 | Naked oats | | 公斤 Kg |
| 生菜 | Lettuce | | 公斤 Kg |
| 苋菜 | Amaranth vegetable | | 公斤 Kg |
| 未列明的其他蔬菜 | Other vegetables | | 公斤 Kg |
| 2.2花 卉 | 2.2. Flowers | * | |
| 2.2.1鲜切花 | 2.2.1. Fresh flowers | * | 枝 Branch |
| 百合花 | Lily | * | 枝 Branch |
| 康乃馨 | Carnation | * | 枝 Branch |
| 满天星 | June snow (serissa) | * | 枝 Branch |
| 勿忘我 | Forgetmenot | * | 枝 Branch |
| 非洲菊 | Flameray Gerbera | * | 枝 Branch |
| 玫瑰 | Rugosa rose | * | 枝 Branch |
| 郁金香 | Tulip | * | 枝 Branch |
| 情人草 | Myosotis | * | 枝 Branch |
| 其他鲜切花 | Other fresh flowers | | 枝 Branch |
| 2.3其他园艺作物 | 2.3. Other horticulture | | |
| 2.3.1盆栽植物 | 2.3.1.Potted plant | | 盆 Pot |
| 杜鹃 | Cuckoo | * | 盆 Pot |
| 兰草 | Orchid | | 盆 Pot |
| 水仙 | Asphodel | | 盆 Pot |
| 菊 | Chrysanthemum | | 盆 Pot |
| 月季 | China rose | | 盆 Pot |
| 茉莉 | Jasmine | | 盆 Pot |
| 仙人掌(球) | Cacti | | 盆 Pot |
| 夜来香 | Evening primrose | | 盆 Pot |
| 2.2.3观赏苗木 | 2.2.3.Ornamental | * | 株 Individual |

续表5 Continued 5

| 农产品类别与品名 | Agricultural Products | 生产价格代表产品 Representative Products for Producer Price of Agricultural Products | 计量单位 Unit |
|---|---|---|---|
| 香樟 | Fragrant camphor | | 株 Individual |
| 松柏 | Coniferae | | 株 Individual |
| 银杏 | Gingkgo | | 株 Individual |
| 茶花 | Camellia | | 株 Individual |
| 玉兰 | Yulan | | 株 Individual |
| 2.3.3草坪草皮 | 2.3.3.Sod for lawn | * | 平方米 Sq.m |
| 2.3.9其他园艺作物 | 2.3.9.Other horticulture | | 平方米 Sq.m |
| 3.水果、坚果、饮料和香料 | 3. Fruits, nuts, beverages and perfume | * | |
| 3.1水果、坚果 | 3.1. Fruits and nuts | * | 公斤 Kg |
| 3.1.1园林水果 | 3.1.1. Garden fruits | * | 公斤 Kg |
| 苹果 | Apple | * | 公斤 Kg |
| 红富士苹果 | Hongfushi apple | * | 公斤 Kg |
| 国光苹果 | Guoguang apple | * | 公斤 Kg |
| 秦冠苹果 | Qinguan apple | * | 公斤 Kg |
| 香蕉苹果 | Banana apple | * | 公斤 Kg |
| 金冠苹果 | Jinguan apple | | 公斤 Kg |
| 元帅苹果 | Yuanshuai (Marshal) apple | | 公斤 Kg |
| 新红星苹果 | New Hongxing apple | | 公斤 Kg |
| 其他苹果 | Other apples | | 公斤 Kg |
| 梨 | Pear | * | 公斤 Kg |
| 雪花梨 | Snowflake pear | * | 公斤 Kg |
| 鸭梨 | Ya- pear：Chinese white pear | * | 公斤 Kg |
| 酥梨 | Soft-pear：a kind of pear | * | 公斤 Kg |
| 香梨 | Bergamot pear | * | 公斤 Kg |
| 苹果梨 | Apple pear | * | 公斤 Kg |
| 冬果梨 | Dongguo pear | | 公斤 Kg |
| 其他梨 | Other pears | | 公斤 Kg |
| 柑桔 | Citrus | * | 公斤 Kg |
| 柑 | Mandarin orange | * | 公斤 Kg |
| 桔 | Tangerine | * | 公斤 Kg |
| 橙 | Orange | * | 公斤 Kg |
| 柚 | Shaddock | | 公斤 Kg |
| 其他柑桔 | Others | | 公斤 Kg |
| 其他水果 | Other fruits | * | 公斤 Kg |
| 香蕉 | Banana | * | 公斤 Kg |
| 菠萝 | Pineapple | * | 公斤 Kg |
| 荔枝 | Litchi | * | 公斤 Kg |
| 龙眼 | Longan | * | 公斤 Kg |
| 芒果 | Mango | * | 公斤 Kg |
| 木瓜 | Papaya | | 公斤 Kg |
| 橄榄 | Chinese olive | | 公斤 Kg |
| 桃 | Peach | * | 公斤 Kg |

续表6 Continued 6

| 农产品类别与品名 | Agricultural Products | 生产价格代表产品 Representative Products for Producer Price of Agricultural Products | 计量单位 Unit |
|---|---|---|---|
| 杏 | Apricot | * | 公斤 Kg |
| 杨梅 | Waxberry | * | 公斤 Kg |
| 猕猴桃 | Chinese goosebeery | * | 公斤 Kg |
| 葡萄 | Grape | * | 公斤 Kg |
| 红枣 | Red Chinese date | * | 公斤 Kg |
| 柿子 | Persimmon | * | 公斤 Kg |
| 沙果 | Sand fruit | * | 公斤 Kg |
| 李子 | Plum | * | 公斤 Kg |
| 番石榴 | Guava | | 公斤 Kg |
| 枇杷 | Loquat | | 公斤 Kg |
| 青枣 | Green Chinese date | | 公斤 Kg |
| 青梅 | Greengage | | 公斤 Kg |
| 其他园林水果 | Other garden fruits | | 公斤 Kg |
| 3.1.2瓜果类 | 3.1.2. Melon | * | 公斤 Kg |
| 西瓜 | Watermelon | * | 公斤 Kg |
| 甜瓜 | Cucumis melo | * | 公斤 Kg |
| 哈密瓜 | Hami melon | * | 公斤 Kg |
| 香瓜 | Musk melon | * | 公斤 Kg |
| 伊丽莎白瓜 | Elizabeth melon | * | 公斤 Kg |
| 华莱士 | Wallace melon | * | 公斤 Kg |
| 草莓 | Strawberry | * | 公斤 Kg |
| 其他瓜果 | Others | | 公斤 Kg |
| 3.1.3坚果类 | 3.1.3. Nuts | * | 公斤 Kg |
| 椰子 | Coconut | * | 公斤 Kg |
| 腰果 | Cashew | * | 公斤 Kg |
| 杏仁 | Apricot kernel | | 公斤 Kg |
| 槟榔 | Areca | | 公斤 Kg |
| 沙棘果 | Seabuck thorn | | 公斤 Kg |
| 其他坚果 | Other nuts | | 公斤 Kg |
| 3.2茶及其他饮料(干品) | 3.2. Tea and other beverages (dried) | * | |
| 3.2.1茶 | 3.2.1. Tea | * | |
| 红毛茶 | Black tea | * | 公斤 Kg |
| 率毛茶 | Green tea | * | 公斤 Kg |
| 乌龙茶 | Oolong tea | * | 公斤 Kg |
| 紧压茶原料 | Raw material for pressed tea | | 公斤 Kg |
| 其他茶 | Others | | 公斤 Kg |
| 3.2.2可可和咖啡 | 3.2.2.Cocoa and Coffee | * | 公斤 Kg |
| 咖啡豆 | Coffee bean | * | 公斤 Kg |
| 可可豆 | Cocoa bean | | 公斤 Kg |
| 3.2.3其他饮料(干品) | 3.2.3.Other beverages (dried) | | 公斤 Kg |
| 3.3香料作物 | 3.3.Perfume crops | | 公斤 Kg |
| 月桂 | Laurel | | 公斤 Kg |

续表7 Continued 7

| 农产品类别与品名 | Agricultural Products | 生产价格代表产品 Representative Products for Producer Price of Agricultural Products | 计量单位 Unit |
|---|---|---|---|
| 丁香 | Clove | | 公斤 Kg |
| 茴香 | Fennel | | 公斤 Kg |
| 香茅草 | Citronella | | 公斤 Kg |
| 留兰香 | Spearmint | | 公斤 Kg |
| 薰衣草 | English lavander | | 公斤 Kg |
| 百里香 | Chinese thyme | | 公斤 Kg |
| 茉莉花 | Jasmine | | 公斤 Kg |
| 其他 | Others | | 公斤 Kg |
| 4.中药材 | 3.Chinese medicinal materials | * | 公斤 Kg |
| 茯苓 | Fuling (poris cocos) | * | 公斤 Kg |
| 党参 | Tangshen (pilose asiabell) | * | 公斤 Kg |
| 当归 | Chinese angelica | * | 公斤 Kg |
| 黄芪 | Root of membranous milk vetch | * | 公斤 Kg |
| 金银花 | Honeysuckle | * | 公斤 Kg |
| 人参 | Ginseng | * | 公斤 Kg |
| 黄连 | Rhizome of Chinese goldthread | * | 公斤 Kg |
| 甘草 | Licorice root | * | 公斤 Kg |
| 贝母 | Bulb of fritillary | * | 公斤 Kg |
| 红花 | Safflower | * | 公斤 Kg |
| 元胡 | Amur corydalis | * | 公斤 Kg |
| 枸杞 | Fruit of Chinese wolfberry | * | 公斤 Kg |
| 砂仁 | Villous amomum | * | 公斤 Kg |
| 菊花 | Chrysanthemu | * | 公斤 Kg |
| 白术 | Largehead atractyldes | * | 公斤 Kg |
| 半夏 | Tuber of pinelia | * | 公斤 Kg |
| 麦冬 | Tuber of dwarf lilyturf | | 公斤 Kg |
| 三七 | Pseudo- ginseng | * | 公斤 Kg |
| 西洋参 | American ginseng | | 公斤 Kg |
| 麻黄参 | Chinese ephedra | | 公斤 Kg |
| 玄参 | Root of Zhejiang figwort | | 公斤 Kg |
| 肉桂 | Cinnamon | | 公斤 Kg |
| 生地 | Dried rhizome of rehmannia | * | 公斤 Kg |
| 厚朴 | Bark of official magnolia | | 公斤 Kg |
| 杜仲 | Bark of eucommia | | 公斤 Kg |
| 薄荷 | Peppermint | | 公斤 Kg |
| 枳壳 | Trifoliate-orange | | 公斤 Kg |
| 田七 | Notoginseng | | 公斤 Kg |
| 两面针 | Shinleaf pricklyash | | 公斤 Kg |
| 板蓝根 | Root of common baphicacanthus | | 公斤 Kg |
| 苦丁茶 | Kudin crotoxylum (bitter tea tree) | | 公斤 Kg |
| 罗汉果 | Siraitia | | 公斤 Kg |
| 藿香 | Ageratum | | 公斤 Kg |

续表8 Continued 8

| 农产品类别与品名 | Agricultural Products | 生产价格代表产品 Representative Products for Producer Price of Agricultural Products | 计量单位 Unit |
|---|---|---|---|
| 天麻 | Tuber of elevated gastrodia | | 公斤 Kg |
| 灵芝 | Glossy ganoderma | | 公斤 Kg |
| 穿心莲 | Creat | | 公斤 Kg |
| 桔梗 | Rampion | | 公斤 Kg |
| 白芍 | Root of herbaceous peony | | 公斤 Kg |
| 地黄 | Glutinous rehmannia | | 公斤 Kg |
| 干姜 | Dried ginger | | 公斤 Kg |
| 桂枝 | Cassia twig | | 公斤 Kg |
| 丹参 | Root of red-rooted salvia | | 公斤 Kg |
| 大青叶 | Common conehead | | 公斤 Kg |
| 白芷 | Root of Dahurian angelica | | 公斤 Kg |
| 川芎 | Ligusticum wallichii | | 公斤 Kg |
| 泽泻 | Water-plaintain | | 公斤 Kg |
| 附子 | Monkshood | | 公斤 Kg |
| 云木香 | Common Aucklandia Root | | 公斤 Kg |
| 牛夕 | Root of bidentate achyranthes | | 公斤 Kg |
| 凡皮 | Fanpi：a kind of traditional chinese medicine | | 公斤 Kg |
| 玉金 | Yujin：a kind of traditional chinese medicine | | 公斤 Kg |
| 牛膝 | Twotooth achyranthes | | 公斤 Kg |
| 虫草 | Chinese caterpillar fungus | | 公斤 Kg |
| 黄姜 | Yellow ginger | | 公斤 Kg |
| 太子参 | Pseudostellaria heterphylla | | 公斤 Kg |
| 其他药材 | Other medicinal materials | | 公斤 Kg |
| 二、林业产品 | II.Forest products | * | |
| 2.1林木的培育和种植 | 2.1. Cultivation and planting of forest trees | | |
| 2.1.1育种育苗 | 2.1.1. Breeding and growing seedlings | | 亩 mu |
| 育苗面积 | Growing seeding areas | | 亩 mu |
| 2.1.2造林 | 2.1.2. Afforestation | | 亩 mu |
| 人工造林 | Manual afforestation | | 亩 mu |
| 飞机播种造林 | Afforestation by airplane | | 亩 mu |
| 2.1.3抚育和管理 | 2.1.3 Breeding and administration | | |
| 零星植树 | Sporadic tree planting | | 株 Individual |
| 迹地更新 | Slash regeneration | | 亩 mu |
| 幼林抚育 | Breeding of forest of young growth | | 亩 mu |
| 成林抚育 | Breeding of grown forest | | 亩 mu |
| 2.2竹木采运 | 2.2 Felling and transport of bamboo and wood | * | |
| 2.2.1木材采运 | 2.2.1 Felling and transport of wood | * | 立方米 Stere |
| 2.2.1.1原木 | 2.2.1.1 Log | * | 立方米 Stere |
| 红松 | Korean pine | * | 立方米 Stere |
| 落叶松 | Larch | * | 立方米 Stere |
| 马尾松 | Masson pine | * | 立方米 Stere |
| 杉木 | China fir | * | 立方米 Stere |

续表9 Continued 9

| 农产品类别与品名 | Agricultural Products | 生产价格代表产品 Representative Products for Producer Price of Agricultural Products | 计量单位 Unit |
|---|---|---|---|
| 云南松 | Yunnan pine | * | 立方米 Stere |
| 杨木 | Poplar | | 立方米 Stere |
| 桐木 | Tung | | 立方米 Stere |
| 油木 | Youmu | | 立方米 Stere |
| 桦木 | Birch | | 立方米 Stere |
| 2.2.1.2薪材 | 2.2.1.2.Firewood | | 根 Bar |
| 2.2.2竹木采运 | 2.2.2.Felling and transport of bamboo | * | 根 Bar |
| 水竹 | Water bamboo | | 根 Bar |
| 斑竹 | Mottled bamboo | | 根 Bar |
| 毛竹(楠竹) | Mao bamboo | * | 根 Bar |
| 蒿竹 | Hao Bamboo | * | 根 Bar |
| 淡竹 | Henon bamboo | | 根 Bar |
| 小杂竹 | Small mixed baboo | | 根 Bar |
| 其他竹材 | Other bamboo | | 根 Bar |
| 2.3林产品的采集 | 2.3 Gathering of forest products | * | |
| 2.3.1天然和人工林的果实 | 2.3.1.Products of natural and artificial forest | * | 公斤 Kg |
| 橡胶 | Rubber | * | 公斤 Kg |
| 生漆 | Raw lacquer | * | 公斤 Kg |
| 紫胶 | Shellac | * | 公斤 Kg |
| 白蜡 | White wax | | 公斤 Kg |
| 油桐籽 | Seeds of tung oil tree | * | 公斤 Kg |
| 油棕籽 | Fruits of oil palm | | 公斤 Kg |
| 乌桕籽 | Seeds of Chinese tallow tree | * | 公斤 Kg |
| 山苍籽 | Seeds of mountain spicy tree | | 公斤 Kg |
| 五倍籽 | Chinese gall (gall nut) | * | 公斤 Kg |
| 油茶籽 | Seeds of tea-oil tree | * | 公斤 Kg |
| 棕片 | Palm fibre | * | 公斤 Kg |
| 松脂 | Rosin | * | 公斤 Kg |
| 栲胶 | Tannin extract | * | 公斤 Kg |
| 核桃 | Walnut | * | 公斤 Kg |
| 板栗 | Chinese chestnut | * | 公斤 Kg |
| 白果 | Ginkgo | * | 公斤 Kg |
| 松子 | Pine nut | * | 公斤 Kg |
| 花椒 | Chinese prickly ash | * | 公斤 Kg |
| 八角 | Anise | * | 公斤 Kg |
| 桂皮 | Cassia bark | * | 公斤 Kg |
| 胡椒 | Pepper | * | 公斤 Kg |
| 茴油 | Fennel oil | | 公斤 Kg |
| 桂油 | Cassia oil | | 公斤 Kg |
| 其他果实 | Other products | | 公斤 Kg |
| 2.3.2其他林产品采集 | 2.3.2.Gathering of other wild plants | | 公斤 Kg |
| 柳条 | Willow twigs | | 公斤 Kg |

续表10 Continued 10

| 农产品类别与品名 | Agricultural Products | 生产价格代表产品 Representative Products for Producer Price of Agricultural Products | 计量单位 Unit |
|---|---|---|---|
| 藤条 | Rattan | | 公斤 Kg |
| 竹笋干 | Dried bamboo shoots | | 公斤 Kg |
| 桉树叶 | Eucalyptus leaves | | 公斤 Kg |
| 葵叶 | Mallow leaves | | 公斤 Kg |
| 黄柏 | Yellow cypress | | 公斤 Kg |
| 茅草 | Couch grass | | 公斤 Kg |
| 未列明的其他林产品采集 | Gathering of other wild plants | | 公斤 Kg |
| 三、牧业(畜产品) | III.Animal products | * | |
| 3.1牲畜的饲养 | 3.1. Livestock raising | * | |
| 3.1.1牛的饲养 | 3.1.1. Cattle raising | * | 公斤 Kg |
| 活牛(毛重) | Live cattle (gross weight) | * | 公斤 Kg |
| 牛肉 | Beef | * | 公斤 Kg |
| 3.1.2羊的饲养 | 3.1.2. Sheep raising | * | 公斤 Kg |
| 活羊(毛重) | Live sheep | * | 公斤 Kg |
| 羊肉 | Mutton | * | 公斤 Kg |
| 3.1.3其他牲畜饲养 | 3.1.3. Other livestock raising | | 公斤 Kg |
| 马 | Horse | | 公斤 Kg |
| 驴 | Donkey | | 公斤 Kg |
| 骡 | Mule | | 公斤 Kg |
| 骆驼 | Camel | | 公斤 Kg |
| 其他未列明的牲畜饲养 | Other livestock raising | | 公斤 Kg |
| 3.1.4奶产品 | 3.1.4. Milk products | * | 公斤 Kg |
| 牛奶 | Cow milk | * | 公斤 Kg |
| 羊奶 | Sheep milk | * | 公斤 Kg |
| 其他奶类 | Other milk | | 公斤 Kg |
| 3.1.5毛绒产品 | 3.1.5 Hair and down products | * | 公斤 Kg |
| 山羊毛 | Goat’s wool | * | 公斤 Kg |
| 绵羊毛 | Sheep’s wool | * | 公斤 Kg |
| 山羊绒 | Cashmere | * | 公斤 Kg |
| 绵羊绒 | Sheep’s down | | 公斤 Kg |
| 牦牛毛 | Yak hair | * | 公斤 Kg |
| 牦牛绒 | Yak down | | 公斤 Kg |
| 骆驼绒 | Camel hair cloth | | 公斤 Kg |
| 马鬃 | Horse’s mane | | 公斤 Kg |
| 马尾 | Horse’s tail | | 公斤 Kg |
| 其他毛绒产品 | Other Hair and down products | | 公斤 Kg |
| 3.1.6其他牲畜产品 | 3.1.6.Other animal products | | 公斤 Kg |
| 3.2猪的饲养 | 3.2. Pig raising | * | 公斤 Kg |
| 活猪(毛重) | Live pig (gross weight) | * | 公斤 Kg |
| 猪肉 | Pork | * | 公斤 Kg |
| 猪鬃 | Bristles | | 公斤 Kg |
| 3.3家禽 | 3.3. Poultry | * | 公斤 Kg |

续表11　　　　Continued 11

| 农产品类别与品名 | Agricultural Products | 生产价格代表产品 Representative Products for Producer Price of Agricultural Products | 计量单位 Unit |
|---|---|---|---|
| 3.3.1肉禽(毛重) | 3.3.1.Poultry (gross weight) | * | 公斤 Kg |
| 鸡 | Chicken | * | 公斤 Kg |
| 鸭 | Duck | * | 公斤 Kg |
| 鹅 | Goose | * | 公斤 Kg |
| 鹌鹑 | Quail | | 公斤 Kg |
| 其他家禽 | Other poultry | | 公斤 Kg |
| 3.3.2禽蛋 | 3.3.2.Eggs | * | 公斤 Kg |
| 鸡蛋 | Chicken's eggs | * | 公斤 Kg |
| 鸭蛋 | Duck 's eggs | * | 公斤 Kg |
| 鹅蛋 | Goose' s eggs | * | 公斤 Kg |
| 鹌鹑蛋 | Quail 's eggs | | 公斤 Kg |
| 其他蛋 | Other eggs | | 公斤 Kg |
| 3.3.3羽绒 | 3.3.3..Eider down | | 公斤 Kg |
| 鸭绒 | Duck 's down | | 公斤 Kg |
| 其他羽绒 | Other down | | 公斤 Kg |
| 3.4狩猎和扑捉动物 | 3.4.Hunting and catching animals | | 张 Sheet |
| 兽皮 | Furs | | 张 Sheet |
| 未列明的动物皮张 | Furs not identified | | 张 Sheet |
| 3.9其他畜牧业 | 3.9.Other livestock husbandry | | |
| 3.9.1各种鸟类 | 3.9.1.Birds | | 公斤 Kg |
| 鸽子 | Pigeon | | 公斤 Kg |
| 火鸡 | Turkey | | 公斤 Kg |
| 山鸡 | Pheasant | | 公斤 Kg |
| 鸵鸟 | Ostrich | | 公斤 Kg |
| 其他鸟类 | Other birds | | 公斤 Kg |
| 3.9.2家养动物 | 3.9.2.Domestic animals | | 公斤 Kg |
| 兔 | Rabbit | | 公斤 Kg |
| 兔毛 | Rabbit hair | * | 公斤 Kg |
| 狗 | Dog | | 公斤 Kg |
| 猫 | Cat | | 只 Individual |
| 其他家养动物 | Other domestic animals | | 头 Individual |
| 3.9.3珍贵动物 | 3.9.3.Rare animals | | 头 Individual |
| 鹿 | Deer | | 头 Individual |
| 熊 | Bear | | 头 Individual |
| 獐 | Roe | | 头 Individual |
| 狐狸 | River deer | | 公斤 Kg |
| 水貂 | Fox | | 头 Individual |
| 蛇 | Marten | | 公斤 Kg |
| 其他珍贵动物 | Other Rare animals | | 公斤 Kg |
| 3.9.4虫类 | 3.9.4.Worms | | 公斤 Kg |
| 蚯蚓 | Earthworm | | 公斤 Kg |
| 蝎子 | Bristles | | 公斤 Kg |

续表12 Continued 12

| 农产品类别与品名 | Agricultural Products | 生产价格代表产品 Representative Products for Producer Price of Agricultural Products | 计量单位 Unit |
| --- | --- | --- | --- |
| 其他虫类 | Other Worms | | 公斤 Kg |
| 3.9.5活的家畜产品 | 3.9.5.Live poultry products | | |
| 蚕茧 | Silkworm cocoon | | 公斤 Kg |
| 蜂蜜 | Honey | | 公斤 Kg |
| 蜂蜡 | Beeswax | | 公斤 Kg |
| 麝香 | Musk | | 公斤 Kg |
| 鹿茸 | Pilose antler | | 公斤 Kg |
| 其他活的家畜产品 | Other live poultry products | | |
| 3.9.6毛皮的生产 | 3.9.6.Production of furs | | |
| 动物皮张 | Animals' furs | | 张 Sheet |
| 其他毛皮的生产 | Other furs | | 公斤 Kg |
| 四、渔业 | IV.Fishery | * | |
| 4.1海水水产品 | 4.1.Seawater aquatic products | * | 公斤 Kg |
| 4.1.1鱼类 | 4.1.1.Seawater fish | * | 公斤 Kg |
| 大黄鱼 | Large yellow croaker | * | 公斤 Kg |
| 小黄鱼 | Small yellow croaker | * | 公斤 Kg |
| 带鱼 | Hairtail | * | 公斤 Kg |
| 鲈鱼 | Perch | * | 公斤 Kg |
| 沙丁鱼 | Sardine | * | 公斤 Kg |
| 鳕鱼 | Cod | * | 公斤 Kg |
| 石斑鱼 | Grouper | * | 公斤 Kg |
| 鳀鱼 | Anchovy | | 公斤 Kg |
| 梭鱼 | Barracuda | | 公斤 Kg |
| 金枪鱼 | Tuna | | 公斤 Kg |
| 鲳鱼 | Silvery pomfret | * | 公斤 Kg |
| 海鳗 | Moray | | 公斤 Kg |
| 鲅鱼 | Spanish mackerel | * | 公斤 Kg |
| 鲐鱼 | Chub mackerel | | 公斤 Kg |
| 马面鱼 | Black scraper | | 公斤 Kg |
| 黄姑鱼 | Spotted maigre | | 公斤 Kg |
| 鳓鱼 | Chinese herring | | 公斤 Kg |
| 马鲛 | Japanese Spanish mackerel | | 公斤 Kg |
| 鲱鱼 | Herring | | 公斤 Kg |
| 梅童鱼 | Baby croaker | | 公斤 Kg |
| 鲻鱼 | Mullet | | 公斤 Kg |
| 蓝圆 | Blue scad | | 公斤 Kg |
| 远东拟沙丁鱼 | Far East imitation sardine | | 公斤 Kg |
| 太平洋鲱 | Pacific herring | | 公斤 Kg |
| 鲆鲽 | Left-eyed flounder | | 公斤 Kg |
| 舌鳎 | Tonguefish | | 公斤 Kg |
| 其他海水鱼类 | Other seawater fish | | 公斤 Kg |
| 4.1.2海水甲壳蟹类 | 4.1.2.Seawater shrimp and crab | * | 公斤 Kg |

续表13 Continued 13

| 农产品类别与品名 | Agricultural Products | 生产价格代表产品 Representative Products for Producer Price of Agricultural Products | 计量单位 Unit |
|---|---|---|---|
| 对虾 | Prawn | * | 公斤 Kg |
| 毛虾 | Shrimp | * | 公斤 Kg |
| 爬虾 | Mantis shrimp | * | 公斤 Kg |
| 脊尾白虾 | Exopataemom carimicauda | * | 公斤 Kg |
| 鹰爪虾 | Trachypemaeus curvirostris | * | 公斤 Kg |
| 梭子蟹 | Swimming crab | * | 公斤 Kg |
| 锯缘青蟹 | A kind of seawater crab | | 公斤 Kg |
| 其他海水甲壳类 | Other seawater shrimps and crabs | | 公斤 Kg |
| 4.1.3海水贝类 | 4.1.3.Seawater shellfish | * | 公斤 Kg |
| 贻贝 | Mussel | * | 公斤 Kg |
| 扇贝 | Scallop | * | 公斤 Kg |
| 牡蛎 | Oyster | * | 公斤 Kg |
| 鲍鱼 | Abalone | * | 公斤 Kg |
| 海水珍珠 | Seawater pearl | | 公斤 Kg |
| 蛤 | Clam | * | 公斤 Kg |
| 蚶 | Blood clam | | 公斤 Kg |
| 海螺 | Conch | | 公斤 Kg |
| 蛏 | Razor clam | * | 公斤 Kg |
| 其他海水贝类 | Other seawater shellfish | | 公斤 Kg |
| 4.1.4藻类 | 4.1.4.Seaweeds | * | 公斤 Kg |
| 海带 | Kelp | * | 公斤 Kg |
| 紫菜 | Laver | * | 公斤 Kg |
| 其他藻类 | Other seaweeds | | 公斤 Kg |
| 4.1.5其他海水产品 | 4.1.5. Other seawater products | | 公斤 Kg |
| 墨鱼 | Inkfish | | 公斤 Kg |
| 鱿鱼 | Squid | | 公斤 Kg |
| 章鱼 | Octopus | | 公斤 Kg |
| 海蜇 | Jellyfish | | 公斤 Kg |
| 海参 | Sea cucumber | | 公斤 Kg |
| 其他未列明的海水产品 | Other seawater products | | 公斤 Kg |
| 4.2内陆水域水产品 | 4.2.Aquatic products in inland water areas | * | 公斤 Kg |
| 4.2.1淡水鱼类 | 4.2.1.Freshwater fish | * | 公斤 Kg |
| 青鱼 | Black carp | * | 公斤 Kg |
| 草鱼 | Grass carp | * | 公斤 Kg |
| 鲤鱼 | Carp | * | 公斤 Kg |
| 鲢鱼 | Silver carp | * | 公斤 Kg |
| 鲫鱼 | Crucian carp | * | 公斤 Kg |
| 罗非鱼 | Tilapia | * | 公斤 Kg |
| 虹鳟鱼 | Rainbow trout | * | 公斤 Kg |
| 白鱼 | Whitefish | | 公斤 Kg |
| 鳜鱼 | Mandarin fish | | 公斤 Kg |
| 白鲳鱼 | Round spadefish | | 公斤 Kg |

续表14 Continued 14

| 农产品类别与品名 | Agricultural Products | 生产价格代表产品 Representative Products for Producer Price of Agricultural Products | 计量单位 Unit |
|---|---|---|---|
| 黑鱼 | Snakeheaded fish | | 公斤 Kg |
| 鲶鱼 | Oriental sheatfish | * | 公斤 Kg |
| 武昌鱼 | Blunt-snout bream | * | 公斤 Kg |
| 鳙鱼 | Variegated carp | | 公斤 Kg |
| 鲮鱼 | Dace | | 公斤 Kg |
| 鳊 | Bream | | 公斤 Kg |
| 鲂 | John dory | | 公斤 Kg |
| 黄颡鱼 | Yellowcat fish | | 公斤 Kg |
| 银鱼 | Whitebait | * | 公斤 Kg |
| 淡水鲈 | Freshwater perch | | 公斤 Kg |
| 大马哈鱼 | Chum salmon | * | 公斤 Kg |
| 乌鳢 | Snakehead mullet | | 公斤 Kg |
| 淡水鳗 | Freshwater ell | | 公斤 Kg |
| 其他淡水鱼类 | Other freshwater fish | | 公斤 Kg |
| 4.2.2淡水甲壳类 | 4.2.2.Freshwater shrimps and crabs | * | 公斤 Kg |
| 龙虾 | Lobster | * | 公斤 Kg |
| 罗氏沼虾 | M. rosenbergii | * | 公斤 Kg |
| 青虾 | Freshwater shirimp | * | 公斤 Kg |
| 克氏螯虾 | Procambarus clarkia Giraed | * | 公斤 Kg |
| 脊尾虾 | Greasyback shrimp | * | |
| 红螯螯虾 | Red Swamp Crawfish | | |
| 大闸蟹 | Steamed crab | * | 公斤 Kg |
| 其他淡水甲壳类 | Other freshwater shrimp and crab | | 公斤 Kg |
| 4.2.3淡水贝类 | 4.2.3.Freshwater shellfish | * | 公斤 Kg |
| 淡水珍珠 | Freshwater pearl | | 公斤 Kg |
| 螺丝 | Spiral shell | | 公斤 Kg |
| 河蚌 | Freshwater mussel | | 公斤 Kg |
| 其他淡水贝类 | Other freshwater shellfish | | 公斤 Kg |
| 4.2.4其他淡水养殖产品 | 4.2.4.Other freshwater breeding products | | 公斤 Kg |
| 河鳗 | River eel | | 公斤 Kg |
| 牛蛙 | Bullfrog | | 公斤 Kg |
| 甲鱼 | Soft-shelled turtle | | 公斤 Kg |
| 黄鳝 | Ricefield eel | | 公斤 Kg |
| 泥鳅 | Loach | | 公斤 Kg |
| 龟 | Tortoise | | 公斤 Kg |
| 蛙 | frog | | 公斤 Kg |
| 未列明的其他淡水产品 | Other freshwater products | | 公斤 Kg |